金于齋 監修
李鍾英 編著

萬方正統
百方吉凶寶鑑

明文堂

서 문 (序 文)

우리는 단일민족(單一民族)으로서 반만년(半萬年)이라는 긴 세월을 이땅에서 살아오는 동안 선인(先人)들의 의(依)한 아름다운 풍속(風俗)과 제도(制度)를 지켜온 것이다.

그러나 근간(近間)에 와서는 미풍양속(美風良俗)과 윤리도덕(倫理道德)이 해이(解弛)되는 경향(傾向)이 많으며 거기 대한 고서적(古書籍)은 어려운 한문(漢文)으로 되어있어 일반은 이해(理解)하기 곤란한 점이 허다(許多)함으로 일반이 알 수 있도록 국문으로 해석하여 우리 일상생활(日常生活)에 필요(必要)한 천기대요(天機大要)를 중심(中心)으로 한 혼택(婚擇)、성조(成造)、이사(移徙) 및 운명길흉(運命吉凶)에 대한 몇가지를 수록(收錄)하여서 여러분의 가정 상비용(家庭常備用)으로 백방(百方)의 길흉판단(吉凶判斷)에 편리(便利)를 도모하고자 하는 바이다.

끝으로 해설(解說)이 미숙(未熟)한 점이 있더라도 미루어 보시고 많은 지도(指導)와 편달(鞭撻)이 있어주시기 바라마지 않으며 이 책과 가정보감전서(家庭寶鑑全書)의 편집(編輯)함에 있어서 노고(勞苦)를 아끼지 않고 지도(指導)하여 주신 剛軒 朱慶鎬 先生과 이 책을 출간(出刊)하여 주신 金東求 明文堂 社長님께 감사를 드리는 바이다.

편자 씀

감수사(監修辭)

천지자연(天地自然)의 정기(精氣)를 향수(亨受)하여 출생(出生)한 인간(人間)은 저마다 이른 바 가정(家庭)이라는 하나의 소세계(小世界)를 구축(構築)하고 생활(生活)하는 것이다. 수신제가치국평천하(修身齊家治國平天下)라 하였듯이 자신(自身)의 수양(修養)은 물론이요, 부모형제(父母兄弟)·일가친척(一家親戚)·선배우인(先輩友人) 등등 가정(家庭)을 근거(根據)로 해서 처리(處理)해야 할 제반지사(諸般之事)는 전통적(傳統的)인 법도(法度)의 절차(節次)에 의해서 규정(規定)되어 온 의범(儀範)인 것이다.

반만년(半萬年) 오랜 역사(歷史)에서 면면(綿綿)히 이어져 온 우리의 전통(傳統)과 민속(民俗)은 도덕(道德)·예속(禮俗)으로부터 가내비법(家內秘法)·풍수(風水)·복거(卜居)·상택(相宅)·안택(安宅) 등등 전래(傳來)되어 오는 것 중 어느 것 하나 깊은 철학(哲學)과 예지(叡智)가 배이지 않은 바가 없는 것이다.

이에 『옛 것을 익히고 새 것을 배운다』는 온고지신(溫故知新)의 정신(精神)을 일깨우게 하는 책자(册子)를 독학열성지사(篤學熱誠之士)인 이종영씨(李鐘英氏)가 고심연찬(苦心硏鑽)한 끝에 내놓은 『萬方正統百方吉凶寶鑑』을 상제(上梓)하여 유서(類書)의 유망미혹(謬忘迷惑)을 제거(除去)한 것은 나의 평소(平素)의 지론(持論)에 부합(附合)하는 서(書)로 흔쾌(欣快)히 여기여 강호제현(江湖諸賢)의 일독(一讀)과 상비(常備)를 권장(勸奬)하는 바이다.

乙卯年 六月　日

金 于 齊

第一編 천기부(天機部) ……………………………………… 一

第一章 천문론(天文論) …………………………………… 一

복희팔괘도(伏羲八卦圖) ……………………………………… 一
용마하도(龍馬河圖) …………………………………………… 二
신구락서(神龜洛書) …………………………………………… 三
복희선천도(伏羲先天圖) ……………………………………… 四
문왕후천도(文王後天圖) ……………………………………… 五
천간지지출(天干地支出) ……………………………………… 五
육십갑자상중하삼원설
六十甲子上中下三元說 ………………………………………… 六
팔괘팔절천간지지방위도
(八卦八節天干地支方位圖) …………………………………… 六
오성설(五星說) ………………………………………………… 七
八卦說 …………………………………………………………… 八

第二章 구산문(求山門) …………………………………… 八

지리설(地理說) ………………………………………………… 九
이십사산교구차제도
(二十四山交嬌次第圖) ………………………………………… 一〇
육필잠(六必箴) ………………………………………………… 二〇
심산경맥법(尋山經脈法) ……………………………………… 二一
섭수경맥법(涉水經脈法) ……………………………………… 二二
용호개폐법(龍虎開閉法) ……………………………………… 二三
조, 자, 손, 산법(祖子孫山法) ………………………………… 三〇
규산이불이법(窺山利不利法) ………………………………… 三二
횡재수법(橫財水法) …………………………………………… 三二
온황수법(瘟瘓水法) …………………………………………… 三三
국내외만두정사간법
(局內外巒頭星沙看法) ………………………………………… 三三

이십사산론(二十四山論) ……………………………………… 一四
이십사산라국택법(二十四山坐局擇法) ……………………… 一六
금정오국주산정국법
(金精鰲極主山定局法) ………………………………………… 二一
이십사산의 효혈경위법
(二十四山又穴定位法) ………………………………………… 二四
명암기의 도혈경국법
(明暗氣到穴定局法) …………………………………………… 二五
오산년운법(五山年運法) ……………………………………… 二六
육기응후법(六氣應候法) ……………………………………… 二八
정오운법(定五運法) …………………………………………… 二九
오기치정한법(五氣熾定限法) ………………………………… 三〇
지증석골법(地中石骨法) ……………………………………… 三二
만년도(萬年圖) ………………………………………………… 三三

第三章 음양문(陰陽門) …………………………………… 五三

선천수(先天數) ………………………………………………… 五五
후천수(後天數) ………………………………………………… 五五
중천수(中天數) ………………………………………………… 五五
십간과십이지음양법
(十干十二支陰陽法) …………………………………………… 五五
육십갑자남음해석(六十甲子納音解釋) ……………………… 五五
육십갑자오행방위법(十干五行方位法) ……………………… 五六
오행(正五行) …………………………………………………… 五七
홍범오행(洪範五行) …………………………………………… 五七
오행상생표(五行相生表), 오행상극표(五

— 1 —

行福克害), 천간오행합화법(天干五行合化法), 지지오행일월합화법(地支五行日月合化法) ……………………………………………………(五七)

간과지의합법(干支合法)
지지삼합법(地支三合法), 천간삼합법(天干三合法), 지지육충법(地支六沖法) ……………………………………………………(五八)

오행생왕례(五行生旺例), 오행의사장생상극표(五行四長生相克表)
오행생왕법(五行旺衰法), 천간녹위법(天干綠位法) ………………(五九)

(正官法), 칠살법(七殺法), 식신법(食神法), 정관법 ………(六〇)

정재법(正財法), 역마법(驛馬法), 십이지속수명법(十二支屬獸名法), 천을성귀
인방법(天乙星貴人方法) …………………………………………(六一)

내외설음양귀인역도 ………………………………………………(六二)

귀인등천문시방간법(貴人登天門時方看法) ………………………(六三)

음양귀인시정국도(陰陽貴人時定局圖) ……………………………(六四)

년두법(年頭法), 시두법(時頭法), 한식 ……………………………(六五)

남편복일법(寒食蠟烹伏日法) ………………………………………(六六)

세지의 흉신문(歲支凶神門) ………………………………………(六七)

세간의 흉신문(歲干凶神門) ………………………………………(六四)

第四章 흉신문(凶神門)

월가흉신문(月家凶神門) ……………………………………………(六五)

사시흉신문(四時凶神門) ……………………………………………(六八)

대살백호(大殺白虎), 뇌정백호살(雷霆
白虎殺), 백호살(白虎殺), 뢰정백호살(羅網殺)
금신살(金神殺), 나망살(羅網殺), 월
건동순괴강라흉기일(月建同旬魁罡坐凶
啟日) …………………………………………………………(六九)

소아살순역이국법(小兒殺順逆二局法),
산황정명(小兒殺順逆二局
산재출입법(三災出入法) ……………………(七〇)

(大將方運行法), 대장방운행법
운행법(喪門方運行法)
상문방행법(喪門方
行法), 역사방운행법(力士方運行法) ………………………(七一)

원진살(怨嗔殺) …………………………………(七二)

십악대패일(十惡大敗日), 몽동대살(濛
瞳大殺), 천하멸망일(天下滅亡日), 지
낭일(地囊日) …………………………………(七三)

복단일(伏斷日), 천적일(天賊日) …………(七四)

(二祀日), 왕망일(往亡日), 천화일(天
火日), 기왕망일(氣旺亡日), 이사일
토왕일(土旺日) ………………………………(七五)

第五章 길성 제살문(吉星制殺門)

세지의길신법(歲干吉神法) ……………………(七六)

세간의길신법(歲支吉神法) ……………………(七七)

월가길신법(月家吉神) ……………………………(七八)

이십팔수소관길흉법(二八宿所管吉凶法) ……(七九)

황흑도길흉법(黃黑道吉凶法) ……………………(八〇)

건제십이신길흉법(建除十二神吉凶法) ………(八一)

삼갑순법(三甲旬法) ………………………………(八二)

第二編 인사부(人事部)……(一〇〇)

통용길일(通用吉日), 사대길일(四大吉日), 대투수일(大偸修日), 천보투수일(天寶偸修日), 사대길시법(四大吉時法)……(八三)
천룡일(天聾日), 지아일(地啞日), 천지대공망일(天地大空亡日), 방정윤부일……(八五)
세살출유일(歲殺出遊日), 방정음부일(傍正陰付日)……(八六)
제복제가흥삼법(制伏諸家凶殺法)……(八七)
산원백기예법(三元白起例法)……(八九)
년가존제이성정국법(年家尊帝二星定局法)……(九三)
월가존제이성정국법(月家尊帝二星定局法)……(九四)
일가존제이성정국법(日家尊帝二星定局法)……(九五)
시가존제이성정국법(時家尊帝二星定局法)……(九五)
사리제성암살정국법(活祿貴馬起歲起命定論)……(九六)
자미제성정국법(紫微帝星定局法)……(九八)
성마귀인정국법(星馬貴人定局法)……(九八)
사리삼원기예법(四利三元起例法)……(九九)

第一章 혼인문(婚姻門)

궁합두미법(宮合頭尾法)……(一〇〇)
궁합법(宮合法)……(一〇〇)
궁합의상극중상생법(宮合相克中相生法)……(一〇五)
가취멸문법(嫁娶滅門法)……(一〇六)
가취월법(嫁娶月法)……(一〇六)
가취대기월(嫁娶月厭法), 월염과염대법(月壓厭)……(一〇六)
삼부대기월(殺夫大忌月), 축월부장길일, 오한일간법……(一〇七)
(五合日看法), 혼인총기일(婚姻總忌日), 축월부장길일, 오한일간법……(一〇七)
남장정친일(納徵定親日), 송패천복길일, 신부입문법(新婦入門法)……(一〇八)
수법(三地不受法), 가취대흥일(嫁娶大凶日), 삼지불수법……(一一〇)
문법(納徵定親法), 오행성법(五行姓法), 혼인년운몇신혼가취주당도……(一一一)
혼인년운및신혼가취주당도(婚姻年運及新婚嫁娶周堂圖)……(一一一)

第二章 조장문(造葬門)

본궁변패명기예(本宮變卦起例)……(一一五)
태양정국법(太陽定局法)……(一一七)
태음과궁법(太陰過宮法)……(一一八)
통천구간별(通天竅看法), 납음오행운극망용이불용법(納音五行運克亡用而不用法)……(一一九)

주마육임정국법(走馬六壬定局法)
반도록(盤圖錄), 변성길흉론(變星吉凶論),
쌍성길흉론(變星吉凶論), 팔산도침살
(八山刀砧殺) ··(一一三)
명암기도혈정일법(明暗氣到穴定日法) ···(一一四)
칠군하강일간법(七君下降日看法) ···········(一一五)
개산황도년월일시총국법
(蓋山黃道年月日時總局法) ···················(一一六)
도천운년월일시총국법
(都天轉運年月日時總局法) ···················(一一七)
용운단시결(龍運斷時訣) ·····························(一一八)
용운기예법(龍運起例法) ·····························(一一九)
용운비박궁길흉법(龍運飛泊官吉凶法) ···(一二〇)
운박영정국법(運泊永定局法) ···················(一二一)
오산의고운정식법(五山庫運定式法) ······(一三一)
조장예병용납음오행법
(造葬並用納音五行法) ···························(一三二)
팔산역마임관법(八山驛馬臨官法) ············(一三九)
장혈의천심법(葬穴淺深法) ························(一四一)
참초파토일(斬草破土日), 안장명폐길일
(安葬鳴吠日) ···(一四三)
축월안장길일(逐月安葬吉日) ···················(一四四)
입관길시(入棺吉時), 성복길일(成服吉日) ···(一四五)
파토총기일(破土總忌日), 장일주당도
일(日), 천금
일(日周堂圖)
정총기일(穿金井總忌日), 장일주당도
육십일호충법(六十日呼沖法) ····················(一四六)

第三章 이장개사초문
(移葬改莎草門)
육갑천규도(六甲天竅圖) ·····························(一四七)
묘룡(墓龍) ···(一五〇)
천우불수총길일(天牛不守總吉日), 사혼
(首足腹背日) ···(一五一)
고묘숙살법(故墓宿殺法), 개총흉시(開
塚凶時), 지호불식일(地虎不食日), 투수
일(偸修日), 세관교승제(歲官交承際)
(청명한식절(淸明寒食節), 수축복배일
공격론(拱格論), 취격론(聚格論) ···········(一五四)
조명결(造命訣), 장팔용(藏八用) ··············(一五五)

第四章 조작문(造作門)
성조양택사정광국법
(成造陽宅四正八局法) ·····························(一五八)
지운정국법(地運定局法), 사각불리법
(四角不利法) ···(一五九)

기조간진걸년법(起造艮辰吉年法)、기조
지진걸년법(起造支辰吉年法)、개점포걸일(開
店舖吉日)、진인구걸일(進人口吉日)、개점포걸일(開
십이명임조흉년표(十二命竪造凶年表)……………(一六一)
기조전용걸일법(起造專用吉日法)………………(一六二)
개기걸일(開基吉日)、동토기일(動土忌
日)、평기지걸일(平基地吉日) 평기일
(平基忌日)、정초걸일(定礎吉日) 개옥
일주일(竪柱日)、상량일(上樑吉日)、개옥
일(蓋屋日)……………………………………………(一六三)
조문걸일(遊門吉日)、수문걸일(修門吉
日)、문로걸방(門路吉方)、천정일(穿井
日)、귀곡귀방(神虎鬼哭日)、천정일(穿井
日)、수정일(修井日)、작저편걸일(作猪圖
日)、작척일(作厠日)、수측일(修厠日)、작
마방일(作馬枋日)、작저편걸일(作猪圖

第五章 이사문(移徙門)………………………(一六八)
방소법(方所法)
입택귀화일(入宅歸火日)
입주가걸일(入舊家吉日)
(入新家吉日)、
작조걸일(作竈吉日)、수돌걸일(修突吉
日)、파토방법(破土方法)………………………(一七〇)
조창고걸일(造倉庫吉日) 수창고걸일
(修倉庫吉日)、축월이사걸일(逐月移徙
吉日)、이안주낭도(移安周堂圖)……………(一七一)

第六章 응접문(應接門)………………………(一七一)
조장걸일(造醬吉日)、제수신일(祭水神
日)、기복일(祈福日)、제사걸일(祭祀
吉日)、산제걸일(山祭吉日)、산명일(山鳴日)、
천구하식일시(天狗下食日時)、칠성예배일
(七星禮拜日)、조왕상천일(竈王上天日)、조왕상
천일(竈王上天日)、지명일(地鳴日)、조왕상
하강일(竈王下降日)、칠성상강강일
(七星下降日)
신사기도일(神祀祈禱日)、신사주낭도(神祀周堂
圖)、신사대흉일(神祀大凶日)、
인동일(人動日)、출행일(出行日)、불의 출행일(不宜不行
日)、매월출행일법(每月出行日法)………………(一七六)

第三編 운명문(運命門)……………………(一七六)
一、인생운명문(人生運命門)…………………(一七八)
당사주법(唐四柱法)………………………(一七八)
토정비결(土亭秘訣)………………………(一八〇)
二、복서문(卜筮門)…………………………(二二八)
남양결(南陽訣)……………………………(二二八)
결초점(折草占)……………………………(二四八)
육임단시결(六壬斷時訣)…………………(二五〇)

천가점(天氣占), 일가점(日氣占) …………………………(三五七)
등화점(燈火占) ……………………………………………(三五七)
병인길흉예언(病人吉凶預言), 각병제방
법(却病諸方法) …………………………………………(三五八)
천간자병점(天干字病占) …………………………………(三五九)
지지자병점(地支字病占) …………………………………(三六一)
삼십일병점(三十日病占) …………………………………(三六二)
각병부(却病符) ……………………………………………(三六四)

三, 추길론(趨吉論)

관성제군각세진경(關聖帝君覺世眞經) …………………(三六六)
시절흉풍론(時節凶豊論) …………………………………(三七一)
득신오곡풍년법(得辛五穀豊年法), 고초
일(枯焦日), 침곡종길일(浸穀種吉日), 고초
하앙길일(下秧吉日) ……………………………………(三七五)
길승기지간법(吉勝基地看法) ……………………………(三七七)
작명법(作名法) ……………………………………………(三七九)
……………………………………………………………(三八一)

第一編 天機部(천기부)

第一章 天文論(천문론)

1. 太極肇判(태극조판) (태극이 처음으로 갈리고)
2. 陰陽始分(음양시분) (음양이 비로소 나눔에)
3. 五行相生(오행상생) (오행이 서로 생기다)

대저 천지(大抵天地)가 갈라지지 않이하여서는 그 이름(其名)이 혼돈(混沌)되었고 건곤(乾坤)이 없어서는 역시(亦是) 이름이 비색(胚塞)하였으며 일월(日月)과 성신(星辰)이 생기지 않이하여서는 음양(陰陽)과 한서(寒暑)도 분별(分別)이 없었다. 위(上)에로는 비(雨)와 이슬(露)과 바람(風)과 구름(雲)이 없었고 서리(霜)와 눈(雪)과 우뢰(雷)와 번개(電)도 없어서 사사(査査)하고 명명(冥冥)하였으며 아래(下)로는 초목(草木)과 산천(山川)도 없었고 금수(禽獸)와 인류(人類)도 없어서

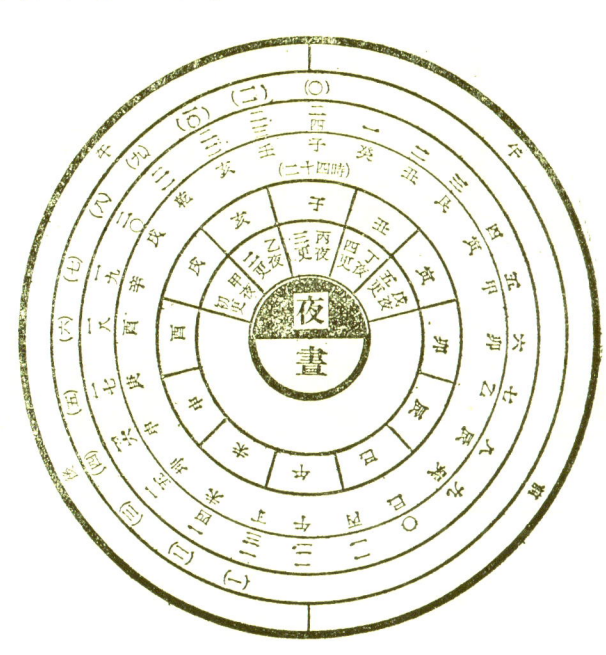

천 문 론

매매(昧昧)하고 혼혼(昏昏)하였다. 이때에 한 기운(一氣)이 서리여서 처음(初)으로 물(水)이 생기고 그 다음에는 불(火)이 생기고 그 다음에는 나무(木)가 생기고 그 다음에는 금(金)이 생기고 그 다음에는 흙(土)이 생기었다. 그러므로 수의수(水數)는 一 화의수(火數)는 二 목의수(木數)는 三 금의수(金數)는 四 토의수(土數)는 五 인것이다. 이(是)때에 바야흐로(方) 혼돈(混沌)이 갈라지고 비운(胚運)이 나누어(分)저서 경(輕)하고 맑은(淸)것은 하늘(天)이 되고 중(重)하고 흐린(濁)것은 땅(地)이 되였다. 그 처음(其初)엔 인형(人形)이 혹(或)은 소(牛)의 머리와 배암(蛇)의 몸(身)으로 되어서 성명(姓名)도 없었으며 나라(邦國)도 없고 군신(君臣)도 없었으며 목실(木實)을 먹고 굴(穴)에 살었으며 그이를(其名) 도도(陶陶) 탕탕(蕩蕩)하더니 복희씨(伏羲氏)와 신농씨(神農氏)와 황제씨(黃帝氏) 같으신 성인(聖人)이 나셔서 군신(君臣)과 부자(父子)의 의리(義理)와 예악(禮樂)과 행정(行政)의 제도(制度)를 베푸(施)시사 비로소 천지(天地)의 분별(分別)이 있으며 만물(萬物)이 화생(化生)된 것이다. 계사전(繫辭傳)에 말하였으되 역(易)에 태극(太極)이 있으니

이것이 양의(兩儀)를 생(生)하고 양의(兩儀)가 사상(四象)을 생(生)하고 사상이 팔괘(八卦)를 생(生)한다 하였다. 계사전(繫辭傳)은 즉(卽) 공자(孔子)의 글이요 역

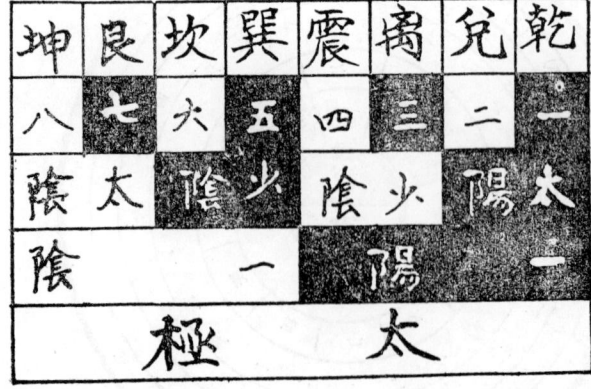

伏羲八卦圖

易(역)은 즉(卽) 주역(周易)이요 태극(太極)은 즉 무극(無極)이요 양의(兩儀)는 즉 천지(天地)이요 사상(四象)은 즉 태음(太陰) 태양(太陽) 소음(小陰) 소양(小陽)이요 팔괘(八卦)는 즉 건(乾) 태(兌) 이(離) 진(震) 손(巽) 감(坎) 간(艮) 곤(坤)이다.

태극(太極)이 움직이면 양(陽)이 생(生)하고 고요 있으면 음(陰)이 생하며 양과 음이 나누어서 양의(兩儀)가 되고 양이 변(變)하여 음에 합(合)하면 사상(四象)이 생기고 오기(五氣)가 유행(流行)하여 팔괘(八卦)를 이루어서 배(倍)로 거듭하면 육십사괘(六十四卦)가 되는 것이니 대개 음(陰)과 양(陽)은 한(一) 태극(太極)이요 태극은 본래 무극(無極)인 것이다. 무극의 진(眞)은 이(二)와 오(五)의 정묘(精妙)한 것이니 합(合)하여 어리(凝)면 건(乾)의 도(道)는 남(男)이 되고 곤(坤)의 도(道)는 녀(女)가 되어서 만물(萬物)이 화(化)하여 생기이니 그 변화(變化)가 무궁(無窮)하니 오직 사람이 맥(쮓)냄(秀)을 얻어 가장 신령(神靈)한지라 형상(形)이 이미(旣) 생기면 신(神)과 같이 안어서 선(善)과 악(惡)을 분간하여 만(萬)가지의 일(事)을 내는 것이다.

河馬龍圖

복희(伏羲)씨 때에 용마(龍馬)가 이 그림(此圖)을 지고 하수(河水)에서 나올적에 천(天)의 일(一)은 임, 수(壬, 水)에 생(生)하여 북(北)에 있으니 지(地)의 육 (六)이 계, 수(癸, 水)로써 이루고 천(天)의 삼(三)은 갑 목(甲, 木)에 생(生)하여 동(東)에 있으니 지(地)의 팔

천 문 론

(八)이 을, 목(乙、木)으로써 이루고 천(天)의 오(五)는 무, 토(戊、土)에 생(生)하여 중(中)에 있으니 지(地)의 십(十)이 기, 토(己、土)로써 이루고 천(天)의 칠(七)은 병, 화(丙、火)에 있으니 지(地)의 십(十)이 기, 토(己、土)로써 이루고 천(天)의 칠(七)은 병, 화(丙、火)에 있으니 지(地)의 칠(七)은 병, 화(丙、火)로써 이루고 천(天)의 구(九)는 경, 금(庚、金)에 생하여 서(西) 남(南)에 있으니 지(地)의 이(二)는 정, 화(丁、火)로써 이루고 천(天)의 구(九)는 신, 금(辛、金)으로써 이루었으니 천, 간(天、干)이라 하는것이 여기에서 나왔으며 천(天)의 수(數)는 이십오요 지(地)의 수는 삼십이다.

이(二) 운행(運行)하는 묘(妙)법이 좌생(生)하면 성(成)하여 우로 돌아(旋)서 하늘(天)에 두루(周)하니 변화(變化)가 무궁(無窮)하여 대업(大業)이 정(定)하도다. 복희(伏羲)씨 보시고 받으(受)서서 곧 갑자(甲子)를 그리(畵)셨으며 팔괘(八卦)를 지으(作)셨더니 그후로 여러 성인(聖人)들이 본(體)받아 행(行)하여 제(黃帝)씨 그후세(後世)까지 전(詔)하신 것이다.

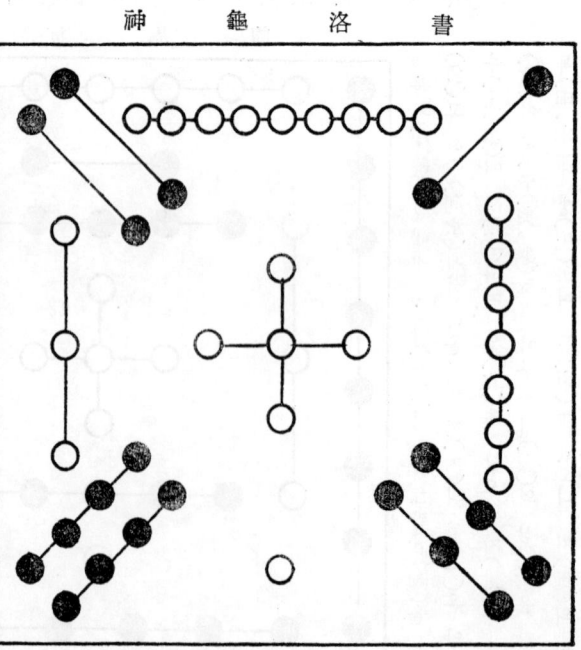

神 龜 洛 書

하우(夏禹)씨 때에 신구(神龜)가 이글(此書)을 지고 낙(洛)수에서 나왔으니 머리에 인(戴)것은 이, 화(離、火)의 구(九)이요 꼬리에 불힌(履)것은 간, 수(坎、水)의 일(一)이요 좌(左)편에는 진, 목(震、木)의 삼(三)이요 우(右)편에는 태, 금(兌、金)의 칠(七)이요 곤, 토(坤、土)의 이(二)

와 손, 목(巽、木)의 사(四)는 어깨(肩)가 되고 건, 금(乾、金)의 육(六)과 간, 토(艮、土)의 팔(八)은 발(足)이 되고 토(土)의 오(五)는 중(中)에 있으니 이것은 천, 양(天、陽)의 수(數)는 사유(四維) 사정(四正)방에 있는 것이며 그 의미(義)는 일, 월(一)은 자(子)에 있고 이, 흑(二、黑)은 미, 신, 신(未、申)에 있고 삼, 벽(三、碧)은 묘(卯)에 있고 사, 록(四綠)은 진, 사(辰、巳)에 있고 오(午)에 있고 유(五、黃)은 술, 해(戌、亥)에 있고 육, 백(六、白)은 오(午)에 있고 칠, 적(七、赤)은 유(酉)에 있고 팔, 백(八、白)은 축, 인(丑、寅)에 있고 구, 자(九、紫)는 오(午)에 있어서 구성(九星)이 부치고 팔문(八、門)이 정(定)하여서 하우(夏禹)씨가 순(順)으로 돌고 음(陰)은 역(逆)으로 돌遁으니 기자(箕子)께서 쓰셔서 수토(水土)를 평정(平定)하시고 구주(九疇)를 지었으니 체왕(帝王)의 정치(政治)가 화(化)하고 인민(人民)의 조작(造作)과 장사(葬事)에 길(吉)하고 흉(凶)한것이 때로있어서 묘(妙)하게 쓰는것이 무궁(無窮)한것이다.

천문론

文王後天圖

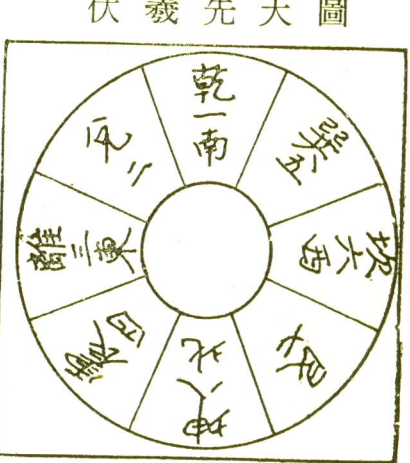

伏羲先天圖

제(帝)가 출(出)하시기는 진(震)에서 하시고 재(齊)시기는 손(巽)에서 하시고 상견(相見)하시기는 이(離)에서 하시고 치역(致役)하시기는 곤(坤)에서 하시고 설언(說言)하시기는 태(兌)에서 하시고 전(戰)하시기는 건(乾)에서 하시기고 노(勞)하시기는 감(坎)에서 하시고 성언(成言)하시기는 간(艮)에서 하셨다.

天干地支出 (천간과 지지를 낸것)

슬프다 대도(大道)가 폐(廢)하여지고 간사(奸詐)가 생(生)함에 요괴(妖怪)가 낫(出)었다. 이때에 하늘(天)은 자(子)에서 열리고 땅(地)은 축(丑)에서 열리고 사람(人)은 인(寅)에서 생(生)하였다. 때(時)인즉 치우(蚩尤)이라 하는 오랑캐가 요란케 하거늘 황제씨(黃帝氏)께서 인민(人民)의 괴로움을 근심하시와 판천(阪泉)이라 하는 들(野)에서 싸우셔서 피를 백리(百里)나 흘렀으나 능(能)히 다스리지를 못하였으므로 황제씨(黃帝氏)께서 재계(齊戒)를 하시고 단(壇)을 모으사 하늘(天方)에 제사(祭祀)를 하셨다. 천(天)이 이에 십간(十干)을 내리시니 곧(卽) 갑을병정무기경신임계(甲乙丙丁戊己庚辛壬癸)이요 또 십이지(十二支)를 나리시니 곧(卽) 자축인묘진사오미신유술해(子丑寅卯辰巳午未申酉戌亥) 이

제(帝)께서 이에 내(乃) 십간(十干)을 가지시고 둥굴게 펴(布)서 천형(天形)을 형상하시고 십이지(十二支)로 모(方)나게 떠서 지형(地形)을 형상(象)하였다. 비로소 간(干)으로써 하늘(天)을 삼고 지(支)로써 땅(地)을 삼어 해, 달(日, 月)과 별(星辰)의 빛을 합(合)하여 물리(放)치신 연후(然後)에 이에 내(乃) 능(能)히 다스린(治)것이니 이것이 곧 십간(十干)과 십이지(十二支)에 생긴바이다. 이로부터 후세(後世)에 불행(不幸)을 생각(生覺)하시와 하늘(天)의 십간(十干)과 땅(地)의 십이지(十二支)를 가지시고 분배합성(分配合成)하여서 육십갑자(六十甲子)를 만드신것이다.

六十甲子의 上, 中, 下, 三元說

六十甲子의 上, 中, 下, 三元說이라함은 甲子年에서 다음 甲子年까지의 六十年間을 元이라고 하는 것이며 天地開闢(개벽)후 첫 甲子가 上元이고 그다음 甲子가 中元이 되고 그다음 甲子가 下元이 되는 것이니 그대로 순환(巡還)하여 도라온것이 西紀一四四四年, 李朝世宗二十六年이 上元이며 檀紀四,二五七年(西紀一,九二四年)인 甲子年에서 檀紀四,三一七年(西紀一,九八四年)인 甲子年까지의 사이가 下元인 것이다.

八卦八節天干地支方位圖

卦名	節
乾	冬至
坤	立春
震	春分
艮	立夏
離	夏至
坎	立秋
兌	秋分
巽	立冬

冬至一宮은 坎卦
立春八宮은 艮卦
夏至九宮은 離卦
立秋二宮은 坤卦
春分三宮은 震卦
立夏四宮은 巽卦
秋分七宮은 兌卦
立冬六宮은 乾卦

五星說(오성설) (하늘에있는 다섯가지 별을 말한것)

목성(木星)=동방(東方) 목(木)의 정기(精氣)이니 그 이름(其名)은 세성(歲星)이요 또는 섭제성(攝提星)이라 하며 그빛(色)은 푸르(靑)고 그성품(性)은 어질(仁)어서 인군(君)의 형상(象)인것이요.

화성(火星)=남방(南方) 화(火)의 정기(精氣)이니 그 이름(名)은 형혹(螢惑)이요 주작(朱雀)의 자리(位)를 응(應)하였고 그빛(色)은 붉(赤)고 그성품(性)은 예(禮)시러우니 법(法)을 잡(執)은 형상(象)이요.

토성(土星)=중앙(中央) 토(土)의 정기(精氣)이니 그 이름(名)은 진성(鎭星)이요 구진(句陳)의 자리(位)를 응(應)하였고 그빛(色)은 누르며 그성품(性)은 덕(德)시러우니 존주(尊主)의 형상(象)이요.

금성(金星)=서방(西方) 금(金)의 정기(精氣)이니 그 이름(名)은 태백(太白)이요 백호(白虎)의 자리(位)를 주장(主)하였고 그빛은 희(白)고 그성품(性)은 의기(義氣)이니 장군(將軍)의 형상(象)이요.

수성(水星)=북방(北方) 수(水)의 정기(精氣)이니 그 이름(名)은 진성(辰星)이요 그빛(色)은 검(黑)고 현무(玄武)의 자리(位)를 응(應)하였으며 그성품(性)은 지혜(智)시러우니 위위(衛尉)의 형상(象)이다.

第二章 求山門

지리설(地理說)=대개중고이래(大槪中古以來)로 지리설(地理說)이 성행(盛行)하여서 옳으나 글르냐(日是日非)의 이의(異議)가 허다(許多)한것은 무엇(何)이냐 산(山)과 물이 흘러(流) 날인(行) 맥(脉)이 기(氣)와 운(運)을 받은 자는 이치(理治)에 합(合)하여서 음양(陰陽)과 오행(五行)의 정기(精氣)로 복(福)이 나타나고 바른(正)기운(氣運)을 받지(涵)못한 자(者)는 이치(理治)의 거슬리여서 오행(五行)의 정기(精氣)가 흘러(流)서 그 재화(災禍)로 나려(降)오는 것이니 산(山)이 일어(起)나고 꾸부러진(屈)것이 평직(平直)하고 회포(回抱)된 거와 물(水)이 들으고 바로 쏘이는(射)거와 보이(顯)고 않이(隱)보이는 것이 기운(氣運)을 받지 (涵)못하였은 것 산(山)과 물(水)의 정기(精氣)가 어리(聚)여지지 않은 것이다. 그러함으로 천산만수(千山萬水)가 다 기운(氣運)이 있어서 구름(雲)과 노을(霞)이 생기고 금보(金寶) 와 주옥(珠玉)이 쌓이(積)여 있는것이다. 무릇 진혈(眞

구 산 문

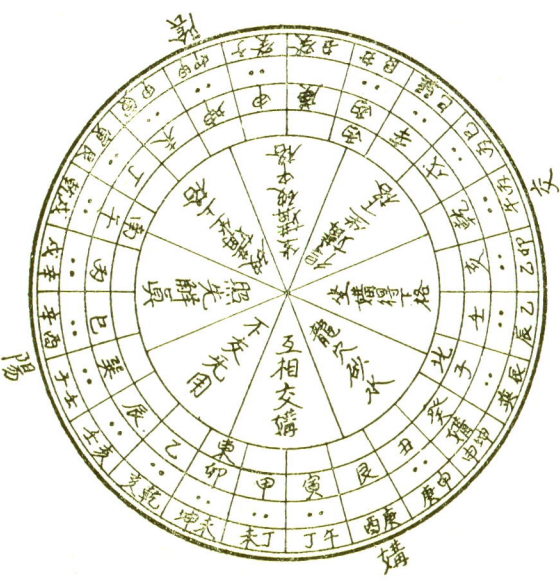

二十四山交媾次第圖

(穴)의 명당(明堂)은 하늘(天)도 감추(藏)우고 땅(地)도 감추운 바임으로 산(山)과 물(水) 사이(間)의 정기(精氣運)
이 보이는 것이니 엇지(何) 가(可)히 속인(俗人)의 범안(凡眼)으로서 능(能)히 볼것(親哉)이냐 지리(地理)의 음덕(陰德)이 있고 택일(擇日)의 요결(要訣)이 길(吉)하고 흉(凶)하다는 것도 역시 (亦是) 믿을(信)수는 없는 것이다. 그러나 여기 (此)의 관한 모든 길흉(吉凶)의 방법(方法)을 대강(大綱) 뽑아서 좌편(左編)에 기록(記錄)한 것이다.

金生水之无后(庚酉龍子坐)
水生木之無后(壬子龍卯坐)
木生火之无后(甲卯龍午坐)
火生土之无后(丙午龍坤坐)
乾亥龍之无后(丙巽巳坐)
艮寅龍之无后(丑艮寅坐)
巽巳龍之无后(辰巽巳坐)
坤申龍之无后(戍乾亥坐)
緩處取急急處取緩

九

구 산 문

六必箴(육필잠) (여섯가지로 반드시 조심할 것)

一、 수구(水口)=보이고도 또한 보이지 않는 것이니 반드시 그의 문(門)을 살피라.

二、 명당(明堂)=이지러(缺)지고 둥근(圓)것이니 반드시 은은(隱隱)한 정기(精氣)를 받어야 한다.

三、 원혈(元穴)=참(眞)이냐 않이냐 하는것이니 반드시 빛이(映)는 기운을 살피라.

四、 원조(遠祖)=나려오는 맥(脉)이니 반드시 여섯가지의 체(體)를 보라 태(胎) 정(正) 순(順) 강(强) 포(包) 장(藏)이다.

五、 봉만(峰巒)=싸이(包)고 둘은(圍)것이니 반드시 높은(高)고 낮은(低)것과 험(險)하고 둔근(鈍)것을 보라.

六、 안대(案對)=모(方)가 나는것도 있고 둥근(圓)것도 있으니 반드시 단정(端正)하고 기울(斜)지 않게쓰라.

三元卦尋山經脉法(삼원괘심산경맥법) (三元卦로 山의 經脉을 찾는법)

건、 갑、 곤、 을(乾、 甲、 坤、 乙)山=감이(坎離)방으로 걸어가며 산의 경맥(經脉)을 찾으라 수화기제괘(水火旣濟卦)이다.

진、 경、 해、 미、 손、 신(震、 庚、 亥、 未、 巽、 申)山=간곤(艮坤)方으로 걸어가며 산의 경맥(經脉)을 찾으라 산지박괘(山地剝卦)이다.

간、 병、 태、 정、 사、 경(艮、 丙、 兌、 丁、 巳、 庚)山=건손(乾巽)方으로 걸어가며 산의 경맥(經脉)을 찾으라 천풍구괘(天風卦姤)이다.

※ 우(右)의 매인(係)것은 팔괘(八卦)의 걸음으로 매양 준(準)하는것이니 감、이(坎離)、 진(震)이된즉 좌(左)편으로 행한 것이며 간(艮)이 된즉 경맥(經脉)이 우(右)편으로 행한 것이며 매양 감、이(坎離)의 경위(經緯)가 된즉 곧 그 아래에 혈(穴)이 있는 것이요 만일 집(字)과 촌락(村落)이 보이며 문호(門戶)가 되었은즉 경(經)이 끊어진것이 니 비록 백리(百里)를 행(行)한 용(龍)이라도 혈(穴)이 없는 것이다.

尋水經脈法 (물의 經脈을 찾는 法)

건、갑、손、신(乾、甲、巽、辛)山=艮兌의 方向∨에 걸음(步)으로써 물(水)의 경맥(經脈)을 찾으라.

진、경、해、미、태、정、사、축(震、庚、亥、未、兌、丁、巳、丑)山=기제(既濟)∧坎离의 方向∨으로써 물의 경맥(經脈)을 찾으라.

곤、을、간、병、坤、乙、艮、丙)山=뢰풍(雷風)〈震巽〉의 걸음(步)으로써 물(水)의 경맥(經脈)을 찾으라.

※ 대개(蓋)는 산(山)이 경(經)이되고 물(水)이 위(緯)가 되어서 선천수(先天數)로써 후천수(後天數)에 배합(配合)하여 산(山)의 경맥(經脈)을 찾고 후천수(後天數)으로써 선천수(先天數)에 합(配)하여 물의 경맥(經脈)을 찾는(尋)것이되 다 괘위(卦位)의 걸음찾는법(步尋法)으로써 찾는것인즉 천지산천(天地山川)에 경위(經緯)가 여기(此)에서 도(逃)망 할수 가 없는 것이다. 산(山)이 가다가 마디(節)를 짓는것이 물(水)을 먹음(含)고 같이(同) 음(音)이(止)어서 산(山)도가서 물(水)도가서 마디(節)를 짓는것이 진(震)에 만난즉 삼파수(三派水)로 행하는 산을 기다린다.

龍虎開閉法 (청룡백호가열리고 닫히는법)

산(山)을 육십사패(六十四卦)와 방위도(方位圖)로써 미루어(推)본즉 좌괘(坐卦)득괘(得卦)파괘(破卦)삼괘(三卦中)의 일괘(一卦)를 유년(流年)의 합(合)하여 중 천문괘와 상대즉(方圓中 天門卦 相對則)그의 산(山)이 발동(發動)되여서 쓸수있는 卦에 합(合)하나 방도중(方圓中)지호(地戶)인즉 그 산(其山)은 잠기(沈)고 감추키(藏)여서 빈드시 후인(後人)

(山)이다. 우편(右脅)이 천문(天門)이 되어 행하다가 좌편(左脅)이 곤(坤)이되즉 혜어(散)주나 좌우수(左右水)로 행하여서 땅가운데 혈(穴)을 뚫어(穿)서 물을만나(遇)소끼(湧)는것은 땅가운데(地中)에 나가서 내(川)가 되여 행하는 것이 혈(穴)을 뚫어(穿)서 물밖(地外)에 나가서 내(川)가 되여 행하는 연고(故)이다. 물맥(水脈)의 경위(經緯)는 알지(知)못하는 땅가운데(地中) 가령(假)건룡(乾龍)의 이、임、인、술、패(离、壬、寅、戌、卦)로써 구궁(九宮)에 갑자(甲子)에 일으키어서 술(戌)의 용(龍)에 경맥(經脈)을 찾는거와 같아서 삼기(三奇)로써 혈(穴)과 파(破)를 보아서 길흉(吉凶)을 정(定)한다.

구산문

祖、子、孫、山、法 (조、자、손、산、법) (祖와子와孫세가지 산을 分別하는법)

전、곤、간、손、자、오、묘、유、(乾、坤、艮、巽、子、午、卯、酉) 山은 조(祖)요。 갑、경、병、임、인、신、사、해、(甲、庚、丙、壬、寅、申、巳、亥) 山은 子요。 을、신、정、계、진、술、축、미、(乙、辛、丁、癸、辰、戌、丑、未) 山은 손(孫)이된다. 계룡(癸龍) 의 곤혈(坤穴)은 가(可)하나 곤룡(坤龍)의 계혈(癸穴)은 불가(不可)하고 임룡(壬龍)의 건혈(乾穴)은 길(吉)하나 건룡임혈(乾龍壬穴)은 흉(凶)하다.
※ 즉 子山에 祖穴은 좋으나 祖山에 子이나 孫穴은 나뿐것이다.

窺山의 利不利法 (규산이불이법) (엿보는 산이리하고 불리한것)

염정(廉貞)은 화적(火賊)이나고 녹존(祿存)은 문곡(文曲) 탐랑(貪狼)은 횡재(橫財)하고 파군(破軍)은 질병(疾病)이 있고 무곡(武曲)은 관재(官災)가 생기고 재앙이없어지고 長壽하며 보필(輔弼)은 의 재(外財)를 얻고 인방(寅方)은 자녀(子女)에 흉(凶)하고 자축방(子丑方)은 사망(死亡)하고 술해방(戌亥方)은 자

손(子孫)이 흉하고 오、미방(午 未方)은도 적(盜賊)이 나고 동방(東方)은 병(病)과 가난이 생기고 용호(龍 虎)는 귀하게 못되고 정방(丁方)은 현녀(賢女)가 나고 안산(案 山)은 목을(項結)맨다.
※ 廉貞、祿存、貪狼、文曲、破軍、武曲、輔弼、등은 天上九星中八로서 年、月、日、時를 따라 순환되는 것이니 造葬門의 都天轉運年、月、日、時總局法을 참조할것.

橫財水法 (횡재수법) (횡재수를 아는법)

해、간、산、(亥、艮、山)에는 손수(巽水)이요 인、갑、산(寅、甲山)에는 곤 신수(坤申水)요 경、신 해산(庚 辛 亥山)에는 묘수(卯水)요 곤 신산수(坤、申山)엔 인、갑수(寅、甲山)요 건산(乾 山)에는 경신신수(庚、辛、水)라 묘산(卯山)에 경、신수(庚辛水)와 갑산(甲山)에 이산(離山)에 오수(午水)는 임、인수(壬 寅水)와 임、계산(壬 癸山)에 음양(陰陽)이 상배(相配故)고로 발복(發福)이 최속(最 速)하다.
※ 즉 亥山에는 巽方에 물이 보이면 좋은 것이다.

瘟瘴水看法 (온황수 간법) (온황살 물 보는 법)

감산(坎山)에는 병, 오수(丙午水)요 이산(離山)에는 인간수(寅艮水)요 곤산(坤山)에는 사수(巳水)이요 태산(兌山)에는 축, 계수(丑癸水)요 진산(震山)에는 건, 술수(乾戌水)요 손산(巽山)에도 건, 술수(乾戌水)요 간산(艮山)에는 미, 곤수(未坤水)다.

※ 例=坎山에는 丙方이나 午方에 보이는 물이 온황살이 되는 것이다.

局內의 巒頭星砂看法 (국내 만두성사 간법) (峯과 砂는 相配故로 吉함)

진산(乾山)에는 갑봉(甲峯)이요 감, 계, 신, 진, 산(坎, 癸, 申, 辰, 山)에는 이, 임, 인, 술, 봉(离, 壬, 寅, 戌, 峯)이요 곤산(坤山)에는 을봉(乙峯)이요 진, 경, 해, 미, 산(震, 庚, 亥, 未, 山)에는 건, 술, 신봉(乾, 戌, 辛峯)이요 손산(巽山)에는 태, 정, 사, 축봉(兌, 丁, 巳, 丑峯)이라.

※ 例=乾山에는 甲方에 있는 山峰이 坐局과 서로 배합이 되는고로 좋은 것이다.

一, 과갑사(科甲砂)=손봉(巽峰)이 쌍으로 (雙秀)높이 솟으면 장원(壯元)이 나고 해산(亥山)에는 손, 신봉(巽, 辛峰)이 솟았으(秀)면 상공(相公)이 나고 손산(巽山)에는 신봉(辛峰)이 솟았으(秀)면 상서(尙書)가 난다.

二, 검극사(劍戟砂)=경, 유, 신, (庚, 酉, 辛) 삼봉(三峰)에 연(連)한 구름이 특별이 나면 무장(武將)이 난다.

三, 인사(印砂)=경(庚)에는 금인(金印)이요 신(辛)에는 은인(銀印)이다 이두방(此二方)에 혹 돌(或石)같이 방정(方正)하면 길하다.

四, 수상사(壽相砂)=해산(亥山)에는 병, 정봉(丙丁峰)이요 간산(艮山)에는 정, 신봉(丁辛峰)이다.

五, 병권사(兵權砂)=인산(寅山)에는 경산(庚山)에는 묘수(卯水)이며 간산(艮山)에는 정, 신봉(丁辛峰)이다.

六, 대부사(大富砂)=간산(艮山)에 병, 정, 경, 신봉(丙丁, 庚, 辛峰)이 솟았으(秀)면 대부(大富)가 나는 것이다.

七, 중부사(中富砂)=경산(庚山)에는 해, 간봉(亥艮峰)이요 간산(艮山)에는 병, 정산(丙丁山)에는 해, 간봉(亥艮峰)이요 간산(艮山)에는 정봉(丁峰)이며 이 방위에 물도 또한 길하다.

八, 수성사(壽星砂)=태산(兌山)에 정봉(丁峰)이 기이

奇異(기이)하게 빼내(秀)면 크게길(大吉)하다.

一、신동사(神童砂)=간(艮)산에 정봉(丁峰)이요 해산(亥山)에는 병봉(丙峰)이다.

十、장수사(長壽砂)=간、병、태、정(艮,丙,兌,丁)이 인봉(老人峰)이며 또는 진、경(震,庚) 두방(二方)의 峰이 더(加)하면 육수봉(六秀峰)이라한다.

十一、최관수(催官水)=간산(艮山)에는 병수(丙水)요 손산(巽山)에는 신수(辛水)요 진산(震山)에는 경수(庚水)요 태산(兌山)에는 정수(丁水)니 부귀(富貴)한다.

十二、삼양수(三陽水)=손、병、정(巽、丙、丁)세 방위의 물이 합(合)하여 흘러서 경、태、진、간、경、태、간(庚、兌、震、艮)에 방위로 나오는 것이니 이것은 먹을고을(食邑)을 여러 놓은부(府)이며 삼공(三公)의 자리이다.

十三、육건수(六健水)=천건(天建)은 해(亥)요 지건(地建)은 간(艮)이요 인건(人建)은 정(丁)이요 마건(馬建)은 손(巽)이요 재건(財建)은 묘(卯)요 녹건(祿建)은 병(丙)이다.

 ※ 亥,艮,丁,卯,巽,丙方에 물이보이면 다 좋은 것이다.

二十四山論
이십사산론

 ※ 二十四가지의 山을 말함.

 ※ 亥山에 刑刼山이니 壬山에 沐浴山이 니 하는것은 本山의 別名임

一、해산(亥山)의 초록(初祿)은 형겁산(刑刼山)이니

정위(正位)를 주장(主長)한다. 높으고(高) 험(險)한즉 항상 형장(刑杖)을 입고 득수(得)와 득파(破)가 길면 여손(女孫)이 불길(不吉)하고 얕게(淺) 흘러가는 물은 곡읍수(哭泣水)라 하는것이니 명당(明堂)을 향하여 오면 장자(長子)가 망(亡)하고 바위돌(岩石)이 있으면 단명한 자 短命격(格)이다.

二、임산(壬山)의 이록(二祿)은 목욕산(沐浴山)이니 사업(事業)을 주장한다. 비후(肥厚)하여서 연접(連接)한즉 정근(精勤)한 사람이 나고 낮고(低) 빠졌으면 불길(不吉)하고 충돌(衝)이 된즉 저열인(庸人)사람이 나고 산이 높으거나 물이 쏟아져 오면 멸문(滅門)을 당하고 만일 엿보는 산(窺山)이 있어서 옥(獄)같이 란(亂)하면 화재(火災)를 당하고 명당(明堂)에 여러물(群水)이 앞으로 흘러가면 만세(萬世)토록 영창(榮昌)할것이다.

三、자산(子山)의 삼록(三祿)은 천초산(天初山)이니 궁시(弓失)를 주장(主)한다. 유하고(柔厚) 후하며 평정(平正)한즉 활(弓)을 잘쏘는 선사인(善射人)사람이 나고, 백호산(白虎山)이 위엄(威)과 권세(權勢)를 주장하여 특(特)히 높은즉 호걸(豪傑)스럽고 강(强)한 사람이 날것이다. 대양기(陽氣)산에는 삼남(三男)이요 음기(陰氣)산에는 삼녀(三女)이며 물(水)이 명당(明堂)을 향(向)하면 중남

四、계(癸)山의 사록(四祿)은 물(水)이오면 멸문(滅門)하고 귀먹(聾)고 눈어두우(盲)며 바위가 있으면 장손(長孫)이 현귀(賢貴)하다.

五、축(丑)山의 일탐(一貪)은 지겁(地劫)산이요 (小女)는 정위(正位)요 소남(小男)은 대위(對位)이니 소녀(山)이 세봉(三峰)이 높은것은 부귀(富貴)하고 수파(水破)의 앞뚝(前唇)이 없으면 불길(不吉)하다.

六、간(艮)山의 이탐(二貪)은 지호산(地戶山)이니 요괴(妖恠)를 주장한다. 물이 여기(此方)에 들러서 파(破)의 산(山)이 높으면 재물(財物)이 족(足)하고 낮으면 불길(不吉)하며 유(酉)方의 산이 높으고 물이 명당(明堂)에 향하면 소년(少年) 등과(登科)하고 수구(水口)의 무데기(堆) 붕봉(蠢峰)이 많으면 금(金)과 곡식을 쌓는 것이다.

七、인(寅山)의 삼탐(三貪)은 전송산(傳送山)이니 자재(資財)를 주(主)장한다. 살지(肥)게 후(厚)하며 높으고 커(高大)서 연접(連接)하여 복시(伏屍)方에 와서 향(向)한쪽 진물(珍物)이 풍족(豐足)하며 수파(水破)는 흉(凶)하고 수입(水入)은 길하니 금괴산(金櫃山)이 밖으(外)로 단정(端正)한것을 주장하여 향해왔은(來向)즉 횡재수(橫財水)가 생기며 속(速)히 부(富)하고, 바위가 섰으면 맹인(盲人)이나 충화(冲火)되여서 장서(長婿)가 망(亡)한다.

八、갑(甲)山의 사탐(四貪)은 물이오(水來)면 만세(萬世)토록 부영(富榮)하고 바위(巖)가 엿보,면 느불에 망하고 도적(賊)이 온다. 수파(水破)하면 남손(男孫)이 흉(凶)하고 또는 관재(官災)로 망(亡)한다.

九、묘(卯)山의 일문(一文)은 복시산(伏屍山)이니 대(代代)로 영창(榮昌)하고 파(破)는 흉(凶)하고 입(入)은 길(吉)하며 홀산(笏山)이 관작(官爵)에 주장하는 것이니 비호(肥厚)하면 대(代)로 록(祿)이 생기고 천덕산(天德山)은 문장을 주장하는 것이니 과갑(科甲)이나고 산이 없으면 도적(賊)이 오고 돌이 섰으면 맹인(盲人)이 난다

十、을(乙)山의 이문(二文)이 물이오면 음란(淫亂)하여, 옥(獄)에서 죽고 산이 높으면 불리(不利)하다.

十一、진(辰)山의 삼문(三文)은 소묘산(小墓山)이니 열굴모양(容貌)과 팔다리(肢腿)에 주장을 한다. 연곡련

一五

谷山이 살지고 후(厚)하여서 끊어지지 아니하면 자손(子孫)은 아름답고 고우(艶)나 파(破)가 되면 여자(女子)의 허리(腰)에 병(病)이 있으며 바위가 있으면 과부(寡)가 나고 둥근봉이(圓峰) 있으면 지혜(智)스러운 중(僧)이 난다.

十二、손(巽)산의 사문(四文)은 곡장산(谷將山)이니 밭(田)과 전(宇)과 창고(倉庫)에 주장(主)을 한다. 역시 산(連始山)이 살지(肥)고 커서 우뚝하게 무데기봉(堆峰)에 올라가면 여러대(累代)로 영창(榮昌)하는 것이니 파(破)는 흉(凶)하고 입(入)은 길하다.

十三、사(巳山)의 일무(一武)는 산이 높으고 물이 오면 장자(長子)가 영창(榮昌)하고 살지고 후(厚)하여서 천창(天倉)에 연(連)한즉 자손(子孫)이 허다(綿綿)하고 충화(冲火)하면 장서(長婿)가 망하고 엿보(窺)는 산이 있으면 옥(獄)에서 죽고 장자(長子)가 망(亡)한다.

十四、병(丙)산의 이무(二武)는 시생산(始生山)이니 사람(人丁)에 주장(主)한다. 장자(長子)가 살지(肥)고 후(厚)하여 천창(天倉)에 연(連)한즉 건장(健)한 장부(丈夫)가 많이 나고 산이 높으고 물이 오면 삼자(三子)에 영광(榮光)을 보고 파(破)가 되었으면 불길하다.

十五、오(午)산의 삼무(三武)는 청룡산(靑龍山)이니 음악(音樂)에 주장(主)한다. 산이 낮아도 수파(水破)는 흉(凶)하나 수입(水入)은 길하다. 양기(陽氣)의 산은 남자(男子)의 명을 주장하는 것이니 살지(肥)고 후(厚)하며 높으고 크면 남자는 많으나 회포(回抱)가 낮으면 후손(後孫)이 쇠(衰)하는 것이요 천창(天倉)의 연(連)이 낮으면 음(凶)하나 수입(水入)은 길하다.

十六、정(丁)산의 우필(右弼)은 높으고 크면 부귀(富貴)하고 자(尺)만한 바위만 있어도 사위(婿)와 딸(女)이 불리하다.

十七、미(未)산의 거문(巨門)은 천창산(天倉山)이니 몸(身)에 주장한다. 산(山)이 높으게 솟았으(聳)면 건장(健)한 남자(男子)가 나는 것이요 물이 명당으로 들어오면 전장(田庄)을 개척하고 곧은 길(直路)이 혈(穴)에 쏘(射)면 도적(賊)이 오고 바위가 있으면 딸이 망(亡)한다.

十八、곤(坤)산의 좌보(左輔)는 천주산(天柱山)이니 장수(長壽)에 주장한다. 낮게 빠져서 수파(水破)가 되었으면 일직죽고 산이 높으고 물이 오면 부귀(富貴)하고 공조(功曹)에 연(連)하면 오래산다.

十九、신(申)산의 일렴(一廉)은 공조산(功曹山)이니

여자의 재물에 주장한다. 살지(肥)고 후(厚)하면 여재(女財)가 나오고 파(破)하면 병을얻는다.

二十, 경(庚)산의 이렴(二廉)은 관왕산(官旺山)이니 벼슬자리(爵位)에 주장한다. 여러산(衆山)보다 높으면 일품(一品)이되고 동우옆에 높은(覆盆)형, 누은용(臥龍)과 반월형(半月形)이면 삼품(三品)이되고 파(破)엔 벼슬이 없다.

二十一, 유(酉)산의 삼렴(三廉)은 관대산(冠帶山)이니 귀와 눈(耳目)에 주장한다. 여러산(衆山)과 같으면 자손(子孫)이 총명(聰明)하고 봉벼슬(鳳影)의 두봉(雙鳳)의 (厚)하여서 두봉의 봉벼슬(鳳影)과 같으면 자손(子孫)을 주장하는 것이며 산이 이향(離鄕)에 들어 묘덕(厚)이 총명(聰明)하고 산이 이향(離鄕)에 들어 묘방(卯方)에 염수(廉水)가 들어오면 물에 빠져서 죽는 것이며 사명산(司命山)은 재주와 예술(藝術)을 주장하는것이니 예술을 잘하고 기산(氣山)은 벼슬(官)의 음덕을 주장하는 것이니 살지(肥)고 후(厚)하여서 이땅의 연접하여 이방위(方位)로 음덕(陰德)을 이여서 천거(遷)하는데 올으게(升)되야 음덕(陰德)을 이여서 천거(遷)하는데 올으게(升)된다.

二十二, 신(辛)산의 사렴(四廉)은 물이오면 온황살(瘟癀殺)이 끊어지지 않이하여서 옥(獄)에서 죽고 물에서도 죽으며 소머리(牛頭)와 같은 돌이 있으면 도깨비(魅)가

※ 위의 산중에 전송(傳送) 복시(伏屍) 소묘(小墓) 곡장(谷將) 시생(始生) 천창(天倉) 천주(天柱) 공조(功曹) 목욕(沐浴) 등의 산은 이것이 길성(吉星)이니 마땅(連接)하여서 이것이 끊어지지 않이하면 바로쓰고(縱使) 높으고 낮은것이 서로 끊어지지 않이하면 바로쓰고(縱使) 높으고 총택(塚宅)을 세우는 것이되 오직 삼겁(三怯)이나 지호(地戶)의 등은 이것이 흉신(凶神)이되는 것이니 마땅

二十三, 술(戌)산의 일파(一破)는 대묘산(大墓山)이니 사위(婿)의 재물(財物)을 주장한다. 살지(肥)고 후(厚)하며 청수(淸秀)하고 화려(華麗)하여 여러산(衆山)이 연접(連接)하면 자손(子孫)이 장수(長壽)하고 딸의 재산(財産)이 일어나며 수파(水破)엔 흉(凶)하다.

二十四, 건(乾)산의 이파(二破)는 구진산(句陳山)이니 살마(殺魔)에 주장한다. 살지(肥)고 후(厚)하여 여러산(衆山)에 연(連)하면 자손(子孫)이 충후(忠厚)하고 선비(文儒)가 끊어지지않이 있으면 호(虎)환을 당하며 엿보는 바위가 있으면 장손부(長孫婦)가 병(病)이 들며 산이 없어서 수파(水破) 망하며 고향(故鄕)을 떠난다.

침노한다.

구 산 문

구 산 문

이 평(平)하게 낮으면 쓰되 부당한 산이 쫓아(從)서 이 방위에 왔으면 가히 쓰지못하는 것이오 무데기봉(堆峰) 이 여러 산을 눌러서 같이 머리가 뾰죽하거든 곧쓰라, 二十四方中 十八山이 다 서로 연(連)하여서 한가지로 솟었으(聳)면 흉신(凶神)의 자리(位)요 낮게 나려 오면 재록(財祿)의 방위(方位)이되 백호(白虎)와 천로(天牢)가 높으고 큰즉 도리여 흉한것이 되는것이다. 대개 음양(陰陽)의 높으고 낮은것이 서로 등이지면 길(吉)하고 등이 없으면 흉한것이며 안으로 쫓아(從) 삼겁(三怯)이나 지호(地戶)의 자리(位)는 다 평정(平正)하여도 마땅하지 않이하고 특별(特別)히 높아도 쓰지 못하는 것이요 밖으로 쫓는데(從) 오직(惟) 백호(白虎)와 천로(天牢)와 현무(玄武)도 그러한 것이되 다만(但) 여러산(衆山)으로 더부러 길(吉)하게 하고자 하는 것이니 만일 특별(特別) 히 높이지 못할진데 금궤(金櫃)와 생기(生氣)를 연(連) 한즉 길하고 음기(陰氣)와 백호가 연(連)한즉 불길(不 吉)한 것이다. 만일 모든것이 구비(俱備)한 명당(明堂) 일지라도 그가운데 악(惡)하고 불길(不吉)한것이 있으니 첫째는 현무(玄武)의 머리를 감추(藏)는 것이요 둘째는 용(龍)의 몸에 발(足)이 없는것이요 세째는 백호(白虎) 가 시체(屍體)를 먹음는 것이오 네째는 주작(朱雀)이 날

면서 우는것(飛鳴)이니 머리를 감추는 것은 지호(地戶) 의 서로 연(連)한것이 높으고 커서 침전(侵慢)해 막아서 덮으(掩)니 현무(玄武)의 발음(正) 형상(形)이 없이 합수(合水)가 됨에 물이 밖으로 나오지를 못하는 것이요 발이 없다는 것은 본룡(本龍)이 끊어져서 못하는 천주(天柱)와 천창(天倉)과 공조(功曹)등의 산을 잊지 못하는 것이요 시체(屍體)를 먹음었다는 것은 말하자면 머리만 높아서 여러산을 바로 쏘아 엎어진것같이 머리(頭)만 높아서 여러산을 바로 쏘아 (射) 눕는(凌) 것이요, 날면서(飛鳴者) 운다는 것은 말하자면 수파(水破)로 천주(天柱)와 천창(天倉)의 함정이 되여서 물의 흐르는 소리가 있는것이다. 십흉산(十凶山) 은 둥근맥(圓脈) 둥근판(圓突)의 꼬리가 없어서 형상(形) 이 자라(鼈)가 뛰는(超)것 같은것이니 빈(貧)하며 절손(絕孫)되고 산이 소의 뿔빠진것 같으면 장님이 되는 것이다. 山勢)가 죽은것 같으면 장님(盲人)이 되는 것이다.

※ 二十四山交媾次第圖와 造葬門都天轉運法을 참조

二十四 山의 坐局擇法
          산   좌 국 택 법

(二)十四 山의 좌향과 판국을 갈이는법

※ 이법은 山運과 亡人이나 집을질때는 주장되는 사람의 生年으로 주장을삼고 造葬하는 年月日時에 五行相生으로

一八

관록(官祿)을 부쳐서 쓰는 것이다.

例=子山해다 국국(局)을 정하는데는 申坐이면 子方에서 물이 보이고 辰方에서 물이 잠추어지는 것이 三合局이되 는 것인데 造葬하는 年, 月, 日, 時에 巳, 酉, 丑을 써서 기세(氣勢)를 만드는 것이니〈巳年, 酉月, 丑日이나 巳月, 酉日, 丑時를 쓰는것이〉

癸時를 쓰면 록(祿)을 취하는 것이고〈癸年, 癸月, 癸日, 乙時를 쓰면 귀(貴)를 취하는것이니〈乙年, 乙月, 乙日, 乙時를 쓰는것〉

四癸를 쓰면 록(祿)을 취하는 것이고〈癸年, 癸月, 癸日, 乙時를 쓰면 귀(貴)를 취하는 것이니〈乙年, 乙月, 乙日, 乙時를 쓰는것〉

록이나 귀나 두가지중에 하나를 택할수밖에 없을것이 며 乙丑, 丁亥, 癸丑, 癸亥에 해당한 年, 月, 日時를 쓰면 보호해주는 공격(拱格)이 되는 것이니 이상 子山에는 乙生이나 癸生이면 더욱 묘한 격이 되는 것이다.

一、子山 申子辰을 써서 득국(得局)을 삼고 巳酉丑을 써서 득세(得勢)를 하며 四癸를 써서 취록(聚祿)하고 四乙도 귀(貴)를 취(聚)하여서 乙丑, 丁亥, 癸丑, 癸亥와 丁丑, 乙亥를 써서 공격(拱格)을 삼으면 乙, 癸 명(命)에 더욱 묘(妙)한 것이다.

二、癸山 申子辰을 써서 득국(得局)을 하고 巳酉丑을 써서 득세(得勢)를 하며 四癸를 써서 취(聚)록(祿)을 하고 四庚을써서 인(印)을하고 四乙을써서 식(食)하고 四丙 을써서 재(財)를하면 癸의 명(命)이 더욱 걸(吉)한것이나

三、丑山 巳酉丑을써서 득국(得局)을 하고 甲子, 丙寅

을써서 공격(拱格)을 하거나 戊子, 甲寅, 甲子로 공격 (拱格)을 하면 甲의 명(命)에 더욱 걸한것이다.

四、艮寅山 寅午戌을 써서 득국(得局)을하고 申子辰 을 써서 득세(得勢)와 취귀(聚馬)를 하며 丑卯를 써서 취 록(聚祿)을 하면 丑卯를 써서 취공격(拱格)과 四辛을 써서 공격(拱格)을 하면 甲이나 취귀(世貴) 寅의 명(命)이 더욱 걸한것이다.

五、甲山 亥卯未를 써서 득국(得局)을 하고 甲子辰 써서 득세(得勢)를 하면 四寅을 써서 취록(聚祿)을 하고 子寅이나 寅子를 써서 세귀(世貴)를 하며 四丙을 써서 식(食)을 하면 甲명(命)에 묘(妙)한 것이다.

六、卯山 亥卯未를 써서 득국(得局)을 하고 申子辰으 로 득세(得勢)를 하며 壬辰, 壬寅, 庚辰, 戊寅, 壬寅으 甲辰으로 공격(拱格)을 하며 四乙을 써서 취록(聚祿)을 하면 日의 간(干)과 명(命)의 간(干)이 한가지로 더욱 묘 (妙)한 것이다.

七、乙山 亥卯未를 써서 득국(得局)을 하고 申子辰으 로 득세(得勢)를 하며 四丁으로 취식(聚食)을 하고 寅辰 辰寅으로 공록(拱祿)을하며 四壬으로 인(印)을하고 四戊 로 재(財)를 하며 四庚으로 관(官)을하면 乙의 명(命) 에 더욱 묘(妙)한 것이다.

八、辰山 申子辰을 써서 득국(得局)을 하고 四酉로 합덕(合德)을 한다.

九、巽巳山 巳酉丑을 써서 득국(得局)을 하면 戊辰, 戊午, 丙 未로 득세(得勢)와 취마(聚馬)를 하면 戊辰, 戊午, 丙

一九

辰、甲午、庚午、庚辰、丙午、壬辰이 다 공격(拱格)과 日에 丙、戊、庚、壬을 쓰면좋다.

十、丙山 寅午戌을 써서 득국(得局)을 하고 亥卯未로 취마(聚馬)를 하면 丙辰、甲午、戊辰、戊午가 공록(拱祿)이요 四辛이 재(財)가 되고 四戊가 식(食)이 되며 명(命)과 일(日)이 한가지 간(干)으로 더욱 묘(妙)한 것이다.

十一、午山 寅午戌을 써서 득국(得局)을 하고 亥卯未로 취세(得勢)를 하면 丁巳、丁未、己巳、辛未、乙巳、辛巳가 또한 공격(拱格)이며 명(命)과 일(日)이 한가지로 더욱 묘(妙)한 것이다.

十二、丁山 寅午戌을 써서 득국(得局)을 하고 亥卯未로 득세(得勢)를 하면 丁巳、丁未、己巳、辛未、癸巳가 공격(拱格)이요 己未 己巳가 공격(拱格)이니 四丁이 취록(聚祿)이요、 四辛이 재(財)가 되며 명(命)에 더욱 묘(妙)한 것이다.

十三、未山 亥卯未를 써서 득세(得勢)를 하면 戊午 庚申 甲申이 취재(聚財)로 四午가 합덕(合德)이요 四癸 四亥가 공격(拱格)이 된다.

十四、坤 申山 申子辰을 써서 득국(得局)을 하고、 寅午戌로 득세(得勢)와 취마(聚馬)를 하면 己酉 辛未 己未 癸酉 乙未 乙酉가 공격(拱格)이니 乙己 庚의 명(命)에 더욱 묘(妙)하고 四

庚에 록(祿)을 얻는다.

十五、庚山 巳酉丑을 써서 득국(得局)을 하고 申으로 취마(聚馬)를 하며 丙戌 丙申 戊戌이 공귀(拱貴)요 四己가 취관(聚官)이요 四丁이 취귀(聚貴)요 四己가 인(印)이되고 四壬이 식(食)이되니 경명(庚命)에 더욱 길(吉)한 것이다.

十六、酉山 巳酉丑을 써서 득국(得局)을 하고 四申으로 취귀(聚貴)를 하고 四丙과 四丁으로 취귀(聚貴)를 하고 取祿으로 합덕(合德)을하면 丙戌 丙申 戊戌이 하고 공격(拱格)으로 길함이 되는것이다.

十七、辛山 巳酉丑을 써서 득국(得局)을 하고 丙丁辛三命에 귀(貴)함이 되고 四癸가 식(食)이 된다.

十八、戌山 寅午戌을 써서 득국(得局)을 하고 亥卯未를 써서 취록(聚祿)을 하면 丙戌 丙申 戊戌이 공귀(拱貴)이니 丁명(命)에 귀(貴)가 되고 四甲이 재(財)가 되는것이다.

十九、乾 亥山 亥卯未를 써서 득국(得局)을 하고 巳酉丑으로 득세(得勢)를 하면 壬戌 庚子 庚戌이 공록(拱祿)이니 四甲이 식(食)이 되고 四丁이 재(財)가 되는것이다.

二十、壬山 申子辰을 써서 득국(得局)을 하고 巳酉丑으로 득세(得勢)를 하면 丙戌 戊子로 취귀(聚貴)를 한다.

金精鰲極금정오극의 主山定局法주산정국법 (금정오극의 주장하는 산으로 판국을 정하는 법)

歲……쓰는 해
氣……쓰는 계절 ∧玄天…冬 丹天…春夏中間 黃天…夏秋中間 素天…秋 赤天…夏 蒼天…春∨

1 癸계子자壬임山산

爻효	令령	穴혈	氣기	歲세
戊무 子자	天천穴혈 癸계水수 淸청司사	玄현	子자 午오
戊무 戌술	天천穴혈 戊무土토 濁탁司사	黃황 天천	巳사 亥해
戊무 戌술	人인穴혈 庚경金금 淸청司사	素소 天천	辰진 戌술
戊무 午오	人인穴혈 丁정火화 濁탁司사	赤적 天천	卯묘 酉유
戊무 辰진	地지穴혈 戊무土토 淸청司사	黃황 天천	寅인 申신
戊무 寅인	地지穴혈 甲갑木목 濁탁司사	蒼창 天천	丑축 未미

2 寅인艮간丑축山산

爻효	令령	穴혈	氣기	歲세
丙병 寅인	天천穴혈 甲갑木목 淸청司사	蒼창	寅인 申신
丙병 戌술	天천穴혈 癸계水수 濁탁司사	玄현 天천	丑축 未미
丙병 戌술	人인穴혈 戊무土토 淸청司사	黃황 天천	子자 午오
丙병 申신	人인穴혈 庚경金금 濁탁司사	素소 天천	巳사 亥해
丙병 午오	地지穴혈 丁정火화 淸청司사	赤적 天천	辰진 戌술
丙병 辰진	地지穴혈 戊무土토 濁탁司사	黃황 天천	卯묘 酉유

구산문

5	4	3
丁정午오丙병 山산	巳사巽손辰진 山산	乙을卯묘甲갑 山산
歲세 氣기 穴혈 令령 爻효	歲세 氣기 穴혈 令령 爻효	歲세 氣기 穴혈 令령 爻효
巳사 丹단 天천 丙병己기	卯묘 蒼창 天천 乙을 辛신	辰진 黃황 天천 戊무 庚경
亥해 天천 穴혈火화 司사巳사	酉유 天천 穴혈木목 司사 卯묘	戌술 天천 穴혈土토 司사 戌술
淸청	淸청	淸청
辰진 黃황 天천 己기己기	寅인 丹단 天천 丙병 辛신	卯묘 素소 天천 庚경 庚경
戌술 天천 穴혈土토 司사未미	申신 天천 穴혈火화 司사 巳사	酉유 天천 穴혈金금 司사 申신
濁탁	濁탁	濁탁
卯묘 素소 人인 辛신己기	丑축 黃황 人인 己기 辛신	寅인 赤적 人인 丁정 庚경
酉유 天천 穴혈金금 司사酉유	未미 天천 穴혈土토 司사 未미	申신 天천 穴혈火화 司사 午오
淸청	淸청	淸청
寅인 玄현 人인 壬임己기	子자 素소 人인 辛신 辛신	丑축 黃황 人인 戊무 庚경
申신 天천 穴혈水수 司사亥해	午오 天천 穴혈金금 司사 酉유	未미 天천 穴혈土토 司사 辰진
濁탁	濁탁	濁탁
丑축 黃황 地지 己기己기	巳사 玄현 地지 壬임 辛신	子자 蒼창 地지 甲갑 庚경
未미 天천 穴혈土토 司사丑축	亥해 天천 穴혈水계 司사 亥해	午오 天천 穴혈木목 司사 寅인
淸청	淸청	淸청
子자 蒼창 地지 乙을己기	辰진 黃황 地지 己기 辛신	巳사 玄현 地지 癸계 庚경
午오 天천 穴혈木목 司사卯묘	戌술 天천 穴혈土토 司사 丑축	亥해 天천 穴혈水수 司사 子자
濁탁	濁탁	濁탁

구산문

8 亥해乾건戌술 山산	7 申신酉유庚경 山산	6 申신坤곤未미 山산
歲세=辰진黃황 氣기=天천穴혈戊무土토 穴혈=淸청 令령=司사 爻효=戌술	歲세=丑축黃황 氣기=天천穴혈壬임土토 穴혈=淸청 令령=司사 爻효=未미	歲세=卯묘素소 氣기=天천穴혈辛신金금 穴혈=淸청 令령=司사 爻효=酉유
卯묘素소 天천穴혈庚경金금 濁탁 司사 酉유	子자素소 天천穴혈辛신金금 濁탁 司사 午오	寅인玄현 天천穴혈壬임水수 濁탁 司사 亥해
寅인赤적 人인穴혈丁정火화 淸청 司사 申신	巳사玄현 人인穴혈壬임水수 淸청 司사 亥해	丑축黃황 人인穴혈己기土토 淸청 司사 丑축
丑축黃황 人인穴혈戊무土토 濁탁 司사 未미	辰진黃황 人인穴혈甲갑土토 濁탁 司사 戌술	子자蒼창 人인穴혈乙을木목 濁탁 司사 卯묘
子자蒼창 地지穴혈甲갑木목 淸청 司사 午오	卯묘蒼창 地지穴혈乙을木목 淸청 司사 酉유	巳사丹단 地지穴혈丙병火화 淸청 司사 亥해
巳사玄현 地지穴혈癸계水수 濁탁 司사 亥해	寅인丹단 地지穴혈甲갑火화 濁탁 司사 申신	辰진黃황 地지穴혈己기土토 濁탁 司사 戌술

二三

定穴爻位의 淸濁法 (혈을 정함에 효의 잘이가 맑고 흐린것을 아는법)

1、乾坤艮巽坐=天穴이 맑은(淸)것이오 子午卯酉坐는 天穴(天穴)이 흐린(濁)것이다.

2、寅申巳亥坐=人穴이 맑고 辰戌丑未坐는 人穴(人穴)이 흐린(濁)것이다.

3、甲庚丙壬坐=地穴이 맑은것이고 乙辛丁癸坐는 地穴(地穴)이 흐린(濁)것이다.

그 효위(爻位)의 순서(順序)는 건곤간손(乾坤艮巽)坐에 천혈(天穴)이 맑다 하는것은 모양(額)을 정(定)하는것이 三爻에 있고 甲庚丙壬坐의 지혈(地穴)이 맑다는것은 정(定)함을 구(求)하는것이 제육효(第六爻)에 있고 子午卯酉坐에 천혈(天穴)이 흐리다 하는것은 모양(額)을 정(定)하는것이 제五爻에 있고 寅申巳亥坐에 인혈(人穴)이 흐리다 하는것은 모양(額)을 정(定)하는것이 四爻에 있고 乙辛丁癸坐의 지혈(地穴)이 흐리다는 것은 정(定)함을 구(求)하는 것이 초효(初爻)에 있다.

논(論)=그 법(法)이 언제나 태세지지(太歲支)의 패효上으로 조차 一甲을 일으키는 것이니 만일 子年에는 山에 辰向을 만들것 같으면 건국(乾局)에 나가(就)서 一甲을 일으키(起)면 초효(初爻)가 二辛이요 六효(爻)가 三丙이요 五爻가 四乙이요 三爻가 五庚이나 六丁을 만나(値)는 효(爻)가 三丙이요 五爻가 四乙이요 三爻가 六丁이니 四乙이나 五庚이나 六丁을 만난 것이다 남어지(餘)는 여기(此)에 모방(倣)하라. ※二十四山爻定位法 明暗氣到穴定局法을 보라

무릇 一甲이나 二辛이나 三丙을 만나는 자는 후천(後天)의 산기(散氣)가 되여서 다(俱) 흉(凶)한것이요 四乙이나 五庚이나 六丁을 만나는 者는 선천(先失)의 영기(盈氣)가 되여서 다(俱) 길(吉)한것이다.

二十四山의 爻穴定位法 (이십사산의 효와 혈의 정한방위 보는법)

六爻　天穴淸　　乾坤　艮巽

明暗氣의 到穴定局法 (밝고 어두운 기운이 혈에 오는 판국을 정한법) (橫看 가루보라)

五爻	四爻	三爻	二爻	初爻
天穴濁 천혈탁	人穴淸 인혈청	人穴濁 인혈탁	地穴淸 지혈청	地穴濁 지혈탁
子午 자오	寅申 인신	辰戌 진술	甲庚 갑경	乙辛 을신
卯酉 묘유	巳亥 사해	丑未 축미	丙壬 병임	丁癸 정계

一 일 甲 갑 暗 암

寅甲 인갑
辰酉 진유
山 산

申癸 신계
巳未 사미
戌丙 술병
山 산

壬辛 임신
艮亥 간해
山 산

坤卯 곤묘
庚巽 경손
山 산

午 오
乾 건
山 산

乙子 을자
丑 축
山 산

二 이 辛 신 暗 암

乙子 을자
丑 축
山 산

丁寅 정인
未甲 미갑
酉辰 유진
山 산

申癸 신계
巳未 사미
戌丙 술병
山 산

壬辛 임신
艮亥 간해
山 산

坤卯 곤묘
庚巽 경손
山 산

午 오
乾 건
山 산

子午年 자오년
丑未年 축미년
寅申年 인신년
卯酉年 묘유년
辰戌年 진술년
巳亥年 사해년

구산문

二五

구 산 문

三삼병암 丙暗	四사을명 乙明	五오경명 庚明	六육정명 丁明
午오 乾건 山산	坤곤卯묘 庚경巽손 山산	壬임辛신 艮간亥해 山산	申신癸계 戌술巳사 　丙병 山산
乙을子자 丑축 山산	午오 乾건 山산	坤곤卯묘 庚경巽손 山산	壬임辛신 艮간亥해 山산
丁정寅인 未미甲갑 酉유辰진 山산	申신癸계 戌술巳사 　丙병 山산	午오 乾건 山산	坤곤卯묘 庚경巽손 山산
申신癸계 戌술巳사 　丙병 山산	丁정寅인 未미甲갑 酉유辰진 山산	乙을子자 丑축 山산	午오 乾건 山산
壬임辛신 艮간亥해 山산	申신癸계 戌술巳사 　丙병 山산	丁정寅인 未미甲갑 酉유辰진 山산	乙을子자 丑축 山산
坤곤卯묘 庚경巽손 山산	壬임辛신 艮간亥해 山산	申신癸계 戌술巳사 　丙병 山산	丁정寅인 未미甲갑 酉유辰진 山산

논(論)＝만일 辰年에 寅山에다 申向을 만들것 같으면 五庚인 명기(明氣)가 혈(穴)에 일으는(到)것이니 남머지(餘)는 여기에 모방(倣)하라 명(明)은 선천(先天)의 영기(盈氣)이니 길(吉)하고 암(暗)은 후천(後天)의 산기(散氣)이니 흉(凶)하다.

五오산의 年년運운法법 〈다섯가지 산의 해마다 돌아가는 운보는법〉

甲己年……쓰는해 乙丑……쓰는月 金運……六甲의 納音〈乙丑은 海中金이니 金運이되는것이다〉

甲己年에 乙丑은 戊癸年의 겨울의 끝에 달이나 運이 남어서 甲己年 初로 온것이고 甲己年 겨울 끝에 달인 丁丑은 運

이 남어서 乙庚年 봄으로 가는것이다。 辛未는 여름의 끝에 달이고 甲戌은 가을의 끝에 달이고 戊辰은 봄의 끝에 달인 것이다。

金 山　　木 山　　火 山　　水土山

甲己年=乙丑은　　을축
乙庚年=丁丑은　　정축
丙辛年=己丑은　　기축
丁壬年=辛丑은　　신축
戊癸年=癸丑은　　계축

甲己年=乙丑은 金運 辛未는 土運 甲戌은 火運 戊辰은 木運
乙庚年=丁丑은 水運 癸未는 木運 丙戌은 土運 庚辰은 金運
丙辛年=己丑은 火運 乙未는 金運 戊戌은 木運 壬辰은 水運
丁壬年=辛丑은 土運 丁未는 水運 庚戌은 金運 甲辰은 火運
戊癸年=癸丑은 木運 己未는 火運 壬戌은 水運 丙辰은 土運

오산중(五山中) 매년마다 동지(冬至) 후이면 금산(金山)이 먼저 운(運)을 변(變)하고 목(木) 화(火) 수(水) 토(土)에 산은 입춘(立春)후에야 운을 변(變)한다。산의 운(運)이 년(年) 월(月) 일(日) 시(時)에 상극(克)을 입은자는 사주(四柱)의 납음(納音)으로 제복(制伏)을 시킨 즉 다 꺼림(忌)이 없는것이니 말하자면 아들이 와서 어머니를 구하는 것이며 살(殺)이 화하여 권세(權勢)가 되여서 도리여 길(吉)함이 되는것이다。그리고 절후(節侯)에 의하여 생하고 왕(旺)하는데 기운(氣運)이 있음을 취(取)하고 또는 二十四산모 각각(各各) 그 산원(三元)의 자、백(紫)、白)과 삼기(三奇)、진(眞)、록(祿)、마(馬)、귀인(貴人) 통천규(通天竅) 주마육임(走馬六壬)과 두태음(斗太陰) 진태양(眞太陽)에 합(合)하면 임의(任意)로 조장(造葬)을 한다。

구 산 문

二七

五天運法(오천운법)

※六十年中에는 甲에서 癸까지 十干이 各六年이 있는데 여기에 논한것은 甲과 壬만 六年을 냈고 其他八干은 四年과 二0年을 안낸것이 있으니 그것은 다좋은 해이며〈뒤에 그 二0년을 논한것이 있다〉여기 논한 四十年은 다 사기(邪氣)가 있는것이다.

一、육갑세(六甲歲)〈甲子、甲戌、甲申、甲午、甲辰、甲寅年〉는 그 해의 토(土)가 너무과(太過)하여 음기(陰氣)가 성행(盛行)하니 그의 사간(邪干)은 물(水)의 우음(羽音)이요 고(孤)가 되니 진성(鎭星)이 밝게(明)보인(見)다.

二、이을세(二乙歲)〈乙亥、乙巳年〉는 세금(歲金)이 불급(不及)하여서 염화(炎火)가 성행(盛行)한다 그의 사간(邪干)은 금(金)의 상음(商音)이요 허(虛)가 되니 형혹(螢惑)에 빛이 보인다.

三、사병세(四丙歲)〈丙寅、丙子、丙申、丙午年〉는 세수(歲水)가 태과(太過)하여서 한수(寒水)가 성행(盛行)한다 그의 사간(邪干)은 화(火)에 치음(徵音)이요 고(孤)가 되니 진성(辰星)이 밝게(明)보인(見)다.

四、사정세(四丁歲)〈丁卯、丁丑、丁酉、丁未年〉는 세목(歲木)이 불급(不及)하여서 조금(燥金)이 성행(盛行)한다 그의 사간(邪干)은 목(木)의 각음(角音)이요 허(虛)가 되니 태백(太白)이 밝게 보인다.

五、사무세(四戊歲)〈戊寅、戊子、戊申、戊午年〉는 세화(歲火)가 태과(太過)하여서 염暑(炎暑)가 성행(盛行)한다 그의 사간(邪干)은 금(金)의 상음(商音)이요 고(孤)가 되니 형혹(螢惑)이 밝게 보인다.

六、사기세(四己歲)〈己巳、己卯、己亥、己酉年〉는 세토(歲土)가 불급(不及)하여서 풍기(風氣)가 성행(盛行)한다 그의 사간(邪干)은 토(土)의 궁음(宮音)이요 허(虛)가 되니 세성(歲星)의 빛이 보인다.

七、이경세(二庚歲)〈庚辰、庚戌年〉는 세금(歲金)이 태과(太過)하여 조금(燥金)이 성행(盛行)한다 그의 사간(邪干)은 목(木)의 각음(角音)이요 고(孤)가 되니 태백(太白)이 밝게 보인다.

八、사신세(四辛歲)〈辛未、辛巳、辛丑、辛亥〉는 세수(歲水)가 불급(不及)하여서 습토(濕土)가 성행(盛行)한다 그의 사간(邪干)은 수(水)의 우음(羽音)이요 허(虛)가 되니 진성(鎭星)이 밝게(明)보인(見)다.

九、육임세(六壬歲)〈壬申、壬午、壬辰、壬寅、壬子、

천운공망(天運空亡)과 만나는 자는 다 같이 쓸수가 없는 것이니 이것은 우(右)는 사기(邪氣)의 간(干)이 행하여 그 산음(山音)과 만나는 자는 다 같이 쓸수가 없는 것이니 이것은

※우(右)는 사기(邪氣)의 간(干)이 행하여 그 산음(山音)과 만나는 자는 다 같이 쓸수가 없는 것이니 이것은

1, 무진(戊辰) 무술(戊戌)의 이년(二年)은 불이(火)본래(本) 너무(太) 과(過)하나 그의 평균(平均)함을 얻으나 익이(克)여서 감(減)하니 상으로 천형(天刑)을 만났(得)고 계사(癸巳) 계해(癸亥)의 이년(二年)은 불이(火) 본래(本) 부족(不足)하나 상(上)으로 천기(天氣)를 만나 생하여서 도으(助)니 그의 평균(平均)함을 얻는(得)다.

2, 기축(己丑) 기미(己未)과 천부(天符)를 만나서 도으(助)니 그의 평균(平均)함을 얻는(得)다.

3, 경자(庚子) 경오(庚午)의 二년(年)은 상(上)으로

壬戌年∨는 세목(歲木)이 태과(太過)하여서 풍기(風氣)가 성행(盛行)한다 그의 사간(邪干)은 토(土)의 궁음(宮音)이요 고(孤)가 되니 세성(歲星)이 밝게 보인다.

十, 사계세(四癸歲) △癸酉, 癸未, 癸卯, 癸丑年∨는 세화(歲火)가 불급(不及)하여서 한수(寒水)가 성행(盛行)한다 그의 사간(邪干)은 화에 치음(徵音)이요 허(虛)가 되니 진성(辰星)의 빛이(光) 보인(呈)다.

천운공망(天運空亡)의 대흉(大凶)이라 하는 것이다.

군화(君火)를 만나(逢)고 경인(庚寅) 경신(庚申)에 二년(年)은 상으(上)로 상화(相火)를 만나고 을축(乙丑) 을미(乙未)의 二년(年)은 상(上)으로 순화(順化)를 만나고 을유(乙酉) 을묘(乙卯)의 二년(年)은 상(上)으로 천부(天符)를 만나(逢)니 다 좋은 것이다.

4, 신유(辛酉) 신묘(辛卯)의 二년(年)은 또한 그 순화(順化)를 만나(逢)서 그의 평(平)함을 얻고 병진(丙辰) 병술(丙戌)의 二년(年)은 또한 그(其) 기화(氣化)에 균일(均一)함을 얻어(得)서 평균(平均)하게되니 좋다.

5, 정사(丁巳) 정해(丁亥)의 二년(年)은 나무(木)가 본래(本) 불급(不及)하나 상(上)으로 천부(天符)를 만나(逢)서 그의 평균(平均)함을 얻는(得)다. 우(右)의 二十년(年)은 기화(氣化)에 골은(均)것을 얻(得)고 공망(空亡)에 범(犯)함이 없으니 五산(山)은 다 천운(天運)에 길(吉)한것을 만난(逢)것이다.

定六氣看法 (정한 육기를 보는 법)

子午年 = 少陰 君火 司天
　　　　　　　陽明 燥金 在泉

구 산 문

丑 未年 = 太陰　濕土　司天
寅 申年 = 少陽　相火　在泉
卯 酉年 = 陽明　燥金　司天
辰 戌年 = 太陽　寒水　在泉
巳 亥年 = 厥陰　風木　司天
　　　　　少陽　相火　在泉

六氣의 應候法 (여섯가지의 기운이 절후에 응하는법)

※山의 運이 五行을 따라서 도라가되 절후(節候)에 의여 왕(旺)하고 쇠(衰)할 때가 있으니 왕(旺)할 시기(時期)를 택(擇)하여 쓰는 것이 주기(主氣)가 되고 쇠(衰)할 시기를 쓰는 것이 객기(客氣)가 되는 것이며 主氣가 너무 왕성할때에는 이것을 좀 억제하여 평정(平正)하게 하는 것이다.〈즉 山運이나 주장 하는사람의 年運이 火運일것 같으면 水運인 月日 時를 택(擇)하여 火運을

좀 억제 한다는 것이다〉

一, 인, 갑, 묘, 을, 손, (寅,甲,卯,乙,巽,)의 五山은 대한초(大寒初)로부터 경칩(驚蟄)말(末)까지는 창천(蒼天)의 생기(生氣)〈봄절후의 氣運〉 가주장을 하니 한수(寒水)의 령(令)〈겨울계절의 氣運〉을 함(合)하여 득세(得勢)를 하면 발복(發福)이 한이 없을 것이요 사해세(巳亥歲)에 가서는 주기(主氣)가 쇠하게 된다 집짓고 장사를 (葬) 하는자(者)가 해, 묘, 미, 인, 해, 묘, 未, 寅)의 년월일시(年月日時)를 쓰면 대길(大吉)하고 축, 술, 丑, 戌)은 다음으로 길(吉)한 것이며 이산(此山)은 천운(天運)은 경년(庚年)이 외롭(孤)게 되고 정년(丁年)이 허(虛)하게 되며 경인 정묘(庚寅 丁卯)의 二년(年)은 평기(平氣)로 길(吉)함이 된다.

二, 사, 병(巳,丙)의 二산(山)은 춘분분초(春分初)로부터 입하(立夏)말(末)까지는 단천(丹天)의 서기(舒氣)가 주(主)을 하니 발복(發福)이 한이없고 자오(子 午)해에 가서는 주기(主氣)가 쇠한다.

三, 오, 정(午, 丁)의 二산(山)은 소만초(小滿初)로 부터 소서(小暑)말(末)까지는 적천(赤天)의 장기(長氣)가 주(主)가 하니 발복(發福)이 한이없고 인, 신해(寅, 申歲)에

※ 이(此)넷의 화산(火山)은 조장(造葬)에 인、오、술、사(巳)、오(午)、술(戌)、사(巳)의 년、월、일、시(年、月、日、時)를 쓰면 조장(造葬)의 천운(天運)은 병년(丙年)이 외롭(孤)게 되며 이산(山)의 천운(天運)은 병년(丙年)이 외롭(孤)게 되며 이산년(癸年)이 허(虛)가 되며 병인(丙寅) 계축년(癸丑年)이 평기로 길(吉)함이 된다.

四、진、술、축、미、간、곤(辰、戌、丑、未、艮、坤)의 六山은 대서(大暑)초로 부터 백로(白露)말까지는 황천(黃天)의 화기(化氣)가 주장을 하니 발복(發福)이 한이 없고 축、미(丑未)해에 가서는 주기(主氣)가 쇠한다. 조장(造葬) 에 신、자、진、해(申、子、辰、亥)의 년월일시(年月日時)를 쓰면 대길(大吉)하고 무、오、미(戊、午、未)가 차길 이 되며 이산(山)의 천운(天運)은 임년(壬年) 임술 (壬戌) 기년(己年)이 허(虛)가 되여서 임진(壬辰)의 해 기미(己未)의 해(年)가 평기(平氣)로 길(吉)함이 된다.

五、신、경、유、신、건(申、庚、酉、辛、乾)의 오산(五山)은 양명조금(陽明燥金)이 되니 추분초(秋分初)로부터 입동 말(立冬末)에 가서는 소천(素天)의 수기(收氣)가 주 장을 하니 습토(濕土)의 령(令)을 합(合)하여서 득세(得 勢)를 하면 발복(發福)이 한이 없을것이요 묘、유년(卯酉)

歲)에 가서는 사천(司天)의 객기(客氣)가 된다。 조장(造 葬)에 사、유、축、신(巳、酉、丑、申)의 년、월、 日、時)를 쓰면 대길(大吉)하고 묘、미、진、묘(戌、卯、未、辰)、卯)이 차 길(次吉)게 되고 을년(乙年)이 허(虛)가 되여서 무신(戊申)의 유(乙酉)의 二년(年)이 평기(平氣)로 길(吉)함이 된다.

六、해、임、자、계(亥、壬、子、癸)의 사산(四山)은 태양(太 陽) 한수(寒水)가 되여서 소설초(小雪初)로부터 소한말 (小寒末)에 가서는 [현천(玄天)의 장기(藏氣)가 주장을 하니 조금(燥金)의 령(令)을 합(合)하여서 득세(得勢)를 하면 발복(發福)이 한이 없고 진、술년(辰、戌年)에 가서는 사천(司天)의 객기(客氣)가 된다. 조장(葬)에 신、자、진、해(申、子、辰、亥)의 년、월、일、시(年、月、日、時)를 쓰면 대길(大吉)하고 술、미(戌、未)가 그다음 길(吉)한 것이요 이산(此山)의 천운(天運)은 갑년(甲年)이 외롭 (孤)게 되고 신년(申年)이 허(虛)하게 되여서 갑자(甲子) 와 신해(辛亥)의 二년(年)이 평기(平氣)로 길(吉)함이 된다.

※ 우(右)는 육기(六氣)의 생(生)하고 서(舒)하며 (長)하고 화(化)아며 수(收)하고 장(藏)하는것이 곧 二 十四산(山)의 주기(主氣)로서 각각 그때에 응(應)하여서

구 산 문

의 五산이 앉은(坐) 방위(方位)에 이 여섯기(氣)의 절후와 서로 부합(符合)이 되여서 고(孤)와 허(虛)를 피한즉 조장(造葬) 하는자에 대길할 증조가 있는것이다.

論=화(化)에 기운(氣運)이라는것은 천운(天運)이 행하는 기운이요 묘(墓)에 기운(氣)이라는 것은 지운(地運)하는 기운이다.

이 행하는 기운(氣運)이니 천운(天運)은 의롭(孤)고 허(虛)하며 평(平)하고 복(復)하는 해(歲)가 있고 지운(地運)은 극(克)하고 설(泄)하며 화(和)하고 생(生)하는 때(時)가 있으니 마땅히 고허(孤虛)와 극설(克泄)을 피(避)하고 평복(平復)과 화(和) 생(生)을 취(取)하는 것이다.

五天氣治定限法 <small>(하늘의 여섯가지 기운이 다스림을 정한법)</small>

오천기치정한법

運이 固定된 年數 二숨숨숨 四 四 四 四 三 三 三 三

年月日時 子 丑 寅 卯 辰 巳 午 未 申 酉 戌 亥

1、蒼창天천=甲갑木목司사令령 敗패 冠관 官관 旺왕 衰쇠 疾병 死사 墓묘 絶절 胎태 養양 生생

乙을木목司사令령 病병 衰쇠 旺왕 官관 冠관 敗패 生생 養양 胎태 絶절 墓묘 死사

2、丹단黃황天천=丙병火화司사令령 養양 生생 旺왕 官관 冠관 敗패 死사 絶절 胎태 養양 病병 胎태

丁정火화司사令령 胎태 養양 生생 旺왕 帶대 官관 冠관 衰쇠 病병 死사 葬장 絶절

3、赤적黃황天천=戊무土토司사令령 絶절 葬장 死사 病병 敗패 官관 旺왕 帶대 冠관 葬장 庫고 胎태

己기土토司사令령 死사 葬장 絶절 胎태 生생 旺왕 官관 帶대 敗패 養양 養양 絶절

4、素소天천=庚경金금司사令령 生생 養양 胎태 絶절 死사 病병 敗패 衰쇠 旺왕 官관 帶대 死사

辛신金금司사令령 旺왕 衰쇠 病병 死사 葬장 絶절 胎태 養양 生생 旺왕 帶대 敗패

5、玄현天천=壬임水수司사令령 衰쇠 病병 死사 葬장 胎태 絶절 病병 官관 敗패 帶대 病병

癸계水수司사令령 官관 帶대 敗패 生생 養양 胎태 絶절 葬장 死사 病병 衰쇠 旺왕

三二

우(右)는 오천기(五天氣)의 금정월화지결(金精月華之訣)이라는 것이니 태(胎)양(養)은 인구(人口)가 성(盛)하고 생(生)왕(旺)은 재물(財物)과 곡식(穀食)이 풍족하고 관(冠)대(帶)는 어진재주(賢才)가 나고 임(臨)관(官)은 관록(官祿)이 높으고 고(庫)묘(墓)는 횡재(橫財)를 하는것이다 그남어지는 모두 좋지않는 것이다.

地中石骨法 (지중석골법) (땅속에돌있는것을아는법)

건(乾)이 패상(卦象)이되즉 감(坎)의 포(胞)이 진(震)

에 있으니 건, 감, 간, 진(乾, 坎, 艮, 震)은 양(陽)이 된다. 곤(坤)이 패상(卦象)이된즉 이(离)의 포(胞)이 간(艮)에 있으니 곤, 이, 태, 손(坤, 离, 兌, 巽)이 음(陰)이 된다. 석골(石骨)이 있고없는(有無) 것은 포(胞)된 곳(處)으로써 생(生)을 일으키는 것이니 팔괘(八卦)로 헤아리(準)면 양패의 반대(陽卦反對)되는 곳(處)에는 주먹돌(拳石)이 있고 음패(陰卦)의 반대(反對)되는 곳에는 굳은 돌(頑石)이 있는 것이다.

萬年圖法 (만년도법)

歲名세명	子坐자좌	癸坐계좌
甲子갑자	年克年년극	向殺향살年克년극
乙丑을축	灸退구퇴	浮天부천
丙寅병인	三殺삼살陰府음부	傍陰방음坐殺좌살
丁卯정묘	小利리	大利대리
戊辰무진	年克년극	向殺향살年克년극
己巳기사	灸退구퇴	大利대리
庚午경오	三殺삼살	歲破세파坐殺좌살
辛未신미	年克년극陰府음부	傍陰방음年克년극
壬申임신	地官지관	向殺향살
癸酉계유	灸退구퇴	大利대리

구산문

丑축坐좌	艮간坐좌	寅인坐좌	甲갑坐좌	卯묘坐좌	乙을坐좌	辰진坐좌
年년克극	陰음府부	年년克극	年년克극	灸구退퇴	大대利리	地지官관年년克극
傍방陰음	年년克극	三삼殺살	坐좌殺살	年년克극三삼殺살	坐좌殺살	三삼殺살
三삼殺살	年년克극	小소利리	大대利리	年년克극	大대利리	傍방陰음
小소利리	大대利리	傍방陰음天천官관	傍방陰음向향殺살	小소利리	向향年년殺살克극	小소利리
年년克극	大대利리	年년克극	年년克극	陰음府부灸구退퇴	傍방陰음	年년克극
大대利리	陰음府부年년克극	三삼殺살	坐좌殺살	三삼年년殺살克극	坐좌殺살	三삼殺살
傍방陰음三삼殺살	大대利리	大대利리	大대利리	小소利리	大대利리	小소利리
歲세破파年년克극	大대利리	天천官관年년克극	向향年년殺살克극	小소利리	向향殺살	傍방年년陰음克극
小소利리	大대利리	歲세破파傍방陰음	傍방浮부陰음天천	灸구退퇴	大대利리	小소利리
地지官관	小소利리	三삼殺살	坐좌殺살	陰음歲세府부破파三삼殺살	傍방浮부陰음天殺살	三삼殺살

구산문

三四

坤좌	未좌	丁좌	午좌	丙좌	巳좌	巽좌
年克	年克 / 三殺	坐殺	歲破 / 三殺	傍陰 / 坐殺	三殺	陰府 / 年克
大利	歲破	傍陰	小利	大利	地官 / 傍陰 / 年克	大利
陰府	小利	向殺	地官	向殺	天官 / 年克	大利
大利	地官	大利	陰府 / 年克 / 灸退	年克	大利	大利
浮天 / 陰府 / 年克	傍陰 / 三殺 / 年克	坐殺	三殺	坐殺	三殺	年克
大利	小利	大利	小利	傍陰	年克	陰府
大利	大利	向殺 / 年克 / 浮天 / 傍陰	大利	向殺	天官 / 傍陰	大利
陰府 / 年克	年克	大利	灸退	浮天	大利	年克
大利	三殺	坐殺	陰府 / 三殺	坐殺	三殺	小利
陰府	傍陰	年克	小利	大利	大利	大利

구산문

亥坐	乾坐	戌坐	辛坐	酉坐	庚坐	申坐
天官	小利	年克	傍年陰克	小利	年克	年克
大利	陰府	小利	向殺	陰府	向殺	天官
三殺	大利	大利	浮天	灸退	大利	歲破傍陰
小利	陰府	傍陰三殺	坐殺	歲破三殺	坐殺浮天	三殺
天官傍陰	大利	歲破年克	年克	小利	傍年陰克	地官年克
歲破	浮天	小利	傍陰向殺	地官	向殺	天官
三殺年克	陰府年克	地官	大利	陰府灸退年克	小利	小利
地官	小利	三殺年克	坐殺年克	三殺	坐殺年克	傍陰三殺年克
天官	陰府	傍陰	大利	不冬至後利 小利	大利	大利
傍年陰克	年克	大利	向殺	年克	傍陰向殺	天官

구산문

年名	壬坐	子坐	癸坐	丑坐	艮坐	寅坐
甲戌	向殺浮天	三殺	坐殺	三殺	陰府	地官
乙亥	傍陰	年克	年克浮天	傍年陰克	小利	年天克官
丙子	坐殺	陰府	傍向陰殺	小利	大利	小利
丁丑	年克	年灸克退子	年克	年克	大利	傍年三陰克殺
戊寅	向殺	三殺	坐殺	三殺	大利	小利
己卯	大利	小利	大利	小利	陰府	天官
庚辰	傍坐陰殺	小利	向殺	傍陰	年克	大利
辛巳	大利	陰灸府子退	傍陰	小利	大利	三殺
壬午	向殺	歲三破殺	坐殺	三殺	大利	傍陰
癸未	大利	年克	年克	歲年破克	小利	年天克官

구산문

甲갑坐좌	卯묘坐좌	乙을坐좌	辰진坐좌	巽손坐좌	巳사坐좌	丙병坐좌	구산문
大대利리	小소利리	大대利리	歲세破파	陰음府부	天천官관	向향傍방殺살陰음	
年년向향克극殺살	地지官관	向향殺살	年년克극	年년克극	歲세傍방破파陰음	大대利리	
大대利리	灸구退퇴	大대利리	地지傍방官관陰음	大대利리	三삼殺살	坐좌殺살	
傍방年년坐좌陰음克극殺살	三삼殺살	坐좌殺살	年년三삼克극殺살	年년克극	地지官관	大대利리	
大대利리	陰음府부	傍방年년陰음克극	大대利리	大대利리	天천官관	年년向향克극殺살	
向향殺살	大대利리	向향殺살	大대利리	陰음府부	大대利리	傍방陰음	
大대利리	年년灸구克극退퇴	大대利리	小소利리	大대利리	傍방年년三삼陰음克극殺살	坐좌殺살	
坐좌殺살	三삼殺살	年년坐좌克극殺살	傍방三삼陰음殺살	大대利리	大대利리	浮부年년天천克극	
傍방浮부陰음天천	小소利리	大대利리	小소利리	小소利리	天천官관	向향殺살	
年년向향克극殺살	陰음府부	傍방浮부向향陰음天천殺살	年년克극	年년克극	大대利리	大대利리	

	西坐	庚坐	申坐	坤坐	未坐	丁坐	午坐
구산론	年克子退灸	大利	小利	大利	小利	向殺年克	小利
	陰府三殺	坐殺年克	年克三殺	年克	年克	傍陰	退灸
	年克	大利	傍陰	陰府	三殺	年坐克殺	歲破三殺
	大利	浮天向殺年克	年克天官	年克	歲破年克	大利	陰府
	灸退	傍陰	歲破	陰府浮天	傍陰	向殺	年克地官
	歲破三殺	坐殺	三殺	大利	地官	不至冬後大利	灸退
	陰府	大利	地官	大利	三殺	坐傍浮殺陰天	三殺
	地官	向殺	天官傍陰	陰府	大利	大利	年克
	年克灸退	小利	大利	大利	大利	年克向殺	陰府
	三殺	年傍坐克陰殺	年克三殺	陰年府克	年克傍陰	大利	灸退

구산문

子자坐좌	年名	壬임坐좌	亥해坐좌	乾건坐좌	戌술坐좌	辛신坐좌
地지官관	甲갑申신	浮부天천殺살坐좌	年년三삼克극殺살	年년克극	小소利리	傍방陰음
灸구退퇴	乙을酉유	傍방陰음	大대利리	陰음府부	三삼年년殺살克극	年년坐좌克극殺살
年년陰음三삼克극府부殺살	丙병戌술	向향殺살	天천年년官관克극	年년克극	大대利리	浮부天천
大대利리	丁정亥해	大대利리	小소利리	陰음府부	傍방年년陰음克극	年년向향克극殺살
小소利리	戊무子자	坐좌年년殺살克극	傍방三삼陰음殺살	大대利리	大대利리	小소利리
灸구退퇴	己기丑축	大대利리	不동小소冬至後후利利리리	浮부天천	三삼殺살	傍방坐좌陰음殺살
三삼殺살	庚경寅인	傍방向향陰음殺살	天천官관	陰음府부	歲세破파	大대利리
陰음府부	辛신卯묘	年년克극	歲세破파	小소利리	小소利리	向향殺살
年년克극	壬임辰진	坐좌殺살	年년三삼克극殺살	陰음年년府부克극	地지傍방官관陰음	大대利리
灸구退퇴	癸계巳사	大대利리	地지傍방官관陰음	大대利리	年년三삼克극殺살	年년坐좌克극殺살

四〇

구산문

乙을坐좌	卯묘坐좌	甲갑坐좌	寅인坐좌	艮간坐좌	丑축坐좌	癸계坐좌
年년克극	灸구退퇴	大대利리	歲세破파	陰음府부	小소利리	向향殺살
坐좌殺살	歲세破파三삼殺살	坐좌殺살	三삼殺살	小소利리	地지官관傍방陰음	浮부天천
大대利리	小소利리	年년克극	年년克극地지官관	大대利리	年년克극三삼殺살	年년傍방坐좌克극陰음殺살
向향殺살	地지官관年년克극	傍방向향陰음殺살	天천官관傍방陰음	年년克극	大대利리	大대利리
傍방陰음	陰음府부灸구退퇴	大대利리	小소利리	大대利리	大대利리	向향殺살
坐좌殺살	三삼殺살	坐좌殺살	三삼殺살	陰음府부	大대利리	大대利리
年년克극	小소利리	大대利리	大대利리	大대利리	傍방陰음三삼殺살	坐좌殺살
向향殺살	小소利리	向향殺살	天천官관	大대利리	小소利리	傍방陰음
大대利리	年년克극灸구退퇴	傍방年년浮부陰음克극天천	年년克극傍방陰음	大대利리	年년克극	年년克극向향殺살
傍방浮부陰음天천坐좌殺살	年년陰克극府三삼殺살	坐좌殺살	三삼殺살	年년克극	小소利리	大대利리

四一

구산문

未미坐좌	丁정坐좌	午오坐좌	丙병坐좌	巳사坐좌	巽손坐좌	辰진坐좌
三삼殺살	坐좌殺살	年년三삼克극殺살	年년傍방坐좌克극陰음殺살	三삼殺살	陰음府부	大대利리
小소利리	傍방陰음	小소利리	大대利리	傍방陰음	大대利리	三삼殺살
年년克극	向향殺살	小소利리	向향殺살	天천官관	年년克극	年년歲세傍방克극破파陰음
小소利리	大대利리	陰음灸구府부退퇴	大대利리	歲세年년破파克극	大대利리	小소利리
傍방三삼陰음殺살	坐좌殺살	歲세三삼破파殺살	坐좌殺살	三삼殺살	大대利리	地지官관
歲세破파	年년克극	小소利리	傍방陰음	地지官관	陰음府부	三삼殺살
小소利리	浮부傍방向향天천陰음殺살	地지年년官관克극	年년向향克극殺살	天천傍방官관陰음	大대利리	小소利리
地지官관	不부冬동大대利리至지利리後후	灸구退퇴	浮부天천	大대利리	大대利리	傍방陰음
年년三삼克극殺살	坐좌殺살	陰음三삼府부殺살	坐좌殺살	三삼殺살	年년克극	年년克극
傍방陰음	大대利리	大대利리	大대利리	年년克극	大대利리	三삼殺살

구산문

乾坐 건좌	戌坐 술좌	辛坐 신좌	酉坐 유좌	庚坐 경좌	申坐 신좌	坤坐 곤좌
大利 대리	小利 소리	傍陰 방음	小利 소리	大利 대리	大利 대리	大利 대리
陰府 음부	大利 대리	向殺 향살	陰府 음부	向殺 향살	天官 천관	大利 대리
大利 대리	年克 년극	年浮克天 년부극천	灸退 구퇴	年克 년극	年傍克陰 년방극음	年陰克府 년음극부
陰府 음부	傍陰 三殺 방음 삼살	坐殺 좌살	三殺 삼살	浮天 坐殺 부천 좌살	三殺 삼살	大利 대리
不至後小利 부지후소리	大利 대리	大利 대리	不至後小利 부지후소리	傍陰 방음	小利 소리	陰府浮天 음부부천
年浮克天 년부극천	小利 소리	傍陰向殺 방음향살	年克 년극	向殺 향살	天官 천관	大利 대리
陰府 음부	大利 대리	小利 소리	陰府灸退 음부구퇴	大利 대리	歲破 세파	大利 대리
不至後小利 부지후소리	三殺 삼살	坐殺 좌살	歲破三殺 세파삼살	坐殺 좌살	傍陰三殺 방음삼살	陰府 음부
陰府 음부	年歲傍克破陰 년세방극파음	年克 년극	小利 소리	年克 년극	年地克官 년지극관	年克 년극
小利 소리	小利 소리	向殺 향살	地官 지관	傍陰向殺 방음향살	天官 천관	陰府 음부

구산문

艮간坐좌	丑축坐좌	癸계坐좌	子자坐좌	年名	壬임坐좌	亥해坐좌
陰음府부	年년克극 三삼殺살	年년坐좌 克극殺살	年년歲세 三삼克극破파殺살	甲갑午오	年년浮부 克극天천 向향殺살	天천官관
年년克극	歲세破파 傍방陰음	浮부天천	小소利리	乙을未미	傍방陰음	不불冬동 利리至지 後후 大대利리
年년克극	小소利리	傍방陰음 向향殺살	地지官관 陰음府부	丙병申신	坐좌殺살	三삼殺살
大대利리	地지官관	大대利리	灸구退퇴	丁정酉유	大대利리	小소利리
大대利리	年년克극 三삼殺살	年년坐좌 克극殺살	年년三삼 克극殺살	戊무戌술	向향殺살	天천官관 傍방陰음
年년克극 陰음府부	大대利리	大대利리	小소利리	己기亥해	大대利리	年년克극
大대利리	傍방陰음	向향殺살	大대利리	庚경子자	傍방年년 陰음克극 坐좌殺살	三삼殺살
大대利리	年년克극	年년克극 傍방陰음	年년陰음 克극府부 灸구退퇴	辛신丑축	大대利리	不불冬동 利리至지 後후 小소利리
大대利리	三삼殺살	坐좌殺살	三삼殺살	壬임寅인	向향殺살	天천官관
小소利리	小소利리	大대利리	小소利리	癸계卯묘	大대利리	歲세破파 傍방陰음

	巳坐	巽坐	辰坐	乙坐	卯坐	甲坐	寅坐
구산문	天官	年克陰府	年克	大利	小利	年克	年克
	年克傍陰	大利	小利	向殺	年克	向殺	天官
	年克三殺	大利	傍陰	大利	年克灸退	大利	歲破
	大利	大利	三殺	年坐克殺	歲破三殺	傍坐陰殺	傍三陰殺
	天官	年克	歲破年克	傍陰	陰府	年克	年克地官
	歲破年克	陰府	小利	向殺	年克地官	向殺	天官
	傍三陰殺	大利	地官	大利	灸退	大利	大利
	地官	年克	年傍三克陰殺	坐殺	三殺	年坐克殺	年三克殺
	天官	小利	小利	大利	小利	傍浮陰天	傍陰
	大利	大利	大利	傍浮陰天向殺	陰府	向殺	天官

구산문

庚경坐좌	申신坐좌	坤곤坐좌	未미坐좌	丁정坐좌	午오坐좌	丙병坐좌
年년克극	年년克극	年년克극	年년克극	向향殺살	小소利리	傍방陰음 / 向향殺살
坐좌殺살	三삼殺살	大대利리	小소利리	傍방陰음	灸구退퇴	大대利리
大대利리	傍방陰음	陰음府부	三삼殺살	坐좌殺살	三삼殺살	坐좌殺살
浮부向향 / 天천殺살	天천官관	大대利리	小소利리	小소利리	年년陰음 / 克극府부	年년克극
年년傍방 / 克극陰음	年년克극	浮부年년 / 府부天천克극	年년傍방 / 克극陰음	向향殺살	小소利리	向향殺살
坐좌殺살	三삼殺살	大대利리	小소利리	大대利리	灸구退퇴	傍방陰음
大대利리	小소利리	小소利리	三삼殺살	傍방坐좌 / 陰음殺살 / 年년浮부 / 克극天천	坐좌殺살	坐좌殺살
年년向향 / 克극殺살	年년天천傍방 / 克극官관陰음	陰음年년 / 府부克극	歲세年년 / 破파克극	大대利리	歲세三삼 / 破파殺살浮부	浮부天천
大대利리	歲세破파	大대利리	小소利리	向향殺살	地지陰음 / 官관府부	向향殺살
傍방坐좌 / 陰음殺살	三삼殺살	陰음府부	地지傍방 / 官관陰음	年년克극	灸구退퇴	大대利리

四六

子坐	年名	壬坐	亥坐	乾坐	戌坐	辛坐	酉坐
小利	甲辰	浮天坐殺	三殺	小利	年克地官	年克傍陰	灸退
年克灸退	乙巳	傍陰	地官	陰府	三殺	坐殺	陰府三殺
陰府歲破三殺	丙午	向殺	天官	大利	大利	浮天	小利
年克	丁未	年克	小利	陰府	傍陰	向殺	小利
地官	戊申	坐殺	傍陰三殺	大利	年克	年克	灸退
灸退	己酉	大利	大利	浮天	三殺	傍陰坐殺	三殺
三殺	庚戌	傍陰向殺	年克天官	年克陰府	大利	大利	年克陰府
陰府	辛亥	大利	大利	殺小利	年克	年克向殺	大利
小利	壬子	坐殺	三殺	陰府	傍陰	小利	灸退
灸退年克	癸丑	大利	年克傍陰	年克	三殺	坐殺	年歲三克破殺

구산문

乙坐	卯坐	甲坐	寅坐	艮坐	丑坐	癸坐
大利	灸退	大利	大利	陰府	殺利	向殺
坐殺	三殺	年克坐殺	年克三殺	小利	年克傍陰	年克浮天
大利	小利	大利	小殺	大利	三殺	傍陰坐殺
向殺	小利	傍陰年克向殺	天官年克傍陰	大利	歲破年克	年克
傍陰年克	陰府灸退	大利	歲破	大利	小利	向殺
坐殺	歲破三殺	坐殺	三殺	陰府	地官	大利
大利	年克	大利	地官	年克	傍陰三殺	坐殺
年克向殺	地官	向殺	天官	大利	小利	傍陰
大利	灸退	傍陰浮天	傍陰	大利	大利	向殺
傍浮坐殺	陰府三殺	年克坐殺	年克三殺	小利	年克	年克

	未미坐좌	丁정坐좌	午오坐좌	丙병坐좌	巳사坐좌	巽손坐좌	辰진坐좌
구산문	三삼殺살	年년克극坐좌殺살	三삼殺살	傍방陰음坐좌殺살	三삼殺살	陰음府부	大대利리
	年년克극	傍방陰음	大대利리	大대利리	傍방陰음	年년克극	年년克극三삼殺살
	大대利리	年년克극向향殺살	小소利리	向향殺살	天천官관	大대利리	傍방陰음
	年년克극	大대利리	陰음灸구府부退퇴	大대利리	大대利리	年년克극	年년克극
	傍방陰음三삼殺살	坐좌殺살	年년克극三삼殺살	年년克극坐좌殺살	三삼殺살	大대利리	大대利리
	小소利리	不부冬동小소利리至지後후	小소利리	傍방陰음	大대利리	陰음府부	三삼殺살
	小소利리	浮부傍방向향天천陰음殺살	大대利리	向향殺살	年년天천傍방克극官관陰음	大대利리	歲세破파
	小소利리	大대利리	年년克극灸구退퇴	浮부天천年년克극	歲세破파	大대利리	傍방陰음
	三삼殺살	年년克극坐좌殺살	陰음歲세三삼府부破파殺살	坐좌殺살	三삼殺살	小소利리	地지官관
	年년歲세傍방克극破파陰음	大대利리	小소利리	大대利리	地지官관	年년克극	年년克극三삼殺살

乾坐	戌坐	辛坐	酉坐	庚坐	申坐	坤坐
年克	歲破	傍陰	年克	大利	地官	大利
陰府	年克	年向克殺	地官陰府	年向克殺	年天克官	年克
年克	地官	浮天	年灸克退	小利	傍陰	陰府
陰府	傍年三陰克殺	年坐克殺	三殺	浮年坐天克殺	年三克殺	年克
大利	大利	大利	小利	傍陰	小利	陰府浮天
浮天	小利	傍向陰殺	不冬小至利利後	向殺	天官	大利
陰府	大利	大利	陰府灸克退	大利	小利	大利
小利	三殺	坐殺	三殺	坐殺	傍三陰殺	陰府
陰府年克	傍陰	大利	年克	大利	大利	小利
小利	年克	年向克殺	小利	年傍向克陰殺	年天克官	陰府年克

구산문

구산문

年名	亥해坐좌	壬임坐좌	子자坐좌	癸계坐좌	丑축坐좌	艮간坐좌	寅인坐좌
甲갑寅인	年년天천克극官관	浮부向향天천殺살	三삼殺살	坐좌殺살	三삼殺살	陰음府부	大대利리
乙을卯묘	歲세破파	傍방陰음	小소利리	浮부天천	傍방陰음	小소利리	天천官관
丙병辰진	年년三삼克극殺살	坐좌殺살	年년陰음克극府부	年년傍향克극陰殺살	年년克극	大대利리	年년克극
丁정巳사	地지官관	大대利리	灸구退퇴	大대利리	大대利리	年년克극	傍방三삼陰음殺살
戊무午오	天천官관傍방陰음	年년向향克극殺살	歲세三삼破파殺살	坐좌殺살	三삼殺살	大대利리	小소利리
己기未미	不동大대利리至리後	大대利리	小소利리	大대利리	歲세破파	陰음府부	天천官관
庚경申신	三삼殺살	傍방坐좌陰음殺살	地지官관	向향殺살	傍방陰음	大대利리	歲세破파
辛신酉유	大대利리	年년克극	陰음灸구府부退퇴	傍방陰음	地지官관	大대利리	三삼殺살
壬임戌술	年년天천克극官관	向향殺살	年년三삼克극殺살	年년坐좌殺살	年년三삼克극殺살	大대利리	年년地傍방克官陰음
癸계亥해	傍방陰음	大대利리	小소利리	大대利리	小소利리	年년克극	天천官관

구산문

甲坐	卯坐	乙坐	辰坐	巽坐	巳坐	丙坐
大利	小利	年克	大利	陰府	天官	年傍向克陰殺
向殺	大利	向殺	小利	大利	傍陰	大利
年克	灸退	大利	年克傍陰	年克	三殺	坐殺
傍陰坐殺	年克三殺	坐殺	三殺	大利	年克	大利
大利	陰府	傍陰	大利	大利	天官	向殺
向殺	大利	向殺	小利	陰府	大利	傍陰
大利	灸退	年克	小利	大利	傍陰三殺	年克坐殺
坐殺	歲破三殺	坐殺	傍三陰殺	大利	大利	浮天
傍年浮克陰天	小利	大利	歲破年克	年克	天官	向殺
向殺	年地陰克官府	傍浮向陰天殺	小利	大利	歲破年克	大利

	酉유坐좌	庚경坐좌	申신坐좌	坤곤坐좌	未미坐좌	丁정坐좌	午오坐좌
구산문	灸구退퇴	大대利리	歲세破파	大대利리	小소利리	向향殺살	年년地지克극官관
	陰음歲세府부破파殺살	坐좌殺살	三삼殺살	大대利리	地지官관	傍방陰음	灸구退퇴
	小소利리	年년克극	地年傍방官克陰음	年년陰음克극府부	年년三삼克극殺살	坐좌殺살	三삼殺살
	地지官관	浮부向향天천殺살	天천官관	大대利리	小소利리	大대利리	陰음府부
	灸구退퇴	傍방陰음	小소利리	陰음浮부府부天천	傍방陰음	向향殺살	小소利리
	年년三삼克극殺살	坐좌殺살	三삼殺살	大대利리	小소利리	年년克극	灸구退퇴
	陰음府부	大대利리	小소利리	大대利리	三삼殺살	浮傍坐좌天陰殺살	年년三삼克극殺살
	不冬小소利리至後	向향殺살	天傍방官坐陰음	陰음府부	小소利리	不冬小소利리至後	小소利리
	灸구退퇴	年년克극	年년克극	年년府극	年년克극	向향殺살	陰음府부
	三삼殺살	傍방陰음坐좌殺살	三삼殺살	陰음府부	傍방陰음	大대利리	灸구退퇴

구 산 문

辛신坐좌	戌술坐좌	乾건坐좌	亥해坐좌	壬임坐좌
傍방陰음	小소利리	大대利리	三삼殺살	浮부年년天천克극坐좌
坐좌殺살	三삼殺살	陰음府부	不冬利至後	傍방陰음
年년克극浮부天천	歲세破파年克	大대利리	天천官관	向향殺살
向향殺살	傍방陰음	陰음府부	歲세破파	大대利리
大대利리	地지官관	不冬利至後	傍방陰음坐좌殺살	坐좌殺살
坐좌殺살傍陰	三삼殺살	浮부年년天천克극	年년克극地地官관	大대利리
大대利리	大대利리	陰음府부	天천官관	傍방陰음向향殺살
向향殺살	小소利리	大대利리	不冬大利後	不冬利至後
年년克극坐좌殺살	傍방陰음	陰음府부	三삼殺살	坐좌殺살
坐좌殺살	三삼殺살	大대利리	傍방陰음	大대利리

논(論)=우(右)에 만년도(萬年圖)를 편정(編定)함에 있어서는 二十四山을 통(通)하여 이(利)함을 취(取)하는 데 미루어(推)볼수 있는 것이다. 그러면 그사이(其間)에 삼살(三殺)이니 구퇴(灸退)하는것은 가히 향(向)은 할수있어도 좌(坐)는 못하는것이고 태세(太歲)에 범하지 않을것은 삼살(三殺)이라 하는 곳과 부천(浮天)은 좌(坐)는 하여도 향(向)은 못하는 것 (卽) 겁살(怯殺), 재살(災殺), 세살(歲殺)인 것이다. 그

이다. 또는 음부(陰符)와 태세(太歲)는 天干地支內에 한 가지만 가리끼는거면 곁이질를 아니하는 것이니 말하자면 활(弓)은 있어도 활살(箭)이 없는 것과 마찬가지다. 그러나 가히 활(弓)은 있어도 활살(箭)이 없는 것이며 화살

(其)남어지(餘)에 잡살(雜殺)은 비록(雖) 범(犯)하였으나 여러가지의 길성(吉星)을 끼면 기(忌)하지 않는다.

第三章 陰陽門 제삼장 음양문

본장(本章)에 열거(列擧)한 것은 음양술(陰陽術)에는 절대적인 기본(基本)이 되는 것이니 이것을 완전히 알아 두기 바란다.

先天數 선천수 (太昊伏羲氏 태호복희씨 때것)

甲、己、子、午……九 갑기자오
乙、庚、丑、未……八 을경축미
丙、辛、寅、申……七 병신인신
丁、壬、卯、酉……六 정임묘유
戊、癸、辰、戌……五 무계진술
巳、亥……四 사해

後天數 후천수 (周주의 文王문왕 때것)

水…一、六 火…二、七 木…三、八 金…四、九
土…五、十 壬、子…一 丁、巳…二 甲、寅…三 辛
酉…四 戊、戌…五 癸、亥…六 丙、午…七 乙
卯…八 庚、申…九 丑、未…十 己…百

中중 天天數수

甲、己、辰、戌、丑、未…十一 乙、庚、申、酉…十
丙、辛、亥、子…九 丁、壬、寅、卯…八 戊、癸、
巳、午…七

十干과 十二支의 陰陽法 십간 십이지 음양법

天干천간 ∥ 陽양 … 甲갑、丙병、戊무、庚경、壬임 陰음 … 乙을、丁정、己기、辛신、癸계
地支지지 ∥ 陽양 … 子자、寅인、辰진、午오、申신、戌술 陰음 … 丑축、卯묘、巳사、未미、酉유、亥해

十干과 五行의 方位法 십간 오행 방위법

甲乙과 木은 東、丙丁과 火는 南、戊己와 土는 中央
庚辛과 金은 西、壬癸와 水는 北、위와같이 속(屬)해 있음.

六十甲子의 納音解釋 육십갑자 납음해석

甲子、乙丑 ∥ 海中金해중금 (바다 가운데 금)

음양문

五五

음양문

丙寅, 丁卯＝爐中火 (화로 가운데 불)
戊辰, 己巳＝大林木 (큰 수풀에 나무)
庚午, 辛未＝路傍土 (길곁에 흙)
壬申, 癸酉＝劍鋒金 (병장기의 금)
甲戌, 乙亥＝山頭火 (산머리의 불)
丙子, 丁丑＝澗下水 (시내 아래 물)
戊寅, 己卯＝城頭土 (성 머리의 흙)
庚辰, 辛巳＝白蠟金 (납같은 금)
壬午, 癸未＝楊柳木 (버드나무)
甲申, 乙酉＝泉中水 (샘 가운데 물)
丙戌, 丁亥＝屋上土 (곰을 위에 흙)
戊子, 己丑＝霹靂火 (벼락치는 불)
庚寅, 辛卯＝松柏木 (소나무와 잣나무)

壬辰, 癸巳＝長流水 (언제나 흐르는 물)
甲午, 乙未＝沙中金 (모래속에 금)
丙申, 丁酉＝山下火 (산밑에 불)
戊戌, 己亥＝平地木 (편한 땅에 나무)
庚子, 辛丑＝壁上土 (벽 위에 흙)
壬寅, 癸卯＝金箔金 (엷은 쪼각의 금)
甲辰, 乙巳＝覆燈火 (남포같은 불)
丙午, 丁未＝天河水 (은하수의 물)
戊申, 己酉＝大驛土 (정거장의 흙)
庚戌, 辛亥＝釵釧金 (비녀하는 금)
壬子, 癸丑＝桑柘木 (뽕 나무)
甲寅, 乙卯＝大溪水 (큰시내의 물)
丙辰, 丁巳＝沙中土 (모래속에 흙)

戊午、己未＝天上火 (하늘 위에 불)

庚申、辛酉＝石榴木 (굴나무)

壬戌、癸亥＝大海水 (큰 바다의 물)

正五行 〈十干과 十二支 가 五行의 속한것〉

오행(五行)은 금(金), 목(木), 수(水), 화(火), 토(土)이다.

干＝甲、乙…木 丙、丁…火 戊 己…土 庚、申…金 壬、癸…水

支＝寅、卯…木 巳、午…火 申、酉…金 亥、子 …水 辰、戌、丑、未…土 乾…金 坤、艮…土 巽…木

洪範五行

甲、寅、辰、巽…水 丁、乾、兌、丁…火 戊、坎、辛…水 離、壬、丙、乙…火 丑、癸、坤、庚、未…土 巳…木

五行相生表

金生水(금이 나무를 생한다) 水生木(물이 나무를 생한다) 木生火(나무는 불을 생한다) 火生土(불이 흙을 생한다) 土生金(흙이 금을 생한다)

五行相克表

金克木(금이 나무를 이긴다) 木克土(나무가 흙을 이긴다) 土克水(흙이 물을 이긴다) 水克火(물이 불을 이긴다) 火克金(불이 금을 이긴다)

天干五行合化法 〈천간이 오행에 합하여 화하는법〉

甲、己…土合化 乙、庚…金合化 丙、辛…水合化 丁、壬…木合化 戊、癸…火合化. ※즉 甲과 己는 土와 합하면 화(化)해진다는 것이며, 천간(天干)〈甲、乙、丙、丁같은것〉의 살(殺)을 위와같이 합하게되면 제지(制)된다.

地支五行日月合化法 〈지지가 오행과 일월에 합하여 화하는법〉

음양문

음양문

子、丑…土合化　寅、亥…木合化　卯、戌…火合化
巳、申…水合化　午、日合化　未、月合化
　　　　　　　　　　　　　　　巽…庚…癸三合

干과 支의 合法

干=甲·己合　乙·庚合　丙·辛合　丁·壬合
支=子·丑合　寅·亥合　卯·戌合　辰·酉合
巳·申合　午·未合

地支의 六冲法 (지지의 여섯가지 맞질리는법)

子·午相冲　丑·未相冲　卯·酉相冲　辰·戌相冲

地支의 三合法 (지지의 세가지가 합하는것)

寅、午、戌三合　巳、酉、丑三合　亥、卯、未三合　申、子、辰三合

天干의 相生相克表

相生=甲乙의 木은 丙丁의 火生　丙丁의 火는 戊己의 土生
戊己의 土는 庚辛의 金生　庚辛의 金은 壬癸의 水生　壬癸의 水는 甲乙의 木生
相克=甲乙의 木은 戊己의 土克　戊己의 土는 壬癸의 水克　壬癸의 水는 丙丁의 火克　丙丁의 火는 庚辛의 金克　庚辛의 金은 甲乙의 木克

五行의 四長生法

목(木)의 장생(長生)은 亥、화(火)의 장생(長生)은 寅

天干의 三合法

乾…甲…丁三合　坤…壬…乙三合　艮…丙…辛三合
己…亥相冲

五行의 生旺例 (오행의 생하고 왕성하는 차례)

장생(長生), 목욕(沐浴), 관대(冠帶), 임관(臨官), 제왕(帝旺), 쇠병(衰病), 사묘(死墓), 포태(胞胎), 양(養)이니 목욕(沐浴)의 한 이름(一名)은 패(敗)라 하고 포(胞)의 한 이름(一名)은 절(絕)이라 하고 태양(胎養)은 곧(卽) 소장생(小長生)이니 양(陽)이 죽는 곳에는 음(陰)이 생(生)하고, 음(陰)이 죽는 곳에는 양(陽)이 생(生)한다. ○나(我)를 생(生)케 하는 자(者)는 부모(父母)이요, 내가 생(生)케 하는 자(者)는 자손(子孫)이요, 나를 이기(克)는 자는 관귀(官鬼)이요, 내가 이기는 처재(妻財)이요, 같이 화(和)하는 자(者)는 형제(兄弟)이다.

天干祿位法 (천간의 녹위법이니 명(命)을 양(養)하는 근원(根源)이다)

※ 甲在寅 = 모든 일에 甲이 있으면 寅이 있어야 祿이 있다는 것 〈甲生이면 寅月이나 寅日이나 寅時가 있어야 한다는 것〉

甲在寅, 乙在卯, 丙戊在巳, 丁己在午, 庚在申, 辛在酉, 壬在亥, 癸在子

食神法 (먹을것을 주관하는)

※ 甲食丙 = 甲이 있으면 丙이 붙어야 食神이 있다는 것. 〈甲生이면 丙月 日 時가 있어야 한다는 것〉 매사에 다 그렇다〉

甲食丙, 乙食丁, 丙食戊, 丁食己, 戊食庚, 己食辛, 庚食壬, 辛食癸, 壬食甲, 癸食乙

正官法 (벼슬을 주관하는 것이니 양(陽)에는 음관(陰官)을 보고 음(陰)에는 양관(陽官)을 본다)

甲用辛, 乙用庚, 丙用癸, 丁用壬, 戊用乙, 己用甲, 庚用丁, 辛用丙, 壬用己, 癸用戊

七殺法 (이것은 편관(偏官)이니 양(陽)에는 양관(陽官)을 보고 음(陰)에는 음관(陰官)을 보아서 간(干)의 살(殺)을 제(制)한다)

甲用庚, 乙用辛, 丙用壬, 丁用癸, 戊用甲, 己用乙, 庚用丙, 辛用丁, 壬用戊, 癸用己

正財法(정재법) (재산을 주관하는것)

※ 甲에는 己가 붙어야 正財가 되는 것이다.

甲見己、乙見戊、丙見辛、丁見庚、戊見癸、己見壬、庚見乙、辛見甲、壬見丁、癸見丙

驛馬法(역마법) (몸(身)을 붙드(扶)는 근본이 되는것)

※ 즉, 申子辰에는 寅이 붙어야 驛馬가 된다는것

申子辰…寅、寅午戌…申、亥卯未…巳、巳酉丑…亥

十二支屬獸名法(십이지속수명법) (십이지에 속한 짐승의 이름)

※ 속칭에 이것으로서 子年生이면 쥐띠 丑年生이면 소 따라고 하는 것임

子…쥐(鼠)、丑…소(牛)、寅…범(虎)、卯…토끼(兎)、辰…용(龍)、巳…뱀(蛇)、午…말(馬)、未…양(羊)、申…원숭이(猿)、酉…닭(鷄)、戌…개(犬)、해(亥)…도야지(猪)이다.

천을성(天乙星)귀인방법(貴人方法)

〈길성(吉星)의 방위(方位)보는법〉

※ 甲이나 戊이나 庚이 든날에는 우양(牛 羊)의 時를 쓰면 貴人時가 되고 方位로 볼것같으면 甲 戊 庚日에는 丑 未方이면 貴人方이 되는것이다.

甲戊庚…우양(牛 羊) 乙己…서후(鼠猴) 丙丁…저계(猪鷄) 壬癸…사토(蛇兎) 육신(六辛)…마호(馬虎)

※ 貴人時나 貴人方을 보는데는 이것으로 보면되고 자세한 것을 알려면 以下 해석한 것과 도표를 보라.

해석(釋)=천을성(天乙星)이 음(陰)과 양(陽)이 있어 양귀(陽貴)는 선천곤위(先天 坤位)의 북쪽(北)자로 서방으로부터 나오는 甲에서 일으키(起)여 순(順)행(行)하고 음귀(陰貴)는 후천곤위(後天 坤位)의 서남쪽(西南) 申방으로부터 나오니 甲에서 일으키(起)여 역(逆)행(行)하되 천간(天干)의 덕(德)만이 귀한것이 아니요 간(干)의 덕에도 기운을 합하여 귀(貴)함이 되는 것이니 곧(卽) 甲 己합(合)과 같은(類)것이다. 만일 양귀(陽貴)이면 子의 덕으로 좇아(從)서 甲을 일으키(起)는 것이 곧 甲이 己에 합(合)하는 것이니 己의 귀(貴)는 子에있고 乙의 덕(德)은 丑에있으며 을합경(乙合庚)은 庚의귀(貴)는 丑에있고 丙의 덕(德)은 寅에 있으며 병합신(丙合辛)은 辛

(안과 밖으로 그린 음양귀인의 순역의 그림)

內外設陰陽貴人順逆圖

貴人登天門時 方看法 (귀인이 天門에 오르는 때와 방위를 보는법)

귀인등천문시방간법 (貴人登天門時方看法)

논(論)=그법(法)에 쓰는날 간(干)에 귀인(貴人)이 나누어 음(陰)이나 양(陽)이 된것을 가지고 건상(乾上)에 더하여 순(順)으로 본일전(日躔)에 까지 가서 그치(止)는 것이 그 아래(下)에 팔간(八干八十干內)에 끼여있던것, 즉 戊 己는 中央에 있음▽ 나 사유(四維〈巳, 申, 亥, 寅〉)나 방위(方位)를 보와 귀인(貴人)방위에 어느간▽에 모퉁이 방위(方位)를 찾아(尋)서 쓰는(用)것이다. 만일 甲을 만나면 寅 正三각(刻)에서 卯초(初)二각(刻)까지 시(時)가 된다는것이니 그 사이에 간(干)이 무었이든 甲이라고 말하는 것이다 가령(假令) 正月 수후(雨水後)이면 일전(日躔)이 亥궁(宮)에 지나게 되는 것이니 등명(登明)이 월장(月將)이 되는것이다 만일 子日이면 양귀(陽貴)가 未에 있어서 월장(月將)이 되는 술(戌)에 더하여 未로써 월장(月將)인 亥에 까지가면 귀(貴)가 申과 酉사이인

寅에 더하여 甲사이 寅에 있어서 丑으로써 건(乾)에다 더하고 卯는 癸에다 더하여 세여(數) 인(陰貴)가 丑으로 인(陰貴)가 세워서 음귀(陰貴)를 겸(兼)한것과 庚辛의 소양(牛羊)을 맞난(逢)것으로 옳다하는 자가 많은고로 이와같이 해석(解釋)으로 밝히어 놓고 또한 옆의 그림 (圖式)을 첨부(添付)한 것이다.

의 귀(貴)는 寅에 있고 丁의 덕(德)은 卯에 있으며 정합임 (丁合壬)은 壬의 귀(貴)는 卯이요 辰은 천라를 불림(天 羅合癸)는 귀(貴)의 사오(巳午)가 선천곤대(先天坤)으로 대(對)라하여서 午에 드려 이름 하기를 천공천대(天空天 對)이라하여서 午에 드려 이름 하기를 천공천대(天空天 있으며 기합갑(己合甲)은 甲의 귀(貴)는 未에 있고 경(庚)의 덕(德)은 申에 있으며 경합을(庚合乙)은 乙의 귀(貴)가 申에 되는고로 辛의 덕(德)은 酉에 있고 신합병(辛合丙)은 丙의 귀(貴)는 戌은 지망천을불림(地網天乙不 臨)이 되는고로 亥는 익학정(癸合丙)가 귀(貴)의 亥가 壬의 덕이 亥에 있으며 임합정(壬合丁) 불재거(貴 不再居)이니 癸의 덕(德)이 丑에 있어 계무위(癸戊)는 戊의 귀(貴)가 丑에 있는 것이요 음귀(陰貴)는 申으로 조 차(從)서 甲에 일으(起)키며 역(逆)수로 행하되 양귀(陽 貴)의 법(法)과 같으(如)하는 것이며 그림(圖) 로는 감추(藏)운 것이니 세상 사람은 이러한 이치를 살피지 못하여서 甲戊의 소양(牛羊)을 겸(兼)한것과 庚辛의 말범(馬虎)을 맞난(逢)것으로 옳다하는 자가 많은고로 이와같이 해석(解釋)으로 밝히어 놓고 또한 옆의 그림 (圖式)을 첨부(添付)한 것이다.

陰陽貴人時定局圖 〈시를 정한 판국 그림〉

庚(時)에 있고 또한 乙丑日이면 양귀(陽貴)가 申에 있어서 申으로써 건(乾)에 더(加)하여 음귀(陰貴)가 子에 있어서 子로써 건(乾)에다 더(加)하여 세어서 亥에까지 가면 귀(貴)가 辛에 있는 것이니 남어지(餘)는 여기에 모방(倣)하라 일전(日纒)은 우수후(雨水後) 이면 해(亥)요 춘분(春分後)이면 戌이요 곡우후(穀雨後)이면 酉요 소만후(小滿後)이면 申이고 하지후(夏至後)이면 未요 대서후(大暑後) 처서후(處暑後)이면 午요 상강후(霜降後)이면 巳요 추분후(秋分後)이면 辰이요 소설후(小雪後)이면 卯이요 대한후(大寒後)이면 子다 월장(月將)은 천장(天罡)은 진(辰)이요 태을(太乙)은 巳 승광(勝光)은 午 소길(小吉)은 未 전송(傳送)은 申 종괴(從魁)는 酉 하괴(河魁)는 戌이요 등명(登明)은 亥 신후(神后)는 子 대길(大吉)은 丑 공조(功曹)는 寅이요 태충(太冲)은 卯다

十干時 甲戊庚 乙己 丙丁 壬癸 辛
양귀(陽貴) 未丑 申子 酉亥 卯巳 寅
음귀(陰貴) 丑未 子申 亥酉 巳卯 午

음양귀인시정국도 〈음양으로 나누운 귀인에

논(論)=음(陰)과 양(陽)에 귀인(貴人)을 건(乾)위에 더(加)하여 순(順)으로 세이(數)되 동사(從巳)위에 인(壬)으로 해서 쓰는 날 자리(纒)에 까지 가서 그치게 하는 첫이되 동지후(冬至後)에는 子로 부터 巳에까지는 양귀(陽貴)로 쓰고 하지(夏至)후에는 午로 부터 亥에까지는

음귀(陰貴)로 쓴다 음귀(陰貴)이니 양귀(陽貴)이니 하는 것은 선천(先天)과 후천(後天)으로 말한것이니 위에 천을귀인(天乙貴人)에 보라

해석(解釋)=쓰는 법(法)은 집을 짓거나 장사 하거나 입택(入宅)에나 혼인(婚姻)에나 출행(出行)을 할때는 이때(此時)를 쓰면 흉신(凶神)과 악살(惡殺)이 자연(自然)으로 도망하여 숨으니 길하지 않이 함이 없는것이다.

〈月建起例〉

년두법(年頭法)

월건(月建)을 쉽게 아는 법

甲·己年에는 正月의 月建이 丙寅이며, 乙·庚年에는 戊寅이며, 丙·辛年에는 庚寅이고, 丁·壬年에는 壬寅이며 戊癸年에는 甲寅이 된다.

시두법(時頭法)

日辰을 따라 時刻의 天干을 쉽게 아는 법

甲·己日은 甲子부터, 乙·庚日은 丙子부터, 丙·辛日

제사장 흉신문
第四章 凶神門

歲干의 凶神法
세간 흉신법
(년신(年神)의 흉함을 보는 것이다.)

은 戊子부터, 丁·壬日은 庚子부터, 戊癸日은 壬子부터 시작되는 것이다.

寒食臘烹伏日法
한식 납 팽 복 일 법

1, 한식(寒食)은 동지후(冬至後) 백오일(百五日)만의 날이다.

2, 납팽(臘烹)은 동지후(冬至後)로 제三회의 未일 이다.

3, 복일(伏日)은 지상(地上)의 서쪽금(庚金)의 기운 이 지하(地下)로 들어간다는 의미에서 나온 것이니 하지후(夏至後)로 제三회(第三回)의 庚日이 초복(初伏)이 요 四회의 庚日이 중복(仲伏)이요 五회의 庚日이 말복 (末伏)이된다. 그러나 월복(越伏)이라 하는것은 여섯재 의 庚日이 되는바 말복(末伏)이 입추(立秋) 전에 되는 경 우(境遇)에는 월복(越伏)을 하여서 반드시 말복(末伏)이 입추(立秋)후에 있게한다.

※ 보는법=乙年에는 庚月이나 庚日이나 庚時가 山家困龍이 되고 丙年에는 丁月이나 丁日이나 丁時가 山家困龍

이 되는 것이다. 〈方位를 보는 것도 다 이와 갑음〉

〈歲干名〈年의 干名〉〉

산가곤룡(山家困龍)=대흉(大凶) 합규마길(合竅馬吉)
산가관부(山家官符)=조장(造葬)을 하면 질병과 시비를 한다.
좌산관부(坐山官符)=官災와 是非하고 인정손망(人丁損亡)됨.
나천대퇴(羅天大退)=살인퇴재(殺人退財)하니 不利하다.
부천공망(浮天空亡)=입향(立向)에 꺼리니 官災를 부른다.
산가혈인(山家血刃)=양택(陽宅)을 하면 혈재(血災)가 된다.
장군전(將軍箭)=살인(殺人)의 주장이니 쓰지마라

甲	乙	丙	丁	戊	己	庚	辛	壬	癸
乾	庚	丁	巽	甲	乾	庚	丁	巽	甲
亥	酉	未	巳	卯	亥	酉	未	巳	卯
戌	申	午	辰	寅	戌	申	午	辰	寅
坎	震	艮	坤	坤	巽	巽	兌	兌	
壬	癸	辛	庚	丁	丙	甲	乙		
卯	辰			未	午		酉	戌	子	丑

六,七,一,四,二,八,三,九月
六,七,一,四,二,八,三,九月

歲支의 凶神法 (년신(年神)의 凶함을 보는것이니 地支로서 보는것이다)

※ 보는법 歲干의 凶神法과 같우

〈歲支名〈年의 地支名〉〉

子	丑	寅	卯	辰	巳	午	未	申	酉	戌	亥
六月	八月	三月	九月	七月	二月	二月	八月	一月	一月	四月	六月
乙	壬	艮	甲	巽	丙	丁	坤	辛	乾	癸	庚
卯	子	酉	午	卯	子	酉	午	卯	子	酉	午
四月	七月	一月	一月	六月	六月	二月	二月	九月	九月		

좌산나후(坐山羅候)=官災를 부르고
순산나후(巡山羅候)=조장(造葬)을 다 꺼리며 官災가 있다
황천구퇴(皇天灸退)=작향(作向)에 꺼리고 耗散 하니 대흉하다
나천대퇴(羅天大退)=사람이 없어지고 재물이 흩어진사

흉 신 문

흉 신 문

구천주작(九天朱雀)=입향(立向)과 수작(修作)에 꺼린다
　卯　戌　子　巳　未　寅　酉　辰　亥　午　丑　申

타겁혈인(打劫血刃)=조작에 향(向)을 하지마라 동토에 꺼린다
　亥　子　丑　寅　二月　八月　六月　二月　九月　四月　二月　八月　六月　二月　九月　四月

태음살(太陰殺)=조작에 향(向)을 하지마라
　巳　午　未　申　酉　戌　亥　子　丑　寅　卯　辰

겁살(劫殺)=조작에 통하니 납음(納音)으로써 제지
　亥　寅　巳　申　亥　寅　巳　申　亥　寅　巳　申

삼살(三殺)=조작에 통하니 납음(納音)으로써 제지
　巳　寅　亥　申　巳　寅　亥　申　巳　寅　亥　申

재살(災殺)=생왕(生旺)으로써는 제지가 안된다
　午　卯　子　酉　午　卯　子　酉　午　卯　子　酉

세살(歲殺)=생왕(生旺)으로써는 제지가 안된다
　未　辰　丑　戌　未　辰　丑　戌　未　辰　丑　戌

좌살(坐殺)=조작(造作)장사(葬事)에 忌(제)하는 것으로 制之하라
　丙丁　甲乙　壬癸　庚辛　丙丁　甲乙　壬癸　庚辛　丙丁　甲乙　壬癸　庚辛

향살(向殺)=좌살(坐殺)과 같다
　壬癸　庚辛　丙丁　甲乙　壬癸　庚辛　丙丁　甲乙　壬癸　庚辛　丙丁　甲乙

천관부(天官符)=조작(造作) 장사(葬事)에忌 납음으로써 制之
　亥　申　巳　寅　亥　申　巳　寅　亥　申　巳　寅

지관부(地官符)=천관부(天官符)와 같다
　辰　巳　午　未　申　酉　戌　亥　子　丑　寅　卯

대장군(大將軍)=수조(修造) 동토(動土)에 꺼린다
　酉　酉　酉　子　子　子　卯　卯　卯　午　午　午

유재(流財)=전장(田庄)이 달리고 小兒는 곡을한다
　戌　未　辰　丑　戌　未　辰　丑　戌　未　辰　丑

태세(太歲)=대장군(大將軍)과 같다
　子　丑　寅　卯　辰　巳　午　未　申　酉　戌　亥

대모(大耗)=재물출납 창고를열거나 동토에 꺼린다
　午　未　申　酉　戌　亥　子　丑　寅　卯　辰　巳

소모(小耗)=대모(大耗)와 같다
　巳　午　未　申　酉　戌　亥　子　丑　寅　卯　辰

백호살(白虎殺)=백사(百事)에 침노한다
　申　酉　戌　亥　子　丑　寅　卯　辰　巳　午　未

금신살(金神殺)=동토(動土) 매장(埋葬)에 꺼린다
　巳　酉　丑　巳　酉　丑　巳　酉　丑　巳　酉　丑

月家凶神法 (月의 흉신(凶神)을 보는것)

흉신문

- 천강(天罡) : 百事에 害로우나 황도가(黃道) 당으면쏨
- 하괴(河魁) : 천강(天罡)과 같음
- 지파(地破) : 흙을 다룰때 不利함
- 나망(羅網) : 혼인, 송사, 출행한 때 不吉
- 멸몰(滅沒) : 나망(羅網)과 같음
- 천구(天狗) : 제사지낼 때 꺼림
- 왕망(往亡) : 모든 출행에 꺼림
- 천적(天賊) : 이사나 재물 거래할때 기한다
- 피마(披麻) : 시집가거나 집에 들때 해로움
- 홍사살(紅紗殺) : 시집가면 해로움
- 온황살(瘟瘟殺) : 병치료, 집을 짓고 고치거나 이사하면 나쁜날
- 토온(土瘟) : 흙을 다루거나 장사에 기함
- 토기(土忌) : 흙을 다루지 못하고 터닦지 못함
- 토금(土禁) : 흙을 다루지 못하는 날
- 천격(天隔) : 출행 못하고 구관(求官)못함
- 지격(地隔) : 식목 못하고 장사 못지내는 날

月名	천강	하괴	지파	나망	멸몰	천구	왕망	천적	피마	홍사살	온황살	토온	토기	토금	천격	지격
正	巳	亥	亥	子	丑	子	寅	辰	子	酉	未	辰	寅	亥	寅	辰
二	子	午	子	申	寅	丑	巳	酉	酉	巳	戌	巳	亥	子	子	寅
三	未	丑	丑	巳	巳	寅	申	寅	午	丑	辰	午	巳	亥	申	子
四	寅	申	寅	寅	申	卯	亥	未	卯	酉	寅	未	亥	寅	巳	戌
五	酉	卯	卯	亥	亥	辰	卯	子	子	巳	午	申	寅	卯	申	申
六	辰	戌	辰	申	卯	巳	午	巳	酉	丑	子	酉	巳	寅	午	午
七	亥	巳	巳	巳	午	午	酉	戌	午	酉	酉	戌	申	巳	亥	辰
八	午	子	午	寅	酉	未	子	卯	卯	巳	申	亥	午	申	子	寅
九	丑	未	未	亥	丑	申	辰	申	子	丑	未	子	未	未	申	子
十	申	寅	申	申	辰	酉	未	丑	酉	酉	辰	丑	申	寅	酉	戌
十一	卯	酉	酉	巳	未	戌	戌	午	午	巳	巳	寅	酉	卯	卯	申
十二	戌	辰	戌	寅	戌	亥	丑	亥	卯	丑	丑	卯	戌	辰	戌	午

흉신문(凶神門)

흉신	설명	해당일
산격(山隔)	산에들어 가거나 나무를 베거나 수렵하면 나쁜날	未 巳 卯 丑 亥 酉
수격(水隔)	물에 들어가거나 배를 타면 나쁜날 고기를 잡거나	戌 申 午 辰 寅 子
음차(陰差)	혼인, 집 짓고, 장사에 기함	庚戌 辛酉 庚申 丁未 丙午 丁巳 甲辰 癸卯 壬寅 癸丑 壬子
양착(陽錯)	음차(陰差)와 같음	甲寅 乙卯 甲辰 丁巳 丙午 丁未 庚申 辛酉 庚戌 癸亥 壬子 癸丑
유화(遊火)	약을 먹거나 침을 맞을 때 기함	巳 寅 亥 申 巳 寅 亥 申 巳 寅 亥 申
천화(天火)	집을 고치거나 집을 짓지 못하는 날	子 午 卯 酉 子 午 卯 酉 子 午 卯 酉
수사(受死)	혼인 지내거나 이사 하거나 고기 잡으면 좋은날 나쁘고	戌 辰 亥 巳 子 午 丑 未 寅 申 卯 酉
귀기(歸忌)	이사 혼인 출행에 기함	丑 寅 子 丑 寅 子 丑 寅 子 丑 寅 子
비염살(飛廉殺)	가축에 해롭고 재물을 만지면 손해 보는 날	戌 巳 午 未 申 酉 戌 亥 子 丑 寅 卯
혈기(血忌)	양자 하거나 침 맞으면 나쁜 날	丑 未 寅 申 卯 酉 辰 戌 巳 亥 午 子
혈지(血支)	침맞으면 나쁜 날	丑 寅 卯 辰 巳 午 未 申 酉 戌 亥 子
독화(獨火)	부엌을 만들거나 집웅을 이면 나쁜 날	巳 辰 卯 寅 丑 子 亥 戌 酉 申 未 午

四時凶神(사시흉신) 〈四時에 흉신을 보는것〉

〈四時春夏秋冬〉

亥日 가을(秋)—甲寅 乙卯日 겨울(冬)—丙午 丁巳日。

① 정사폐(正四廢)=수조(修造) 생분(生墳) 수목(壽木) 네 기(忌)하니 봄(春)—庚申 辛酉日 여름(夏)—壬子 癸亥日 가을(秋)—甲寅 乙卯日 겨울(冬)—丙午 丁巳日。

② 방사폐(傍四廢)=위(上)와 같으니 봄(春)—庚申 辛酉

⑧ 천전지전(天轉地轉) 동토(動土)와 조장(造葬)에 기(忌)하니 봄(春)―癸卯 辛卯日 여름(夏)―丙午 戊午日 가을(秋)―辛酉 癸酉日 겨울(冬)―丙子日。

④ 천지전살(天地轉殺)=수조(修造)와 파당(破塘)에 기(忌)하니 봄(春)―卯日 여름(夏)―午日 가을(秋)―酉日 겨울(冬)―子日。

⑤ 천지황무(天地荒無)=기운이 없어 일우는(成)것이 없으니 기(忌)하니 봄(春)―乙未日 여름(夏)―丙戌日 가을(秋)―辛丑日 겨울(冬)―壬辰日。

⑥ 四시대모(時大耗)=一체(切) 동토(動土)와 수영(修營)에 기(忌)하니 봄(春)―巳, 酉, 丑日 여름(夏)―申, 子, 辰日 가을(秋)―亥, 卯, 未日 겨울(冬)―寅, 午, 戌日。

⑦ 사허패(四虛敗)=分居와 입택(入宅)과 수창(修倉)에 기(忌)하니 봄(春)―己酉日 여름(夏)―甲子日 가을(秋)―辛卯日 겨울(冬)―庚午日。

⑧ 사시소모(四時小耗)=대모(大耗)와 대강 같다 봄(春)―壬子日 여름(夏)―乙卯日 가을(秋)―戊午日 겨울(冬)―辛酉日。

大殺白虎 대살백호 (큰살에 백호라 하는것)

이날은 戊辰 丁丑 丙戌 乙未 甲辰 癸丑 壬戌日이니 右七日은 다(皆) 중궁(中宮)에 들어간 기(忌)하는것은 상관(上官) 입택(入宅) 혼인(婚姻) 대연(大宴) 수조(修造) 기실(起室) 작문(作門) 기복(祈福)등 일에 다(皆) 흉(凶)하다。

雷霆白虎殺 뇌정백호살 (이날도 중궁(中宮)에 들어가 니 기(忌)하는것은 대살백호(大殺白虎)와 같다)

一、甲己月=丁卯 丙子 乙酉 甲午 癸卯 壬子 辛酉日
二、乙庚月=戊辰 丁丑 丙戌 乙未 甲辰 癸丑 壬戌日
三、丙辛月=辛未 庚辰 己丑 戊戌 丁未 丙辰 乙丑日
四、丁壬月=乙酉 甲午 癸未 壬辰 辛丑 庚戌 己未日
五、戊癸月=辛未 庚辰 己丑 戊戌 丁未 丙辰 乙丑日

白虎殺 백호살

매사(每事)에 불길한 날로서 꼭 피하여야 하는 날.

正月은 申日、二月은 酉日、三月은 戌日、四月은 亥日、
五月은 子日、六月은 丑日、七月은 寅日、八月은 卯日、
九月은 辰日、十月은 巳日、十一月은 午日、十二月은
未日。

금신살(金神殺)

흙을 다루거나 장사를 지내지 못하는 날.

正月은 巳日、二月은 酉日、三月은 丑日、四月은 巳日、
五月은 酉日、六月은 丑日、七月은 巳日、八月은 酉日、
九月은 丑日、十月은 巳日、十一月은 酉日、十二月은
丑日。

나망살(羅網殺)

혼인이나 출행을 못하는 날.

正月은 子日、二月은 申日、三月은 巳日、四月은 辰日、
五月은 戌日、六月은 亥日、七月은 丑日、八月은 申日、
九月은 未日、十月은 子日、十一月은 巳日、十二月은
申日。

月建同旬魁罡坐凶忌日

월전동순괴강좌흉기일

〈월전동순에 괴강좌를 하면 흉하다고 기하는 날〉

一、甲己年=멸문일(滅門日) 正月=己巳日 二月=甲子日
三月=乙丑日 四月=丙寅日 五月=丁卯日 六

二、乙庚年=멸문일(滅門日) 正月=乙亥日 二月=丙子日
三月=丁丑日 四月=戊寅日 五月=己卯日 六
月=庚辰日 七月=辛巳日 八月=壬午日 九月=丁
亥日 十月=甲申日 十一月=乙酉日 十
二月=丙戌日。

대화일(大禍日) 五月=癸丑日 八月=庚午日 九月=丁
壬甲日 五月=癸丑日 八月=庚午日 九月=丁
丑日 十二月=庚辰日。

三、丙辛年=멸문일(滅門日) 正月=丁亥日 二月=戊子日
三月=巳丑日 四月=甲申日 五月=壬午日 六
月=戊戌日 七月=己亥日 八月=甲午日 九
月=乙未日 十月=丙申日 十一月=丁酉日 十
二月=戊戌日。

대화일(大禍日) 正月=辛巳日 二月=壬午日 三月=
癸未日 六月=甲戌日 七月=癸巳日 十月=庚
寅日 十一月=辛卯日 十二月=壬辰日。

대화일(大禍日) 四月=庚寅日 五月=
癸巳日 八月=庚子日 九月=辛丑日 十月=壬

四、丁壬年=멸문일(滅門日) 二月—庚子日 三月—丁未日
五月—己酉日 六月—甲辰日 七月—辛亥日 八
月—丙午日 九月—癸丑日 十月—戊申日 十二
月—庚戌日。

대화일(大禍日) 正月—己亥日 二月—甲午日 三月—
癸丑日 四月—戊申日 六月—庚戌日 七月—乙
巳日 八月—壬子日 九月—丁未日 十一月—己
酉日 十二月—甲辰日。

五、戊癸年=멸문일(滅門日) 正月—丁巳日 三月—己未
四月—甲寅日 五月—辛酉日 六月—丙辰日 七
月—癸亥日 八月—戊午日 十月—庚申日 十一
月—丁卯日。

대화일(大禍日) 正月—癸亥日 二月—戊午日 四月—
庚申日 五月—乙卯日 六月—壬戌日 七月—丁
巳日 九月—己未日 十月—甲寅日 十一月—癸
酉日 十二月—戊辰日。

논(論)=위의 과강,괴벌이 월건(月建)과 한가지 순
중(旬中)에 있으면 흉(凶)함이 되는 것이니 천강(天
罡)은 멸문(滅門)이 되여서 사망(死亡)을 주장하고 하괴
(河魁)는 대화(大禍)가 되여서 도적(盜賊)을 주장(主)하
는 것이며 만일(若)같은 순중(旬中)에 있지 아니 하면

小兒殺順逆二局法 〈小兒의살을順과逆에두가지가있는법〉

이살(此殺)을 제(制)하지 않으라하면 소아(小兒)에 가장
기(忌)하는 것이니 순국(順局)에는 남아(男兒)가 상(傷)
하고 역국(逆局)에는 여아(女兒)가 상(傷)한다 하였다.

△吉星制殺門 三元白 起例法의 九宮圖참조〉

一、양년(陽年) △子、寅、辰、午、申、戌年∨=正月을
중궁(中宮)에서 시작하여 二月에는 乾 三月에는 兌 四月
에는 艮 △즉 數字의 순으로 도라간다∨으로하여 사용(使
用)하는 달에까지 가서 그치는 곳(處)이 즉(卽)살방(殺
方)이다. △적은달(小月)에 보는것임∨

二、음년(陰年) △丑、卯、巳、未、酉、亥年∨=正月을
이궁(離宮)에서 시작하여 二月에는 감(坎)으로 지나 △數
字의 순으로 도라간 쓰는 달까지에 그치는 곳(處)에
이 즉(卽) 살방(殺方)이다 △적은달(小月)에 보는것임∨

三、甲癸丁庚年 正月은 간(艮)에서 시작하고 丙壬己年은
戊年 正月은 중(中)에서 시작하고 乙辛

元白起例法 年白참조〉

皇殺이면 행년(行年)에 일으(到)는 곳(處) 태(兌)가 신황살(身皇殺)이 되는 것이며 수작(修作) 대궁(對宮)에 크게 두려워 하는 것이되 만일(若) 백보(百步) 밖이면 기(忌)하지 아니한다.

① 상원(上元)=남(男)은 十세(歲)에 간(艮)에서 시작하여 十세(歲)에 이(離)에 이르고 녀(女)는 十세(歲)에 중(中)에서 시작하여 數字의 역(逆)으로 돌린다.

② 중원(中元)=남(男)은 十歲에 中에서 시작하여 순(順)으로 돌리면 十一에 건(乾)으로 이르(到)고 女는 十歲에 간(艮)에서 시작하여 역(逆)으로 돌린다

⑧ 하원(下元)=남(男)은 十歲에 곤(坤)에서 시작하여 순(順)으로 돌리면 十一歲에 진(震)에 이르고 녀(女)는 十歲에 곤(坤)에서 시작하여 역(逆)으로 돌린다

논(論)=상원남(上元男)이면 五十一歲에 일으는 손궁(巽宮)이 곧 신황살(身皇殺)이니 기조수방(起造修方)에 기(忌)하는 것이요 행년(行年)이 중궁(中宮)에 들면 중궁(中宮)에 수작(修作)을 두려워 하는것이며 감(坎)에 궁(對宮)이 이(離)가 정명살(定命殺)이니 흉한 일이면 대궁(對宮)이 정명살(定命殺)이니 인명일신(人일이면 남어(餘)지는 여기에 모방(做)하라

身皇定命二殺法 〈신황과 정명의 二살을 보는 법〉

※ 이법은 모든 방서(方書)에 상고(考)하여 보면 수방(修方)에만 기(忌)하고 장매(葬埋)에는 기(忌)하지를 않이하여서 밝게(昭然) 기록(戴錄)하였으나 세속(世俗)에 장택(葬擇)을 하는자 들이 자세한 것을 상고하지 않이하고 마땅(宜)히 기(忌)할곳에만 기(忌)하지 여서 사람에게 심혹(深惑)하게 하니 참으로 가히 조심 할것이다. 이후(後)로 택선(擇善)하는 이들은 가히 조심 할것이다.

〈論〉=만일(若)에 살(殺)이 감(坎)에 있으면 규마(竅馬)논(論)=만일(若)에 살(殺)이 감(坎)에 있으면 규마(竅馬)
천하(天河) 삼백(三白) 구자(九紫)와 사리(四利) 태양(太陽) 태음(太陰)의 길성(吉星)으로써 제지(制之)하면 도루(反) 길(吉)한 것이다. 대월건(大月建)에는 십간(十干)의 年을 쓰고 小月에는 十二支의 年을 쓰되 만일(若) 잠(坎)에 그치면 기(忌)하는것이 壬子 癸방이다

※ 보는法은 小兒殺 順、逆法과 같음〈上、中、下元은 三

命一身에 흉방(凶方)이 여기에 있다.

◎上, 中, 下三元은 天機部, 第一章三元說을 보라

三災의 出入法 (삼재의 출입법)

사람마다 들어오지 三年만에야 나가는 재앙(災殃)이다
申, 子, 辰, 生(생)은 寅年에 들어와(入)서 辰年에 나가(出)고 寅, 午, 戌生은 申年에 들어와서 戌年에 나가(出)고 巳, 酉, 丑生은 亥年에 들어와서 丑年에 나가(出)고 亥, 卯, 未生은 巳年에 들어와서 未年에 나간(出)다.

大將方運行法 (대장방운행법)

※ 大將軍方(殺) 보는것이니 東, 西, 南, 北 四方位에 놀아가는 것이며 한방위에 三年式 머무르는 것이다. 즉 亥, 子, 丑三年은 酉(西)에 있는것이다. 寅, 卯, 辰三年은 酉방 巳, 午, 未 年은 卯방 申, 酉, 戌年은 午방이다.

喪門方運行法 (상문방운행법) (상문방 보는 법)

※ 상문방은 한방위에 一年式 머무르는 것이다.

子年……寅방 丑年……卯방 寅年……辰방 卯年……巳방 辰年……午방 未年……申방 巳年……未방 申年……戌방 酉年……亥방 戌年……子방 亥年……丑방이다.

力士方運行法 (역사방운행법)

사각(四角)∧乾, 坤, 艮, 巽∨으로만 있는(留)것이며 三年에 다섯 방위식(五方位式) 지나 (越)간다.
寅, 卯, 辰年에는 건(乾)이 잠실(蠶室) 손(巽)이 박사(博士) 곤(坤)이 력사(力士)이다.
巳, 午, 未年에는 건(乾)이 박사(博士) 손(巽)이 주서(奏書) 곤(坤)이 역사(力士)이다.
申, 酉, 戌年에는 간(艮)이 잠실(蠶室) 손(巽)이 주서(奏書) 곤(坤)이 역사(力士)이다.
亥, 子, 丑年에는 건(乾)이 주서(奏書) 손(巽)이 잠실(蠶室) 곤(坤)이 박사(博士)이다.

원진살 怨嗔殺

지지(地支)의 띠∧즉 앞의 十二支屬禽獸名∨끼리 서로 꺼리는 것으로 여러 가지로 가리는데 참고(參考)로 하는

흉신문

▲서기양두각(鼠忌羊頭角)……쥐(띠)는 양(띠)의 뿔을 싫어하고 즉 쥐띠(子生)와 양띠(未生)는 상극(相克)이며

▲우진마불경(牛嗔馬不耕)……소(띠)는 말(띠)가 밭을 갈지 않는것을 꾸짖고 즉 소띠(丑生)와 말띠(午生)는 상극(相克)이며,

▲호증계취단(虎憎雞嘴短)……호랑이(띠) 짧은것을 미워하고 즉 호랑이띠(寅生)는 닭(띠)의 입뿌리 싫어하고 즉 쥐띠(子生)와 양띠(未生)는 상극(相克)이며

▲토원후불평(兔怨猴不平)……토끼(띠)는 원숭이띠와 불평하는것을 미워하고 즉 토끼띠(卯生)와 원숭이(申生)는 상극(相克)이고,

▲용혐저면흑(龍嫌猪面黑)……용(띠)은 돼지(띠)의 얼굴이 검은것을 싫어하고 즉 용띠(辰生)와 돼지띠(亥生)는 상극(相克)이고,

▲사경견폐성(蛇驚犬吠聲)……뱀(띠)은 개(띠)가 짖는 소리에 놀라고 즉 뱀띠(巳生)와 개띠(戌生)는 상극(相克)이 된다

십악대패일
十惡大敗日

甲·己年=三月에 戊戌日과 七月에 癸亥日, 十月에 丙申日, 十一月에 丁亥日.

乙·庚年=四月에 壬申日과 九月에 乙巳日.

丙·辛年=三月에 辛巳日과 九月에 庚辰日.

丁·壬年=기(忌)하는 날이 없음.

戊·癸年=六月에 丑日.

몽동대살
蒙童大殺

춘삼월(春三月)에는 申日과 酉日, 하삼월(夏三月)은 寅日과 卯日, 추삼월(秋三月)에는 亥日과 子日, 동삼월(冬三月)에는 巳日과 午日이니 百事에 凶한 날이다.

천하멸망일
天下滅亡日

正·五·九月중에는 丑日.
二·六·十月중에는 辰日.
三·七·十一月중에는 未日.
四·八·十二月중에는 戌日.

지낭일
地囊日

집을 짓거나 흙을 다루거나, 샘을 파거나, 못을 못파는 날

正月=庚子, 庚午.
二月=癸丑, 癸未.

태세(太歲)의 천간(天干)의 해의 다음과 같은 月, 日은 피하여야 한다.

三月=甲子、甲寅。 四月=己卯、己丑。
五月=戊辰、戊午。 六月=己未、癸巳。
七月=丙寅、丙申。 八月=丁卯、丁巳。
九月=戊辰、戊子。 十月=庚子、庚戌。
十一月=辛酉、辛未。 十二月=乙未、乙酉。

복단일
伏斷日

뒷간을 만들때에는 좋은 날이며 집을 짓거나 기타 혼인 장사 모든 일에는 흉한 날이다

子日~허(虛)   丑日~두(斗)   寅日~실(室)
卯日~녀(女)   辰日~기(箕)   巳日~방(房)
午日~각(角)   未日~장(張)   申日~귀(鬼)
酉日~자(觜)   戌日~위(胃)   亥日~벽(壁)

지파일
塔破日

흙을 다루지 못하는 날.

正月은 亥日   二月은 子日   三月은 丑日
四月은 寅日   五月은 卯日   六月은 辰日
七月은 巳日   八月은 午日   九月은 未日
十月은 申日   十一月은 酉日   十二月은 戌日

천적일
天賊日

돈 거래나 이사 출행을 못하는 날.

正月은 辰日、二月은 酉日、三月은 寅日、四月은 未日、
五月은 子日、六月은 巳日、七月은 戊日、八月은 子日、
九月은 申日、十月은 丑日、十一月은 午日、十二月은 亥日。

토왕일
土王日 △흙을 다루지 못하는 날△

입춘(立春)과 입하(立夏)와 입추(立秋)와 입동(立冬)인 사개절(四個節)과 각직전(各直前)으로 십팔개일(十八個日)에 기간(期間)이다.

이사일
二社日 △비 오면 풍년드는날△

※시절 흉풍논에 갈것이 잘못되어 제오회(第五回)의 입춘후(立春後)와 입추후(立秋後)로 제오회(第五回)의 戊日이니 곧(即) 춘분과 추분전후(春分秋分前後)에 가까운 근(近)戊日이다.

왕망일
往亡日

이사를 가거나 외지에 출행(出行)하지 못하는 날.

正月은 寅日、二月은 巳日、三月은 申日、四月은 亥日、
五月은 卯日、六月은 午日、七月은 酉日、八月은 子日、
九月은 辰日、十月은 未日、十一月은 戌日、十二月은 丑日。

천화일
天火日

지붕을 못 이는 날.

正月은 子日, 二月은 卯日, 三月은 午日, 四月은 酉日,
五月은 子日, 六月은 卯日, 七月은 午日, 八月은 酉日,
九月은 子日, 十月은 卯日, 十一月은 午日, 十二月은 酉日,

氣往亡日法 (기왕망일법) (다는 날을 보는 법)

이날은 입춘후(立春後) 七日 경칩후(驚蟄後) 一四日 청명후(淸明後) 二十一日 입하후(立夏後) 八日 망종후(芒種後) 一六日 소서후(小暑後) 二十四日 입추후(立秋後) 九日 백로후(白露後) 一八日 한로후(寒露後) 二十七日 입동후(立冬後) 十日 대설후(大雪後) 二十日 소한후(小寒後) 三十日이다.

第五章 吉星制殺門 (모든 吉星으로 殺을 制하는 것)

歲干의 吉神法

(년신(年神)의 길함을 보는 것이니 歲干名〈年名〉은 甲, 乙, 丙, 丁, 己, 庚, 辛, 壬, 癸이고 길신명(吉神名)은 歲德, 歲德合, 天福貴人, 文昌貴人, 文曲貴人, 天官貴人, 太極貴人이다.

※ 보는법=甲年에는 甲月이나, 甲日이나, 甲時는 歲德이 되고 乙年에는 庚月이나 庚日이나 庚時가 歲德이 된다는 것이다. 〈方位나 모든 것이 다 이와 같음〉

歲干名(年名)	甲	乙	丙	丁	戊	己	庚	辛	壬	癸
세덕(歲德)=음양(陰陽)의 교회이요 百福의 大吉	甲	庚	丙	壬	戊	甲	庚	丙	壬	戊
세덕합(歲德合)=조장(造葬)에 大吉 日家의 同用	己	乙	辛	丁	癸	甲	庚	丙	壬	戊
천복귀인(天福貴人)=기거작녹(起居爵祿) 담소공후(談笑公候)	巳	酉	申	亥	卯	寅	午	巳	午	巳
문창귀인(文昌貴人)=생전부귀(生前富貴) 사후문장(死後文章)	巳	午	申	酉	申	酉	亥	子	寅	卯

歲支의 吉神法 (세지의 길신법)

(년신(年神)의 길함을 보는 것이니 ∧년의 地支名∨으로 보는 것이다 歲支名)

문곡귀인(文曲貴人)=문장기려(文章奇麗) 류(彩狀感流) 채장풍

천관귀인(天官貴入)=문무구미(文武俱美) 부귀쌍전(富貴雙全)

태극귀인(太極貴人)=위거숭반(位居崇班) 녹영만종(祿盈萬鍾)

子	午	寅申	酉卯	巳亥
				午子
	巳	寅	酉	寅申
	寅	酉	寅	酉卯
	卯	亥	亥	巳亥
	巳	申	戌	戌辰
	午	寅	午	寅申
	申	巳		酉卯

※ 보는법=歲干의 吉神法과 같음

歲支名∧年의 地支名∨

子丑寅卯辰巳午未申酉戌亥	

세천덕(歲天德)=음양감통(陰陽感通) 천지소화(天地召和)
巽庚丁坤壬乾甲癸艮丙乙

천덕합(天德合)=오행상합(五行相合) 제복병조(諸福並助)
申乙巳丁寅壬亥辛戌丁申辛

세월덕(歲月德)=오행동위(五行同位) 백사개성(百事皆成)
壬庚丙甲壬庚丙甲壬庚丙甲

월덕합(月德合)=조장대길(造葬大吉) 일가동용(一家同用)
丁乙辛己丁乙辛己丁乙辛己

역마(驛馬)=조장제사(造葬諸事) 진귀초범(貴超凡)
寅亥申巳寅亥申巳寅亥申巳

천창(天倉)=수조장택(修造庄宅) 입길(入吉)
酉戌亥子丑寅卯辰巳午未申

지창(地倉)=天倉과 같음
辰戌 寅申 子午 巳亥 卯酉 丑未 子午 辰戌 卯酉 寅申

수천(守天)=태양은 及第로 大亨하고 능히 諸殺을 제함 申辰子亥 申 乙 丙 卯 辰

수전(守殿)=太陰은 財物을 발하고 능히 兒殺을 제한다 丙壬 壬未 午子 亥巳 庚甲 丁癸 艮坤 酉卯 壬丙 酉辰 巳亥

※ 보는법 歲干의 吉神法과 같음.

월가길신
月家吉神 (달로보아서 길한날과 시와 모든 방위 보는법)

	正	二	三	四	五	六	七	八	九	十	十一	十二
천덕(天德)=집짓고 장사와 百事에 大吉	丁	壬	申	辛	癸	甲	壬	癸	丙	乙	甲	庚
월덕(月德)=百事에 大吉	丁	申	辛	庚	亥	庚	丙	甲	壬	庚	丙	乙
천덕합(天德合)=天德과 같이씀	壬	甲	壬	丙	寅	己	戊	壬	甲	乙	壬	庚
월덕합(月德合)=月德과 같이씀	丙	庚	丙	甲	壬	丙	庚	丙	辛	庚	丙	乙
월공(月空)=글을 올리고 고치거나 만들거나 흠을 다루는날	辛	己	丁	乙	辛	己	丁	乙	己	庚	辛	乙
월은(月恩)=천은상길과 같이씀〈四大吉日에 있음〉	丁	戊	丁	壬	庚	己	辛	辛	庚	丁	乙	酉
월재(月財)=집짓고 이사하거나 장사에 씀	戊	己	辛	戊	寅	甲	癸	寅	丙	辛	甲	子
생기(生氣)=재물, 양자, 혼인에 씀	寅	申	卯	辰	巳	午	未	申	酉	戌	亥	子
천의(天醫)=의사를 구하여 병을 다스릴 때씀	戌	亥	子	丑	寅	卯	辰	巳	午	未	申	酉
왕일(旺日)=상량(上樑), 하관에 쓰나 흠을 다루면 해로움	寅	寅	寅	巳	巳	巳	申	申	申	亥	亥	亥
상일(相日)=旺日과 같음	巳	巳	巳	申	申	申	亥	亥	亥	寅	寅	寅
해신(解神)=모든 살(殺)을 풀어서 백사에 大吉	申	申	戌	戌	子	子	寅	寅	辰	辰	午	午

오부(五富)＝집 짓고 장사지낼 때 씀
옥제사일(玉帝赦日)＝하늘에서 사(赦)하는 날로 매 亥 寅 巳 申
만통사길(萬通四吉)＝무해 무덕한 날
요안일(要安日)＝생을 받아 복을 받는 날
천사신(天赦神)＝몸에 죄를 사(赦)하는 날
황은대사(皇恩大赦)＝모든 재앙이 없어지는 날

사에 무조건 좋은 날
丁 甲 子 乙 丑 丙 寅 丁 亥 甲 午 乙 未 丙 申 辛 酉 壬 戌
巳 寅 卯 壬 辰
戌 丑 寅 巳 酉 卯 子 午 亥 辰 申 未
戌 丑 辰 未 戌 丑 辰 未
寅 卯 酉 戌 辰 巳 亥 子 午 未 丑
午 亥 申 丑 戌 卯 子 巳 寅 未 辰 酉

이십팔수소관길흉법
二十八宿所管吉凶法

이십팔수(二十八宿)에도 각각 오행(五行)을 가지고 있으며 상생(相生)되고 상극(相克)되는 것이 상세히 정하여져 있으므로 길흉을 삼피는 것이다.

각(角∧木∨)……집을 짓거나 수묘(修墓)에는 좋으나 장사(葬事)나 혼사(婚事)에는 불길(不吉)하며 삭(朔∧初一日∨)에 당으면 더욱 불길(不吉)함.

항(亢∧金∨)……매사에 불길(不吉)하며 망(望∧十五日∨)에 당으면 더욱 불길(不吉)함.

저(氐∧土∨)……혼사나 집을 짓고 고치는 때에는 좋으나 장사(葬事)나 수분(修墳)에는 불길(不吉)함.

방(房∧日∨)……백사(百事)에 좋으나 장사(葬事)에는 불길(不吉)함.

심(心∧月∨)……모든 일에 불길(不吉)함.

미(尾∧火∨)……집을 짓거나 장사(葬事)、혼사(婚事)、문을 내는데 길(吉)함.

기(箕∧水∨)……미(尾)와 같음

두(斗∧木∨)……집을 짓거나 장사(葬事)에는 대길(大吉)하고 타사는 모두 평길함.

우(牛∧金∨)……살신(殺神)이 주징하는 날로 모든 일에 불길(不吉)함.

여(女∧土∨)……모든 일에 불길(不吉)함.

허(虛∧日∨)……모든 일에 길(吉)하나 장사(葬事)에 만 불길(不吉)함.

위(危∧月∨)……모든 일에 불길(不吉)함.

실(室∧火∨)……집짓기 장사(葬事) 문을 내는데 길(吉)함.

길성제살문

벽(壁〈水〉)……장사(葬事) 혼사(婚事) 집짓기 문내기 모든일에 길(吉)함.

규(奎〈木〉)……집을 짓는데는 대길(大吉)하나 장사를 지내거나 문내기와 물길을 열어 놓으면 불길(不吉)함

루(婁〈金〉)……집짓기 장사 혼인(婚姻)을 (不吉)함.

필(畢〈月〉)……집짓기나 문내기 장사(葬事) 혼인(婚姻)에는 불길(不吉)함.

지내기는 대길(大吉)하나 회일(晦日〈그 믐날〉)은 불길(不吉)함.

위(胃〈土〉)……장사(葬事)나 혼인(婚姻)을 지내거나 집을 짓는데는 대길(大吉)함.

묘(昴〈日〉)……집을 짓는데는 좋은날이나 장사(葬事)

사(事) 혼인(婚姻)에는 불길(不吉)함.

자(觜〈火〉)……모든일에 불길(不吉)함.

삼(參〈水〉)……집을 짓기는 좋으나 장사(葬事) 혼인(婚姻) 문을 내는데는 길(吉)하고

정(井〈木〉)……여러가지에 모두 불길(不吉)함.

귀(鬼〈金〉)에는 모두 불전(不吉)함.

유(柳〈土〉)……집짓기 장사 문을 내면 불길(不吉)

장사(葬事)에는 불길(不吉)함.

함.

성(星〈日〉)……집 짓기는 길(吉)하나 이날에 신방(新房)을 차려서 딴 흉성(凶星)이 끼면 생이별(生離別) 아니면 죽음을 당함.

장(張〈月〉)……집 짓기 혼인(婚姻) 장사(葬事) 출행(出行) 동병(動兵) 관직(官職)에 들어 가거나 모두 대길(大吉)함.

익(翼〈火〉)……장사(葬事) 지내기는 좋은 날이나 집 짓고 문내기는 불길(不吉)함.

진(軫〈水〉)……장사(葬事) 지내고 집 짓고 관복(官服)을 고치면 좋고 배(舟)를 지으면 제일 좋은 날임.

黃黑道吉凶法
황흑도길흉법

이 법은 길(吉)한 날짜(日字)와 시(時)를 가리는 법으로서 이사(移徙)하거나 입양(入養)시에 날을 가리고 이나 그 밖에 혼인이나 장사(葬事) 집짓고 고칠때 소殯(殯所)를 파(破)할때 발인(發靷)날을 가릴 때에도 쓴다.

보는법……황도(黃道)는 길(吉)하고 혹도(黑道)는 흉(凶)한 것이다.

※표 밑에 지지(地支)는 날짜(日字)를 가릴때에는 가리

는 달의 월건(月建)으로 보고 시(時)를 가릴때에는 가리는 날의 일진(日辰)으로 보는것이다.

황・흑도(黃・黑道) 밑에 지지(地支)는 가리는 날과 시의 지지(地支)가 되는것이다.

※ 황흑도명(黃・黑道名)

청룡황도(青龍黄道) =길 寅 申 子 午 卯 酉 丑 未
명당황도(明堂黄道) =길 丑 未 巳 亥 卯 酉 寅 申
천형흑도(天刑黒道) =흉 寅 申 辰 戌 午 子 辰 戌
주작흑도(朱雀黒道) =흉 卯 酉 巳 亥 未 丑 巳 亥
금궤황도(金櫃黄道) =길 辰 戌 午 子 申 寅 午 子
천덕황도(天德黄道) =길 巳 亥 未 丑 酉 卯 未 丑
백호흑도(白虎黒道) =흉 午 子 申 寅 戌 辰 申 寅
옥당황도(玉堂黄道) =길 未 丑 酉 卯 亥 巳 酉 卯
천뢰흑도(天牢黒道) =흉 申 寅 戌 辰 子 午 戌 辰
현무흑도(玄武黒道) =흉 酉 卯 亥 巳 丑 未 亥 巳
사명황도(司命黄道) =길 戌 辰 子 午 寅 申 子 午
구진흑도(句陳黒道) =흉 亥 巳 丑 未 卯 酉 丑 未

建除十二神吉凶法(건제십이신길흉법)

이것은 월력(月曆)에 실려 있는 것으로 길흉(吉凶)을

건일(建日)……집을 청소하고 출행(出行) 입학(入學) 하는데 쓰는 것이다.

제일(除日)……안택(安宅) 출행(出行) 굴을 올리기 글을 올리는데는 길하고 참초(斬草)를 하면 흉을 다루거나 혼인 장사를 지내거나 집을 고치거나 흙을 다루거나 면 길하고 재물(財物) 거래나 이사 접목(接木)을 하거나 관직(官職)을 구하기는 불길함.

만일(滿日)……제사를 지내거나 병 치료를 하거나 집을 청소하거나 접목 을 하거나 옷을 마르거나 길하고 흙을 다루거나 집을 짓거 나 이사를 하면 불길함.

평일(平日)……집터를 닦고 담을 치고 길을 고치고 제 사를 지내면 길함.

정일(定日)……제사 혼인 장사를 지내거나 양자를 들 이거나 가축(家畜)을 사오거나 집을 고치면 길하고 출행 송사(訟事) 씨앗을 뿌리면 불길함.

집일(執日)……제사 혼인 장사를 지내거나 글을 짓고 고치는 것은 길하고 이사하거나 출행하면 불길함.

파일(破日)……병을 치료하거나 집을 허무는데는 길하 고 참초(斬草) 이사 출행 혼인에는 불길함.

위일(危日)……제사를 지내거나 글을 올리거나 혼인에는 길하고 산에가서 사냥하기와 물에가서 고기잡이를 하면 불길함.

성일(成日)……여러가지 일에 대길(大吉)하나 다만 송사(訟事)에는 불길함.

수일(收日)……가축을 사들이거나 사냥을 하거나 납채(納采)를 하거나 제사 혼인을 지내거나 파종(播種) 접화(接花) 식목(植木)에는 길하고 참초(斬草) 파토(破土) 출행(出行)에는 불길함.

개일(開日)……제사 안택 혼인 샘 파기 출행에는 길하고 흙 다루기 장사에는 불길함.

폐일(閉日)……제사 장사 지내거나 뒷간 만들기에는 길하나 출행 이사 집을 짓거나 고치고 흙 다루기는 불길함.

三甲旬法 (삼갑순법)

매사(每事)에 달을 정한 다음 삼갑순(三甲旬)이라 하여 다음의 것을 참고로 보는 법……정한 달에 천간(天干)에 甲이든 날로 부터 十日間은 그 旬中으로 계산하여 쓰는 것이다.

[例] 子年에 혼인을 할려고 하면 먼저 달(月)을 정하고 三旬中에 生甲旬인 甲子, 甲午를 가리며 그 旬中에 날을 골라서 쓰는 것이며 만일 生甲旬이 下旬에 들었으면 그달 내에서 날을 정할 것이고 다음 달에는 달이 다르니 쓰지 못할 것이다.

갑순별 \ 월건의지지	子	丑	寅	卯	辰	巳	午	未	申	酉	戌	亥
生甲旬	甲子 甲午	甲戌 甲辰	甲申 甲寅	甲午 甲子	甲辰 甲戌	甲寅 甲申	甲子 甲午	甲戌 甲辰	甲申 甲寅	甲午 甲子	甲辰 甲戌	甲寅 甲申
病甲旬	甲寅 甲申	甲子 甲午	甲戌 甲辰	甲申 甲寅	甲午 甲子	甲辰 甲戌	甲寅 甲申	甲子 甲午	甲戌 甲辰	甲申 甲寅	甲午 甲子	甲辰 甲戌

死甲旬 (사갑순)　甲辰　甲寅　甲申　甲午　甲子
　　　　　　　　甲戌　甲申　甲午　甲辰　甲寅　甲子

※생갑순(生甲旬)……산사람에게 쓰면 매사에 대길(大吉)하고 죽은사람에게 쓰면 육축(六畜)이 상(傷)하며 사람에게 불리(不利)하고 손재(損財)를 당한다.
※병갑순(病甲旬)……산 사람에게 쓰면 불리(不利)하고 죽은 사람에게 쓰면 평길(平吉)하다.
※사갑순(死甲旬)……산사람에게 쓰면 질병(疾病)이나 죽음을 당하고 죽은사람에게 쓰면 대길(大吉)하다.

通用吉日 _{통용길일} （통용하는 길한날 십전대길일∧十全大吉日∨이라고도 하며 만일 음양 부장길일(陰陽不將吉日)이 없으면 이날을 쓴다함）

乙丑、丁卯、丙子、丁丑、辛卯、癸卯、乙巳（이 七日은 음양 이 석기지않은 날이 있고) 壬子、癸丑、己丑（三日은 석끼지 아니함이 없되 다 吉하다 하니 이것은 可히 간이껄것이 없다.）

四大吉日 _{사대길일} （네가지의 대길한날）

一, 천은상길일(天恩上吉日)=甲子、乙丑、丙寅、丁卯、戊辰、己卯、庚辰、辛巳、壬午、癸未、己酉、庚戌、癸(亥)등 백사(百事)에 대길하다.

다운 네가지의 날은 수리(修理) 조작(造作) 가취(嫁娶)등에 대길하다.

二, 대명상길일(大明上吉日)=辛未、壬申、癸酉、丁丑、己卯
壬午、甲申、丁亥、壬辰、乙未、壬寅、甲辰、乙巳、丙午、己
酉、庚戌、辛亥日。

三, 천사상길일(天赦上吉日)=봄(春)-戊寅日 여름(夏)
-甲午日 가을(秋)-戊申上吉日 겨울(冬)-甲子日이다.

四, 모창상길일(母倉上吉日)-봄(春)-亥、子日 여름(夏)
寅、卯日 가을(秋)-辰、戌、丑、未日 겨울(冬)-申、酉日
土王後巳、午日（위는 창고(倉庫)를 짓는데도 길하다

大偸修日 _{대투수일} （큰투수날）

이날은 대한(大寒) 후(後) 十日 입춘(立春) 전(前) 五日경(頃)이며 흉신(凶神)이 하늘에 올라가서 조작(造作)에 대길(大吉)하다

壬子、癸丑、丙辰、丁巳、戊午、己未、庚申、辛酉日이다.

天寶偸修日方 _{천보투수일방}

※이날은 관부(官符)、삼살(三殺)、유재(流財)、화혈(火血)태세(太歲)의 관하(管下) 제신살(諸神殺)을 불문(不

길성계살문

(問) 하고 천보경일진수방(天寶經日辰修方)에 의하여 조작
(造作)을 하면 조금도 실패가 없다.

일진(日辰)과 방위(方位)

1、甲子 乙丑 丙寅―乾、亥、壬、子、癸、丑、艮、寅方。
2、丁卯 戊辰 己巳―丙、午、丁、未、坤、申、庚、酉、辛、戌方。
3、庚午 辛未 壬申―乾、亥、壬、子、癸、丑、艮、寅、甲、卯、乙方。
4、癸酉日―甲、卯、乙、辰、巽、巳、丙、午方。
5、甲戌 乙亥―中宮、八方、二十四向이 다 길하다.
(제신이 하늘에 올라갔다)
6、丙子 丁丑 戊寅―坤、申、庚、酉、辛、戌、乾、亥方。
7、己卯 庚辰 辛巳―坤、申、庚、酉、辛、戌、乾方。
8、壬午 癸未 甲申―丙、午、丁、未、坤方。
9、乙酉 丙戌 丁亥―巽、巳、丙、午、丁、未、坤方。
10、戊子 己丑 庚寅―亥、壬、子、癸、丑方。
11、辛卯 壬辰 癸巳―丙、午、丁、未、坤、申、庚、酉方。

12、甲午 乙未 丙申―辛、戌、乾、亥、壬、子、癸、丑、艮方。
13、丁酉 戊戌 己亥―中宮、八方이 다 길하다. (제신(諸神)이 하늘에 올라갔다)
14、庚子 辛丑 壬寅―坤、申、庚、酉、辛、戌、乾方。
15、癸卯 甲辰 乙巳―坤、申、庚、酉、辛、戌、乾方。
16、丙午 丁未 戊申―未、坤、申、庚、酉、辛、戌、乾方。
17、己酉 庚戌 辛亥―巽、巳、丙、午、丁、未、坤、申、庚、酉、辛、戌、乾方。
18、壬子 癸丑 甲寅―乾、亥、壬、子、癸、丑、艮方。
19、乙卯 丙辰 丁巳―丙、午、丁、未、坤、申、庚方。
20、戊午 己未 庚申―壬、子、癸、丑、艮、甲方。
21、辛酉 壬戌 癸亥―辰、巽、巳、丙、午、丁方。

四大吉時法 (사대길시법) (四가지 크게 길한때를 쓰는법)

六神(신)이 감추(藏)이고, 四殺(사살)이 빠저(沒)서 천

금(千金)으로도 전(傳)한수가 없는法이니 이때를 쓰라하면 역서(曆書)를 보아서 자세히 미루어 쓰면 만(萬)에 一도 실패(失敗)가 없을것이다.

맹월(孟月)〈正、四、七、十月〉중기에 절기(節氣)〈立春〉、雨水 같은것〉후에는 甲、庚、丙、壬〈四坐間〉이요

중월(仲月)〈二、五、八、十一月〉중에 절기후에는 乙、丁、辛〈坐間〉이다.

계월(季月)〈三、六、九、十二月〉중에 절기 후에는 癸(艮)、손(巽)、곤(坤)、건(乾)〈坐間〉이다.

논(論)=六신(神)이 감추(藏)인다는 것은 등사(騰蛇)는 불(水)에 떨어(墜)지고 주작(朱雀)은 강(江)에 빠지고 백호(白虎)는 몸이 불에 타(燒)고 구진(句陳)은 속(獄)에 들어가고 현무(玄武)는 발(足)이 불어(折)지고 천공(天空)은 죽엄을 입는(被)것이거、사살(四殺)이 빠진다는 것은 辰、戌、丑、未의 사묘(四墓)가 사유(四維)에 빠지는(沒) 것이다.

天聾日 천룡일 (하늘이 귀먹은날)
〈변소수리며 백사대길〉

이날은 丙寅、戊辰、丙子、丙申、庚子、壬子、丙辰日이다.

地啞日 지아일 (땅이 벙어리가 되는날)
〈변소수리며 백사에 大吉하다〉

이날은 乙丑、丁卯、己卯、辛巳、乙未、己亥、辛丑、辛亥、癸丑、辛酉日이다.

논(論)한 것이 제반(諸般) 길성(吉星)이 기운(氣運)이 없으면 화(化)하기가 어려운것이다. 본산(本山)에 생왕(生旺)하는 주기(主氣)가 때를얻어서 큰(大) 길성(吉星)을 만나면 힘차게 기운(氣運)을 지어서 성(勃)하게 복(福)을 발(發)하는 것이니 어찌 중군(軍)하지 아니할것인가、마땅(宜)히 천운(天運)에 육기(六氣)가 평복(平復)되고 고허(孤虛)하는 해(歲)와 지운(地運)에 사묘(四墓)가 생왕(生旺)하고 사절(死絶)하는 때가 있는것을 살펴서 조화(造化)를 부리는것이 여기에 있는것이다. 면 천기(天氣)를 법받고 지운(地運)에 밝아서 인화(人和)를 부르는것이 여기에 있는것이다.

天地大空亡日 천지대공망일

이날은 하늘과 땅의 신이 모다 쉬는 날로 여러 가지를

고치고 만드는데 좋은날로 다음의 日辰이 든 날이다. 甲戌、甲申、甲午、乙丑、乙亥、乙酉、壬辰、壬寅、壬子、癸未、癸巳、癸卯日등이다.

歲殺出遊日 （세살출유일 太歲살이 나가서 노는날 아는법）

甲子日에 동에가서 東遊 己巳日에 도라 還位 오고 丙子日에 남에가서 南遊 辛巳日에 도라오고 戊子日에는 중궁 中宮 에가서 癸巳日에 도라오고 庚子日에 서 西 에 가서 乙巳日에 도라오고 壬子日에 북 北 에가서 丁巳日에 도라온다.

傍正陰符法 （방정음부법 방음부와 정음부를 보는법）

방음부 傍陰符 는 매장에는 기 忌 하고 조작 造作 에는 기 忌 하지 않으며 정음부 正陰符 는 기조 起造 에는 기 忌 하고 장매 葬埋 하지 않는다.

甲己年 月日時＝간、손산 艮、巽山 은 방음부 傍陰符

乙庚年 月日時＝건、태산 乾、兌山 이 정음부 正陰符 요、丙、辛山은 방음부 傍陰符 다.

丙辛年 月日時＝곤、감산 坤、坎山 이 정음부 正陰符 요、

丁壬年 月日時＝이산 离山 이 정음부 正陰符 요、壬寅、戌山은 방음부 傍陰符 다.

戊癸年 月日時＝辰山이 정음부 正陰符 요、庚、亥、未山은 방음부 傍陰符 다.

논 論 ＝차성 此星 은 본래 本來 흉 凶 한 것이며 만일 甲이 춘일 春日 을 만나거나 하일 夏日 을 만나면 살인 殺人 과 퇴재 退財 가 휴수 休囚 하여서 범하 犯 여도 무방 無妨 할 것이며 사주간신 四柱干神 에 건장 梟 한 살 殺 이 들어나는 길하고 제주 祭主 입는자는 흉한 것이되 만일 투로 透露 한자는 망인 亡人 이나 제주 祭主 에 본명 本命 이 건장 梟 이 되었으면 이것이 능 能 히 제할 制 것이다. 살 殺 을 제하는 법 法 은 甲干이 음부 陰符 가 되었으면 壬이 건장 梟 한 살 殺 이 되는것이며 乙干이 음부 陰符 가 되었으면 癸干이 건 장 梟 한 살이 되여야만 능 能 히 제 制 하는 살 殺 이 되는것이니 남어지는 여기에 모방 做 하라 양간 陽干 의 살 殺 은 양간 陽干 으로써 제 制 하고 음간 陰干 의 살 殺 은 음간 陰干 으로써 제 制 한다.

해석 解釋 ＝만일 甲年에 간、손、병、신、艮、巽、丙、辛山이 정、방음부 正、傍陰符 가 되었으되 만일 춘

일(春日)을 만나 甲木이 왕성(旺盛)함을 얻은 고로 흉(凶)한 것이요

가을날(秋日)이면 사절(死絶)이 되는고로 무방(無妨)한 것이며 己年 하일(夏日)을 만나면 토(土)가 생왕(生旺)하는 고로 흉(凶)하되 봄을 만나면 무방(無妨)하다는 것이 즉 이것이다.

무릇 제반흉살(諸般凶殺)이 기운이 없으면 기(忌)하지를 않이하고 기운이 있으면 두려(畏)운 것이니 단순히 천간(天干)많이 보이는것은 효신(梟神)과 칠살(殺)로서 제(制)하고 간지(干支)가 보이는 것은 망인(亡人) 혹 제주(祭主)나 또는 四주(柱) 중(中)에 남음(納音)으로 제(制)하는 것이니 남어지는 제(制)하는 법(法)을 참고(參考)한 것이되 만일 본산(本山)이 휴수(休囚)에 제기(主氣)가 실시(失時)가 되었으면 가히 제(制)하여서 어려울(難) 것이다.

制伏諸家凶殺法(모든 집안에 흉살을 제복시키는 법)

一, 산가묘운(山家墓運)=상극(相克)을 받은 것은 四집을 받으면 모두 집하다.

주(柱)人年、月、日、時V 가운데 납음(納音)이나 본명(本命) 납음(納音)으로써 제(制)한다.

二, 방、정(傍、正)、음부(陰符)=이 二살(殺)은 제(制)하는 법(法)이 방、정、음부법에 있다.

三, 산가곤룡(山家困龍)=규마(竅馬) 천하(天河) 사리(四利)에 극수(剋宿)로 제(制)한다.

四, 제가관부(諸家官符)=삼기(三奇)와 규마(竅馬)로써 돌리(遁)여 남음(納音)을 취(取)하여서 제(制)하는 것이니 가령 甲子年에 천관부(天官符)가 亥에 있으면 둘리(遁)여 乙亥에 화(火)를 얻어서 마땅히 남음(納音)으로 쓰되 수(水)、年、月、時에 수국(水局)을 아우르(並)거나 혹은 일백등성(一白等星)을 써서 제(制)하는 것이다.

五, 산가혈인(山家血刃)=삼기(三奇)와 삼덕(三德)과 규마(竅馬)와 천하(天河)로써 제(制)한다.

六, 장군전(將軍箭)=사주중(四柱中)에 남음(納音)이 천하(天河)와 같이 한것으로써 제(制)한다.

七, 제가나후(諸家羅候)=일백수(一白水) 삼합수(三合水)와 극수(剋宿)로써 제(制)한다.

八, 황천구퇴(皇天灸退)=삼덕(三德) 녹、마、귀(祿、馬、貴) 산가삼합(山家三合)으로써 보기(補氣)를 하여 쓰는(無頭火星)이다.

길성제살문

것이 길한 것이 되고 卯가 구퇴(灸退)가 되면 방수(旁宿)로 제(制)하되 子에는 허(虛)를 쓰고 酉에는 묘(昴)를 쓰고 午에는 성(星)을 쓰니 일명(一名) 육해마(六害馬)를 앞에 한별(辰)이며 오행(五行)에 사처(死處)인 고로 마(馬)가 나가지를 못하고 물러가는 退것이되 만일 삼합(三合)이나 六合을 쓰면 마(馬)를 붙들어 扶서 말(馬)이 요(料)가 있음으로 나가고 물러가지를 않이한다.

九、부천공망(浮天空亡) = 삼덕(三德) 월재(月財)와 길일시(吉日時)로써 형(刑)하고 충(冲)하여야 길(吉)한 것이다.

十、타겁혈인(打劫血刃)과 같어서 월재(月財)와 생기(生氣)인(山家血刃)과 같어서 월재(月財)와 생기(生氣)로 제(制)한다.

十一、태음살(太陰殺) = 세덕(歲德)과 삼합(三合)으로써 제(制)한다.

十二、삼살(殺) = 가히 향(向)은 하여도 좌(坐)는 못한다는 것이나 사주(四柱)中에 납음(納音)이나 본명(本命)으로써 제(制)하여서 삼덕(三德) 천하(天河) 태양(太陽) 등 성(星)녹、마、귀、록(祿)、마(馬)、귀(貴) 사리(四利) 태양(太陽)등 성(星)으로 같이 일도(到)게 되면 발복(發福)이 더욱 아름다운 佳것이다.

十三、좌살향살(坐殺向殺) = 천하(天河) 사리(四利) 태

양(太陽) 삼덕(三德)과 록(祿) 마(馬) 귀(貴)등 성(星)으로 제(制)하면 더욱 길한것이다.

十四、구천주작(九天朱雀) = 천지관부(天地官符)와 한가지로 흉하니 마땅히 녹、마、귀、록(祿)、마(馬)、귀(貴)를 써 사리(四利)태양(太陽) 천하(天河) 제(制)한다. 세명(歲命) 일명(一名)은 천금주작(天禽朱雀)이라 한다.

十五、장군전(將軍箭) = 천하(天河) 북신대제(北辰大帝)와 자백(紫、白)으로써 제(制)한다.

十六、태세(太歲) = 일월납음(日月納音)으로써 제制하여서 삼덕(三德) 녹、마、귀、록(祿、馬、貴)가 더(加)가 임림臨하면 대길(大吉)한 것이다.

十七、대모(大耗) = 규마(竅馬) 삼덕(三德) 삼기(三奇)등 성(星)으로 제하면 이利하다.

十八、팔산도침(八山刀砧) = 규마(竅馬) 천하(天河) 삼덕(三德) 삼기(三奇) 일백(一白)등 성(星) 천하(天河) 삼덕(三德)制하고 寅、午、戌을 같이 써서 그 기운을 선동(煽)하지말아야 한다.

十九、화성(火星) = 수수(水宿)와 일백(一白)으로 제(制)하고 기운이 없으면 무해(無害)하다.

해석(解釋) = 무릇 살신(殺神)이 기운이 없으면 무해(無害)하고 기운이 있으면 제制하기가 어려운 것이며

살(殺)이 경(輕)하고 제하는 것이 중(重)하면 기쁨이 되는 것이니 대개 살(殺)을 제(制)하는 법이 살(殺)이 왕성(旺盛)하면 제(制)하기가 어렵고 살(殺)이 쇠(衰)하면 제(制)하기가 쉬운(易) 것이며 또는 쇠(衰)하는 것이 왕(旺)하는 것을 익이지(克) 못하며 생(生)하는 것을 탐(貪)하여서 극(剋)하는것을 잊어(忘)버리게 되는 이치(理)가 있으니 이것은 그 사시(四時)로 따라서 통(通)하여 변(變)하는 것이다.

삼살(三殺)이라 하는것은 살(殺)에 가장 중(重)한고로 가히 향(向)은 하여도 좌(坐)는 못한다 하였으나 또한 제(制)하는법(法)은 있으니 그에 쇠(衰)하여 절(絕)하는 때를 타(乘)서 납음(納音)으로 제(制)하고 길성(吉星)으로써 화(化)하게 하면 도루 길(吉)한 것이니 말한 바 납음(納音)으로써 제(制)한다 하는것은 가령 甲子年에 살(殺)이 巳方에 있을것 같으면 五호(虎)로써 돌리여 己巳木을 찾는것은 이해(是年)에 납음(納音)이 금(金)에 속(屬)하여서 극(剋)으로 제(制)하는 것이요 午 未方에 돌리여 庚午辛未土를 하여서 月, 日, 時, 중(中)에 남음(遁)여서 남음목(納音木)으로써 제(制)하여 쓰는것이니 남어지는 여기에 모방(倣)하라

三元白起例法 (上, 中, 下, 三元의 白을 이르키는 법)

삼원백기예법 ※ 자(紫)와 백(白)을 만나면 재물(財物)과 복(福)을 발(發)하는 것이요 중궁(中宮)에 들어 가는것도 길한것이다. 그러나 三개의 白중에도 다 흉살(凶殺)이 있는 것이니 흉살을 자세히 살펴 보라

九구	宮궁	
(巽)四사 綠록	(离)九구 紫자	(坤)二이 黑흑
	(中宮)五오 黃황	(兌)七칠 赤적
		(乾)六육 白백
	(坎)一일 白백	(艮)八팔 白백

圖도

년(年), 月, 日, 時가 다 三元이 있으니 年白은 甲子年에서 다음 甲子年까지를 一元이라하며 上, 中, 下 三元을 가리는 것은 第一章 天文論 六十甲子의 上, 中, 下 三元說에 있다.

다음 陽遁, 陰遁하는것은 양둔(陽遁)은 순(順)∧작은 수에서 큰수의 차례로 돌아가는것∨으로 돌아가는 것이

길성제살문

코 음둔(陰遁)은 역(逆)〈큰수에서 작은수의 순서로 돌아가는 것〉으로 돌아가는 것이다.

一, 년백(年白)=上元인 六十年中에는 甲子를 一白에 서 시작하여 九紫가 乙丑、八白이 丙寅、七赤이 丁卯六白이 戊辰、五黃을 中宮인 五黃 으로 가져가서 五黃을 六白으로 변하는 것이다. 즉 六白 이 戊辰이 되는 것이니 순(順)으로 돌리면 數의 위치(位 置)가 달라졌으니 七赤이 己巳、〈六白자리(乾)〉八白이 庚午〈七赤자리(兌)〉九紫가 辛未、一白 壬申、二黑이 癸酉、三碧이 甲戌、四綠이 乙亥、五黃이 丙子、六白이 丁丑、七赤이 戊寅、紫가 되는 것이다.

中元인 六十年中에는 甲子를 四綠에서 시작하여 乙丑 이 三碧、 이런식으로 돌아가는 법은 上元과 같다.

下元인 六十年中에는 甲子를 七赤에서 시작하여 六白

이 乙丑、五黃이 丙寅 이런순서로 돌아가 보는 법은 上 元과 같이 본다.

※ 위의 삼원신(三元辰)은 역(逆)으로 쓸려고 하는 해에 만나는궁을 중궁으로 옮기여 그 다음은 순 (順)으로 八方에 돌린다.

二、월백(月白)=상원정월(上元 正月)은 팔백(八白)이 서 기(起)하는 것이니 二月이 七적(赤)이며 역수(逆)로 돌리면 十月에 도루(還) 돌아오는 것이 이흑(二黑)이 다.

중원정월(中元 正月)은 오황(五黃)에서 시작하는 것이 니 二月이 사록(四綠)이며 역수(逆)로 돌리면 十月에 도 루 도라(還) 오는것(到)이 오황(五黃)이다.

하원정월(下元 正月)은 이흑(二黑)에서 시작하는 것이 니 二月이 일백(一白)이며 역수(逆)로 돌리면 十月에 도 루 돌아오는 것이 이흑(二黑)이다.

※ 우(右)에 삼원월(三元月)로 행하여서 매월(毎月)마다 일으는것(到)에 궁(宮)을 옮기(移) 여 중궁(中宮)에 드리(入)여서 순(順)으로 팔방(八方)으로 돌린다. 자、오、묘、유(子、午、卯、酉)의 년이 상원 (上元)이되고 진、술、축、미(辰、戌、丑、未)의 년이 중원(中元)이 되고 인、신、사、해(寅、申、巳、亥)

의 년(年)이 하원(下元)이 된다.

三、일백(日白)=양(陽)으로 돌린(遁)다.

상원일백(上元一白)을 갑자(甲子)에 시작하는 것이니 이흑(二黑)이 을축(乙丑)이요、순(順)으로 돌리면 계유(癸酉)에 도루(還)돌아오는것이 일백(一白)이다.

중원칠적(中元七赤)을 갑자(甲子)에 시작하는 것이니 팔백(八白)이 을축(乙丑)이요、순(順)으로 돌리(還)면 하원(下元)이 된다.

하원사록(下元四綠)을 갑자(甲子)에 시작하는 것이니 오황(五黃)이 을축(乙丑)이요、순(順)으로 돌리면 계유(癸酉)에 도루 돌아 오는 것이 사록(四綠)이다.

※ 우(右) 삼원절(三元節)에 매일 이르는(到) 바(所)의 궁(宮)을 옮기(移)여 중궁(中宮)으로 드리(入)여서 순수(順數)로 팔방(八方)에 돌린다. 동지(冬至), 소한(小寒), 대한(大寒), 입춘(立春)이 상원(上元)이 되고 우수(雨水), 경칩(驚蟄), 춘분(春分), 청명(清明)이 중원(中元)이 되고 곡우(穀雨), 입하(立夏), 소만(小滿), 망종(芒種)은 하원(下元)이 된다.

四、일백(一白)=음(陰)으로 돌리게하니 팔백(八白)이 을축(乙丑)이요、역(逆)수로 돌리면 계유(癸酉)에 돌아오는(還到)것이 구자(九紫)이다.

중원삼벽(中元三碧)을 갑자에 시작하는 것이니 이흑(二黑)이 을축(乙丑)이요、역으로돌리면 계유(癸酉)에 도루도라오는 것이 삼벽(三碧)이다.

하원육백(下元六白)을 갑자(甲子)에 시작하는 것이니 오황(五黃)이 을축(乙丑)이요、역으로돌리면 계유(癸酉)에 도루도라오는것이 육백(六白)이다.

※ 우(右)는 삼원절(三元節)이 매일(每日)에 일으는(到) 바(所)에 궁(宮)을 옮기여 중궁(中宮)에 드리(入)여서, 역(逆)수로 팔방(八方)에 돌린다. 하지(夏至), 소서(小暑), 대서(大暑), 입추(立秋)는 상원(上元)이 되고 백로(白露), 추분(秋分), 처서(處暑), 한로(寒露)는 중원(中元)이되고 상강(霜降), 입동(立冬), 소설(小雪), 대설(大雪)은 하원(下元)이 된다. 양둔(陽遁)은 다 순(順)으로 행하여 순(順)으로 펴고 음둔(陰遁)은 다 역(逆)으로 행(行)하여 역(逆)으로 편(布)다.

五、시백(時白)=양으로 돌리(陽遁)니

상원(上元)일백(一白)을 갑자(甲子)에 시작하는것이니 이흑(二黑)이 을축(乙丑)이요、순(順)으로 행(行)하면 계유(癸酉)에 도루도라오는 것이 일백(一白)이다.

중원(中元) 칠적(七赤)을 갑자(甲子)에서 시작하는 것이니 팔백(八白)이 을축(乙丑)이요 순(順)으로 행(行)하면 계유(癸酉)에 도루도라오는 것이 칠적(七赤)이다。
하원(下元) 사록(四綠)을 갑자(甲子)에 시작하는 것이니 오황(五黃)은 을축(乙丑)이요 순(順)으로 행(行)하면 계유(癸酉)에 도록도라오는 것이 사록(四綠)이다。

※ 우(右)는 삼원일(三元日)에 매시에 일으는(到) 바(所)에 궁(宮)을 옮기(移)여 중궁(中宮)에 드리여(八)서 순으로(順) 팔방에 돌린다。동지후(冬至後)에는 자, 오, 묘, 유(子,午,卯,酉)의 일(日)이 상원(上元)이 되고 신, 해(寅,申,巳,亥)의 일(日)이 중원(中元)이 되고 진, 술, 축, 미(辰,戌,丑,未)의 일(日)이 하원(下元)이 되니 다(卄) 순수(順數)로 하여서 五日 내(內)에 지지위(支上)에서 갑술일(甲戌日)의 자시(子時)가 하원(下元)이 되는것이다。남어지(餘)는 이와같고 아래(下)에 음(陰)으로 돌리는 것도 같다。

六、시백(時白)=음둔(陰遁)한다。
상원구자(上元九紫)를 갑자(甲子)에서 시작하는 것이니 八白이 을축(乙丑)이요 역(逆)으로 행(行)하면 계유

(癸酉)에 도루도라오는것이 구자(九紫)이다。
중원삼벽(中元 三碧) 을축(乙丑)을 갑자(甲子)에서 시작하는 것이니 이흑(二黑)이 을축(乙丑)이요 역(逆)으로 행하면 계유(癸酉)에 도루도라오는것이 삼벽(三碧)이다。
하원육백(下元六白)을 갑자(甲子)에 시작하는 것이니 오황(五黃)이 을축(乙丑)이요、역(逆)으로 행하면 계유(癸酉)에 도루도라오는 것이 육백(六白)이다。

※ 우(右) 삼원일(三元日)의 매시(每時)가 일으는(到) 바(所)에 궁(宮)을 옮기여 중궁(中宮)에 드리여서 역(逆)으로 팔방(八方)에 돌린다。하지후(夏至後)에 자, 오, 묘, 유(子,午,卯,酉)가 상원(上元)이되고 인, 신, 사, 해(寅,申,巳,亥)가 중원(中元)이되고 진, 술, 축, 미(辰,戌,丑,未)가 하원(下元)이 되니 다 역수(逆數)로 센다。

논(論)=년월일시(年月日時)가 백(白)에 당(到)하는 방위(方位)는 기(忌)하지 않이하는것이 장군(將軍) 태세(太歲)대、소모(大、小耗) 관부(官符)와 행년(行年)의 본명(本命)과 모든 흉(凶)한 살(殺)이니 오즉 천강(天罡)、사왕(四旺)、대살(大殺)、월근(月建)은 가히 동(動)하지를 못한다。무릇 조작(造作)이나 장사(葬事)를 하는 이들은 반드시 먼저 얻을(得)것이 자(紫)와 백(白)

이니 대길(大吉)함이 되는것이요, 기운(氣運)이 있는 년월일(年月日)은 힘이 중(重)하고 기운(氣運)이 없는 년월일(年月日)은 힘이 경(輕)한것이니 만일 년월일시(年月日時)에 다(俱) 조림(照臨)함을 얻어(得)야만 백살(百殺)이 다 살아지고 만복(萬福)이 다(並) 와서 부(富)하고 귀(貴)함이 세상(世上)의 덮는(冠)것이나 이것을 만나기가 어려운것이다.

一백(白)은 탐랑(貪狼)이며 물(水)에 속(屬)하였다. 신, 유, 술, 해, 자(申, 酉, 戌, 亥, 子)에 년월(年月)이 기운(氣運)이 있어서 길함이 되는것이나 진(辰)의 년월(年月)이 묘(墓)에 들(入)면 흉살(凶殺)이 되고 중(中)에 들면 암살(暗殺)이 되는것이니 간(艮)이나 또는 중(中)을 지여서 상극(克)하는 살을 받지(受) 않아야 한다.

六백(白)은 무곡(武曲)이며 금(金)에 속(屬)하였다. 사, 오, 미, 신, 유(巳, 午, 未, 申, 酉)에 년월(年月)이 기운(氣運)이 있어서 길함이 되는것이나 축(丑)의 년월(年月)이 묘(墓)에 들(入)면 흉살(凶殺)이 되고 중(中)에 들면 암살(暗殺)이 되는것이니 건(乾)이나 또는 중(中)을 지여(作)서 극(克)이 되는 살(殺)을 받지 않이 하여야

한다.

八백(白)은 좌보(左輔)이며 토(土)에 속(屬)하였다. 신, 유, 술, 해, 자(申, 酉, 戌, 亥, 子)에 년월(年月)이 길함이 되는것이나 진(辰)의 년월(年月)이 묘(墓)에 들면 흉살(凶殺)이 되고 중(中)에 들(入)가면 암살(暗殺)이 되는것이니 간(艮)이나 또는 중(中)을 지여서 극(克)하는 살(殺)을 받지 아니하여야 한다.

九자(紫)는 우필(右弼)이니 불(火)에 속(屬)하였다. 인, 묘, 진, 사, 오(寅, 卯, 辰, 巳, 午)의 년월이 기운(氣運)이 있어서 길(吉)함이 되나 술(戌)의 년월(年月)이 묘(墓)에 들(入)면 흉살(凶殺)이 되고 중(中)에 들(入)면 암살(暗殺)이 되는것이니 이(離)이나 또는 중(中)을 지여서 극(克)하는 살(殺)을 받지아니 하여야 한다.

年家尊帝二星定局法 (년가존제이성정국법 — 해에 존, 제의 두 별이 정한 판국을 아는법)

※ 존성(尊星)은 곧 천을(天乙)이요, 제성(帝星)은 곧 태을(太乙)이니 천하(天河)에 운전(運轉)하여서 능히 흉살을 제어 한다는 것이다.

上元甲子를 乾에서 이르키(起)고 中元甲子를 坎에 이르키(起)고 下元甲子를 乾에 이르킨다. △上、中、下、三元은 천기부(天機部) 第一章의 上、中、下、三元說을 보라▽

가령 甲子를 乾에서 이르키(起)면 乙丑은 兌 丙寅은 艮 丁卯는 离 △즉 九宮의 數字順으로 도라감▽ 이렇게 가서 辛未인巽에 가서는 中宮에는 들리지 않고 바로 乾으로 가는것이니 壬申이 乾宮이 되며 乾宮이 즉 안존성(安尊星)이요, 한방위를 격(隔)하여 艮이 옥인(玉印) △이때에 는 순수로 즉 坎、艮、震의 方位으로 도라가는 것임▽ 이고 또 한방위를 격(隔)하여 巽이 帝星이고 또 한방위를 격(隔)하여 坤이 옥청(玉淸)이다.

「例」 丙子年에 子山에 午向을 하게되면 위에 보는 식과 같이하면 丙子年이 坎이되니 坎이 즉 안존성(安尊星) 이고、三月에는 离(午)가 제성(帝星)이고 兌(酉)가 옥인(玉印)이 되는 것이다. 다른것도 上、中下元을 따라 甲子를 이르키는 것이 다르니 주의(注意)할 것이며 보는식은 다 이와 같다.

※ 안존성(安尊星) 옥인(玉印) 제성(帝星) 옥청(玉淸) 인 四길성이 빛추우면 인정(人丁)이 왕성하고 관록(官祿)이 발하고 흉살(凶殺)을 제(制)하여서 태양(太陽)이 빛추인 것과 같으니 이것을 가리(擇)여 쓰는 것이 묘한 것이다.

月家尊帝二星定局法 (달로 존、제의 이성국을 아는법)

월가존제이성정국법

一、갑、병、무、경、임(甲、丙、戊、庚、壬)은 양년(陽年)이니 양년(陽年) 정월(正月)에는 간상(艮上)에서 존성(尊星)을 일으키고 손상(巽上)에서 옥인(玉印)을 일으키니 곤상(坤上)이 제성(帝星)이요、건상(乾上)이 옥청(玉淸)이며 二月에는 이상(离上)에서 존성을 일으키고、三月에는 감상(坎上)에서 존성(尊星)을 일으키 (起)것이니 이것(此)으로써 미루어서 가면 八月에는 태상(兌上)에서 존성(尊星)을 일으키게 된다. 남어지(餘)에 달도 여기에 모방(倣)하라.

二、을、정、기、신、계(乙、丁、己、辛、癸)는 음년(陰年)이

日家尊帝二星定局法

일가존제이성정국법 〈年家尊帝二星定局法과 같은 식으로 보라〉

一、동지후(冬至後)에는 양(陽)으로 둘리게되니 건궁(乾宮)에서 甲子를 일으키면 곧 안준성(安尊星)이니 한방위(一位)가 격(隔)한 간상(艮上)이 옥인(玉印)이요 태상(兌上)에서 을축(乙丑)을 일으키면 곧 안준성(安尊星)이니 옥인(玉印)이 제성(帝星) 옥청(玉淸)이 차차(次次)이니 한방위식 격(隔)한것이다.

二、하지후(夏至後)에는 음(陰)으로 돌리게되니 감궁(坎宮)에서 갑자(甲子)를 일으키면 곧 안준성(安尊星)이며 한방위(一方位)가 격(隔)한 진상(震上)이 옥인(玉印)이요, 곤상(坤上)에서 을축(乙丑)을 일으키면 곧 안준성(安尊星)이다.

니 음년(陰年)」 정월(正月)에는 진상(震上)에서 존성(尊星)을 일으키고 이상(離上)에서 옥인(玉印)을 일으키 태상(兌上)이 제성(帝星)이요 감상(坎上)이 옥청(玉淸)이며 二월에는 손상(巽上)에서 존성(尊星)을 일으키여서 十月에 가면 손상(巽上)에서 존성(尊星)을 일으키게되니 남어지는 다 여기에 모방(倣)하라.

時家尊帝二星定局法 〈때로 존、제에 二星局을 아는法、〉

一、갑일갑자시(甲日 甲子時)에는 ∧즉 陽日이니∨ 존성(尊星)이 건(乾)에 있고 을축시(乙丑時)에는 존성(尊星)이 태(兌)에 있고 병자시(丙子時)에는 감(坎)에 있다.

二、기일갑자시(己日甲子時)에는 ∧즉 陰日이니∨ 존성(尊星)이 감(坎)에 있고 을축시(乙丑時)에는 곤(坤)에 있고 임신시(壬申時)에는 감(坎)에 있다.

※ 陽은 甲丙戊庚壬 陰은 乙丁己辛癸이며 보는법은 年家尊星을 참조

三奇帝星의 年月法

삼기제성 년월법

一、동지(冬至)에는 감상(坎上)에서 갑자(甲子)를 일

論＝삼기(三奇)라 하는것은 을(乙)、병(丙)、정(丁)이니 이것은 상계(上界)에 참된(眞) 재상(宰)이다. 능히 땅(土)에 악(惡)한 살(殺)을 눌러서 길(吉)하게 응(應)하는 것이 극(極)히 중(重)하니 가장(最) 써야(用) 한다.

으키니 입춘(立春)에는 산(山)을 찾아(尋)서 좋게 이되며 乙未에 가서는 건(乾)이 일기(一奇)요 丙申에 가게신(申)을 조처(從)가서 입하(立夏)에는 바람(風)을 타고 는 中이 이기(二奇)에 가서는 손(巽)이 삼기(三巽)로 조처 향(向)하며、춘분(春分)에는 진상(震上)에서 손 奇)인 것이다。우(右)는、丁酉에 가서는 손(巽)이 삼기(三(離)로 향(向)하며、춘분(春分)에는 진상(震上)에서 손 八절후(節候)를 조처서 甲子를

二、하지(夏至)에는 이궁(離宮)에서 마땅이 역(逆)으 일으키고 순(順)과 역(逆)으로 돌리어 태세(太로 돌으(遁)니 입추(立秋)에는 곤(坤)에 가서 감(坎)으 歲)는 닥치(泊)는 곳에 있은 즉 해(年)에 정월건로 향(向)하여 옮기며、추분(秋分)에는 희(喜)로부터 소 (正月建)을 일으키여서 삼기(三奇)와 처(處)를 아는즉 만일에 이(離)에 있은 즉 丙과 午와녀(小女)를 구(求)하여서 입동(立冬)에는 天으로 조차 丁의 三方위(位)가 다 같으며 손(巽)에 있은즉 辰、종(從) 중(中)으로 향(向)한다. 巽、巳의 三方위(位)가 다 같으고 좌(坐)에 비치는 것과 中宮

三、가령 庚午년(年) 동지후(冬至後)에는 감상(坎上) 에 들어(入)가는것은 상합(三合)과 같(同)으니 참 길한에 甲子를 일으키여서 순(順)으로 돌면 乙丑에는 곤(坤)이요 것이다.丙寅이 진(震)이요 庚午가 태세(太歲)인 태(兌)에 가서는 동년(同年) 정월건(正月建) 戊寅 두(頭)로써 태궁(兌 宮)에 들이(入)여서 순(順)으로 돌면 己卯에는 간(艮)이 活祿 貴馬 起歲 起命 定局論 (활록가고 乙酉에 가면 중(中)에 가니 일기(一奇)이 귀마를 일으키여 역(逆)으로 돌리면 乙丑에는 간(艮)이요 丙 의 생년(生年)으로써 주장(主)을 삼고 매장(埋葬)을 하는寅에는 태(兌)가 삼기(三奇)인 것이다. 대개 수치(修治) 조작(造作)을 하는데는 젊어른(家長)

四、또는 辛未年 하지후(夏至後)에 이상(離上)에 甲子 를 일으키여 역(逆)으로 돌리면 乙丑에는 간(艮)이요 丙 를 해에 일으키고 명에 일으키는 정국을 말한것) 寅에는 태(兌) 辛未가 태세(太歲)인 곤(坤)에 가서는 동 년(同年) 정월건(正月建) 庚寅두(頭)로써 곤궁(坤宮)에 데는 망인(亡人)의 생년(生年)으로 주장(主)을 하는것

다 이것을 쓰는(用)데 있어서는 반드시 태세(太歲)와 또 는 삼길성(三吉星)을 얻어(得)서 비추움(照)을 기다려 은 상(上)으로 길한것이다. 만일 甲子年 二月에 감산 須)서 상방(上方)에 향(向)하여 유력(有力)함이 되며 (坎山)에 조장조장(造葬)을 하면 월건(月建) 丁卯로써 중궁 中宮)에 들이여서 순(順)으로 찾아가면 辛未에는 세귀(歲貴)가 이(离)가 되며 己丑에도 세귀(歲貴)가 이 감(坎)에 일으(到)고 壬寅에는 세록(歲祿)、세마(歲馬) 가 손(巽)에 일으(到)고 丁未에는 세귀(歲貴)가 이(离) 에 일으(到)니 이해(此年)에는 감산(坎山)을 일으기謂 를 대세(太歲) 활록(活祿) 마귀(馬貴)를 얻었다 하 는 것이며 좌(坐)에 비추거나 또는 중궁(中宮)에 들 (入)면 대길(大吉)함이 삼합(三合)과 같은 것이요 만일 乙丑年 十月에 조장(造葬)을 감산(坎山)에 함에는 월건 (月建) 丁亥로써 중궁(中宮)에 들이(入)여서 역(逆)으로 찾아가면 戊子에는 세귀(歲貴)가 손(巽)에있고 辛卯에는 세록(歲祿)이 子에있고 丙午에는 세마(歲馬)가 중궁(中 宮)에 있고 己亥에는 戊申에는 세귀(歲貴)가 곤(坤)에 있고 乙卯에는 세록(歲祿)이 손(巽)에 있으 가 곤(坤)에 있고

니 이해(此年)에는 감산(坎山)을 일으기(謂)를 태세(太 歲) 활록(活祿) 마귀(馬貴)의 삼합(三合)을 얻었다 하 것이며 또는 丁卯生의 사람이 甲子年에 감산(坎山)에 조 장조장(造葬)을 할것같으면 甲子의 태세(太歲)로써 중궁(中 宮)에 들이여서 六甲順으로 찾아(尋)가면 丁卯에 本命 이 귀(貴)요 辛巳에는 명(命)가 손(巽)에 일으고 壬 午에는 명록(命祿)이 中에 들고 丁亥에는 명귀(命貴)가 일으고 乙巳에는 기헤(己亥)에는 명마(命馬)가 감(坎)에 일으고 丙午에는 명 록(命祿)이 곤(坤)에 일으(到)고 己酉에는 명귀(命貴)가 中에 들(入)고 丁巳에는 명마(命馬)가 손(巽)에 일으고 戊午에는 명록(命祿)이 中에 들(入)고 丁亥에는 명귀(命 貴)가 감(坎)에 일으(到)는 것이며 모든 귀성(貴星)이 做)하라. 右에 삼길성(三吉星)이 향(向)에 비추(照)이면 上으로 길(吉)한것이며 삼길성(三吉星)과 한가지요. 하지후(夏 至後)에는 음(陰)으로 돌리(遁)여서 이 삼길성(三吉星)

을 만나는자(者)는 부귀(富貴)가 흥륭(興隆)하고 子孫이 창성(昌盛)하는 것이다.

四利帝星이 壓殺定局法 (사리제성이 앞살정국법) (사리제성이 판국을 정하는 법, 살을 누루고 길한것을 있게(存)하며 모든 살(殺)은 능히 누르고(壓) 후(厚)한 복(福)을 많이 발(發)하게 한다.

右는 八가지의 흉(凶)한 것을 깎어버리고(剷) 四가지의

年月日時	子	丑	寅	卯	辰	巳	午	未	申	酉	戌	亥
一、太陽	丑	寅	卯	辰	巳	午	未	申	酉	戌	亥	子
二、太陰	卯	辰	巳	午	未	申	酉	戌	亥	子	丑	寅
三、龍德	未	申	酉	戌	亥	子	丑	寅	卯	辰	巳	午
四、福德	酉	戌	亥	子	丑	寅	卯	辰	巳	午	未	申

星馬貴人定局法 (성마귀인정국법) (성마귀인의 정한판국법)

一、申、子、辰의 年月日時는 寅、午、戌의 年月日時는 申、子、辰의 좌산(坐山)이요, 寅、午、戌의 年月日時는 申、子、辰의 좌산(坐山)이다.

二、亥、卯、未의 年月日時는 巳、酉、丑의 좌산(坐山)이요, 巳、酉、丑의 年月日時는 亥、卯、未의 좌산(坐山)이다.

위의 亥나 丑과같은 것은 동궁(同宮)인 申、坤坐나 戌乾 坐도 다 같이 쓰는것이며 右는 八간(干) 四유(維)로 각각 의지(依)하여 一방위로 같이 쓰게 되는것이니 이 별(此星)이 당(當)하여서 합국(合局)이 되면 재주(才)가 높으고 주마(走馬)와같이 복(福)이 후(厚)하여 발응(發應)이 가장 속하다.

紫微帝星의 定局法 (자미제성 정국법) (자미제성은 곧 금의 별이다)

建、除、滿、平、定、執、破、危、成、收、開、閉 북신(北辰)의 대제(大帝)가 손(手)을 내려(下)서 공(功)을 흥(興)하게 하시면 백귀(百鬼)가 놀라고 제신(諸神)이 달아나는(走) 것이다.

※ 이 법을 써서 일을 할려면 年月日時를 각각 건(建)에서 일으키(起)여서 순(順)으로 세여 ∧除、滿、平、이런순서로∨가서 폐(閉)에까지 十二자리(位)를 다 하는 것이니 그중에 평(平)、정(定)、수(收)、개(開)를 만나서 방향(方向)을 삼으면 길(吉)한 것이다.

※ 보는법 卯년에 일을 할것같으면 卯를 건(建)에다 부치는 것이니 卯가 建 辰이 除 巳가 滿 午가 平 未가 定 申이 執 酉

가破 戌이危 亥가成 子가收 丑이開 寅이閉가 되니 定、平、收、開가 되는 年、末、子、丑의 月日時나 方位는 다 좋은 것이라 平(平)은 천태(天台)요, 정(定)은 천괴(天魁)요 수(收)는 천제(天帝)이요、개(開)는 천복(天福)이니 이것이 곧 천상(天上)에 四大吉星이요 팔흉성(八凶星)은 번기(煩)하여서 기록하지를 않이한다. 만일 八干(干)이

四維(維)로 각각 의지(依)한것이 비추어서 대(對)하면 장군(將軍)、태세(太歲)、신황(身皇)、정명(定命)、관부(官符)、혈인(血刃)、유재(流財)、금신(金神)의 모든 흉살(凶殺)을 물은(問)것이 없고 임의(任意)로 동작(動作)하여서 조장(造葬)을 하여도 길(吉)하고 왕(旺)한 것이니 혹 육임생운군(六壬 生運)의 불합한者는 마땅(當)허 이법(法)을 쓰는것이다.

四利三元起例法 (네가지 리(利)와 세가지 원(元)을 이르키는 예)

一、태세(太歲)ー土이니 흉(凶)
二、태양(太陽)ー火이니 길(吉)
三、상문(喪門)ー木이니 흉(凶)
四、태음(太陰)ー水이니 길(吉)
五、관부(官符)ー火이니 흉(凶)

六、사부(死符)ー水이니 흉(凶)
七、세파(歲破)ー土이니 흉(凶)
八、용덕(龍德)ー木이니 길(吉)
九、음부(陰符)ー金이니 흉(凶)
十、복덕(福德)ー金이니 길(吉)
十一、조객(吊客)ー火이니 흉(凶)
十二、병부(病符)ー土이니 흉(凶)

보는법ー乙丑年 三月(月建은 庚辰)의 巳時를 쓸것같으면 乙丑年의 丑을 一태세에 붙혀놓고 正月의 月建은 戊寅이니 寅이 卯、三 상문이 辰(즉 三月은 太陽이니 日을 보는데는 태음이 辰(즉 三月은 吉이니 좋은것이다) 日을 보는 五 관부가 巳、六 사부가 午、七 세파가 未、八 용덕이 申、九는 酉 十은 戌 十一은 亥 十二는 寅 三은 卯 ∧즉 三은 喪門이니 凶하여 丁卯日은 凶한 것이다∨
時는 四가 辰、五가 巳(즉 巳時에 닷는 五관부는 凶이다)
다음 年은 六이 午 七이 未 八이 辛 九가 酉 十이 戌 十一 亥 十二 子 一이 丑 즉 一은 태세이니 乙丑年은 凶한 것이다.

이렇게 하여서 四가지의 길성(吉星)을 얻어야만 묘한 것이다.

第二編 人事部

第一章 婚姻門

논(論)=공자(孔子)의 말씀이 부부(夫婦)가 있은 연후(然後)에 부자(父子)가 있다 하셨고 자사(子思)의 말씀은 군자(君子)에 도(道)가 부부(夫婦)에서 처음을 짓는다 하셨으며 고인(古人)의 글에도 부부(夫婦)는 인륜(人倫)의 대강(大綱)이라 생민(生民)의 시작(始作)이며 만복(萬福)의 근원(根源)이라 하였으니 고금(古今)을 통(通)하여 보면(觀) 인간사회(人間社會)의 무엇보다도 더 중(重)함이 없을것이다 그러함으로 인사부(人事部)에서 혼인(婚姻)하여서 여러분(分) 자제(子弟)들이 요조(窈窕)숙녀(淑女)와 군자호구(君子好逑)로 아름다운 인연을 맺어서 만세자손(萬世子孫)들의 무궁(無窮)한 복록(福祿)을 누리기를 기대(期待)하는 바이다.

택일상식(擇日常識)=전안택일(奠雁擇日)에 있어서

(人事部) 제一章 혼사(婚事)에 대한 몇가지를 기록(記錄)하여서 더 중(重)함이 없을것이다 그러함으로 인사부(人事部)에서 혼인(婚姻)

一、년운(年運)에 혼인연운도(婚姻年運圖)를 참고(參考)하고
二、가취월(嫁娶月)〈第五編〉의 대리월(大利月)을 가리고
三、월중(月中)의 생갑순(生甲旬)〈第五編 甲旬法〉을 가리고
四、송례천복길일(送禮天福吉日)〈本章에 있음〉이나 통용길일(通用吉日)을 쓰며 모-든 흉살(凶殺)을 피(避)하고
五、일(日)을 정(定)하면 황도시(黃道時)〈本章中 黃黑道吉凶法〉를 택하는것이 좋다.
※ 만일 여러가지가 다 구합(俱合)하지 못할때는 오합일(五合日)에 음양부장길일(陰陽不將吉日)만 겸(兼)하면 기타(其他)는 불구(不拘)하고 大吉 한다.
우귀(于歸)入宅時에는 주당살(周堂殺)〈本章 第五編 第五章中 黃黑道吉凶法〉를 택하는것이 좋다.
과 신인(新人)이 入門時에는 방(房)에 앉는 좌향(坐向)도 보는예가 있다.

宮合頭尾法 (남녀궁합에 머리와 꼬리로 대조하여 보는법)

子、寅、卯、未、酉、戌、亥生은 꼬리가 되는것이니 두(兩)머리가 합(合)하고 두(兩)꼬리가 합(合)하면 평평(平平)하고 남(男)이 머리요 녀(女)는 꼬리면 순(順順)하고 남(男)이 꼬리면 녀(女)가 머리요 남(男)이 머리요 녀(女)가 꼬리면 화합(和合)한 격(格)이요

一〇〇

꼬리(尾)면・불길(不吉)한 격(格)이다。

婚姻宮合法 혼인궁합법

남금녀금 男金女金 龍變化魚 용변화어

남녀 동궁(同宮)에 서로 편안하지 못하고
남녀동궁불상하고
男女同宮不相宜
평생무익불동거
平生無益不同居
평생같이 살아도 이로운 것이 없다。

우마전재다모실
牛馬錢財多耗失
우마와 재산에 손실이 많으며

관환연면유백재
官患連綿有百災
관재와 백재(百災)가 끝이지 않는다。

남금녀목 男金女木 遊魚失水 유어실수

매봉관재상유재
每逢官災常有災
관재와 재화를 자주 만나며

부모자손상불화
父母子孫相不和
부모와 자손이 서로화합하지 못한다。

우마재보진산실
牛馬財寶盡散失
우마와 재산이 다 흩어지고

부부상리각공방
夫婦相離各空房
부부가 서로 떨어져서 공방을 지킨다。

남금녀수 男金女水 駟馬得駄 사마득태

금수동거희익신
金水同居喜益新
하고 금과 물을 같이하니 기쁨을 더하고

과동초목갱봉춘
過冬草木更逢春
겨울을 지난초목이 봄을 만났도다。

만당자손효양영
滿堂子孫孝養榮
만당의 자손이 효도하고 영화로우며

오매불망사초봉
寤寐不忘似初逢
자나깨나 잊어지지 않는것이 처음 만난것같다。

남금녀화 男金女火 瘠馬重駄 척마중태

금철봉화자분멸
金鐵逢火自焚滅
금과 쇠붙이가 불을 만나면 자연히 타서 없어지니

부부역여수중화
夫婦亦如水中火
부부역시 물속에 불이 들어간것 같다。

전재입택환작산
錢財入宅還作散
재산이 들어왔다 도루 다 흩어지나

만년득수우겸부
晩年得壽又兼富
말년에는 장수하고 부함을 얻는다。

남금녀토 男金女土 山得土木 산득토목

화당옥각주루상
華堂玉閣珠樓上
옥과 구슬로 지은집 루상에서

부부상락자손창
夫婦相樂子孫昌
부부가 서로 화락하고 자손이 번창한다。

혼 인 문

百穀倉庫無不盈
창고에는 백가지 곡식이 많이 있으며

奴婢牛馬見無窮
노비와 짐승까지도 궁한것이 없다.

男木女木
主失鷄犬

兩木同居頻成敗
두 목이 서로살면 성패가 빈번하며

夫婦末年病必生
부부가 말년에는 병이든다.

男木女木
錢財子孫秋風落

先時富貴後時貧
먼저는 부귀하나 나중에 어려워 지고

兩木同居頻成敗
자손과 재산은 가을바람에 나뭇잎 같
이 떨어진다.

男木女金
臥牛負草

金刀由來伐林木
칼은 원래 나무를 베는것이니

女金男木必喪失
여금남목이면 반드시 남편의 상을 당
한다.

朝朝哭泣何時絶
아침마다 곡하는 소리가 언제 끝일까

各離他鄕必見死
각기 헤어져 타향에서 죽음을 볼것이
다.

男木女水
鳥變成鷹

水木相逢命福昌
물과 나무가 서로만나니 명과 복이
창성하고

榮華富貴萬世歡
영화롭고 부귀하니 만세토록 기쁘
다.

奴婢旺盛牛馬興
노비가 왕성하고 짐승들도 다 잘되니

年年位高定一昌
해마다 지위가 높아지며 창성한다.

男木女火
三夏逢扇

平生同樂富貴
평생을 같이 즐기고 부귀하니

五男二女稱善人
오남이여를 두니 선한 사람이라 일커
른다.

夫婦相生神鬼護
부부가 서로삶에 귀신이 도와주니

百年同樂壽命長
부부가 다 장수 할것이다.

男木女土
入多裁衣

木土相居雖相傷
목과 토가 서로살면 비록 상한다 하
나

若無土地木何生
만약 땅이 없으면 나무가 어찌 살리

一〇二

身雖有病非爲患
自來食祿過平生

몸에는 비록 병이있으나 앓지않으며
내려오는 식록으로 평생을 지나간다.

男水女水
病馬逢針
水水同居喜事多
世間財物連不絕
子孫奴婢世世昌
晝夜歡樂位益高

남수여수
병마봉침
수수가 동거하니 기쁜일이 많을것 이며
세상의 재물이 끊어질때가 없다.
자손과 노비가 대대로 창성하니
주야로 화락하고 지위가 높아진다.

男水女金
三客逢第
水金相生意相和
三男四女常有存
牛馬奴婢富貴榮
七寶金銀盈育庫

남수여금
삼객봉제
수와 금이 상생하니 뜻이서로 화합하며
삼남사녀가 항상 있을 것이다.
우마와 노비가 부귀하고 영화로우며
금은 보화가 창고에 가득하도다.

男水女木
鮫變爲龍
孫昌茂如枝葉

남수여목
교변위룡
자손이 창성하기를 나무가지와 같고

相生成就茂盛陰
富貴長壽於斯足
林木涵養無窮水

무성하게 자라서 그늘을 만드도다.
부귀하고 장수하여 이에 만족하니
나무가 크는데 궁함없이 물을 함양하
는 것과 같다.

男水女火
花落逢暑
水火克相由來凶
同居一室不相和
夫婦常想鬼神嘖
平生苦痛非命長

남수여화
화락봉서
수와 화의 상극은 본래부터 흉한것이
동거일실에 같이 사나 서로 화합하지 못
한다.
부부가 항상 귀신같이 생각하고 싸우
니부부상귀신같이
평생을 고통으로 장수하기 어렵도다.

男水女土
萬物逢霜
水土相克多財厄
夫婦並居是不祥
子孫不孝貧寒居
百穀財寶散四方

남수여토
만물봉상
수와 토는 상극이니 재액이 많으며
부부가 서로 삶에는 상서롭지 못하
다부부가시불상
자손은 불효하고 늘 어렵게 사니
백곡과 재물이 사방으로 흩어진다.

혼인문

남화여화 男火女火　용변위어 龍變爲魚

兩火相逢是不宜　　두불이 서로 만나니 편안하지 않으며
每朝相爭多災難　　매일아침 서로 다투니 재난이 많고
滿庫財寶自消滅　　창고에 가득한 보화는 자연히 없어지니
先富後貧各分散　　먼저는 부하였으나 나중에는 각각 헐어져서 어렵게 된다.

남화여금 男火女金　용실명주 龍失明珠

火中有金自焚亡　　화중에 금이 있으니 자연히 타서 없어지며
夫婦應知久不和　　부부가 서로 살면서도 화합하지 못하도다
財寶便作火災消　　재물은 손쉽게 만들어도 불에 타서 어지며
凶多吉少奈何富　　흉한 것이 많고 길한 것이 적으니 어찌 부할 것인가

남화여목 男火女木　조변성학 鳥變成鶴

木火相逢兩相親　　나무와 불이 서로 만나니 서로 친할 것이며
子孫滿堂永無災　　자손은 당에 가득하고 재화는 없을 것이다

남화여토 男火女土　노각도교 老脚渡橋

榮華富貴滿朝廷　　영화와 부귀가 조정에 가득하니
上下和睦世世安　　상하가 화목하고 길이길이 안락하리라

남화여수 男火女水　수득재곡위산

水火相逢是不祥　　물과 불이 서로 만나니 항상 상서로움이 없을 것이며
同室同居不相和　　한방에 같이 살면서도 화합하지 못할 것이다
雖得財穀爲散　　　비록 재물과 곡식을 얻으나 속히 헐어지며
敗家傾産無樂事　　패가경산무락사 가재가 기우러지니 즐거움이 없을 것이다

남화여토 男火女土　인변성선 人變成仙

火土相逢命合長　　불과 흙이 서로 합하니 그 명이 길 것이며
五男三女世代昌　　오남삼녀를 두니 대대로 창성한다
旌旗爲佩榮重重　　깃발을 휘날리니 그 영화를 거듭하며
鳳凰臺上位高强　　봉황대 상에 높은 자리에 앉으니 그 지위가 높고 강하도다

남토여금 男土女金　조변성응 鳥變成鷹

土金並居壽命長
晝夜喜樂萬事昌
子孫受佩食祿高
年年上位定一昌

토와 금이 같이사니 수명이 긴것이며
주야로 즐거우니 만사가 창성한다.
자손이 벼슬을 하고 녹이 높으니
해마다 지위가 올라가기만 한다.

男土女木
枯木逢秋
土木元來招災禍
刑杖囚獄家不絕
家無一物甚艱難
生離死別多苦厄

남토여 목
고목봉추
흙과 나무가 원래 재화를 부르는 것
이니 집안에 형장을 맞고 옥에같이는 사람
이 끝이지아니한다. 집안에는 아무것도 없어 심히 가난하
고 생이별하고 고액이 많도다. 죽지않음이하면

男土女水
飮酒悲歌
土水並居生多苦
官災口舌永不絕
子孫孤獨錢財散

남토여 수
음주비가
흙과 물이 같이살면 고생이 많을것이
며 관재와 구설이 끊어질때가 없을것이
다. 자손은 외로우며 재산은 흩어지지니

혼인문

父母親戚不和睦

부모와 친척이 다 화목하지 못하도다.

男土女火
魚變成龍
土火相生第一榮
富貴功名處處榮
子孫孝養命長壽
年年慶賀重重進

남토여 화
어변성룡
흙과 불이 상생하니 제일영화롭고
부귀와 공명이 이르는 곳마다 번영하리라
자손은 효도하며 수명이 길겠도다.
해마다 경사가 거듭하니

男土女土
開花滿枝
二土並居倉庫滿
子孫孝養命長壽
每年吉慶祿重來
富貴功名萬年昌

남토여 토
개화만지
두흙이 같이사니 창고가 가득하고
자손은 효도하며 수명은 길겠도다.
해마다 길한경사가 있고 녹은 더하니
부귀와 공명이 만세토록 창성하리라

宮合의 相克中相生法 (상극중상생법 궁합을 보되 상극중에 상생이되는법)

一、사중금(沙中金) 검봉금(劍鋒金)은 화(火)를 만나

야 기쁜 형상(形像)을 이루게 되는것이요。

二、벽력화(霹靂火)、천상화(天上火)、산하화(山下火)는 수(水)를 얻어야 복록(福祿)이 차게(盈)되는것이요。

三、평지목(平地木)은 금(金)이 없으면 영광(榮光)에 나가지를 못하는것이요。

四、천하수(天河水)나 대해수(大海水)는 흙(土)을 만나야만 자연히 형통하게 되는것이다。

五、노방토(路傍土)나 대역토(大驛土) 사중토(沙中土)는 목(木)이 있으면 평생(平生)을 그릇되게(誤)하는것이다。

※右는 상극중에 상생이 되는것이니 관성(官星)으로 제화(制化)를 시키는데 묘(妙)한것이다。

嫁娶滅門法 (시집가고 장가들면 멸문을 당한다는것 별)

正月生女子와 九月生男子、二月生女子와 八月生男子、三月生女子와 五月生男子、四月生女子와 六月生男子、五月生女子와 正月生男子、六月生女子와 十二月生男子、七月生女子와 三月生男子、八月生女子와 十月生男子、九月生女子와 四月生男子、十月生女子와 十一月生男子 以上과 같이 만나면 멸문(滅門)한다는 것이다。

嫁娶月看法 (혼인(婚姻)할 달을 가리는데 쓰는것)

보는법……시집가는 여자(女子)의 나이로 보되 생년(生年)의 지지(地支)로서 보는 것이다。 예(例)로서 갑인생(甲寅生)이나 무진생(戊辰生)의 여자가 시집을 간다면 지지(地支) 寅이나 辰이 든 줄을 옆으로 보아 위의 해당된 월을 참고(參考)하여 보는 것이다.

女子의 出生年   午오子자生   未미丑축生   申신寅인生   酉유卯묘生   戌술辰진生   亥해巳사生

一、대리월 大利月=(좋은달)   六、十二月   五、十一月   二、八月   正、七月   四、十月   三、九月

二、妨媒氏(중매자)
　首子氏 ── 맏아들에 해로운것

正、七月　四、十月　三、九月　六、十二月　五、十一月　二、八月

三、妨翁姑 ── (시부모에게 해로운것)
四、妨女父母 ── (녀부모에게 해로운것)
五、妨夫主 ── (신랑에게 해로운것)
六、妨女身 ── (신부에게 해로운것)

正月　二月　三月　四月　五月　六月
七月　八月　九月　十月　十一月　十二月

※ 大利月을 쓰면 좋은 것이다. 그러나 여자에게 해당되는 사람(翁姑 女父母)이 없을때에는 써도 무방한것이다.

殺夫大忌月 (남편에게 살(殺)이 있다하여 크게 기(忌)하는 날)

子生……正、二月　丑生……四月　寅生……七月　卯生……十二月　辰生……四月　巳生……五月　午生……七月　未生……六、七月　申生……八月　酉生……八月　戌生……十二月　亥生……七、八月

五合日看法 (다섯가지로 합하는 날을 보는 것)

※ 寅日이나 卯日은 五合日이다.
一、甲寅、乙卯日 ── 일월(日月)이 합한날 二、丙寅、丁卯日 ── 음양(陰陽)이 합한날 三、戊寅、己卯日 ── 인민(人民)이 합한날 四、庚寅、辛卯日 ── 금석(金石)이 합한날 五、壬寅、癸卯日 ── 강아(江河)가 합한날

※ 이날에 음양부장길일(陰陽不將吉日)을 겸하여 쓰면 다른 것은 논할것없이 영세(永世)토록 대길한다 함

逐月不將吉日 (축월불장길일)

말을 따라 꺼리지 않는 날로서 특히 혼인날은 먼저 여

혼인문

기서 날을 가린 연후에 딴것을 살펴 보는것이다.

正月＝丁卯　辛卯　丙寅　庚寅　丁卯　壬辰　庚
　　　戊子　己丑　戊寅　丙子　己卯。
二月＝丙丁　戊戌　庚子　辛丑　丙子
　　　己丑　戊子　乙丑。
三月＝乙酉　乙丑　丙子　己丑　戊戌　丁丑
　　　戊戌　丙戌　丁丑。
四月＝甲子　甲戌　丙戌　甲申　丙申　戊申　丁酉
　　　戊戌　己酉。
五月＝丙申　丙戌　己酉　乙酉
　　　甲戌　乙未　癸未。
六月＝壬申　壬午　甲戌　甲戌　癸未
　　　戊戌。
七月＝乙酉　癸酉　甲戌　壬午　癸未　乙未
　　　甲申。
八月＝甲辰　壬辰　癸巳　壬午　辛未
　　　甲申。
九月＝癸卯　癸未　癸巳　壬午　辛未
　　　辛卯　庚辰。
十月＝壬寅　庚寅　庚辰　辛巳
　　　庚午　癸巳。

十一月＝辛丑　丁丑　己丑　辛卯　丁卯　壬辰　庚
　　　　辰　庚寅　辛巳　丁巳　壬寅。
十二月＝辛丑　丁丑　己丑　庚寅　己卯　壬寅
　　　　寅　丁卯　己卯　庚子　丙子　辛卯　丙辰　戊子　戊。

月厭法 (월염법) （달에 꺼리는 것이 있는법）

보는법

正月을 戌에서 시작하여 역수(逆)로 돌리면 二月……
酉　三月……申　四月……未　五月……午　六月……巳
七月……辰　八月……卯　九月……寅　十月……丑　十
一月……子　十二月……亥 의 것이 즉 월
염(月厭)이요. 염대(厭對)의 대궁(對宮)이 〈즉 마즌편에 있
는궁〉 가 되는것이다. 염전(厭前)은 양(陽)에
가는데 가장 기(忌)하는것이다. 염후(厭後)는 음(陰)에
속한것이니 간(干)을 취(取)하고 염후(厭後)는 음(陰)에
속한것이니 지(支)를 취(取)하여서 앞에것이 간(干)이 되
고 뒤에것이 지(支)가 되는것은 음(陰)과 양(陽)이 섞이
지 아니한 날이니 가취(嫁娶)에 가장 길(吉)한 날이라

※陰陽不將吉日은 月厭과 厭對殺을 다 피하여 만든것이니
不將吉日을 취하여 쓸때에는 月厭法은 보지않어도 된다.

月厭定局圖

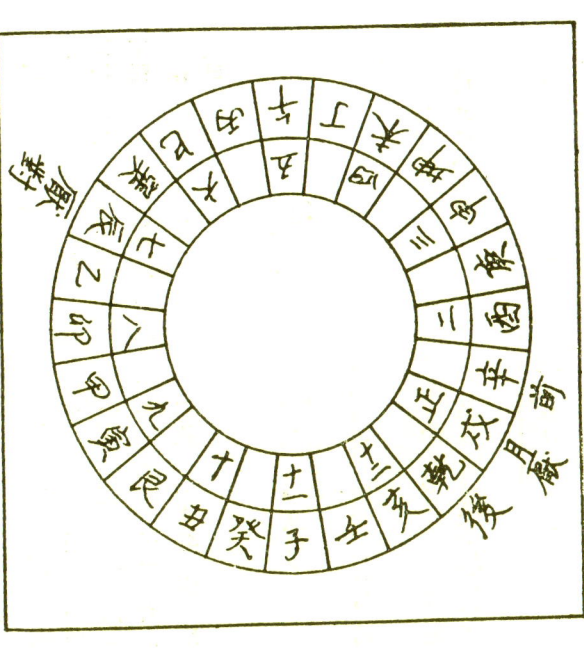

[例] 甲子生 女子가 正月에 시집을 가면 戌이 월염(月厭)이니 역수(逆)로 세어서 巳까지가 앞(前)이 되고 己, 庚, 辛, 이것이 다 六位내이니 앞(前)의 간(干)이 되고 진(辰)이 염(厭)의 대(對)가 된다 역수(逆)로 세어서 亥까지가 후(後)가 되고 음(陰)이니 이것 은 六位밖에 있어서 후(後)의 지(支)가 되니 丙子, 丙寅 戊寅, 戊子, 庚寅, 庚子, 丁卯, 丁丑, 己丑, 辛卯, 辛丑 같은것은 음(陰)과 양(陽)이 석이지 않은 날이요, 甲子, 甲寅 丙申, 丁巳, 己酉같은 날은 음(陰)이 석인것이요 壬午, 甲午 癸丑, 癸卯같은 날은 음(陰)과 양(陽)이 다 석인날이다.
癸未, 癸巳같은날은 음(陰)과 양(陽)이 다 석인날이다.
※ 다른것도 이와같이 보면 될것이다.

月厭과 厭對法 (혼인에 꺼리는 날 보)
월염 염대법   는법

正、七月……辰、戌日 二、八月……卯、酉日 三、九

한다.
간(干)과 지(支)가 앞에 있는것을 양(陽)이라 하여 남(男)이 흉(凶)하고 간(干)과 지(支)가 다 이라 하여 남녀(男女)가 다 흉한것이다.

뒤(後)에 있는것을 음(陰)이 석인(將)것이라 하여 녀(女) 가 흉(凶)한 것이며 앞(前)에것이 지(支) 뒤(後)에 것이 간(干)이 되는것을 음(陰)과 양(陽)이 석인것이라 하여

혼인문

月……寅、申日　四、十月……巳、亥日　五、十一月……
子、午日　六、十二月……丑、未日이다.

納徵定親日 (납징정친일)
(납채와 친영을 정定하는 날 폐백幣를 들納이고, 문명問名도같다親迎)

乙丑　丙寅　丁卯　辛未　戊寅　己卯　庚辰　戊
子　己丑　壬辰　癸巳　乙未　戊戌　辛丑　壬寅　癸卯
甲辰　丙午　丁未　庚戌　壬子　癸丑　甲寅　乙卯　丙辰
丁巳　戊午　己未日과 黃道 三合 五合 六合 天喜와 定成
陽德 玉堂 續世 六儀 天寶 月恩 天喜와 定成
開日이다.

送禮天福吉日 (송례천복길일)
(예단禮單을 보내는 천복길일날)

己卯、庚寅、辛卯、壬辰、癸巳、己亥、庚子、辛丑、乙
巳、丁巳、庚申日이다.

婚姻總忌日 (혼인총기일)
(혼인에 여러가지 기忌하는날)

혼인총기일　남폐納幣를 보내는 날인데 본명本命으로 생기生
氣나 복덕福德을 가려서 쓰면 대길大吉하다.

월렴(月厭)　염대(厭對)　남녀본명일(男女本命日) ∧甲

子生이면 甲子日∨ 화해(禍害) 절명(絶命) 매월해일(每
月亥日) 홍사살일(紅紗殺日) 천적(天賊) 수사(受死)∧月
家凶神法에 있음∨ 월살(月殺) 월기(月忌) 월파(月破) 十
악일(惡日) 피마(披麻) 복단(伏斷) 동지(冬至) 하지(夏
至)와 단오(端午) 四月初八日이다.

嫁娶大凶日 (가취대흉일)
(시집장가에 크게 흉한날)

正月 五月 九月에는 庚日 二月 六月 十月에는 乙日 三
月 七月 十一月에는 丙日 四月 八月 十二月에는 癸日이다.

三地不受法 (삼지불수법)
(이법은 신행시新行時 보位는것이니 다음에 기록한방위方
位에 있는 사람이 해롭고 앞에 안고오면 집에 지고오면 사람이 해
롭다함)

申　子　辰年＝亥　子　丑의 方位
寅　午　戌年＝巳　午　未의 方位
巳　酉　丑年＝申　酉　戌의 方位
亥　卯　未年＝寅　卯　辰의 方位

新婦入門法 (신부입문법)
(신부가 문에 들어오는법)

금성인(金姓人)＝북문(北門)으로부터 들어오면 흉(凶)

一一〇

하다. 목성인(木姓人)=서문(西門)으로부터 들어오면 흉(凶)하다. 수성인(水姓人)=북문(北門)으로부터 들어오면 흉하다. 화성인(火姓人)=남문(南門)으로부터 들어오면 흉하다. 토성인(土姓人)=서문(西門)으로부터 들어오면 흉하다.

五行姓法 (금, 목, 수, 화, 토(金木水火土)에 해당한 성보는법)

1 金姓=금성
韓한 玉옥 河하 張장 柳류 元원 全전 裵배

2 木姓=목성
片편 千천 郭곽 杜두 徐서 申신 姜강 黃황 蔣장 盧노 方방 南남

3 水姓=수성
高고 孔공 金김 曹조 兪유 崔최 洪홍 朴박 陸육 車차 周주

4 火姓=화성
咸함 具구 許허 呂여 禹우 奇기 皮피 蘇소 馬마 卜변 孟맹 宮궁 卜복

5 土姓=토성
李이 鄭정 陳진 尹윤 愼신 池지 羅나 蔡채 邊변 田전 玉옥

安안 孫손 沈심 嚴엄 範범 任임 朱주 閔민 都도 玄현 康강 谷곡 執집 牛우 丘구

婚姻年運 및 新行嫁娶周堂圖

婚姻年運 보는것

혼인의 년운 보는것
남(男)이나 녀(女)나 다 一才를 식(食)에서 시작하여 남(男)은 곡(哭)으로 사(死)방향으로 순(順)으로 둘고 녀(女)는 전,부,傳(福)방향으로 역(逆)으로 둘리어 나이수에 당하는 궁으로서 길흉을 보되 食,福은 좋고 傳,留,流는 중 이고 그나머지는 좋지 않은 것이다

婚姻年運圖
病병 死사 哭곡

新行周堂圖 신행주당도

신행의 주당 보는것 〈신부가 떠날때〉
큰달(大月)에는 조(竈)에서 시작하여 당,상,(堂,床)의 순위로 둘리고 적은달(小月)에 는 주(廚)에서 시작하여 로,문 (路,門)의 순위로 역수(逆)로 둘리어 쓰는날의 궁(宮)으로서 길흉(吉凶)을보라

新行周堂圖
廚주 路로 門문

혼인문

一一一

혼 인 문

혼인날 신부(新婦)가 시집에 들어갈때 살(殺)을 보는것 보는법 절기(節氣)는 관계없고 달(月)의 대소(大小)로서 가리며 대월(大月)에는 부에서 시작하여 姑、堂의 순위(順序)로 세어나가며 소월(小月)이면 婦에서 시작하며 竈、第의 순위(逆數)로 세어가되 第、堂、竈、廚의 날을 가려(擇)서 쓰고 만일 翁、姑가 없는사람은 쏠수 있다.

※ 夫—신랑, 婦—신부, 翁—시아버지, 堂—대청, 廚—마구, 헛간, 竈—부엌

[例] 큰달(大月)十一日이 신행하는 날이면 第에 당하므로 집처마에 살(殺)이 있으니 신부가 들어올때 처마를 비운다.

嫁가	娶취	周주	堂당
시집	장가	두루	집
갈가	들취	주	당
翁옹	第제	竈조	圖도

혼인날 신부(新婦)가 시집에 온 세지않고 그냥 태(兌)로 너머간다 二歲를 지난 후에는 곤(坤)을 세어야 한다.

男女本命生氣法
(남녀본명생기법)
(△生氣▽福德 보는법)

보는 법

남(男)은 一歲에 이(离)에서 시작하여 곤(坤) 태(兌)의 순위인 순수로 돌리되 단(單)이세(二歲)만은 곤(坤)

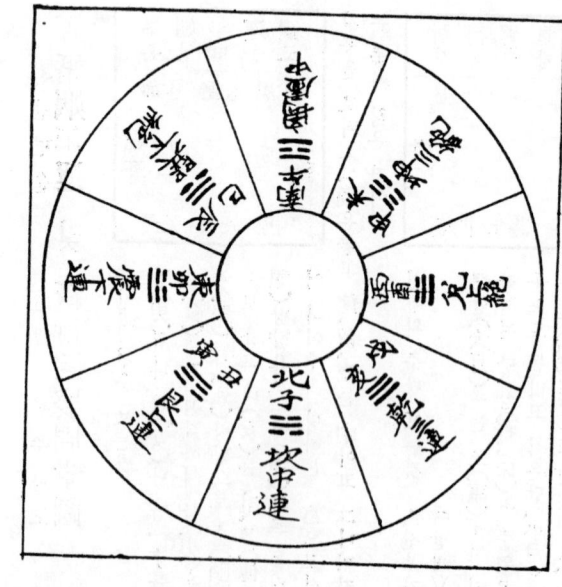

一歲……离 二歲……兌 三歲……乾 四歲……坎 五歲……坤 六歲……艮 七歲……巽 八歲……震 九歲……乾 十歲……坤 (여자는 리는 것이니 二歲……乾 三歲……兌 四歲……坎 五歲……艮 六歲……离 七歲……巽 八歲……震 九歲……乾 끝 十歲……艮 이런 순위로 돌리어 나이가 단 八歲에서 艮을 세지않고 그냥 넘어서 坎으로 간다) 歲를 지난 후부터는 艮도 세는것이다) 二十歲……离 이런 순서로 돌리며 나 이가 끝나는 곳이 본궁(本宮)이 된다.

[例] 三十三歲의 女子가 一歲에 坎에서 시작하여 十 三歲에 가면 离로 하여 三十三歲에 가면 乾이되니 이 것이 곳 본궁(本宮)이다.

녀(女)는 一歲에 감(坎)에서 시작하여 역수(逆)로 돌 린다.

[例] 四十三歲의 남자(男子)이면 一歲에 이(离)에서 시작하여 十歲에 태(兌) 二十歲에 감(坎)으로 하며 四十 三歲에 가면 진(乾)이 되니 이것이 곳 본궁(本宮)이라 한다.

本宮變卦起例 (본궁을 변하여 괘효를 일으키는 예)

일상생기……처음으로 상효(上爻)를 변하는것이 생기(生
一上生氣=氣가 되고

이중천의……두번째로 중효(中爻)를 변하는것이 천의(天
二中天宜=宜가 되고

삼하절체……세번째로 하효(下爻)를 변하는것이 절체(絶
三下絕體=體가 되고

사중유혼……네번째로 중효(中爻)를 변하는것이 유혼(遊
四中遊魂=魂이 되고

오상화해……다섯번째로 상효(上爻)를 변하는것이 화해(禍
五上禍害=害가 되고

육중복덕……여섯번째로 중효(中爻)를 변하는것이 복덕(福
六中福德=德이 되고

칠하절명……일곱번째로 하효(下爻)를 변하는것이 절명(絕
七下絕命=命이 되고

팔중귀혼……여덟번째로 중효(中爻)를 변하여 돌아와서 귀혼(歸魂)이 된다.
八中歸魂=宮)으로

대길……생기、천의、복덕 평길
大吉……生氣、天宜、福德

불길……절체、유혼、귀혼 흉 화해、절명
不吉……絕體、遊魂、歸魂 凶 禍害、絕命

혼 인 문

혼인문

보는법

[例] 四五歲된 男子가 未日에 무슨 行事를 할려고 하면 一號表를 보면 男子 四五歲면 艮이 되니 다음 二號表에서 艮을 찾어서 쓸려고 하는 날의 日辰 未와 맞춰보면 生이 되니 즉 生氣日인 것이다.

※ 生＝生氣　命＝絶命　絶＝絶體　歸＝歸魂　福＝福德　天＝天宜　游＝游魂　禍＝禍害

一 號 表

一、男离 女兌　　二、男坎 女艮　　三、男乾 女兌　　四、男坤 女离　　五、男离 女艮　　六、男艮 女震　　七、男巽 女震　　八、男离 女坎　　九、男乾 女坤　　一〇、男兌 女兌

一一、男乾 女坤　　一二、男坎 女离　　一三、男离 女坎　　一四、男艮 女巽　　一五、男巽 女艮　　一六、男震 女巽　　一七、男乾 女坎　　一八、男坎 女乾　　一九、男离 女兌　　二〇、男坤 女乾

二一、男艮 女離　　二二、男巽 女艮　　二三、男震 女震　　二四、男离 女坎　　二五、男坎 女离　　二六、男兌 女乾　　二七、男乾 女兌　　二八、男坤 女艮

三〇、男巽 女艮　　三一、男艮 女巽　　三二、男震 女震　　三三、男巽 女艮　　三四、男坤 女乾　　三五、男离 女坎　　三六、男巽 女艮　　三七、男艮 女巽

四〇、男坎 女离　　四一、男离 女坎　　四二、男乾 女坤　　四三、男坤 女乾　　四四、男离 女坎　　四五、男艮 女巽　　四六、男巽 女艮

五〇、男艮 女巽　　五一、男兌 女乾　　五二、男乾 女兌　　五三、男巽 女艮　　五四、男震 女震　　五五、男艮 女巽

六〇、男乾 女兌　　六一、男兌 女乾　　六二、男巽 女艮　　六三、男艮 女巽　　六四、男震 女震

七〇、男震 女震　　七一、男艮 女巽　　七二、男巽 女艮　　七三、男乾 女坤

七四、女兌 男兌

二 號 表

卦名/日辰	子	丑	寅	卯	辰	巳	午	未	申	酉	戌	亥
乾	游	福	福	天	禍	命	絕	生	歸	歸		
坎	歸	天	天	福	生	生	絕	命	游	游		
艮	天	歸	歸	命	命	生	絕	福	福	游		
震	福	游	游	歸	絕	生	禍	命	天	天		
巽	生	命	命	絕	歸	禍	游	福	天	天		
離	絕	禍	禍	福	歸	游	天	命	禍	禍		
坤	命	生	生	禍	天	天	游	歸	福	絕	絕	
兌	禍	絕	絕	命	游	游	天	福	歸	生		

第二章 造·葬門
제이장 조장문

무릇 상사(喪事)에는 초종범절(初終凡節)은 고례(古禮)에 의(依)하거나 신식(新式)에 준(遵)하거나 각자(各自) 편의상(便利上) 부동(不同)한 사안(事案)이 있어 어 나 장례(葬禮)에 있어서는 자손(子孫)된 도리(道理)에 신종추원(愼終追遠)하는 의미(意味)로 산지를 택(擇)하고 년, 월, 일時를 가리는 것이 상예(常例)이며 구체적(具體的)으로 보는 방서(方書)에 의(依)하면 亡人의 생

년, 干支로 위주(爲主)하여 보되 二十四山의 年運이 節候를 따라서 金, 木, 水, 火, 土의 五山으로 變함과 同時에 六十甲子의 納音으로 五行의 相生이 되어야 하며 年, 月, 日, 時에도 食神과 正官, 正祿, 正財와 驛馬, 貴人 四利, 三元, 紫, 白∧第二章 求山門에 있음∨ 等의 모 든 吉星을 符合하고 三殺, 灸退, 坐殺, 向殺, 各殺을 除去함은 勿論이나 우리의 상식관계(常識關係)로 간단(簡單)한 방도(方途)는 축월안장길일(逐月安葬吉日)로 入地空亡日이나 택(擇)하고 중상(重喪)이나 피(避)하여 만년 도(萬年圖)∧第二章 求山門에 있음∨에 依하여 정(定) 하는 것이 상예(常例)일듯하다

太陽의 過宮法
태양 과궁법 (태양이 二十四宮에 도 차례를 아는 법)

一, 대한(大寒)=五日에는 태양(太陽)이 계(癸)에 오 니 十五日에는 子로 지나가서 立春에는 子에 있다가 十 五日後에는 壬으로 지나간다.

二, 우수(雨水)=四日에는 태양(太陽)이 壬으로 오 니 十五日에는 亥로 지나가서 경칩(驚蟄)에는 亥에 있다가 十五日後에는 건(乾)으로 지나간다.

혼 인 문

三, 춘분(春分) = 六日에는 태양(太陽)이 건(乾)에 오니 十五日에는 술로 지나가서 청명(淸明)에는 戌에 있다가 十五日 후에는 辛으로 지나간다.

四, 곡우(穀雨) = 九日에는 태양(太陽)이 辛에 오니 五日에는 酉로 지나가서 立夏에는 酉에 있다가 十五日 후에는 庚으로 지나간다.

五, 소만(小滿) = 九日에는 태양(太陽)이 庚에 오니 十五日 후에는 申으로 지나가고 十五日 후에는 坤으로 지나간다.

六, 하지(夏至) = 七日에는 태양이 坤에 오니 十五日 후에는 未로 지나가서 소서(小署)에는 未에 있다가 十五日 후에는 丁으로 지나간다.

七, 대서(大暑) = 九日에는 태양이 丁에 오니 十五日 후에는 午로 지나가서 입추(立秋)에는 午에 있다가 十五日 후에는 丙으로 지나간다.

八, 처서(處暑) = 十日에는 태양이 丙에 오니 十五日에는 巳를 지나서 백로(白露)에는 巳에 있다가 十五日 후에는 손(巽)으로 지나가게 된다.

九, 추분(秋分) = 十二日에는 태양(太陽)이 손(巽)에 있다가 十五日에는 진(辰)을 지나서 한로(寒露)에는 辰

에 있다가 十五日 후에는 乙로 지나게 된다.

十, 상강(霜降) = 十二日에는 태양(太陽)이 乙에 오니 十五日에는 卯로 지나서서 입동(立冬)에는 卯에 있다가 十五日 후에는 甲으로 가게 된다.

十一, 소설(小雪) = 十一日에는 태양(太陽)이 甲에 오니 十五日에는 寅으로 가서 대설(大雪)에는 寅에 있다가 十五日 후에는 艮으로 간다.

十二, 동지(冬至) = 七日에는 태양(太陽)이 艮에 오니 十五日에는 丑으로 가서 소한(小寒)에는 丑에 있다가 十五日 후에는 癸로 간다.

※ 논(論) = 右에 태양(太陽)은 곧 길성(吉星)중에 임(壬)으로 능(能)히 모든 살신(殺神)을 누르게되니 높은것이 말할수가 없고 도움에 있어서는 인재(人財)를 왕성(旺盛)시키고 관록(官祿)을 발(發)하게하니 귀(貴)함이 비(比)할때 없는것이다 대게 절기(節氣)에 조만(早晚)이 있고 또는 태양이 二十四궁(宮)에 지나는것이 더디고 속(速)함이 있으니 어느 절기(節氣)의 月, 日時가 실패(失敗)에 전차(纏次)인줄 알어야만 만가지에 하나 있다가 十五日에는 진(辰)을 지나서 한로(寒露)에는 辰 도 실패(失敗)에 전차(纏次)인줄 알어야만 만가지에 하나

一一六

太陰의 定局法 〈가루보라〉
(태음이 판국을 정한날 아는법)

山	正月	二月	三月	四月	五月	六月	七月	八月	九月	十月	十一月	十二月
一、임자산(壬子山)	初一	二六	二三	二一	十九	十七	十五	十二	初十	初八	初五	初三
二、건해산(乾亥山)	初三	二八	二五	二三	二一	十九	十七	十四	十二	初九	初七	初五
三、신술산(辛戌山)	初五	初一	二七	二五	二三	二一	十九	十六	十四	十一	初九	初七
四、경유산(庚酉山)	初七	初三	二九	二七	二五	二三	二一	十八	十六	十三	十一	初九
五、곤신산(坤申山)	初九	初五	初一	二九	二七	二五	二三	二十	十八	十五	十三	十一
六、정미산(丁未山)	十一	初七	初三	初一	二九	二七	二五	二二	二十	十七	十五	十三
七、병오산(丙午山)	十三	初九	初五	初三	初一	二九	二七	二四	二二	十九	十七	十五

조장문

조 장 문

八、손사산(巽巳山)=十八 十五 十三 十一 初八 初六 初四 初一 二七 二五 二三 二十
九、을진산(乙辰山)=二十 十九 十六 十四 十二 初十 初八 初七 初五 初三 初一 二八 二六 二四 二二
十、갑묘산(甲卯山)=二二 二十 十八 十六 十四 十二 初十 初九 初七 初五 初三 初一 二八 二六 二四
十一、간인산(艮寅山)=二五 二三 二一 十九 十七 十五 十三 十一 初九 初七 初五 初三 初一 二八 二六
十二、계축산(癸丑山)=二八 二五 二三 二一 十九 十七 十五 十三 十一 初九 初七 初五 初三 初一

논(論)=위에 태양은 곧 임금부인(后妃)의 형상(形象)이니 모든 천요(天曜)와 지살(地殺)을 능히 제어(制)하여 굴복시키여서 옮기(遷)고 짓고 조(造)는 것가지 일이 다 길한것이요 더욱이 구랑성(九狼星)과 소아살(小兒殺)과 모든 집에 화성(火星)을 제복(制伏)시킨다.

通天竅看法 _{통천규간법 (곧 하늘에 통한 혈을 보는법)}

一、申、子、辰의 年、月은 간、인(艮、寅)이 대길 甲、卯는 진전(進田) 乙、辰은 청룡(靑龍)日時는 곤신(坤、申)

二、亥、卯、未의 年、月은 손사(巽、巳)가 大吉 丙、午는 진전(進田) 丁、未는 청룡(靑龍)日時는 건해(乾、亥)는 영재(迎財) 庚、酉는 진보(進寶) 辛、戌은 고주(庫珠)이다.

三、寅、午、戌의 年、月은 艮、寅이 영재(迎財) 甲、卯는 진보(進寶) 癸、丑은 고주(庫珠)日時는 곤신(坤、申)이 大吉 庚、酉가 진전(進田) 辛、戌은 청룡(靑龍)이다.

四、巳、酉、丑의 年、月에는 건해(乾、亥)가 大吉 壬、子가 진전(進田) 癸、丑이 청룡(靑龍)日時는 손사(巽巳)

一二八

가영재(迎財) 丙、午는 진보(進寶) 丁、未는 고주(庫珠)
논(論)=모든 점(家)들에 길성(吉星)을 가리는 法이
다 보통을 벗어 나고 귀(貴)한데 뛰어나게 하는 이치(理
治)가 있으나 천규(天繁)의 통(通)함을 얻어서 만가지
가 온전히 하는것은 여의(如意)하게 안되는 것이니 흉성
(凶星)을 제거(除去)하고 길수(吉宿)를 보존시키여서 양
년(陽年)에는 동서(東西)로 이익(利益)하고 음년(陰年)
에는 남북(南北)으로 통달(通達)한여 음양(陰陽)이 순
일(純一)하고 세시(歲時)가 거스리지 않음이하게 하는
것이다.

納音五行 運克亡命 用不用法
납음오행 운극망명 용불용법

(오행의 운이 망인의 상극에 대하여 쓰고 않쓰
는법)

一, 갑자을축(甲子 乙丑)의 해중금(海中金)은 모든불이
두렵지 않으나 두려운것은 무오기미(戊午 己未)의 천상화
(天上火)와 무자기축(戊子 己丑)의 벽력화(霹靂火)이다.

二, 병인정묘(丙寅 丁卯)의 노중화(爐中火)는 모든 물
이 두렵지 않으나 두려운것은 병오정미(丙午 丁未)의 천
하수(天下水)와 임술계해(壬戌 癸亥)의 대해수(大海水)다

三, 무진기사(戊辰 己巳)의 대림목(大林木)은 모든 금
(金)은 두렵지 않으나 두려운것은 임신계유(壬申 癸酉)
의 검봉금(劍鋒金)이다.

四, 경오신미(庚午 辛未)의 노방토(路傍土)는 모든 나
무(木)는 두렵지 않으나 다만 두려운것은 임오계미(壬午
癸未)의 양유목(楊柳木)과 경인신묘(庚寅 辛卯)의 송백
목(松栢木)이다.

五, 임신계유(壬申 癸酉)의 검봉금(劍鋒金)은 모든 불
은 두렵지 않으나 병인정묘(丙寅 丁卯)의 노중화(爐中火)
와 무오기미(戊午 己未)의 천상화(天上火)와 무자기축
(戊子 己丑)의 벽력화(霹靂火)이다.

六, 갑술을해(甲戌 乙亥)의 산두화(山頭火)는 모든 물
은 두렵지 않으나 두려운것은 병오정미(丙午 丁未)의 천
하수(天下水)이다.

七, 병자정축(丙子 丁丑)의 간하수(澗下水)는 모든 흙
은 두렵지 않으나 두려운것은 경오신미(庚午 辛未)의 노
방토(路傍土)와 무신기유(戊申 己酉)의 대역토(大驛土)
와 무인기묘(戊寅 己卯)의 성두토(城頭土)다.

八, 무인기묘(戊寅 己卯)의 성두토(城頭土)는 모든 나
무(木)는 두렵지 않으나 임오계미(壬午 癸未)의 양유목
(楊柳木)과 경인신묘(庚寅 辛卯)의 송백목(松栢木)과 무

九、 경진신사(庚辰 辛巳)의 백랍금(白蠟金)은 모든 불과 무신기유(戊申 己酉)의 대역토(大驛土)의 성두토(城頭土)의 노력화(霹靂火)와 무오기미(戊午 己未)의 벽력화(霹靂火)와 병인정묘(丙寅 丁卯)의 노중화(爐中火)를 두렵지 않으나 두려운것은 임신계유(壬申 癸酉)의 검봉금(劍鋒金)이다.

十、 임오계미(壬午 癸未)의 양유목(楊柳木)은 모든 금은 두렵지 아니하나 두려운것은 임신계유(壬申 癸酉)의 검봉금(劍鋒金)이다.

十一、 갑신을유(甲申 乙酉)의 천중수(泉中水)는 모든 흙은 두렵지 않으나 두려운 것은 무인기묘(戊寅 己卯)의 성두토(城頭土)와 무신기유(戊申 己酉)의 대역토(大驛土)이다.

十二、 병술정해(丙戌 丁亥)의 옥상토(屋上土)는 모든 나무(木)는 두렵지 않으나 두려운 것은 경신신유(庚申 辛酉)의 석류목(石榴木)이다.

十三、 무자기축(戊子 己丑)의 벽력화(霹靂火)는 모든 물은 두렵지 아니하나 두려운것은 병오정미(丙午 丁未)의 천하수(天河水)이다.

十四、 경인신묘(庚寅 辛卯)의 송백목(松栢木)은 모든 금(金)은 두렵지 않으나 두려운것은 임신계유(壬申 癸酉)의 검봉금(劍鋒金)이다.

十五、 임진계사(壬辰 癸巳)의 장류수(長流水)는 모든

흙은 두렵지 않고 두려운것은 경오신미(庚午 辛未)의 노방토(路傍土)와 무인기묘(戊寅 己卯)의 성두토(城頭土)이다.

十六、 갑오을미(甲午 乙未)의 사중금(沙中金)은 모든 불은 두렵지 않고 도리여 병인정묘(丙寅 丁卯)의 노중화(爐中火)를 기뻐하니 녹이(熔煉)여서 형상(形象)을 이루는데 길신(吉神)을 만나면 아름(美)다운 그릇(器)을 이루고 흉성(凶星)을 만나면 도리여 흉(凶)한 그릇을 이루는 것과 같다.

十七、 병신정유(丙申 丁酉)의 산하화(山下火)는 모든 물(水)을 두려워 하지 않으나 두려워 하는것은 임진계사(壬辰 癸巳)의 장류수(長流水)와 병오정미(丙午 丁未)의 천하수(天河水)와 임술계해(壬戌 癸亥)의 대해수(大海水)다.

十八、 무술기해(戊戌 己亥)의 평지목(平地木)은 모든 금(金)은 두렵지 않으나 두려워 하는것은 임신계유(壬申 癸酉)의 검봉금(劍鋒金)이다.

十九、 경자신축(庚子 辛丑)의 벽상토(壁上土)는 모든 나무를 두려워 하지않고 두려워 하는것은 임오계미(壬午 癸未)의 양유목(楊柳木)과 경인신묘(庚寅 辛卯)의 송백목(松栢木)과 경신신유(庚申 辛酉)의 석류목(石榴木)이다.

二十、 임인계묘(壬寅 癸卯)의 금박금(金箔金)은 모든 불을 두려워하지 않고 두려워 하는것은 병인정묘(丙寅 丁卯)의 노중화(爐中火)와 무자기축(戊子 己丑)의 벽력화(霹靂火)와 무오기미(戊午 己未)의 천상화(天上火)이다.

二十一、 갑진을사(甲辰 乙巳)의 복등화(覆燈火)는 임진계사(壬辰 癸巳)의 장류수(長流水)와 병오정미(丙午 丁未)의 천하수(天河水)와 갑인을묘(甲寅 乙卯)의 대계수(大溪水)와 임술계해(壬戌 癸亥)의 대해수(大海水)다.

二十二、 병오정미(丙午 丁未)의 천하수(天河水)는 모든 흙을 두려워 하지 않고 두려워 하는것은 무신기유(戊申 己酉)의 대역토(大驛土)이다.

二十三、 무신기유(戊申 己酉)의 대역토(大驛土)는 모든 나무를 두려워 하지않고 두려워 하는것은 무진기사(戊辰 己巳)의 대림목(大林木)과 경인신묘(庚寅 辛卯)의 송백목(松栢木)과 경신신유(庚申 辛酉)의 석유목(石榴木)이다.

二十四、 경술신해(庚戌 辛亥)의 차천금(釵川金)은 모든 불을 두려워 하지않고 다만 병인정묘(丙寅 丁卯)의 노중화(爐中火)와 병신정유(丙申 丁酉)의 산하화(山下火)만 두려워 한다.

二十五、 임자계축(壬子癸丑)의 상자목(桑柘木)은 모든 금(金)은 두려워 하지 않고 두려워 하는것은 임신계유(壬申 癸酉)의 검봉금(劍鋒金)이다.

二十六、 갑인을묘(甲寅 乙卯)의 대계수(大溪水)는 모든 흙을 두려워 하지 않고 다만 두려워 하는것은 무신기유(戊申 己酉)의 대역토(大驛土)이다.

二十七、 병진정사(丙辰 丁巳)의 사중토(沙中土)는 모든 나무(木)는 두렵지 않고 다만 두려운것은 무진기사(戊辰 己巳)의 대림목(大林木)과 임오계미(壬午癸未)의 양유목(楊柳木)과 경인신묘(庚寅 辛卯)의 송백목(松栢木)과 경신신유(庚申 辛酉)의 석유목(石榴木)이다.

二十八、 무오기미(戊午己未)의 천상화(天上火)는 모든 물(水)은 두렵지 않고 다만 두려운 것은 병오정미(丙午 丁未)의 천하수(天河水)이다.

二十九、 경신신유(庚申 辛酉)의 석유목(石榴木)은 모든 금(金)은 두렵지 않고 다만 두려운 것은 임신계유(壬申 癸酉)의 검봉금(劍鋒金)이다.

三十、 임술계해(壬戌 癸亥)의 대해수(大海水)는 모든 흙(土)은 두렵지 않고 다만 두려운 것은 무신기유(戊申 己酉)의 대역토(大驛土)이다.

※ 이위는 산운과 망명(亡命)의 납음(納音)이 서로 상생(相生)이 되고 상극(相克)이 되는것을 아울러(並)서 쓰고 버릴것을 참고(叅考)하여

조 장 문

一二一

서보되 각각 구별(區別)을 함에있어서는 두렵지아니 한것은 쓰고 두려운 것인 즉 죽은이의 신혼(神魂)이 불안(不安)하고 재앙(災殃)이 자손에 미치는 것이다.

해석(解釋)=운(運)이 망명(亡命)이 각각 생(生)하엔 왕(旺)하고 죽으(死)면 끊어(絕)지는때(時)도 있고 또는 쇠(衰)하는것이 왕(旺)하는 것을 익이(克)지 못하는 이치(理)가 있으니 만일 화운(火運)∧금명(金命)∧금생∨의 영장(營葬)을 가을(秋)에 하되 화운(火運)에 두려운것을 만난(逢)난 즉 쓰지를 않이 하여야 하는 것이며 또는 수명(水命)∧수생∨의 영장(營葬)을 끝 여름(季夏) 토(土)가 왕(旺)할때에 하되 토운(土運)에 두렵지(怕) 않이 한것을 만난(逢)난즉 가히 써야할 것이냐 여기에 생각(生覺) 해보라 무릇 오행에 이치라는 것은 마땅히 변(變)화 함을 융통 하는데 있는 것이다 주(主)가 성(旺)하고 운(運)이 성(旺)하고 주(主)가 쇠함에는 비록 두려운 것이라도 운(運)이 성(旺)하고 이한 것이라도 버린다는것은 이치에 그럴할(然) 바이 니 다음 반도(盤圖)를 보라.

盤圖錄 ∧장사의 택일로 산운(山運)을 보는 것이다. 年月日時는 점치는데도 본부∨(가루보라)

다 그러면 어찌 가히 한가지에 길(道)로만 법을(乾) 취(取)할 것일까 그 四時(時)를 따라(隨)서 미루어 연구(硏)하여야 할것이요. 또는 시기(時機)에 임(臨)하여 운(運)이 변(變)하는 것을 살펴야 한다.

走馬六壬定局法 (쓰는법은 통천규와 서로같다)

주마 육임 정국 법

一、양좌산(陽坐山)에는 양년월일시(陽年月日時)를 쓰는 것이니 壬、子、艮、寅、乙、辰、丙、午、坤、申、辛戌의 산은 양년(陽年)에 쓰는것이요.

二、음좌산(陰坐山)에는 음년(陰年) 月日時를 쓰는 것이니 癸、丑、甲、卯、巽、巳、丁、未、庚、酉、乾亥의 산은 음년(陰年)에 써야한다.

논(論)=그(其) 보는법은 천강(天罡) 승광(勝光) 전송(傳送) 하괴(河魁) 신후(神后) 공조(工曹)의 六길성과 태을(太乙) 소길(小吉) 종괴(從魁) 등명(登明) 대길(大吉) 태충(太冲)의 六흉성으로 합(合)하여 보는것이

年名 月名	一 壬子坐 =神后 신후	二 癸丑坐 =大吉 대길	三 艮寅坐 =功曹 공조	四 甲卯坐 =太冲 태충	五 乙辰坐 =天罡 천강	六 巽巳坐 =太乙 태을	七 丙午坐 =勝光 승광	八 丁未坐 =小吉 소길	九 坤申坐 =傳送 전송	十 庚酉坐 =從魁 종괴	十一 辛戌坐 =河魁 하괴	十二 乾亥坐 =登明 등명
子 正月	神后 신후	大吉 대길	功曹 공조	太冲 태충	天罡 천강	太乙 태을	勝光 승광	小吉 소길	傳送 전송	從魁 종괴	河魁 하괴	登明 등명
丑 二月	登明 등명	神后 신후	大吉 대길	功曹 공조	太冲 태충	天罡 천강	太乙 태을	勝光 승광	小吉 소길	傳送 전송	從魁 종괴	河魁 하괴
寅 三月	河魁 하괴	登明 등명	神后 신후	大吉 대길	功曹 공조	太冲 태충	天罡 천강	太乙 태을	勝光 승광	小吉 소길	傳送 전송	從魁 종괴
卯 四月	從魁 종괴	河魁 하괴	登明 등명	神后 신후	大吉 대길	功曹 공조	太冲 태충	天罡 천강	太乙 태을	勝光 승광	小吉 소길	傳送 전송
辰 五月	傳送 전송	從魁 종괴	河魁 하괴	登明 등명	神后 신후	大吉 대길	功曹 공조	太冲 태충	天罡 천강	太乙 태을	勝光 승광	小吉 소길
巳 六月	小吉 소길	傳送 전송	從魁 종괴	河魁 하괴	登明 등명	神后 신후	大吉 대길	功曹 공조	太冲 태충	天罡 천강	太乙 태을	勝光 승광
午 七月	勝光 승광	小吉 소길	傳送 전송	從魁 종괴	河魁 하괴	登明 등명	神后 신후	大吉 대길	功曹 공조	太冲 태충	天罡 천강	太乙 태을
未 八月	太乙 태을	勝光 승광	小吉 소길	傳送 전송	從魁 종괴	河魁 하괴	登明 등명	神后 신후	大吉 대길	功曹 공조	太冲 태충	天罡 천강
申 九月	天罡 천강	太乙 태을	勝光 승광	小吉 소길	傳送 전송	從魁 종괴	河魁 하괴	登明 등명	神后 신후	大吉 대길	功曹 공조	太冲 태충
酉 十月	太冲 태충	天罡 천강	太乙 태을	勝光 승광	小吉 소길	傳送 전송	從魁 종괴	河魁 하괴	登明 등명	神后 신후	大吉 대길	功曹 공조
戌 十一月	功曹 공조	太冲 태충	天罡 천강	太乙 태을	勝光 승광	小吉 소길	傳送 전송	從魁 종괴	河魁 하괴	登明 등명	神后 신후	大吉 대길
亥 十二月	大吉 대길	功曹 공조	太冲 태충	天罡 천강	太乙 태을	勝光 승광	小吉 소길	傳送 전송	從魁 종괴	河魁 하괴	登明 등명	神后 신후

조장문

雙星(쌍성)의 吉凶論(길흉론)

一、 신후성(神后星)은 재물(財物)과 전장(田庄)이 생기며 세가지의 길함이 서로 딿으니 귀자(貴子)를 낳는것이 申子(신자)、辰해요 공조성(功曹星)은 사람이 왕성(旺盛)하고 횡재(橫財)를 하며 六축(畜)과 전장(田庄)이 생기는 것이 寅、申、巳、亥의 해요 천강성(天罡星)은 귀자(貴子)를 낳고 재물(財物)이 생기며 우마(牛馬)가 생기는것이 巳、酉、丑의 해(年)요 승광성(勝光星)은 전장(田庄)이 생기고 우마(牛馬)가 흥왕(興旺)하는 것이 寅、午、戌의 해요 전송성(傳送星)은 전장(田庄)이 생기고 재물(財物)이 흥왕(興旺)하는 것이 申、子、辰의 해요 귀자(貴子)를 낳고 하괴성(河魁星)이 대발(大發)하는것이 寅、午、戌의 해(年)이다. 以上(이상)은 六길성(吉星)의 發福(발복)이다.

二、 대길성(大吉星)에 범(犯)하는 자는 한달(一月)二十日內(일내)에 人口(인구)와 우마(牛馬) 재물(財物)이 멀리고 또는 ※논(論)=위에 살(殺)은 모든 살중(殺中)에 가장 악하니 소재방(所在方)에 좌향이 범하면 人口가 덜린다 하 부인(婦人)이 병(病)들고 도적(盜賊)을 만나는것이 寅申巳亥와 辰戌丑未의 해요 태충성(太冲星)에 범

(犯)하는자는 三年內에 풍병(風病)으로 돌아 다니다가 광기(狂氣)로 객사(客死)하는것이 亥、卯、未의 해요 태을성(太乙星)에 범(犯)하는자는 장자(長子)가 죽고 재물(財物)이 허터지며 병(病)을 얿는것이 寅申巳亥의 해요 소길성(小吉星)에 범(犯)하는자는 관재(官災)를 당(當)하는 것이 辰、戌、丑의 해요 등명성(登明星)에 범하는 자는 가모(家母)가 죽고 관재를 당(當)하는 것이 寅、午、戌의 해(年)다. 以上은 六흉성(凶星)의 치패(致敗)이다.

八山刀砧殺(팔산도침살) (八가지 산에 칼로찌르는살 보는법)

寅午戌과 申子辰 年 月에는 丙 丁 壬 癸방(方)의 山이요.

巳酉丑과 亥卯未 年 月에는 甲 乙 庚 辛방(方)의

明暗氣의 到穴定日法 (명암기의 도혈정일법)
(밝고 어두운 기운이 혈에 오는것의 정한 날 보는법)

	子자午오年년	丑축未미年년	寅인申신年년	卯묘酉유年년	辰진戌술年년	巳사亥해年년
一日에서 五日까지	丁寅甲辰酉山 明명	申癸巳戌丙山 暗암	壬辛艮亥山	坤卯庚巽山	午乾山	乙子丑山
六日에서 十日까지	庚경 明명	丁정 明명	甲갑 暗암	辛신 暗암	丙병 暗암	乙을 明명
十一日에서 十五日까지	乙子丑山	午乾山	坤卯庚巽山	壬辛艮亥山	申癸巳戌丙山	丁寅甲辰酉山
十六日에서 二十日까지	丁정 明명	甲갑 暗암	辛신 暗암	丙병 暗암	乙을 明명	庚경 明명
二十一日에서 二十五日까지	甲갑 暗암	辛신 暗암	丙병 暗암	乙을 明명	庚경 明명	丁정 明명
二十六日에서 그믐까지	辛신 暗암	甲갑 暗암	丁정 明명	庚경 明명	乙을 明명	丙병 暗암

조장문

조 장 문

※ 위에 보는 法은 年에서 山을 네리보고 山에서 날은 가루본다.

| 乙을명 | 庚경명 | 丁정명 | 甲갑暗암 | 辛신暗암 | 丙병暗암 |

七君下降日看法 _{칠군하강일간법} (일곱 임금이 나려오는 날을 보는법)

※ 七군(君)이라는것은 탐랑(貪狼) 거문(巨門) 녹존(祿存) 문곡(文曲) 염정(廉貞) 무곡(武曲) 파군(破軍)이니 이것은 곧 七성(星)의 이름인바 소위(所謂) 대성군(大星君) 원성군(元星君) 진성군(眞星君) 유성군(繆星君) 회성군(回星君) 기성군(紀星君) 개성군(開星君)의 제일(第一) 제二의 자리가 있는것이다. 대개 옛적에 하늘에 빌고 산에 비는데는 다 이날을 쓰되 기(忌)하는것은 복단일(伏斷日) 본명(本命) 六해(六害)일이다 다만 녹마귀(祿馬貴)나 또는 생기복덕(生氣福德)등의 날(日) 이나 천덕(天德) 월덕(月德)의 날을 취(取)하면 더욱이 길한것이니 조작(造作)에나 장사(葬事)를 하는자도 쓰면 능히 흉살(凶殺)을 제(除)한다.

正月 = 三 七 一五 一六 二三 二六 二七日
二月 = 三、七、八、一五、二三 二六 二七
三月 = 二月과 같음 四 五 六月 같음
七月 = 三 七 八 一五 二三 二六 二七日
八月 = 三 七 八 一一 一五 二三 二六 二七
九月 = 三 七 一五 一九 二〇 二三 二六
十月 = 三 七 八 一五 一九 二〇 二三 二六
十一月 = 三 七 八 一五 二〇 二三 二六
十二月 = 十一月과 같음

盖山黃道의 年月日時總局法 _{개산황도의 년월일시총국법}
(개산황도의 년월일시를 다 글인판국법)

※ 이것은 다 좋은 方法을 가린것이니 만일 子年, 月, 日, 時를 쓸것같으면 震, 兌, 坤, 巽이 다 좋다는것이다.

子年月日時에는 震이 黃羅黃道
丑寅年月日時에는 艮이 黃羅黃道

兌이 天皇黃道
坤이 紫檀黃道
巽이 地皇黃道

巽이 天皇黃道
離이 紫檀黃道
兌이 地皇黃道

都天轉運의 年月日時總局法 (도천전운의 년월일시를 다 말한판국법)

묘년월일시에는 乾이 黃羅黃道
卯年月日時에는 乾이 黃羅黃道
진사년월일시
辰巳年月日時에는 兌이 黃羅黃道
오년월일시
午年月日時에는 巽이 黃羅黃道
미신년월일시
未申年月日時에는 坤이 黃羅黃道
유년월일시
酉年月日時에는 离이 黃羅黃道
술해년월일시
戌亥年月日時에는 坎이 黃羅黃道

右에 황라(黃羅)가 진(震)에 있으면 논(論)=(同用)는것이다 남어지의 괘(卦)도여기의 모방(此倣)하라 이것은 좋은별(善星)이니 좌향(坐、向)의 조림(照臨)하면 길(吉)한것이 오고 복(福)이 발한다.

离이 天皇黃道
震이 天皇黃道
艮이 天皇黃道
坎이 天皇黃道
乾이 天皇黃道
坤이 天皇黃道

巽이 紫檀黃道
坎이 紫檀黃道
乾이 紫檀黃道
震이 紫檀黃道
艮이 紫檀黃道
兌이 紫檀黃道

坤이 地皇黃道
艮이 地皇黃道
坎이 地皇黃道
乾이 地皇黃道
震이 地皇黃道
离이 地皇黃道

으면 甲도같이쓰는것이다 남어지의 괘(卦)도여기의 모방(此倣)하라 이것은 좋은별(善星)이니 좌향(坐、向)의 모방(此倣)하라 이것은 좋은별(善星)이니 좌향(坐、向)의

※ 만일 子年、寅月、辰日、午時에는 貪狼은 中에 있고 巨門은 乾方에 있으니 祿存은 兌方에 있으니 吉星이 비추인 방위에 理髮이나 造作을 하면 길하다는 것이다. 九星의 吉凶法

貪狼=吉 巨門=吉 祿存=下平 文曲=凶 廉貞=凶
武曲=吉 破軍=吉 左輔=右弱=平

一、(年의建)은 子
二、(月의建)은 寅

년건	월건	조장문
자	축	인	묘	진	사	오	미	신	유	술	해
子	丑	寅	卯	辰	巳	午	未	申	酉	戌	亥

	辰	巳	午	未	申	酉	戌	亥	子	丑	寅	卯
三, (日의建)은	辰	巳	午	未	申	酉	戌	亥	子	丑	寅	卯
四, 時의建은	午	未	申	酉	戌	亥	子	丑	寅	卯	辰	巳
一, 貪狼은	中	巽	震	坤	坎	離	艮	兌	乾	中	巽	震
二, 巨門은	乾	中	巽	震	坤	坎	離	艮	兌	乾	中	巽
三, 祿存은	兌	乾	中	巽	震	坤	坎	離	艮	兌	乾	中
四, 文曲은	艮	兌	乾	中	巽	震	坤	坎	離	艮	兌	乾
五, 廉貞은	離	艮	兌	乾	中	巽	震	坤	坎	離	艮	兌
六, 武曲은	坎	離	艮	兌	乾	中	巽	震	坤	坎	離	艮
七, 破軍은	坤	坎	離	艮	兌	乾	中	巽	震	坤	坎	離
八, 左輔는	震	坤	坎	離	艮	兌	乾	中	巽	震	坤	坎
九, 右弼은	巽	震	坤	坎	離	艮	兌	乾	中	巽	震	坤

龍運斷詩訣 (용운단시결)

(묘용절(墓龍節)에 운이돌아 오는것을 시(詩)로 판단한 비결)

용절(龍節)위(上)에 비추인 별을 운수(運數)위(上)에 찾아보니 이가운데(此中)메 묘한(妙) 비결(訣) 천금(千金) 같이 만나도다 다만 월건(月建)의 중웅(中宮)수를 갖이고 돌려(遁)서 찾아보니 용(龍)의 운이 어느궁(宮)에 머물으는가 동지(冬至)에는 양순(陽順)으로 구궁(九宮)에

돌여보고 하지(夏至)에는 역비(逆飛)하여 역마(驛馬)길을 같이한다. 오즉 임관(臨官)이 있어서 횡재(橫財)를 발(發)하니 전지(田地)가 四方에서 오는것을 단정(斷定)하고 있으며 장생(長生)과 귀인(貴人)에서 녹마(祿, 馬)를 아우르니 사람이 나서 급제(及第)하고 벼슬이 높으도다. 문정(門庭)이 빛이나고 자손(子孫)이 기이하여 소리소리(聲聲) 날리(喝道)면서 장원(壯元)하고 돌아온다. 황제

(黃帝)에 끼친글(遺書)을 다했건만 이세상(世上)사람들은 분명(分明)히 모르도다. 잡주(雜周)하여 고하(高下)를 모르거든 곧 지관의 집(山家)에 찾아가서 正五行을 배합(配合)하라 시사(時師)들을 위(爲)하여서 이(此) 이치(理治)를 밝히노니 살펴보라 또다시 年月을 가지고서 용신(龍神)에 배합(配合)하면 관직(官職)이 높이나서 사람을 놀래(驚)리라. 말(馬)이 산두(山頭)에 일으러서 벼슬길을 밟어 가니 지 날을 갈이키(指)며 과제(科第)에 올으(登)도 다. 녹(祿)이 산두(山頭)에 일으러서 횡재(橫財)를 하게되면 외처(外處)에서 한가지로 생왕(生旺)하면 귀자(貴子)가 조당(朝堂)에 올을(上)것이요 비천(飛天)녹마(祿馬)에 귀인(貴人)으로 합(合)하며는 한 비결이 곧 천금(千金)과 같도다.

龍運起例法

(용에 運을 일으키는 법이니 집이 나 무덤뒤에 나려온 용이 머리를 둔 곳으로서 알수가 있다)

무롯二十四山行龍에 음(陰)이나 양(陽)이나 하는것은 다만 천간(干)과 지지(支)로써 음양(陰陽)을 분별(分別)하는 것이나 이것인즉 곧게나려오는 용을 두고서 말하는 것이다. 용(龍)이 손(巽)진(辰)묘(卯)인(寅)으로부터 간(艮)과 축(丑)으로 하여서 子와 壬으로 와서 午로 향(向)하게 되는것을 음감룡(陰坎龍)이라하고 그대로 亥에 와서 丙으로 한(向)한것을 음해룡(陰亥龍)이라 하는 것이며 물(水)이 乙과 卯로부터 와서 곤(坤)으로 빠짐을 얻어서 천규(天竅)에 합하면 길한것이니 고묘(庫墓)가 未에 있고 용(龍)이 건, 술, 유, 신, 乾, 戌, 酉, 申,으로부터 坤과 寅으로 午에와서 丙에와서 향(向)이 된것이 음오룡(陰午龍)이요, 그리고 壬으로 향(向)이 된것이 음사룡(陰巳龍)이며 물(水)이 申으로부터와서 艮과 寅으로 빠짐을 얻어서 천규(天竅)에 합하면 길한것이니 고묘(庫墓)가 丑에 있고 음금룡(陰金龍)이며 고묘(庫墓)가 진(辰)에 있고 룡(龍)이 南北으로 부터 西에와서 東으로 향(向)한것이 음금룡(陰金龍)이며 고묘(庫墓)가 西로 향(向)한것이 음목룡(陰木龍)이 며 고묘(庫墓)가 戌에있고 음토룡(陰土龍)이라 하는것은 음수국(陰水局)을 같이하여서 左로돌면 右로돌면 음룡(陰龍)이 되고 右로돌면 음룡(陰龍)이 되고 右로돌면 음룡(陰龍)이되고 양룡(陽龍)이되는 것이 이 뜻이니 날을 가리는 자는 반드시 알어야 하는것이다

龍運飛泊官의 吉凶訣 〈용의 운이 날아닥치는 궁의 길흉 벼슬길을 이여서 몸이 귀하는 것〉

녹궁(祿宮)에는 녹(祿)이 하늘로 부터 오면 벼슬을 더하고 품수(品數)에 올라서 부귀(富貴)하며 재앙이 없다.

마궁(馬宮)에는 주인(主人)은 승직(陞職)하고 아손(兒孫)은 등제(登第)하는 것이니 만일 천을(天乙)을 겸하면 부귀(富貴)가 뛰여나는 것이다.

귀인(貴人)에는 용(龍)이 천을(天乙)에 임하면 소년(少年)에 등과(登科)하는 것이니 귀자(貴子)를 낳아서 나라가 편안하고 집이 부흥(富興)한다.

재궁(財宮)에는 자손(子孫)이 현달(顯達)하고 공경(公卿)을 봉(封)하는 것이니 서인(庶人)은 집이 부(富)하여 재물(財物)이 가득하다.

장생(長生)에는 생향(生鄕)에 운(運)이 와서 귀자(貴子)를 만나면 영종(榮宗)이니 만일 천을(天乙)을 만나면 부귀(富貴)가 쌍(雙)으로 높으다.

운(運)이 제, 왕, 제(帝, 旺)에 닥치면 궁(宮)을 옮기고 벼슬에 나가서 아손(兒孫)이 代代로 귀(貴)한것이니 서인(庶人)이 이것을 만나면 재주가 후대(後代)까지 풍족(豊足)하다.

운(運)이 관, 림관, 림(冠, 臨冠, 臨)에 닥치면 세업이 기구(箕裘)하고 문호(門戶)가 영광스러운것이니 만일 천을(天乙)을 보면 백옥(白屋)의 공경(公卿)이 된다.

운(運)이 중궁(中宮)에 닥치면 영광(榮光)과 기쁨이 비상(非常)한지라 군자(君子)는 벼슬에 나가고 서인(庶人)은 전장(田庄)을 더 한다.

운(運)이 상생(相生)에 닥치면 장원(壯元)으로 등제(登第)하여서 반드시 명왕(明王)을 돕는 것이니 서인(庶人)이 만나면 백사(百事)가 영창(榮昌)한다.

운(運)이 비화(比和)에 닥치면 복(福)이 싸이고 재앙(災)이 살아지는 것이며 군자(君子)는 현달(顯達)하고 소인(少人)은 재물(財物)이 생긴다.

운(運)이 고궁(庫宮)에 닥치면 조장(造葬)이 다 길(吉)하니 집 지은지 주년(周年)만에 귀자(貴子)를 낳는다.

운(運)이 사절(死絕)에 닥치면 주인(主人)이 일직 죽고 가문(家門)이 쇠망(衰亡)하니 아들(子)이 덜니고 안해는 형벌(刑)을 받는다.

운(運)이 공망(空亡)에 닥치면 사람이 일하는것이 차례가 없고 모였(積)든 재산(財産)이 허터져서 후대(後代)

代(대)까지 빈(貧)하게된다

운(運)이 양인(羊刃)이 닥치면 장정(丁)이 덜니(損)고 재물(財物)이 허터져서 하는일에 재앙이 많으니 칼을 들고 싸움에 재화가 거듭운다.

함지(咸池)에는 배(船)에 중(重)한 짐 실은것 같아서 반드시 중유(中流)에 기우러 지는것이니 자녀(子女)가 음란(淫)할을 랑함에 사람이 없어지고 재화(災禍)가 미 무론(留)다.

관부(官符)에는 잠물쇠(鎖)를 풀러서 몸을 얽어니 횡화(橫禍)가 스스로오고 태(胎)를 떨어트리니 실(實)로 비애(悲哀)하도다.

겁살(刼殺)은 명리(名利)에 분주(奔走)하다가 세엽(祖業)이 허터지니 비록 처자가 있으나 어찌 장구할것이나 재살(災殺)은 악(惡)하게 죽어서 시체(屍體)까지 피가 되는것이니 실로 흉신(凶神)의 침책이다 비록 길성

※右는 용(龍)의 운(運)을 자세(詳)히 분변(辨)함에 용의 기운이 맥(脈)을 접(接)하여 혈(穴)에 들어와서 닥치는 구궁(九宮)마다 각각 길흉(吉凶)의 증험(證驗)이 있는것이다

運泊永定局法 (운이돌아와서 영우이고정되여 있는 판국을 아는법)

운박영정국법

신, 건, 경(申, 乾, 庚)은 양금산(陽金山)이니 경금사령(司令)이요 정맥내룡(丁脈來龍)은 음화산(陰火山)이니 정화사령(丁火司令)이요. 동묘(同墓)는 끄이다

이 있으나 하여도 앙(殃)이 사람을 면치 못한 것이다.

세살(歲殺)=용운(龍運)을 만난(値)것이 가장 불길(不吉)함이 되니 화산(財産)이 유리(流離)하다가 거리에서 객사 한다.

이는 용(龍)의 운(運)은 재산(財產)이 파산(破散)되여서

代(代)까지 빈(貧)하게된다

		갑甲	을乙	귀貴人	함咸池	고庫	제帝旺	전前財	후後馬	세歲殺

년年 금金運 사死

조장문

정正坎 이二离 삼三艮 사四兌 오五 육六中
            건전 손후
            乾前 巽後
상相 비比 세歲
刼 和 殺

칠七乾 팔八兌 구九艮 십十离 십일十一坎 십이十二艮
비比 비比 상相 함咸 후後 전前 후後 전前
마馬 旺 刼 함咸 死 貴 咸 상相
공空   絕庫   刼絕庫

己기 年년 金금運 死사 조장문

癸계	戊무	壬임	丁정 辛신	丙병 庚경	乙을
년年		年년	年년	年년	年년
木목運운	癸계丑축運운	土토運운	辛신丑축	火화運운	己기丑축	水수運운	丁정丑축

조장문

相상	祿록	財재	旺왕		貴귀	比비	旺왕
咸함	死사	相상貴귀咸함		比비旺왕祿록咸함 空공		咸함財재祿록	
空공財재劫겁	臨림刃인冠관	比비劫겁貴귀		劫겁生생		劫겁	
		祿록	死사	財재	相상空공貴귀
歲세後후馬마前전比비貴귀	空공後후臨림前전生생歲세絕절馬마庫고刃인冠관	冠관後후絕절前전歲세臨림馬마庫고相상 財재	歲세後후臨림前전殺살絕절馬마貴귀庫고相상冠관

中중　　　中중　　　中중　　　中중

生생馬마	臨림馬마	刃인冠관	絕절財재庫고馬마	相상馬마臨림貴귀冠관
		祿록	死사	財재	相상空공	貴귀
劫겁財재空공	臨림冠관	刃인	比비劫겁貴귀	劫겁	生생	劫겁
咸함	死사	相상貴귀咸함	比비空공祿록咸함旺왕	咸함財재	祿록
咸함後후祿록前전死사 相상	貴귀後후財재前전相상咸함	旺왕後후貴귀前전咸함祿록空공比비	祿록後후旺왕前전財재咸함 比비
空공財재劫겁	臨림冠관	刃인	劫겁比비貴귀	劫겁	生생	劫겁

一三一

	辛신 丙병 年년	庚경 年년	乙을 年년	己기 甲갑 年년	(亥해임자壬子)는 양목산陽木山이니 임수사령壬水司令이요、(艮辰戌)은 간진술양토산陽土山이니 무토사령戊土司令이요、酉유신辛은 음금산陰金山이니 신금사령辛金司令동묘진同墓辰
조장문	水수 壬임 運운 辰진	金금 庚경 運운 辰진	木목 運운 辰진	戊무 辰진	正정 兌태 二이 乾건 三삼 中중 四사 坎감 五오 後후前전 坎감離리 六육 坤곤 七칠 震진 八팔 巽손 九구 中중 十십 乾건 十십一일 後후前전 震진兌태 十십二이 坤곤
	相상 咸함 相상符부臨림祿녹 冠관	旺왕咸함空공比인 符부	刃인 咸함 比비	戊무 咸함 空공生생 符부	
	中중	中중	中중		
	比비旺왕刃인	死사		相상	
	比비後후財재前전 旺왕刃인空공災재	死사後후 災재	前전	相상後후死사前전 災재刃인	
	歲세空공生생	相상臨림冠관祿록 空공歲세 貴귀	歲세絶절庫고貴귀 財재		
	死사 貴귀	財재	比비	旺왕	
	劫겁絶절庫고貴귀	劫겁生생財재	劫겁比비祿록		
	中중	中중	中중		
	相상符부臨림祿록 冠관	符부 比비	符부空공	生생	
	死사後후相상前전 貴귀 咸함	後후旺왕空공前전 財재咸함比비刃인	比비 後후前전 旺왕咸함		
	歲세空공生생	相상臨림冠관祿록 空공歲세 貴귀	歲세絶절庫고貴귀 財재		

己기 甲갑 年년	巳사 午오	癸계 戊무 年년	壬임 丁정 年년	
火화 甲갑 運운 戌술	丙병 운	土토 丙병 運운 辰진	火화 甲갑 運운 辰진	
相상符부臨림冠관	正정 巽손	咸함 貴귀	咸함死사財재	조
咸함刃인 相상	二이 震진	符부臨림冠관貴귀	符부絶절財재庫고	장 문
馬마 空공貴귀	三삼 坤곤	中중	中중	
災재	四사 坎감	旺왕空공財재		
後후比비前전	五오	旺왕後후相상前전	後후比비前전	
災재 旺왕	後후前전 坎감離이	空공財재災재刃인	財재 旺왕	
馬마空공貴귀	六육 坤곤	比비歲세生생	歲세貴귀	
相상咸함刃인	七칠 震진	死사	空공相상刃인	
相상符부臨림冠관	八팔 巽손	劫겁絶절庫고祿록	相상劫겁臨림冠관	
中중	九구 中중	中중	中중	
財재劫겁絶절庫고	十십 乾건	符부臨림冠관貴귀	符부絶절財재庫고	
比비後후前전 旺왕 災재	十십 一일 後후前전 離이坎감	後후咸함前전 死사 貴귀	相상後후死사前전 空공刃인咸함財재	一二四
歲세生생貴귀祿록	十십 二이 艮간	比비歲세生생	歲세 貴귀	

	癸계 戊무	壬임 丁정	辛신 丙병	庚경 乙을
	年년	年년	年년	年년
	水수 壬임 運운 戌술	金금 庚경 運운 戌술	木목 戊무 運운 戌술	土토 丙병 運운 戌술
조장문	符부絶절庫고貴귀	符부財재生생	比비符부空공祿록	符부絶절庫고祿록
	咸함死사貴귀 咸함空공	財재	咸함旺왕比비	咸함 死사
	馬마 生생	相상臨림冠관祿록 馬마 貴귀	馬마絶절庫고貴귀 財재	比비馬마空공生생
	災재空공刃인 比비 旺왕	災재 死사	相상災재	災재旺왕財재
	災재旺왕後후前전 空공比비刃인財재	災재後후 死사	前전 刃인 相상災재後후前전 死사	旺왕後후相상前전 災재財재空공刃인
	馬마 生생	相상馬마冠관祿록 臨림 貴귀	馬마絶절庫고貴귀 財재	比비馬마空공生생
	咸함死사貴귀 咸함空공	財재	咸함比비旺왕	咸함 死사
	符부絶절庫고貴귀 符부財재	生생	比비符부空공祿록	符부絶절庫고祿록
	中중	中중	中중	中중
	相상刧겁臨림祿록 冠관	刧겁 比비	刧겁 生생	貴귀刧겁臨림冠관
	後후災재旺왕前전 財재空공比비刃인	後후 災재前전 死사	死사後후災재前전 刃인 相상	空공後후旺왕前전 刃인相상災재財재
	歲세 空공	歲세絶절庫고貴귀 空공 相상	歲세財재臨림貴귀 冠관	比비歲세

辛신 丙병	庚경	乙을	己기 甲갑	(인갑寅甲)은 양목산陽木山이니	조장문
年년	年년		年년	甲木司令갑목사령이요, (坤곤丑축未미)는	
金금運운	乙을木목 未미運운	癸계水수運운	土토 辛신運운 未미	一坎감 정감	
咸함死사貴귀	咸함相상 祿록	咸함旺왕財재		二离이 이삼	
	死사	貴귀 相상		三艮간 사태	
符부絶절相상庫고	臨임冠관財재 刃인符부	比비符부貴귀		四兌태 오전	
災재比비	旺왕	災재 空공	災재 祿록	五 후전손건	
空공後후歲세前전 財재 馬마刃인	馬마後후歲세前전 比비 比비貴귀	絶절後후空공前전 馬마臨임冠관刃인 庫고歲세	生생	六中중 육중	
中중	中중	中중		七离이 칠이	陰土山음토산이니 己土司令기토사령이요, (癸계)는
	死사	貴귀 相상		八坎감 팔감	
咸함死사貴귀	咸함相상祿록	咸함旺왕財재		九坤곤 구곤	
却겁相상貴귀冠관 臨임	空공却겁絶절庫고 財재	却겁比비生생		十震진 십진	
財재 祿록	旺왕比비貴귀	死사		十一 후전乾건巽손 십일	陰水山음수산이니 癸水司令계수사령이요, 同동墓묘未미
後후財재刃인前전 歲세 比비馬마空공生생	歲세後후馬마前전 臨임刃인 生생比비貴귀	冠관後후絶절前전 歲세空공馬마庫고		十二 십이中중	
中중	中중	中중			

丁정年년 丁정未미運운	壬임年년 水수運운	戊무年년 己기未미	癸계年년 火화運운
旺왕比비咸함	貴귀空공咸함		
祿록 財재	比비旺왕祿록		
符부 空공	生생空공符부		
貴귀相상 災재	財재死사災재		
前전貴귀 後후絕절	前전庫고 後후絕절		
冠관相상庫고馬마	歲세財재 臨임		
中중	中중		
財재祿록	旺왕祿록比비		
咸함比비旺왕	空공咸함貴귀		
生생刃인겁死사	貴귀刃인겁		
空공	相상		
前전絕절 後후冠관	前전臨임 後후絕절		
相상臨임	庫고 馬마		
歲세貴귀馬마庫고	歲세財재冠관相상		
中중	中중		

※ 논(論) = 右의 五운산(運山)이 매월(每月)에 각각 속(屬)한바에 길(吉)하고 흉(凶)한 별이 있으되 그 중에 길흉성(吉凶星)을 만나는 바이 없으면 평길(平吉)한 것이다. 운(運)이 귀인궁(貴人宮)에 닥치는 것인즉 甲戊庚 우양(牛,羊)과 乙己 서후향(鼠猴鄕)의 류(類)이요 양인궁(羊刃宮)인즉 녹전임위(祿前一位)의 류(類)이요 장, 생, 제, 왕, 고, 림, 관, 사, 절, (長、生、帝、旺、庫、臨、冠、死、絕)의 궁(宮)인즉 산운(山運)이 납음(納音)으로써 장생(長生)을 일으키(起)여서 얻어(得)가는 것이니 재(財)라는 것은 내(我)가 이기여서 처재(妻、財)가 하여 보라.

마(驛馬)、겁살(劫殺)、재살(災殺)、세살(歲殺)、함지(咸池)등(等)의 궁(宮)은 산운(山運)이 삼합(三合)으로 얻어(得)가는 것이며, 중(中)이라는 것은 산망궁(亡宮)이라는 것은 곧 순중공망(旬中空亡)이다(俱) 산운(山運) 천간지지(天干、地支)의 납음(納音)으로 삼어 산운(山運)이 일으는바의 궁(宮)을 찾아서 참고하여 보라.

五山의 庫運定式法 (오산에 고운정한 법은 좌혈(坐穴)로써 본다)

경、신、건(庚、申、乾)은 양금(陽金)이요、정(丁)은 음화(陰火)이며 홍범(洪範)에는 태、정、전、해(兌、丁、乾、亥)가 금(金)이요 동묘(同墓)가 축(丑)에 있다。해、임、자(亥、壬、子)는 양수(陽水)요 동묘(同墓)에는 간、진、술(艮、辰、戌)에 있다。 간、태、신(艮、兌、辛)이 음금(陰金)이오 홍범(洪範)에는 양토(陽土)요 신、태、신(辛、兌、兌)가 음금(陰金)이오 홍범(洪範)에는 갑、인、진、손、술、곤(甲、寅、辰、巽、戌、坎)이 수(水)요 계、축、미(癸、丑、未)가 토(土)요 동묘(同墓)는 辰에 있다。인、갑(寅、甲)은 양목(陽木)이요 계(癸)는 음수(陰水)요 곤(坤)은 음토(陰土)이되 홍범(洪範)에는 진、간、사(震、艮、巳)가 목(木)이되 동묘(同墓)가 미(未)에 있다。사、병(巳、丙)이 화(火)요 동묘(同墓)가 술(戌)에 있다。오(午)는 음화(陰火)요 홍범(洪範)에는 이、임、병、오(離、壬、丙、午)가 화(火)요 동묘(同墓)가 술(戌)에 있다.

논(論)=정오행(正五行)으로 음양좌산(陰陽坐山)의 고운(庫運)을 미루(推)어서 쓰는 법(法)은 음성(陰星)이 양운(陽運)에 싸이(包)고 태지(胎地)가 사지(死地)에서 난 성(陽星)에 싸이(包)고 태지(胎地)가 사지(死地)에서 난 생(生)다 하여서 역(逆)으로 행하여서 고(庫)를 찾(尋)는

고로 크게 서로 같지 않은 이치가 있으되 시사(時師)들은 이 의미(義)를 풀지 못하고 전문(專)으로 홍범(洪範)을 써서 사람의 재화(災禍)와 복을 글읏(誤)되게 하니 어찌 삼가지 않을것이냐 각년(各年)의 고운(庫運)을 좌편(左便)에 분렬(分列)하여서 홍범(洪範)에 쓰는 것으로 이제 아울러(並) 기록(載)하여서 알게하는 바 이다。

一、甲年=양금음화(陽金陰火)에 홍금동묘(洪金同墓)는 乙丑의 금운(金運)이요 양목양토산(陽木 陽土山)에 홍수토(陰木 洪水土)는 戊辰의 木운(運)이다。

二、己年=양목(陽木)에 음수(陰水)에 홍목동묘(洪木同墓)는 辛未의 土운(運)이요 음화(陽火)에 음금(陰金)홍화동묘(洪火同墓)는 갑술(甲戌)의 화운(火運)이다。

三、乙年=양금음화(陽金陰火)에 홍금동묘(洪金同墓)는 丁丑의 수운(水運)이요、양수(陽水)양토산(陽土山)에 홍수토음금(洪水土陰金)은 경진(庚辰)의 금운(金運)이다。

四、庚年=癸未의 목운(木運)은 음목(洪木)에 동묘(同墓) 丙戌의 토운(土運)이 음목(陰木)에 癸未의 목운(木運)은 음수(陰水)에 음토(陰土)、양화(陽火) 음목(陰木)에 홍화(洪火) 동묘(同墓)는 丙戌의 土운(運)이

五、丙年=양금(陽金) 음화(陰火)에 홍금(洪金) 동

運)이다.

六) 辛年=양목(陽木)이요 음금(陰金) 홍수토(洪水土)는 임진(壬辰)의 수운(水運)이다.

七) 丁年=양목(陽木)에 홍화(洪火) 동묘(同墓)는 을미(乙未)의 금운(金運)이요, 음수(陰水) 양화(陽火) 음토(陰土)는 무술(戊戌)의 목운(木運)이요, 양토산(陽土山)에 음금(陰金) 홍수토(洪水土)는 갑진(甲辰)의 화운(火運)이다.

八) 壬年=양목(陽木) 음수(陰水) 음토(陰土)에 홍목(洪木) 묘(同墓)는 정축(丁丑)의 수운(水運)이요, 양토산(陽土山)에 홍화(洪火) 동묘(同墓)이다.

九) 戊年=癸丑의 목운(木運)이요, 음화(陰火) 양수(陽水) 양금(陰金) 홍수토(洪水土)는 경술(庚戌)의 금운(金運)이다.

十) 癸年=양목(陽木) 음수(陰水) 양화(陽火) 음토(陰土)에 홍화(洪火)는 己未의 화운(火運)이요, 양화(陽火) 음목(陰木) 동묘(同墓)는 임술(壬戌)의 수운(水運)이다.

造葬에 並用納音五行法
조장 병용납음오행법 (집을 지으나 같이 납음 오행을 쓰는 법)

1. 금산운(金山運)=火의 年, 月, 日, 時를 기(忌)하는 것이니 집을 지음에는 己巳, 辛未, 戊寅, 己卯, 甲申, 乙酉, 庚寅, 癸卯, 戊申, 己酉, 壬寅, 癸卯의 날을 쓰는 것이다.

2. 수산운(水山運)=土年, 月, 日, 時를 기(忌)하는 것이니 집을 지음에는 丙寅, 己巳, 甲戌, 乙亥, 壬寅, 癸卯, 甲申, 乙酉, 庚午, 壬申, 癸酉, 戊寅, 壬午, 甲申, 乙酉, 庚寅, 장사(葬)를 함에는 壬辰, 壬寅, 丙午, 己酉, 甲寅, 庚申, 辛酉의 날을 쓰는 것이다.

3. 목산운(木山運)=金의 年, 月, 日, 時를 기(忌)하는 것이니 집을 지음에는 丙寅, 己巳, 辛未, 甲戌, 乙亥, 戊寅, 己卯, 甲申, 乙酉, 戊子, 己丑, 庚寅, 乙酉, 戊戌, 己卯, 甲申, 乙酉, 戊寅,

四、화산운(火山運)=水의 年, 月, 日, 時를 기(忌)하는 것이니 집을 지음에는 丙寅、己巳、辛未、甲戌、乙亥、壬寅、癸卯、戊申、己酉、庚申、癸酉、戊戌、己未、壬子、己丑、庚寅、乙未、壬寅、癸卯、己未、壬戌、戊子、己丑、己酉日을 쓰는 것이요 장사(葬)를 함에는 庚午、壬申、甲申、壬辰、丙申、壬寅、甲辰、乙巳、丙午、丙辰、己未、戊寅、己酉、甲寅日을 쓰는 것이다.

五、토산운(土山運)=木의 年, 月, 日時를 기(忌)하는 것이니 집을 지음(造)에는 丙寅、辛未、甲戌、乙亥、戊寅、己卯、甲申、戊子、乙酉、己未、壬戌、戊申、己酉日을 쓰는 것이요 장사(葬)를 함에는 庚午、壬申、甲申、壬辰、丙申、壬寅、甲辰、乙巳、丙午、丙辰、己未、丁酉、戊寅、己酉、甲寅日을 쓰는 것이다.

※ 논(論)=산가(山家)의 묘운(墓運)이 년(年)의 상극(克)을 입으면 집어른(家長)이 망(亡)하고 月의 극(克)은 가모(家母)가 망(亡)하고 日의 극(克)은 자(子)나 부(婦)가 망(亡)하고 時의 극(克)은 손(孫)이나 손부(孫婦)가 망(亡)하는 것이니 만일 年, 月, 日, 時中에 납음(納音)으로 상극(克)되는 것을 제지(制)하는 자(者) 없는것이니 말하자면 아들이 와서 어미를 구하는 것이다. 혹은 상생(生)을 탐(貪)하여 상극(克)을 이저버리게 되는 것이며 혹은 쇠(衰)하여 왕(旺)하는 것을 위이지(克)못하는 것이며 혹은 화(化)하여 권(權)이 되여서 도리(反)여 길살(殺)이 되는 것이며 二十四山이 각각 절후(節候)에 생(生)하고 왕(旺)하는데 기운(氣運)이 있는것을 의지하여서 아울러 용(龍)의 운(運)이 닥치는 바의 궁(宮)을 살핀 연후(然後)에 통천규(通天竅)、주마육임(走馬六壬)으로 주장(主)을 하고 그 다음에는 선천영기(先天盈氣)와 금화(金華) 금정(金精)으로써 주장을 하여서 대길성(大吉星)을 얻으면 一판국(局)의 묘(妙)한 바가 되는 것은 태양(太陽)、태음(太陰)、삼원백(三元白)、대길성(大吉星)이라 기제성(三奇帝星)、사리제성(四利帝星)、개산황도(蓋山黃道)、도천전운(都天轉運)、성마귀인(星馬貴人)、자미제성(紫微帝星)、활록마귀인(活祿馬貴人)、존제성(尊帝星)等이 길(吉)한 것이다. 대개(蓋)집을 지음에는 택장(宅長)의 본명(本命)으로써 주장(主)하여서 상량(上)부(婦)가 망(亡)하고 時의 극(克)은 손(孫)이나 손부樑)으로 충(軍)함을 삼고 터(基)를 다듬고 주초(礎)를

놓는것은 그 다음으로 가는것이며, 장사(葬埋)를 함에는 망인의 본명(本命)으로 주장(主)하여 하관(下棺)하는 것을 중(軍)함을 삼고 개토(開土)하는 것이나, 또는 본명(本命)과 산운(金井)을 놓는것은 그 다음으로 생(生)하고 왕(旺)하는 본명(本命) 기운(氣運)이 있음을 취하여서 주장(主)이 되고 좌운(坐運)이나 또는 년, 월, 일, 시 납음(納音)으로 상극(克)되는것을 입지(殺)함이 하며 미루(推)어 진록(眞祿) 마귀인(馬貴人)이 합(合)하는것이 복을 구하는데 묘(妙)한 공(功)이 되는것이니 관부(官符)나 음부(陰符) 구퇴(灸退) 장군전(將軍箭)등의 모든 살(殺)같은 것은 혹 만나드라도 쉬여(休)서 가두킨(囚)즉 해(害)가 될것이 없고 혹(或)지(制之)한즉 도리여 길(吉)한것이니 말하는바 아비(父)를 장사(葬)함에는 년의 상극을 꺼리지 않이하고 어머니(母)를 장사(葬)함에는 월의 극(克)을 꺼리지 않이 한다는 것이 곧 이것이다.

八山의 驛馬臨官法 (역마와 임관으로 길한법)

팔산의 역마임관법 (여덟가지 산에 길한법)

一, 寅, 午, 戌年에는 正, 五, 九月에 甲, 庚, 乙, 辛

의 좌향(坐, 向)을 만드는 것이니 말(馬)이 申에 있는 연고이다.

二, 申, 子, 辰年에는 三, 七, 十一月에 甲, 庚, 乙, 辛의 좌향(坐, 向)을 만드는 것이다.

三, 巳, 酉, 丑年에는 四, 八, 十二月에 丙, 壬, 丁, 癸의 좌향(坐, 向)을 만드는 것이니 말(馬)이 亥에 있는 것이다.

四, 亥, 卯, 未年에는 二, 六, 十月에 丙, 壬, 丁, 癸의 좌향(坐, 向)을 만드는 것이니 말(馬)이 巳(巳)에 있는 연고이다.

※ 논(論) = 산 사람이나 죽은 사람이나 본명(本命) 八생년∨의 년음(年音)으로 음양(陰陽)에 합(合)하여서 쓴즉 묘(妙)한것이며 또는 양국(陽局)年에는 곤간(坤, 艮)의 좌향(坐, 向)을 하고 음국(陰局)年에는 건손(乾, 巽)의 좌향(坐, 向)을 한다. 우(右)는 살(殺)을 피(避)하고 길한데 나가(就)는 대요법(大要法)이니 여기에 의(依)하여서 집을 짓거나 장사(葬)를 하는자(者)는 一百二十日내(內)에 횡재(橫財)를 하고 잠농(蠶農)이 잘 되며 가축(畜)이 왕성(旺盛)하여서 대발복(大發福)이 된다.

葬穴의 淺深法 (장혈 천심법) (장사(葬)하는 혈에 얕고 깊은 법)

논(論)=토규척(土圭尺)을 써서 땅 면(地面)으로 부터 나려가면서 측량(量)을 하는 것이니 만일 척수(尺數)를 일으키(推)는 것인데 전산에는 구성법(九星法)으로 미루어 가는 것이다. 건산(乾山)은 거문(巨門)에서 일으키(起)고 간산(艮山)은 문곡(文曲)에서 일으키고 곤산(坤山)은 파군(破軍)에서 일으키고 이산(離山)은 무곡(武曲)에서 일으키고 손산(巽山)은 염정(廉貞)에서 일으키(起)고 태산(兌山)은 녹존(祿存)에서 일으키고 감산(坎山)은 좌보(左輔)에서 일으키고 진산(震山)은 우필(右弼)에서 일으키여 매척(每尺)에 일성(一星)씩 나가서 탐랑(貪狼)을 얻으면 길한것이 되니 만일 촌수(寸數)를 일으키는데 있어서는 육백(六白)의 법(法)으로 미루(推)어 가는 것이다 건(乾)은 사록(四綠)에서 일으키고 간(艮)은 육백(六白)에서 일으키고 손(巽)은 오황(五黃)에서 일으키고 진(震)은 칠적(七赤)에서 일으키고 이(離)는 팔백(八白)에서 일으키고 감(坎)은 이흑(二黑)에서 일으키고 태(兌)는 구자(九紫)에서 일으키고, 곤(坤)은 삼벽(三碧)에서 일으키여 매촌(每寸)의 일궁(一宮)씩 나가는 것이니 다음 그림(圖)을 보다.

巽 손 巳사辰진 五오右우 黃황弼필	离 이 丁정丙병 八팔 廉염 白백 貞정	坤 곤 申신未미 三삼 破파 碧벽 軍군
震 진 乙을甲갑 七칠左좌 赤적輔보	中 중 一일 貪탐 白백 狼랑	兌 태 辛신庚경 九구 祿록 紫자存존
艮 간 寅인丑축 六육 文문 白백 曲곡	坎 감 癸계壬임 二이 武무 黑흑 曲곡	乾 건 亥해戌술 四사 巨거 綠록 門문

앞의 그림(圖)에 의(依)하여서 탐랑(貪狼)이 중에 있고 거문(巨門)이 건(乾)에 있는것이로써 순(順)으로 돌리여서 자(尺)를 삼는것이요, 치(寸)의 수(數)인즉 백(白)이 중(中)에 있는것으로 二감(坎), 三곤(坤), 四손(巽), 五손(巽), 六간(艮), 七진(震), 八이(離), 九태(兌), 라하니 만일 건산이 一척(尺)에 무곡(武曲)을 얻는 것이요, 一촌(寸)을 四록(綠)에서 일으키면 三寸을 얻는 것인 六(白)이니 혈(穴)의 깊이는 맞당(宜)한 것을 쓰는 것이 五尺三寸이다. 다른것도 여기에 **모방하라**

논(論)=또 다른법은 갑좌산(甲坐山)이면 곧 동궁(同宮), 전괘(乾卦)로써 쓰는것을 삼으니 초효일척(初爻一尺)이 甲子의 물(水)이되고 이효이척(二爻二尺)이 甲寅의 목(木)이되고, 삼효삼척(三爻三尺)이 甲辰의 토(土)가 되고, 사효사척(四爻四尺)이 임오(壬午)의 화(火)가 되니 관살(官殺)이요, 오효오척(五爻五尺)이 壬申의 금(金)이되고, 육효육척(六爻六尺)이 壬戌의 흙(土)이 되니 즉 인수(印綬)가 된다. 六척(尺)에 一寸은 癸亥의 물(水)이요, 二寸은 甲子의 금(金)이요, 三寸은 乙丑의 금(金)이요, 四寸은 丙寅의 불(火)이니 관살(官殺)이요, 五寸도 丁卯의 불(火)이니 관살(官殺)이요, 六寸도 戊辰의 목(木)이니 재록(財祿)이요, 七寸도 己巳의 나무(木)이니 재록(財祿)이요, 八寸은 庚午의 土이니 인수(印綬)이요, 九寸도 辛未의 土이니 인수(印綬)이다. 척(尺)이나 촌(寸)으로 관살(官殺)은 쓰지 말라 그 남어지는 다 길한것이니 달은 괘(卦)도 다 여기에 모방(倣)하라.

斬草破土의 日看法 (참초파토 일간법 풀베고 흙파는 날 보는법)

正月=庚午、丁卯、壬午日

二月=庚午、壬午、甲午、丙午日

三月=壬申、甲申日

四月=甲申、乙丑、丁卯、癸卯、庚午、庚辰、辛卯、壬辰、甲辰、癸丑、庚子日

五月=壬寅、癸丑、甲寅日

六月=丁卯、壬申、甲申、辛卯、甲寅、癸卯、丙申、乙卯日

七月=甲子、丁卯、己卯、壬午、乙卯、辛卯、壬辰、辛卯、癸卯、丙午日

八月=乙丑、壬辰、甲辰、癸丑日

九月=庚午、壬午、辛卯、癸卯、丁卯、丙午、乙卯日

十月=甲子、庚午、辛未、丁卯、辛卯日

十一月=壬申、甲申、乙未、丙申、戊辰日

十二月=甲子、甲申、丙寅、壬寅、庚申日

右에 기(忌)한것은 천온(天瘟), 토온(土瘟), 중상(重喪), 중복(重復), 천적(天賊), 지파(地破), 토왕용사(土王用事)와 또는 건, 파, 평, 수(建、破、平、收)日이다.

安葬에 鳴吠吉日 (안장 명폐길일 서 장사에 집 한날 닭이울고 개가 짖어)

一、壬申、癸酉、甲申、乙酉、丙申、丁酉、壬寅、丙午、己酉、庚申、辛酉、庚午、壬午日이니 右에 날은 금닭(金鷄)이 울고 옥개(玉犬)가 짖어서 길신(吉神)이라 고 말 한다.

三、丙寅、丁卯、丙子、辛卯、甲午、庚子、癸卯、壬子、
甲寅、乙卯는 울고(鳴) 짖는(吠)데 상대(對)日이므로
명폐일과 같이 쓴다。

※ 논(論)은 앎이나 가(可)히 쓴다。

三、甲辰、丙辰、庚辰、壬辰인 이 四日은 장사(葬事)하는 집
에 가장 기(奇)한 것이다。이날이 비록 명폐(鳴
吠)는 않이나 가(可)히 쓴다。

※ 논(論)=右에 삼반일(三般日)은 장사(葬事)하는 집
(旺)하는데 기운(氣運)이 있는것은 않이나 모든 길성(吉
星)을 합(合)하면 가장 길하게 천지에 길한 기운을
합(合)하는 바이다。

逐月安葬吉日法 (달을 따라서 안장에 길한날 보는법)
축월안장길일법

正月=癸酉、丁酉、甲申、庚寅、辛酉、己酉、庚申
午日

二月=丙寅、壬申、甲申、庚寅、丙寅、壬寅、己未、丙
午日

三月=壬申、甲申、丙申、癸酉、乙酉、丁酉、壬
午、庚申、辛酉日

四月=乙酉、己酉、丁酉、癸酉、壬午、乙酉、庚
午、丁丑、己丑、甲午日

五月=甲申、丙申、庚申、壬申、甲寅、庚寅、壬
未、甲戌、庚辰、甲辰日

六月=癸酉、乙酉、辛酉、壬申、甲申、庚申、丙申、乙
亥、壬寅、甲寅、庚寅、辛卯、乙未、丙午、戊申、癸未
日

七月=癸酉、丙酉、丁酉、巳酉、壬申、丙
申、丙午、丙辰、壬子、壬辰、乙
巳、丙辰、丁巳、癸酉、辛酉、己巳日

八月=壬申、甲申、丙申、壬申、庚申、壬寅、庚寅、壬辰、乙

九月=壬午、丙午、辛酉、庚寅、庚寅、甲戌
午、辛亥日

十月=丙子、甲辰、癸酉、丙午、壬午、壬辰、甲
子、庚子、辛未、甲戌、乙未日、壬辰、甲

十一月=庚寅、壬寅、甲寅、壬午、庚午、甲辰、丙
申、壬子、壬辰日

十二月=壬申、甲寅、癸酉、甲申、庚午、丙申
乙酉、丙寅、戊寅、庚寅日

※ 논(論)=우(右) 길(吉)일에 범하지 않음이 한것은 건
(建)、파(破)、괴(魁)、강(罡)、순교(絢絞)、중상(重喪)、
중복(重復)、팔좌전살(八坐轉殺)、지낭(地囊)、백호
(白虎)、사시대묘(四時大墓)、빙소와해(氷消瓦解)、음차
(陰差)、양착(陽錯)과 또는 평(平)、수(收)、개(開)
日이니 벼슬(官)을 구하는데 가(可)하고 장사(葬)에는
불가(不可)한 것이나 임이(旣) 월령(月令)의 양신(良辰)

이 참여(參)한 것이라면 여기에 의(依)하여 일을 하는것이 좋을 것이다.

入棺(입관)에 吉時(길시) (입관하는데 길한 時間)

子日(자일) = 甲庚時(갑경시)
丑日(축일) = 乙辛時(을신시)
寅日(인일) = 乙癸時(을계시)
卯日(묘일) = 丙壬時(병임시)
辰日(진일) = 丁甲時(정갑시)
巳日(사일) = 乙庚時(을경시)
午日(오일) = 丁癸時(정계시)
未日(미일) = 乙辛時(을신시)
申日(신일) = 甲癸時(갑계시)
酉日(유일) = 丁壬時(정임시)
戌日(술일) = 庚壬時(경임시)
亥日(해일) = 乙辛時(을신시)

成服(성복)에 吉日(길일) (복입는데 좋은날)

맞당(宜)한 것은 甲子, 己巳, 乙酉, 庚寅, 癸巳, 丁丙午, 辛亥, 癸丑, 戊午, 庚申日이다.

※ 右의 二조목(條) 〈입관, 성복〉은 중상(重喪), (復日), 음차(陰差), 양착(陽錯), 진(建), 파(破)日은 쓰지 못 하는 것이다.

破土總忌日(파토총기일) (흙파는데 다 기하는날)

밀일(密日〈祭主本命과 相克되는날〉), 토부(土符), 지랑(地囊)과 또는 토왕용사시(土王用事時)에 巳午日, 진(建), 파(破), 평(平), 수(收)日.

穿金井總忌日(천금정총기일) (금정을 논는데 기 하는날)

삼광일(三壙日)이니 매월(每月) 六, 十六, 二十六日 또는 申日이요 그 남어지 기(忌)하는것은 파토(破土)와 서루같으니 파토(破土)에서 보라.

葬日周堂圖(장일주당도)

式 圖

母婦(모부)	女夫(녀부)	亡人(망인)
客(객)		男孫(남손)
		父(부)

대월(大月)은 초一日을 부(父)에서 시작하여 남(男)으로 향(向)하여 순(順)수로 세이(數)고 소월(小月)은 초一日을 모(母)에 시작하여서 녀(女)모 향(向)하여 역수(逆)로 세일(數)것이니 만일 망

인에 만난즉 길(吉)하고 또는 만나는바에 사람이 빈관(殯棺)을 내올(出)때(時)에 밖에 나가서 조금 피(避)하면 길한 것이되 빈관(殯棺)이 정침(正寢)에 있지 않이하던 전(專)혀 곁일것이 없는 것이니 말 하자면 정당(正堂)에만 도는 귀신이요 밖에는 관계(關係)가 없는 연고(故)이다. 옛날(古)사람은 취급(取扱)하지를 않이한 것이니 벌일것이로되 시속(時俗)에서 무단(無端)히 혹(惑)하는 고(故)로 여기에 기록(記錄)하는 바이다.

六十日呼冲法 (육십일호충법) (六十일을 두고 상충(相冲)이 되는 사람을 부른다는 것)

※ 하관(下棺)시에 충(冲)∧甲子日에는 辛丑生∨되는 사람은 보지않는 것이다.

甲子日 = 辛丑生
乙丑日 = 辛巳
丙寅日 = 丙午
丁卯日 = 甲午、甲戌
戊辰日 = 甲戌
己巳日 = 甲辰、己未
庚午日 = 戊辰、戊戌
辛未日 = 丙子
壬申日 = 丁巳
癸酉日 = 丁卯、丁酉
甲戌日 = 戊子
乙亥日 = 己未

丙子日 = 丁丑
丁丑日 = 癸未
戊寅日 = 癸酉、癸未
己卯日 = 庚辰
庚辰日 = 丙辰、丙戌
辛巳日 = 丙寅
壬午日 = 壬子、丙子
癸未日 = 己丑
甲申日 = 辛卯、辛酉
乙酉日 = 辛亥
丙戌日 = 戊子
丁亥日 = 乙未、甲寅

戊子日 = 丙午、甲辰
己丑日 = 丁未
庚寅日 = 丙申
辛卯日 = 辛巳、丁巳
壬辰日 = 壬申
癸巳日 = 甲午、丁酉
甲午日 = 丁酉、庚子
乙未日 = 辛丑
丙申日 = 己亥
丁酉日 = 丁巳、丙辰
戊戌日 = 丙辰、庚子
己亥日 = 乙未、丁酉

庚子日 = 丙午、戊午
辛丑日 = 辛未
壬寅日 = 壬申
癸卯日 = 丁巳、丁酉
甲辰日 = 庚戌
乙巳日 = 丙子
丙午日 = 丁亥、丙辰
丁未日 = 己丑
戊申日 = 庚寅
己酉日 = 乙卯、庚申
庚戌日 = 丙辰
辛亥日 = 壬子、乙亥

壬子日 = 丁未
癸丑日 = 丁亥、甲寅
甲寅日 = 癸未、癸巳

乙卯日=戊子、丙辰
丙辰日=甲申、甲辰
丁巳日=庚子　戊午日=辛未　己未日=丙戌
庚辛日=辛巳、辛酉
壬戌日=辛丑、辛酉　癸亥日=丙寅

위에 호충(呼冲)이라 하는것은 사람을 불러간다는 말이니 그(其)에 증거(據)할수 없는것이 주당(周堂)으로부터 달을(異)것이 없는것이다. 그러면 마땅이 가리끼(拘)지 않이하고 길일(吉日)만 요구(要求)하는 것이다.

正冲法 정충법 (천간이 서로같고 지지가 서로 마주 트리는것)

논(論)=갑자생(甲子生)이 甲午日을 만나는 것이 이것이며 乙丑生이 乙未日을 만나는 것이 곧 이것이니 남어지는 여기에 모방(倣)하라. 그러나 파빈(破殯)이나 또는 하관(下棺)을 할때에 피(避)한 것이요, 녹마귀(祿、馬、貴)에 만남(遇)을 얻은즉 해(害)는 없는 것이다.

旬冲法 순충법 (한가지 순중에서 서로 충이 되는 것)

※ 冲이라함은 二十四方位에 相對된 宮을 말함이니 二十四山交嬬圖를 참조할 것이며 피(避)하는것은 정충법과 같다.

논(論)=甲子生이 庚午日을 만나는 것이 이것이며 乙丑生이 辛未日을 만나는 것이 이것이니 남어지는 다(皆) 여기에 모방하라. 순충(旬冲)이라 하는것은 그의 충이 되는바가 다(皆) 열흘(旬)안에 있는 것이니 만일 丙申日이 甲午 순중(旬中)에 매여있는 것인즉 그 열흘(旬)안에는 다만 壬寅이 한가지 순(旬)에 충(冲)이 된다.

入地空亡日 입지공망일 (땅에 들어가는 공망일 보는법)

庚午日에는 甲, 己의 망명(亡命)을 장사(葬)하지 않이하고 庚辰日에는 乙, 庚의 망명(亡命)을 장사하지 않이하고 庚寅日에는 丙, 辛의 망명(亡命)을 장사하지 않이하고 庚戌日에는 丁, 壬의 망명(亡命)을 장사하지 않이하고 庚申日에는 戊, 癸의 망명을 장사하지 않이한다.

旬中空亡日 순중공망일 (열흘 가운데 공망보는법)

甲子순(旬) 중(中)에는 戌, 亥日은 없고 甲戌순(旬)중

조장문

(中)에는 申、酉日은 없고 甲申 순(旬) 중(中)에는 午、未日은 없고, 甲、午순(旬) 中에는 辰、巳日은 없고 甲辰순(旬)中에는 寅、卯日은 없고 甲寅순(旬) 中에는 子、丑日은 없다.

右日은 조장(造葬)이나 혼인(婚姻) 제반(諸般)(等事)에 다 생기(生氣)가 없는것이나 오직 살신(殺神) 이 이 순중에 있으면 대길(大吉)하고 길신(吉神)이 이 순중에 있으면 흉해(凶害)한 것이다.

太歲가 壓本命法 _{태세} _{압 본명 법} (태세가 본명을 누르는 것을 아는법)

論=만일 甲子年을 써서 일 할것 같으면 곧(卽) 甲子의 태세(太歲)를 가지고 중궁(中宮)에 들어가서 乙丑에는 태(兌)로하여 丙寅에는 중궁(中宮)으로 들어가니 癸酉生서는 중궁(中宮)으로 되는 것이요 또 癸酉로 좇아서 눌리는(壓) 본명(本命)이 되는 것이요、또 癸酉로 좇아 중궁(中宮)에 들(入)도록 돌리(遁)여서 얻(得)는 壬午生이 눌리는 본명(本命)이 되는 것이요、 또는 壬午로 좇아서 중(中)에 들어가는 본명(本命)이 되는 것이며, 또는 乙丑年을 中으로 들이여 눌리(壓)는 본명(本命)이 되는 것이면, 또는 甲戌生이 눌리(壓)는 본명(本命)이 되 는 것이요 그중(中) 태세(太歲)의 극(克)을 입음(被)하여 생(生)하 는자를 더욱이 꺼(忌)리는 것이요、화(和)하여 생(生)하

停喪忌方 _{정상기방} (상여를 놓는데 기하는 방위법 ₈널을 내가는 것도 같다_v)

사、유、축년일(巳、酉、丑、年、日)에는 간방(艮方)을 기(忌)하고 신、자、진、년、일(申、子、辰、年、日)에는 손방(巽方)을 기(忌)하고 해、묘、미년、일(亥、卯、未、年、日)에는 곤방(坤方)을 기(忌)하고 인、오、술、년、일(寅、午、戌、年、日)에는 건(乾)방을 기(忌)한다.

祭主不伏方 _{제주불복방} (제주가 불복방은 장사날에 잠살방이라 하여 피하는것)

신、자、진년(申、子、辰年)에는 巳、午、未방(方)이요 사、유、축년(巳、酉、丑年)에는 인、묘、진(寅、卯、辰)방(方)이요 인、오、술년(寅、午、戌年)에는 해、자、축방(亥、子、丑)방(方)이요 해、묘、미년(亥、卯、未年)에는 신、유、술、(申、酉、戌)방(方)이다

重喪及重服日 _{중상급중복일}

一、중상일(重喪日)= 장사(葬) 성복(成服) 제복(除

服)을 하는 모든 상사(喪事)에 기(忌)하는 것이다 正月一甲日 二月一乙日 三月一丙日 四月一丁日 五月一己日 六月一己日 七月一庚日 八月一辛日 九月一己日 十月一壬日 十一月一癸日 十二月一己日이다.

二, 중일(重日)=길사(吉事)에는 거듭 길(吉)하고 흉사(凶事)에는 거듭 흉(凶)한 것이다.

正月一甲 庚日 二月一乙, 辛日 三月一戊, 己日 四月一丁, 壬日 五月一戊, 己日 六月一丁, 戊日 七月一甲, 庚日 八月一乙, 辛日 九月一丙, 壬日 十月一丙, 己日 十一月一丁, 癸日 十二月一戊, 己日이다.

三, 복일(復日)=길(吉)하고 흉(凶)한 것은 중일(重日)과 같고 正月부터 十二月까지 기, 해일(己, 亥日)이다.

重喪鎭壓法 _{중상진압법} (중상을 진압시키는법)

논(論)=그 법(其法)은 백지(白紙)로 함(函) 일개 (個)를 만들고 황지(黃紙)에 글자 四字를 붉은 글써(朱書)로 써서 함(函) 안에 넣고 관(棺)위에 놓아서 같이 내가면 길(吉)한 것이다 正, 二, 六, 九, 十二月에는 붉은 글씨로 육, 경, 형(六 庚, 六 刑)이라 쓰고 三月은 육 신, 천 연(六 辛, 天 延)이라 하고 四月은 육 임, 천 로(六 壬, 天 牢)라 하고 五月은 육 계, 천 옥(六 癸, 天 獄), 七月은 육 갑, 천 덕(六 甲, 天 德), 八月은 육 을, 천 복(六 乙, 天 福), 九月은 육 정, 천 양(六 丙, 天 陽), 十一月은 육 정, 천 음(六 丁, 天 陰)이라 한다.

除靈服吉日 _{제령복길일} (영복을 벗는데 길한날)

壬申 丙子 甲申 辛卯 丙申 庚子 丙午 戊午 己酉 辛亥 壬子 乙卯 己未 庚申 戊寅 乙未 戊申 癸丑日이다.

除靈周堂圖 _{제령주당도} (영좌를 철하는 주당의 도)

법(法)은 大月에는 초(初) 一日을 부(父)에서 시작하

도(圖)식(式)

망(亡)남(男)	망(亡)부(父)
망(亡)손(孫)	망(亡)모(母)
망(亡)객(客)	망(亡)녀(女)
망(亡)녀(女)	망(亡)부(夫)

여 남(男)으로 향(向)하여 순(順)고 小月
에는 초1日을 모(母)에서 시작하여 순(孫)으로 향(向)
하여 역(逆)으로 세이되 1日에 1위(位)씩 지나가서 망
자(亡字)에 이르(至)즉 길(吉)하고 만일(若) 사람에 만
나면 그 사람이 흉한것이니 피하라

第三章 移葬改莎草門
제삼장 이장개사초문

六甲天竅圖 (묘 를 옮기는데 큰법이다)
육갑천규도

십이신총이 청(青)주(朱)명(明)대(大)
十二神塚而 龍雀堂白金句
　　　　　　　雀堂殺虎賓陳刑
　　　　　　　堂玉玄天
　　　　　　　殺明

위의 六甲총(塚)은 지지위(地支上)에서 청용(青龍)을
일으키(起)여 순으로 행(行)하여서 명기(明氣)나 금괴
관계(係)된 年、月、日、時인즉 묘(墓)를 열기(開)나 옮
기여 장사(遷葬)하는데 대명(大明)을 만나서 四위(位)의
(金匱)나 옥당(玉堂)된 년、월、일、시인즉 묘(墓)를 쓰며、
든 흉(凶)한 살(殺)이 다 공망(空亡)에 떨어(落)지는 것이
다. ※ 이법을 이해하지 못할때는 天地大空亡日을 크게 쓰라.
※ 논(論)=옛날부터 묘(墓)를 옮기(遷)는자는 길(道)
이 되거나 성(城)을 쌓거나 우물(井)을 파거나 밭(田)
을 갈거나 세력(勢力)에 뺏(奪)게 되거나 이 다섯가
지의 근심(患)이 있으면 옮기는 것이다.
그러므로 묘(墓)를 옮기(遷)는데 대하여 길흉(吉凶)
의 큰 법을 만든것이니 그 법인즉 구묘(舊墓)의 좌향(坐
向)으로써 그 공망(空亡)과 四길성(吉星)을 얻은(得)

移葬旬名 亡命 丑子 大空亡 壬子 辰未戌丑
이장순명 甲寅旬塚

甲辰旬塚 卯寅小空亡
甲午旬塚 巳辰小空亡
甲申旬塚 未午小空亡
甲戌旬塚 酉申小空亡
甲子旬塚 亥戌小空亡

辛申戌乾亥坐
坤申庚酉坐
丙丁午未坐
巽辰巳坐
甲卯乙坐
艮寅坐

寅卯 午酉子
午酉子 丑辰未
申亥 寅巳
戌丑 午酉
辰未 寅巳申亥

후(後)에야 가히 묘(墓)를 옮기는 것이다. 근세(近世)에 와서는 풍수(風水)에 혹(惑)하여서 묘 옮기는 것을 급하게 함으로 연운(年運)도 불구(不拘)하고 혈(穴)을 버리고 행(行)하게 되니 살(殺)이 임어 묘(墓)를 옛것을 벌이(捨)나 그살(殺)이 어디에 있었은즉 비록 옛(舊)것을 벌이(捨)나 그살(殺)이 어디에 있었으리요. 그리고 옛적에도 합장(合葬)하는 법(法)이 있었은즉 모든 집(家)중에 반드시 년운(年運)의 이해(利害)를 논하는 것이 있을것이되 하나도 논설(論說)이 없으니 참(殊)알 수가 없는것이다. 옛적에 묘(墓)를 한편(合窆)하는 일이 없어서 그러한 것일까 대개 묘(墓)를 옮기는자(者)는 광(擴)을 여느(開) 것이니 맞당히 공망(空亡)을 얻어서 행 할것이요 다만 막히게 합장(合葬)을 하는자는 구광(舊壙)을 편안히 두고 다만 막히게 합장(合葬)을 하는 것이면 무덤(墳)을 고치고 수리(修理)하는데 달을(異)것이 없는것이니 공망(空亡)을 갈일것이 없당. 다만 혈(穴)을 무더서 합분(合墳)은 안이 할

墓龍 묘룡

(구분(舊墳)를 破하여서 고치며 莎草를 하거나 墓를 修理하는 일에 이것을 取하여쓴다)

月	正	二	三	四	五	六	七	八	九	十	十一	十二
在재	塚총	動동	地지	子자	塚총	在재	塚총	側측	地지	中중	塚총	去거	亥해	西서	塚총
屍시	西서	塚총	地지	子자	心심	塚총	側측	卯묘	塚총	中중	塚총	地지	西서	塚총
殺살	開개	貧빈	開개	殺살	殺살	殺살	開개	大대	開개	開개	開개
長장	吉길	窮궁	吉길	長장	夫부	人인	吉길	凶흉	吉길	吉길	吉길

二月、四月
八月、十月
十一月、十二月만이
吉한것이다.

이장개사초문

天牛不守塚吉日 (천우불수총길일) (묘를 옮기고 수리함에 길한것)

庚午 辛未 壬申 癸酉 戊寅 己卯 壬午 癸未 甲申 乙酉 庚申 辛酉日이다.

四魂入墓法 (사혼입묘법) (구묘를 파하고 옮기여 장사하는데 보는것)

圖 式

巳사 喪상重중	午오 移이遷천	未미 墓묘入입	申신 喪상重중
辰진 墓묘入입			酉유 移이遷천
卯묘 移이遷천			戌술 墓묘入입
寅인 喪상重중	丑축 墓묘入입	子자 移이遷천	亥해 喪상重중

망남(亡男)은 인(寅)에서 시작하여서 一식 순(順)으로 행하고 망녀(亡女)는 신(申)에서 시작하여 一식 역(逆)으로 행하되 년하(年下)에서 월(月)을 일으키고 月下에서 날(日)을 일으키고 日下에서 시(時)를 일으키여서 입묘(入墓)를 만나야 길한 것이다.

※논(論)=가령(假令) 망남(亡男)이 三十五세(歲)이면 인상(寅上)에서 시작하여 十을 순으로 행하면 卯가 二十이요 辰이 三十이니 三十一이巳 三十二가午 三十三이未 三十四가 申 三十五에 가서는 酉에 천이(遷移)가 되는 것이며 그다음 에는 戌에서 正月을 일으키면 亥가 二月이 되는 것이며 그 다음에는 초一日을 子에서 일으키면 초 二日은 丑에 있어서 입묘(入墓)가 되는것이며 그다음 寅에서 子時를 일으키면 申에 있어서 입묘 (入墓)가 되는것이니 年月日時에 四魂이 입묘(入墓)를 얻어야만 길(吉)한 것이다. 그러나 조장(造葬)에 서 전서(全書)를 보면 사혼(四魂)이 속(屬)는 것이 심(甚)한 것이다 사람이 이미 죽으면 혼(魂)은 하늘로 올라가고 백(魄)은 땅으로 내려가는 것 이니 어찌 혼이 묘(墓)로 들어가는 이치(理治)가 있으리 요 그러면 세상(世上) 사람들은 무단히 법을 증험하지 않는고로 여기에 등서 하여서 의심(疑心)하는 것을 없게

하는 것이다.

故墓에 宿殺法 (고묘에 오래된 살이다)

춘、목묘(春、木墓)에는 未에 있고 하、화묘(夏、火墓)에는 戌에 있고 추、금묘(秋、金墓)에는 丑에 있고 동、수묘(冬、水墓)에는 辰에 있다.

開塚凶時 (묘를 열때에 흉한때를 아는법)

甲、乙日…申酉時 丙、丁日…丑午申戌時 戊、己日…辰戌酉時 庚、辛日…辰 丑時 壬、癸日…丑 卯 巳時

地虎不食日 (당일내로 필공(畢功)하면 吉한날)

임신 계유 임오 갑신 을유 임진 정유 병오
壬申 癸酉 壬午 甲申 乙酉 壬辰 丁酉 丙午
유   병진 기미 경신 신유   辛酉   己未
酉   丙辰 己未 庚申 辛酉日이다.

※ 논(論)=十日내(內)에 장사(葬)를 하는자는 방향(方向)이나 년운(年運)을 물을(問)것도 없고 다만 위에 날이나 또는 명폐(鳴、吠)日을 갈이여서 쓰면 길한 것이다.

偸修日法 (一年내에 공망이라 하는날)

논(論)=右日은 대한후(大寒後)十日 입춘전(立春前)五日이니 그 날이 제일 좋은 것이요 전一日과 후一日은 그 다음이 되는 것이니 年月日時에 상극(克)을 생각할 것이 없고 일을 하여도 해(害)가 없어서 五日내에만 필공(畢功)을 하면 가(可)하다는 것이다. 또 말하자면 구신(舊神)은 장차 가고 신신(新神)은 아직 오지 않이하여 이날이 一年에 공망(空亡)이라 하는고로 백사에 기(忌)할것도 없고 다만 길성(吉星)이 와서 도웁는것도 없는 것이다.

歲官交承際 (해마다 년신(年神)이 서로 이여가는(交承)것)

논(論)=대한(大寒)후 五日과 입춘(立春)전 二日은 신구(新、舊)의 세관(歲官)이 서로 령(令)을 바꾸는 때이다. 가장 먼저(先)할것은 선조(先祖)의 신주(神主)를 길

요、또는 세상(世上) 사람들이 三、五、七、九日에 장사(葬)하는것을 흉장(凶葬)이라 하는것이니 기(忌)함이 없다.

방(吉方)으로 모실 것이요 그간에 흉(日)과 시(時)를 잘 갈이되, 입춘(立春)日엔 범하지 말고 마땅히 황흑도(黃, 黑道)나 갈이면 산운(山運)에 상극(克)이 되는 것이나 모든 흉살(凶殺)을 기(忌)하지 않이하고 조작(造作)하지 장사(葬)를 임의(任意)로 하여도 이(利)하지 아니함이 없는 것이다.

淸明과 寒食節 (청명 한식절)

논(論)=위에 양일(兩日)은 제신(諸神)이 상천(上天) 하여 조작(造作)을 하는것과 신구묘소(新舊墓所)에 돌을 세우고 주초를 수리(修理)하거나 무덤(墳)을 고치는 자(者)들이 택일(擇日)을 아니하고 이때를 쓰되 불리(不利) 한바가 없고 일역(日役)을 못한즉 양일간으로만 필공(畢功)을 하여도 무방(無妨)함.

手足腹背日 (수족복배일)
(봄、여름、가을、겨울을 따라 보는것)

※즉 春三月은 酉方이首 卯方이足 午方이腹 子方이背 이니 午方을먼저 파는것이다.

(春三月)에는 酉가首 卯가足 午가腹 子가背이요

夏三月에는 卯가首 酉가足 子가背 午가腹

秋三月에는 午가首 子가足 卯가腹 酉가背

冬三月에는 子가首 午가足 酉가背 卯가腹

논(論)=보는법은 새땅을 열거나 구묘(舊墓)를 파거나 부엌을 고치나 굴뚝을 수치(修治)하는데 있어서 곧 복(腹)의 방위를 먼저파는것이니 수(首)는 대모(大耗)요 복(腹) 은 부귀대길(富貴大吉)한 것이다. 족(足)은 무해(無害)하며 배(背)는 극흉(極凶)하고

聚格論 (취격론)

취(聚)라는것은 퇴(堆)〈즉 한가지가 모이는것〉의 뜻 이니 癸亥의 年月日時를 말하자면 干과 지(支)가 한가지 기운이라 하고 또 말하기를 癸를 쓰는것은 취간(聚干)과 하니 癸룡(癸龍)에 四癸를 쓰는것은 취지(聚支)라 과 해룡(亥龍)에 四亥를 쓰는것은 취록(聚祿)이라 하는것 丑、未龍에 四癸이나 四亥를 쓰는것을 취재(聚財)라 하는 것과 같은것이니 이름을 보산(補山)이라하며 상격(上格) 이요 정룡(丁龍)에 四癸가 보이는것을 취살(聚殺)이라 하고 진룡(乾龍)에 四癸가 보이는것을 취도(聚盜)라하니

이류를 극산(剋山)이라 하며 다 흉격(凶格)이다 甲命에 四癸를 쓰는것은 취인(聚印)이요 四亥를 쓰는것은 취보(聚寶)이며 辛명(命)에 四癸를 쓰는것은 취귀(聚貴)가 되는거와 壬명(命)에 四亥를 쓰는것은 취록(聚祿)이며 戊(聚福)요 壬명(命)이며 辛명(命)에 四癸를 쓰는것은 취마(聚馬)이며 戊、己명(命)에 四癸와 四亥를 쓰는것은 취재(聚財)라하고 巳酉丑 명(命)에 四亥를 쓰는것은 취마(聚馬)라하니 이룸을 상주(相主)라 하여서 다 상격(上格)이요 丁명(命)에 四癸가 보이는 것을 취살(聚殺)이라하고 庚명(命)에 四癸를 쓰는것을 취도(聚盜)라하며 계명(癸命)에 四丑이 보이는것은 취인(聚印)이라하니 이름을 극주(剋主)라 하여 흉한 격(格)이다 대저(大抵) 취격(聚格)을 쓰지않이하는것은 관(官)이 많으면 살(殺)을 만드는것은 논(論)이요 印에 취편격(聚偏格)을 쓰지않이 하는것은 편(偏)이 많으면 살(殺)이 건강(彙)하여 진다는 논(論)이니 남어지는 이러한 유(類)로써 미루어 보라.

拱格論 공격론

공(拱)이라 하는것은 협(夾)의 ∧즉 끼고있는것∨뜻이니 乙丑年 己卯月 乙丑日 己卯時는 천간(天干)으로써 말하면 양간(兩干)이 불잡(不雜)하고 지지(地支)로써 말하면 양지(兩支)가 상잡(相雜)하여서 양축(兩丑) 양묘(兩卯)로써 一寅자(字)를 끼고 있는고로 말하기를 공격

(拱格)이라 하는것이니 갑명(甲命)에 공록(拱祿)이 되는거와 丙명(命)에 공보(拱寶)가 되는것과 辛명(命)에 공귀(拱貴)가 되는거와 壬명(命)에 공복(拱福)이 되는거와 丁명(命)에 공인(拱印)이 되는거와 戊명(命)에 공재(拱財)가 되는것이 같은것이되 기반(羈絆)과 진실(塡實)이 없는것이면 취(取)하여 쓰고 모든 오명(五命)에 이러한 격(格)을 얻어쓰되 묘(妙)한것은 천기(天機)를 참고 실(恭考)하고 귀함이 되는 조화(造化)를 탈용(奪用)하면 그 조장(造、葬)에 이러한 격(拱)것이 마땅치 아니하니 모든 진태양(眞太陽) 진태음(眞太陰)과 같아서 제반(諸般) 흉살(凶殺)을 다 인(寅)을 끼는 것이라 기피(忌避)하지 아니하는 것이다 다는것은 丑과 卯가 허(虛)하여서 寅字가 있어서 허(虛)한것을 충실(充實)히 하는것이요 방지(傍支)에 丑과 卯가 허(虛)하여 서 寅字를끼되 방지(傍支)에 戌字가있어서 卯에 합하게 하는것이니 丑이 子를 만나는것도 또한 이와 같은 것이다.

藏八用 장팔용

一、장생(長生) = 여덟가지로 쓰는것이 감추인것 ∧여덟을가진격(格)이다∧四柱가운데감추어서 산을 보하고 주(主)를 도웁는 의(義)를 들어내는 것이다∨ 천지(天地)의 지보(至寶)가 장생(長

논(論)위의 八用은 四주(柱)中에 포함(暗藏)하여서 주룡(主龍)과 또는 본명(本命)에 배합(配合)하면 서로 기울어지지 아니하여서 六十四격(格)까지 미루어 보는 것이니 조장(造), 장(葬)을 하는자는 다 명(命)에 간(干)으로써 주장(主)을 삼어서 격(格)을 만들되 산을 보(補)하고 주(主)를 도웁는 것으로써 요진(要)한것을 삼을 것이니 주(主)를 도웁는 것으로써 人生이 천시(天時)에 길(吉)하고 왕(旺)하여서 예(例)를 들면 人生이 천시(天時)에 길(吉)하고 왕(旺)하여서 격(格)이 아름다운 것을 만나면 부(富)하고 귀(貴)하는 것과 후(休)하고 수(囚)하여서 격(格)이 없는 것을 만나면 빈(貧)하고 요사(夭死)하는 것과 같은 것이다.

造命訣 〔조작으로 원명을 만드는비결〕

무릇 조작(造作)으로도 원명(元命)을 만들수 있다는 것은 음양(陰陽)에 이치(理致)를 해석(解釋)하여서 판국(版局)을 살피여서 용혈(龍穴)을 논(論)하는 것이나 五行으로써 내룡(來龍)을 논(論)할진데 年月日時에 마땅이 본룡(本龍)이 생왕(生旺)하여 기운이 있음을 얻어서 보조(補助)를 하여야 길(吉)한것이다 귀룡(貴龍)은 벼슬에 나가는 격(格)이요 부룡(富龍)은 재물(財物)이 생(生)하는 격이며 상지(上

一、생(生)은 같은 것이 없는고(故)로 보(實)라 말하는것이니 甲命에 亥를 만나는 류(類)와 같은것이다.

二、양명(養命)=명을 양하는 근원(本源)이 진로(眞祿)이 갈은것이니 甲의 록(祿)이 寅에 있다는 류(類)이다.

三、진마(眞馬)=몸을 붙드는 근본이 진마(眞馬)와 같은것이 없어서 명(命)의 지로써 주(主)를 삼는것이니 子辰에는 馬가 寅이라 하는 류(類)가 이것이다.

四、천을(天乙)=명(命)의 귀한 기본(基本)이 천을(天乙)과 같은것이없는 고로 귀인(貴人)이라 말하는 것이니 乙己과 子申의 류(類)와 같다.

五、인수(印綬)=기운(氣)이 나(我)를 낳은(生)이와 같은 이가 없는 고(故)로 부모라 말하는 것이니 甲이 癸를 보는것과 乙이 壬을 만나는 류(類)와 같은것이다.

六、즉신(則神)=쓰(用)는 것이 내(我)가 이기는것 보다 더 좋은것이 없는 고로 처재(妻財)라 말하는 것이니 甲乙을 보는거와 乙이 戊를 보는 류(類)와 같은것이다.

七、정관(正官)=높은것이 六、八의 위(位)만 같은것이 없는 고로 辛을 보는거와 乙이 庚을 보는 류(類)와 같은것이다.

八、복덕(福德)=근본이 식신(食神)만 한것이 없는고로 자손(子孫)이라 말하는 것이니 甲이 丙을 보는 것과 乙이 丁을 보는 류(類)와 같은것이다.

地)는 上格에 마땅하고 중지(中地)는 中格에 마땅한 것이니 간지(干支)에 一기(氣)와 양간(或 兩干)지(或 兩支) 혹 본룡(或 本龍) 三合과 혹 용운(或 龍運) 三合과 혹 분명삼합(或 本命三合)과 좌산(或 坐山)의 三合같은 것은 상격(上格)이요 三기(奇)의 생왕(生旺)으로 기운(氣運)이 있는자는 중격(中格)이 되는 것이요 하격(下格)은 이러한 판국(局)에는 참예 하지 못하는 것이다.

용운(龍運)의 본명(本命)의 납음(納音)과 생왕(生旺)하여서 기운이 있음으로 年,月로 주(主)장을 삼아서 쓰면 스스로 대길(大吉)에 증조가 있는 것이다 또는 음양(陰陽)을 분석(分析)하는자는 좌향(坐 向)으로 시세(時歲)를 논(論)하는 것이니 양년(陽年)에는 양국(陽局) 좌향(坐 向)을 함에 살이 丙,壬,丁,癸에 있어서 음국(陰局) 좌향(坐 向)을 하여도 마땅한 것이요 음년(陰年)에는 음국(陰局)을 수작(修作)을 하여도 마땅한 것이니 甲,庚,乙,辛에 있어서 양국(陽局)좌향(坐 向)에 수작(修作)을 하여도 마땅한 것이니 이것이 즉 세시(歲時)에 어그러지지 아니 하는 것이며 세속(世俗)이 말하는바 양세(陽歲)에는 동서(東西)로 이(利)하고 음세(陰歲)에는 남북(南北)으로 이(利)한 것이다 그리고 子,午,卯,酉의 四山은 四正位에 있어서 가히 음양(陰、陽)을 겸취(兼取)하여서 쓰는것이니 子山에는 申子辰을 쓴다는 류(類)가 이것이다 본명(本命)과 같이 서로 생(生)하고 화(和)하며 또는 록(祿) 마(馬)귀(貴)의 三길(吉)과 乙,丙,丁의 三기(奇)를 찾아서 쓰되 본명(本命)과 태세(太歲)와 본룡(本龍)으로써 기(奇)함을 삼을것이니 산을 보(補)하는것은 기운이 모이(聚)는 격(格)이 되고 향(向)을 보(補)하는것은 기운이 헤어(散)지는 것이니 이것을 살피지 아니할수 없는 것이다 이상(以上) 조명론(造命法)이 후인(後人)을 위하여 그 길흉(吉凶)을 논함이나이되 다만 운(運)이 음부(陰符)에 닥치는거와 日月에 극전살(剋箭殺) 두가지 뿐이요 三살(殺)도 論 향좌살(向、坐殺)과 구퇴(灸退) 운극망명(運克 亡命) 중복(重喪)에 대기(大忌)하는 것이며 四柱中에 있는 三살(殺) 제살(制殺)을 아니하고 이해(利害)로만 논(論)하여 대개 제살(制殺)을 판단(斷)하니 참으로 가탄(可嘆)한 일이다 만일 三살(殺)등 제복(諸伏)을 제복하지 아니하고 택일(擇日)을 하면 사람에 그릇되는 것이 많을것이니 화복(禍福)을 삼가지 아니 할수가 없을 것이다.

第四章 造作門 (제사장 조작문)

成造陽宅에 四正八局法
(성조양택) (사정팔국법)

[집을 지을적에배가지 정위(正位)와여덟가지 판국을 가리는법]

천지(天地)가 개벽(開闢) 이후(以後)로 사람은 인(寅)에서 머리를 삼는고로 양택(陽宅)에 반드시 인(寅)으로써 세(歲)에 부친다 모든 성조(成造)에는 마땅히 사정위(正位)를 얻은 연후(然後)에 지운(地運)을 미루어서 본명(本命)과 상극(相剋)이 없어야만 공사(工事)를 홍왕(興旺)하게 하는것이니 만일 자년에 일을 할것같으면 자로써 인위에 더하여 묘가 묘위에 있으면 사정위(正位)를 얻는것이니 진、술、축、미의 좌향(坐向)이다 남어지 축년에는 축으로써 인상에 더하여 인이 묘에 있으면、인년에는 인으로써 인상에 더하여서 묘가 묘위에 있으면 사정위(正位)가 길한것이요 인묘、인、사、해의 좌향(坐向)이 길한것이다 신、사、해의 좌향(坐向)이 길한것이요 그리고 팔간(干)이 사유(維)에 각각 의지하여 앞으로 지지(地支) 일위에 당(當)하여 한가지로 쓰게되니 임이 자에 의지하고 계가 축에 의지한류

地運定局法
[지운정국법 (지운으로 판국을 정하는법)]

一、진、술、축、미년=인、신、사、해와 간곤(艮、坤) 순건(巽、乾)의 팔좌향(坐向)이 대통운(大通運)이다

二、인、신、사、해년=자、오、묘、유와 임、병、갑、경 좌향(坐向)이 대통운(大通運)이다

三、자、오、묘、유년=진、술、축、미와 을、신、정、계의 팔좌향(坐向)이 대통운(大通運)이다

논(論)=우(右)의 지운(地運)을 통(通)하여 길(吉)한 해이니 조가(造家)를 하거나 수영(修營)을 한즉 횡재(橫財)를 하고 농사(農事)와 잠농(蠶農)이 왕성(旺盛)하며 귀자(貴子)를 낳고 관작(官爵)을 더하여 록(祿)을 얻는다

※ 이 법을 가려 노은것이 地運定局法에 하나도 면하지 못할것이다. (類)이다 이 판국을 쓰지 아니 하는자는 반드시 패(敗)하는 것을 만(萬)에 하나도 면하지 못할것이다.

四角의 不利法
[사각의 불리법]

(四角이 불리하다는것은 四角은 乾、艮、巽、坤의 四位다 祠堂(祠字)에는 논하지않는다)

계산하되 사당집(祠字)에는 논하지않는다 主人의 年數로보는법 一歲—태(兌) 二歲—건(乾) 三歲—감(坎) 四、

一五八

五歲―중(中) 六歲―간(艮) 七歲―진(震) 八歲―손(巽)
九歲―이(离) 十歲―곤(坤) 十一歲에는 도루 태(兌)로
오는것이니 이와같이 순서로 세여서 二十一이나 三十一
이나 여러번 더 돌리여도 처음과 같이 한다

一、三、七、九세는 四정위(正位)를 얻은고로 대통(大通)
하는 해요 二、六、八、十은 四각(角)에 있는고로 불
리(不利)한 것이며 四、五는 중궁(中宮)에 들어가는 고
로 五는 비록 양수(陽數)이나 또한 불리한 것이다.

起造에 干辰吉年法 〈집을 지을때에 人生에 의하여 年의 天干을 가리는 法〉

子生에는 甲己丁壬戊癸年이 길하고 丑、寅生
에는 丙辛丁壬戊癸年이 길하며 卯、辰生에는 乙庚
丙辛丁壬年이 길하고 巳、午生에는 甲己乙庚丙辛
年이 길(吉)하고 未、申、酉、戌生에는 甲己乙庚戊癸
年이 길한 것이다.

※논(論)에 택장(宅長)에 本命이 생왕(生旺)하여 기운
이 있는年月과 또는 三합(合)으로 취(取)하여서쓰되 피
(避)할것은 순중공망(旬中空亡)과 양인(羊刃)과 또는
三살(殺)인 것이다.

起造에 支辰吉年法 〈집을 지을때에 人生에 依하여 그 해에 地支를 가리는 법〉

이해(此年)에 五山六기(氣)와 또는
이 합(合)하면 제반(諸般) 흉살(凶殺)을 기(忌)한것이
어 하며 임의(任意)로 한다 左에 잔흥운(吉凶運)의 년、월을
분렬(分列)하니 예전(例田)의 年과 六壬생운(生運)의
과 六壬사운(死運)의 月이다.

一、申、子、辰生=수생(水生)이며 우궁(羽宮)이니 亥、子
丑、寅、卯가 예전(例田) 年이요 辛酉戌亥子가 六壬생운
(生運)月이요 未酉申戌亥子丑이 六壬사운(死運)月이다

二、亥、卯、未生=목생(木生)이며 각궁(角宮)이니 寅、
卯、辰、巳、午가 예전(例田) 年이요 子丑寅卯가
六壬생운(生運)月이요 辰巳午未辛酉戌이 六壬사운
(死運)月이다.

三、寅、午、戌生=火生이며 치궁(徵宮)이니 巳午未申
酉가 예전(例田) 年이요 寅卯辰巳午가 六壬생운(生運)
月이요 未酉申戌亥子丑이 六壬사운(死運月)이다.

四、巳、酉、丑生=금생(金生)이며 상궁(商宮)이니 申酉
戌亥子가 예전(例田) 年이요 巳午未申酉가 六壬생운(生
運)月이요 戌亥子丑寅卯辰이 六壬사운(死運)月이다.

※논(論)=예전(例田)년은 이것이 十二명(命)의 전전(建田)과 이전(利田)의 년이니 집을 지으면 전사(田事)와 잠사(蠶事)에 대리(大利)라 한다 가령 申子辰生에 명(命)이 亥子丑을 쓸것 같으면 예전년(例田年)이 되고 寅午는 건전년(建田年)이 되는 것이되 대저(大抵) 申子、辰生이 寅、卯二年만 쓰면 비록 건전(建田)이 이 되어 좋은것이나 만일 三재성(災星)을 범(犯)하거나 六壬사운(死運)이 되였을때도 부득이(不得已)하여서 寅、卯의 년이라도 집을 지을것 같으면 마땅히 申酉戌亥子의 月이라도 갈이(擇)여 六壬생운(生運)에 합(合)함을 얻은 연후(然後)에야 길한 것이니 남어지 생(生)에 명(命)은 여기에 모방(倣)하여보라

十二命竪造凶年表 (열두가지(생)이 집 짓는데 흉한 해를 표시한것) (가로보라)

	三災	入太歲	命破	墓破	劫殺	災殺	天殺	地殺
一 巳酉丑生	亥子丑	寅	卯	辰	寅	卯	辰	巳
二 申子辰生	寅卯辰	巳	午	未	巳	午	未	申
三 亥卯未生	巳午未	申	酉	戌	申	酉	戌	亥
四 寅午戌生	申酉戌	亥	子	丑	亥	子	丑	寅

起造에 專用吉日 (집을 지을때에 전용(專用)길일(吉日) 법(法)문으로 쓰는 길일전)

甲子 乙丑 丙寅 己巳 庚午 辛未 癸酉 甲戌 乙亥
丙子 丁丑 癸未 甲申 丙戌 庚寅 壬辰 乙未
丁酉 庚子 癸卯 丙午 丁未 癸丑 甲寅 丙辰 己未

開基吉日 개기길일 (집터를 시작하는데 좋은날)

甲子 갑자 癸酉 계유 戊寅 무인 癸酉 계유 己卯 기묘 庚辰 경진 辛巳 신사 甲申 갑신 丙戌 병술
甲午 갑오 丙申 병신 己亥 기해 庚子 경자 辛丑 신축 甲辰 갑진 丁未 정미
癸丑 계축 戊午 무오 庚午 경오 戊戌 무술 己亥 기해 庚子 경자 甲辰 갑진 辛酉日 신유일과
黃道 황도 月空 월공 天德 천덕 月德 월덕 天恩 천은 四相 사상 生氣 생기 玉宇 옥우

動土忌日 동토기일 (동토에 기일법)

土皇 토황 土瘟 토온 土府 토부 土忌 토기 土痕 토흔 土符 토부 土鬼 토귀 地囊 지낭

天賊 천적 月建 월건 轉殺日 전살일과 建破 건파 平收日 평수일 이다.

金堂日 금당일과 定執成開日 정집성개일 이다.

平基地吉日 평기지길일 (집터를 닦는날)

甲子 갑자 乙丑 을축 丁卯 정묘 戊辰 무진 庚午 경오 辛未 신미 己卯 기묘 辛巳 신사

조작문

平基忌日 평기기일 (집터닦는데 기하는날)

甲申 갑신 乙未 을미 丁酉 정유 己亥 기해 丙午 병오 丁未 정미 壬子 임자 癸丑 계축
甲寅 갑인 乙卯 을묘 庚申 경신 辛酉日 신유일 이다.

定礎吉日 정초길일 (주초(柱礎)를 놓을때 좋은날 적(天賊)전일(建日) 파일(破) 은 피한다.)

玄武 현무 黑道 흑도 天賊 천적 受死 수사 天瘟 천온 地破 지파 月破 월파 地轉 지전
正四廢 정사폐 九土鬼日 구토귀일 建破平收日 건파평수 일 이다

甲子 갑자 乙丑 을축 丙寅 병인 戊辰 무진 己巳 기사 庚午 경오 辛未 신미 甲戌 갑술
乙亥 을해 丙寅 병인 己卯 기묘 辛巳 신사 壬午 임오 丁酉 정유 戊戌 무술 己亥 기해
戊子 무자 己丑 기축 庚寅 경인 癸巳 계사 乙未 을미 戊申 무신 己酉 기유 壬子 임자 癸丑 계축
庚子 경자 壬寅 임인 癸卯 계묘 丙午 병오 戊申 무신 己酉 기유 庚申 경신 辛酉日 신유일
甲寅 갑인 乙卯 을묘 丙辰 병진 丁巳 정사 己未 기미 庚申 경신 辛酉日 신유일

黃道 황도 天德 천덕 月德日 월덕일 定成日 정성일 이다.

조작문

竪柱日 (기둥을 세우는 날)

기사 을해 기사
정묘 기축 을유
갑신 계묘 을사
임술 갑신 무신
병인 을사 기유
신사일과 무신 임자
기유 기유 경인
임자 사주
　　　　　成 開

甲寅 을미 기미
寅申 기해 기해
巳亥日과 경신 신유
黃道 계묘 갑자
天德 병인 을묘
月德 신사일과 무진
成 사주 기사
開 　　　庚午
　　　　　辛未

上樑日 (들보를 올리는 날)

갑자 을축 병자 정묘
병자 무인 기묘
무진 정유 경진
기사 무술 정유
경오 기해 무술
신미 경자 기해
임신 신축 경자
　　　무자 신축
　　　을묘

정사 임인 경인 갑술
기미 계묘 갑오 병자
신유 을사 병신 무인
계해일과 정미 경진
黃道 기유 정유
天德 신해 무술
月德 계축 기해
　　　을묘 경자
　　　　　신축
　　　　　을묘

蓋屋日 (집을 이는 날)

갑자 정묘 갑인 병진
정묘 기묘 을사 경신
무진 경진 계미 신유일과
기사 계미 정해 定
신미 갑신 경술 成
임신 을유 신해 開日이다.
계유 병술 계축
병자 무자 을묘
정축 병진

諸吉星 成 開日에 上樑을 하면 반드시 吉日을 길일
上樑 再擇
定礎 竪立

주와 같이 忌할것은
할 필요가 없는 것이다. 그러나 앞에
柱와 같이 忌할것은
月火 狼藉 氷消 瓦解 天賊 獨火 정초
火星 天罡 河魁 受死 刃砧 血刃 陰陽錯 伏斷
天災日이다.
　　大 天

一六二

造門吉日 (조문길일)

※ 대문(大門∧집의 正門∨)을 내는 날로서 황도(黃道)、생기(生氣)、천덕(天德)、월덕(月德)일을 겸용(兼用)하면 대길함.

甲子 乙丑 辛未 癸酉 甲戌 壬午 甲申 乙酉 戊子
辛卯 癸巳 乙未 己亥 庚子 壬寅 戊申 壬子 甲寅
丙辰 戊午 己丑日이다.

봄(春)에는 동문(東門), 가을(秋)에는 서문(西門), 겨울(冬)에는 북문(北門)을 만들지 못하며 여름(夏)에는 남문(南門)을 만들지도 고치지도 못한다.

修門吉日 (수문길일) (문을 수리하는 법)

○○○⊙⊕○○人人○○○⊙○
⊕○○○人人人○○⊙○
⊕⊕○○○人人人○⊙⊗
⊗⊙○○○人人人⊙⊗⊗

이법(法)은 大月에는 下로 좇아서 역수(逆數)를 하여 上으로 올라가고 小月에는 上으로 좇아서 순수(順數)를 하여 下로 내려오되 1日에 1위식(位式) 세여서 ○을 만나면 대길(大吉)하고 ⊙을 만나면 사람이 덜리여서 ⊕(損)코 人자(字)를 만나면 六축(畜)이 덜리(肉)코

門路吉方 (문로길방)

※ 집의 좌향(坐向)을 기준하여 문 길을 내는데 길한 방향(方向).

임좌(壬坐)…午·丙方으로 내면 귀(貴)한 사람을 낳고 亥·乾方은 벼슬이 더하고 녹이 올라감.

자좌(子坐)…巳·丙方은 부귀(富貴)하고 未·坤方은 가축(家畜)이 성하고 관운(官運)이 트이며 戌·乾方은 백사(百事)에 길(吉)함.

계좌(癸坐)…巳·丙方은 아름답고 종명한 수재가 생기고, 未·坤方은 횡재(橫財)하고 과거에 급제한 수이고, 戌·乾方은 집안이 화합하고 자손들이 효순하여 백사에 길하고 창성(昌盛)함.

축좌(丑坐)…모두가 계좌(癸坐)와 같다.

간좌(艮坐)…午·丁方은 과거에 급제하며 申·庚方은 횡재(橫財)하고 가축이 왕성(旺盛)하여 좋고 인좌(寅坐)코 ……申·庚方은 벼슬이 더하며 녹이 오르고 午·丁方은 모든 농사와 가축이 왕성하여 짐.

마땅(宜)한 날은 복단(伏斷)과 폐일(閉日)이요 기(忌)하는 날은 丙寅 己巳 庚午 丁巳와 四폐(廢)日이다.

이(利)한 것이다 또는 문을 막는(塞)거와 길을 막는것은 다

조 작 문

一六三

조 작 문

갑좌(甲坐)……申·庚方은 농사와 가축이 잘 되고, 午·丁方은 호걸스럽고 굳센사람이 나며 戌·乾方은 집안은 화목하나 외부에서 송사가 일어남.

묘좌(卯坐)……子·癸方은 부귀(富貴)가 서로 갖추어지고 巳·丙方은 식구(食口)가 많아지며 식록(食祿)이 풍성하여지고 戌·乾方은 벼슬이 더하며 재물이 많아짐.

을좌(乙坐)……子·癸方은 총명(聰明)하고 훌륭한 사람이 나며 戌·乾方은 아름답고 문장(文章)을 잘 쓰는 사람이 남.

진좌(辰坐)……戌·乾方은 특출한 사람이 나며, 子·癸方은 사람과 재물 또는 가축이 왕성하여지고 申·庚方은 집안이 편안하여 짐.

손좌(巽坐)……戌·乾方은 온 집안이 의(義)와 효(孝)가 있고 申·庚方은 총명한 아들을 낳고 子·癸방은 횡재(橫財)하여 부자(富者)가 됨.

사좌(巳坐)……丑·艮方은 소(牛)가 잘 크고 亥·壬方은 貴人을 낳고 未·坤方은 藝術로서 재산을 많이 모음.

병좌(丙坐)……丑·艮方은 橫財를 하고 亥·壬方은 집안이 화합하고 未·坤方은 타인으로 인하여 富貴함.

오좌(午坐)……丑·艮方은 아내로 인해서 부자가 되고 辰·巽方은 부부(夫婦)가 화합함.

정좌(丁坐)……艮·寅方은 총명(聰明)한 인재가 생기

고 子·癸方은 문무(文·武)가 서로 갖추어짐.

미좌(未坐)……辰·巽方은 아내(妻)로 인해서 부자(富者)가 되고 丙·辛·壬方은 아름다운 사람이 나며 寅·艮方은 사람, 말, 소가 모두 잘 된다.

곤좌(坤坐)……寅·甲方은 문무(文·武)를 겸한 인재가 나며 戌·乾方은 뜻있는 선비가 나며 子·巽方은 가축이 왕성함.

신좌(申坐)……戌·乾方은 부귀(富貴)가 나며 寅·甲方은 문무(文·武)가 서로 갖추어지고 辰·巽方은 총명한 수재(秀才)가 나며 寅·甲方은 벼슬이 오르고 재물을 얻는다.

경좌(庚坐)……戌·乾方은 의기(義氣)있는 사람이 나며 辰·巽方은 아름다운 사람이 나며 寅·甲方은 벼슬도와주는 사람이 있어 벼슬이 높아 진다.

유좌(酉坐)……未·坤方은 효의(孝義)있는 사람이 나며 辰·巽方은 전지(田地)가 늘고 식구가 많아 진다.

신좌(辛坐)……寅·甲方은 벼슬이 더하고 재물을 얻으며, 子·癸方은 전지가 늘고 농사가 잘 되며 丁·辰·巽방은 아름다운 아이나 기동(奇童)을 낳는다.

술좌(戌坐)……辰·巽方은 憾愾한 사람을 낳고 丁方은 농사가 잘 되고 寅·甲方은 재물이 많아 진다.

건좌(乾坐)……壬·艮方은 예술(藝術)로서 성가(成家)

하고, 未・坤方은 충효(忠孝)가 고루 갖추어진다。

좌(亥坐)……丑・艮方은 수재(秀才)가 나며 辛・丙方은 농사가 잘 되고, 未・庚方은 집안이 평온하다。

神號鬼哭日 (신이호소하고 귀신이 곡을 한다는날)

正月…戌、未日 二月…亥、戌日 三月…子、辰日 四月…丑、寅日 五月…寅、卯日 六月…卯、子日 七月…辰日 八月、巳、申日 九月…午、巳日 十月…未、亥日 十一月…申、丑日 十二月…酉、卯日이다。

논(論)=사당(祠堂)을 짓고 소상(塑像)을 세우고 목주(木主)를 편안히 모실때에는 右日에 범하여 화앙(禍殃)을 부르게 말것이요 사당(祠堂)을 짓되 만일 정침좌편(正寢左便)에 먼저 세우지를 못하였으면 마땅히 지운편(地運)을 가리(擇)여서 주인본명(主人本命)에 해(害)가 없게 한것이며 신황(身皇)정명(定命) 장군(將軍)대(太歲)등 방(方)에 범(犯)하지를 말것이며 장군(將軍)이나 태세(太歲)인즉 五子출유일(出遊日)을 만나서 日진(辰)에 납음(納音)으로써 제복(制伏)을 시키면 무해(無害)한 것이다。

穿井日 (우물 파는날 보는법) △本山 생왕방

마땅(宜)한 날은 甲子 乙丑 癸酉 丙子 癸未 甲申 乙酉 丁亥 戊子 癸巳 甲午 乙未 戊戌 庚子 辛丑 壬寅 乙巳 己酉 辛亥 戊午 癸丑 丁巳 己未 庚申 辛酉 癸亥日과 황도(黃道) 천덕(天德) 월덕(月德)과 생기(生氣) 성(成) 개(開) 日이며 또는 인방(寅方)에는 장수(長壽)하고 卯、辰、巳방(方)에는 부귀(富貴)하고 그나머지 달은방위는 한것이다 그리고 기(忌)하는 것은 년가살살(年家三殺)과 주현관부(州縣官符)와 또는 월가제흥살(月家緊凶殺)이되 만일 一百二十보(步)밖에 있으면 기(忌)하지 않으며 방(方)도(道)를 불문(不問)하여도 무방(無妨)한 것이다。

修井日 (우물 수리하는 날 보는法) △成日이

마땅(宜)한 날은 壬午 甲申 戊戌 庚子 辛丑 乙巳 辛亥 癸丑 丁巳日이요 기(忌)하는날은 구랑성(九狼星)정(年家占井) 대、소모(大、小耗) 토공(土公) 유룡(遊龍)복룡(伏龍) 우황(牛皇) 저태(猪胎) 마태(馬胎) 양태(羊

胎) 월가점정

論)=앞(前)에 두어가지(二條)와 같이 절일(忌)것 은 흑도(黑道) 천온(天瘟) 토온(土瘟) 천적(天賊) 수사 (受死) 토기(土忌) 천온(天符) 토부(土府) 지랑(地囊) (血忌) 비렴(飛廉) 구공(九空) 수격(水隔) 구사피(九士魁) 수사 폐(正四廢) 월침(月砧) 천지전살(天地轉殺) 수흔(水痕) 정사 복단(伏斷) 三、六、七月과 또는 卯日 전(建)과 破) 평 (平) 수(收) 폐(閉)日과 천갈(泉渴) 천폐일 천갈일(泉渴日)은 辛丑 庚寅 戊申이요 천폐일 (泉閉日)은 戊辰 辛巳 己丑 庚寅 甲寅이다.

作厠日^{측일} (변소를 짓는날 보는법)

마땅한날은 庚辰 丙戌 癸巳 壬子 己未日과 천롱(天聾) 지아(地啞) 천을(天乙) 절기(絶氣) 복단(伏斷) 토폐(土 閉)日이요 기하는날은 正月二九日이다.

修厠日^{측일} (변소 수리 하는날 보는법)

마땅한 날은 己卯 壬午 壬子 乙卯 戊午日이요 기(忌)

하는날은 正月、六月과 또는 六甲태신(胎神) 우태(牛胎) 월가점칙(月家占則)日이다.

作馬榜日^{작마방일} (마구깐 짓는날 보는법)

마땅한날은 甲子、丁卯 辛未 乙亥 己卯 甲申 戊子 辛卯 壬辰 庚子 壬寅 乙巳 壬子日과 천덕(天德) 월덕(月德)과 성(成) 개(開)日이요 기(忌)하는날은 戊寅 庚寅 戊午와 천적(天賊) 四폐(廢)日이다.

作猪圈吉日 (돼지우리 지을때 길한날)

甲子 戊辰 壬申 甲戌 庚辰 戊子 辛卯 辛巳 甲午 乙未 庚子 壬寅 癸卯 甲辰 乙巳 戊申 壬子日이다.

第五章 移徙門^{이사문}

方所法^{방소법} (이사할때의 방소보는법 이사갈곳이 一百二十步를 넘을때는 방소를 보지 아니함 지금 세속에는 이사갈집의 마루가 보이면 방소를 본다함)

九宮圖

九宮		
二眼損 (坤、酉南間)	七進鬼 (兌、西)	六合食 (乾、西北間)
九退食 (離、南)	五鬼 (中)	一天祿 (坎、北)
四徵破 (巽、東南間)	三食神 (震、東)	八官印 (艮、東北間)

1, 천록(天祿)=록(祿)이 생기고 재물(財物)을 얻는다.

2, 식신(食神)=재물(財物)이 가득하여 부자(富者)가 된다.

3, 관인(官印)=벼슬이 높아지고 작품(爵品)이 올라감.

4, 합식(合食)=부(富)와 귀(貴)가 겸하여 좋은것

5, 퇴식(退食)=가산(家産)을 탕진하고 낭패함

6, 징파(徵破)=도적(盜賊)에 재물(財物)을 잃고 위신이 손상됨

7, 진귀(進鬼)=귀신의 요란(祟)으로 재해(災害)를 입는다

8, 오귀(五鬼)=가택(家宅)이 편안하지못함

9, 안손(眼損)=손해(損害)가 많이나고 안질(眼病) 이생김

보는법 남(男)은 一歲를 진(震)에서부터 시작하여 二歲에 손(巽) 三歲에 중(中) 四歲에 건(乾) 五歲에 태(兌) 六歲에 간(艮) 七歲에 이(離) 八歲에 감(坎) 九歲에 곤(坤) 十歲에 가면 도루 진(震)으로 오게되니 二十歲에는 손(巽) 三十에는 중(中) 三十一에는 건(乾) 이런 순서로 돌아가서 자기 나이수자가 끝나는 궁(宮)에서 그 궁(宮)을 중궁(中宮)으로 옮긴다 ∧가령二眼損을 옮기였으면 中宮이 眼損으로 變하여 乾이 食神 兌가 徵破 가 됨∨ 어 자기(自己)의 수자(數字)의 순서로 팔방(八方)에 둘려 중궁에서 다시 수자(數字)가 가고저 하는방위에 가면 그궁(宮)의 종 고 나쁜것으로써 판단한다.

※ 나이수자(年歲數)가 끝나는 곳의 궁(宮)은 길성(吉星)일 지라도 그것을 삼살방(三殺方)이라고 하는것이며 그대궁(對宮)도 오귀방(五鬼方)이라 하여 불길(不吉)한 것이다. 또 나이수자(年歲數)가 중궁(中宮)에 들어가는 해 ∧三十歲와 같은해∨에는 이사(移舍)를 안한다고 한다. ○女와 男이 보는 법은 같으나 다만 女는 一歲에 坤(二眼損)에서부터 시작한다.

[例] 三十一歲의 남자가 곤방(坤方∧西南間∨)으로 이사(移徙)하고저 하는데 자기나이대로 짚어서 나타난 궁(宮)이 乾六合食이된다 그러면 合食을 가지고 五鬼(中)

조 작 문

一六七

조 작 문

으로 가서 五鬼를 五合食으로 변칭(變稱)한다 그다음 수자(數字)순서대로 六에는 進鬼(六合食다음 수자인 七밑에 있는궁명)가 오며 七에는 官印 八에는 退食 九에는 天祿 △數字순서 九가끝나면 一에서 다시 시작함▽ 一에는 眼損 二에는 食神(즉 이사가려고 하는 坤方△南西間▽)이 된다 이 食神이 이사갈려고 하는 방소의 해당궁이다

入宅歸火日

집에 들어가서 불을 돌린다는 뜻인데 불을돌린다는것은 祖上先人에 福神香火를 옮기여 (인다는 뜻이다

甲子 乙丑 丙寅 丁卯 己巳 庚午 辛未 甲戌 乙亥 丁丑 癸未 甲申 庚寅 乙未 庚子 壬寅 癸卯 丙午 丁未 庚戌 癸亥 甲寅 乙卯 己未 庚申 辛酉 壬戌 及天月德合 천은(天恩) 황도(黃道) 천덕(天德) 월덕(月德) 모창(母倉) 이 상길(上吉)이요 만(滿) 성(成) 개(開) 귀기(歸忌)와 역마일(驛馬日)이 차길(次吉)이며 기(忌)하는날은 복단(伏斷) 수사(受死) 천적(天賊)과 가주본명일(家主本命日) 정충일(正衝日) 건(建) 파(破) 평(平) 수(收)日 이다.

入新家吉日 (새로지은 집에 들어갈때 좋은날)

甲子 乙丑 庚子 癸丑 庚寅 戊辰 癸巳 庚午 癸酉日이다

入舊家吉日 (구가에 들어갈때 좋은날)

봄석달(春三月)……甲寅日 여름석달(夏三月)……丙寅日 가을석달(秋三月)……庚寅日 겨울석달(冬三月)……壬寅日 (이날은 다 만사에 통용(通用)하는 날이다)

作竈吉日 (부엌을 고칠때 좋은날)

甲戌 甲申 甲午 乙未 丙申 丁酉 戊辰 戊申 己酉 庚戌 辛亥 壬辰 壬戌 癸未 癸丑이다.

修突吉日 (굴둑을 수리할때 길한날)

甲子 甲申 乙丑 乙酉 戊寅 己卯 庚申 辛巳 癸丑日이다

破土方法 (흙파는데 길한법)

봄(春) (三個月)……남방(南方) 여름(夏) 三月……동방(東方) 가을(秋) 三月……북방(北方) 겨울(冬) 三月……

一六八

西方이다。

造倉庫吉日 (창고를 지을때 좋은날)

春三月……己巳 丁巳 丁未日、夏三月……己巳 甲午日、秋三月……乙亥 壬午日、冬三月……辛未 庚寅 辰 乙未 丙辰日과 성(成) 개(開)日이다。

修倉庫吉日 (창고를 수리할 때 좋은날)

甲子 乙丑 丙寅 丁卯 壬午 甲午 乙未日과 만(滿)日이다。

逐月移徙吉日 (달을 따라서 이사에 길한날)

正月……壬辰 丙辰 丁未 辛未日。
二月……甲子 甲午 乙丑 乙未日。
三月……丙寅 庚午 己巳 壬寅日。
四月……癸卯 己巳 壬午 丙午 庚午日。
五月……庚辰 甲午 丙午 庚午日。
六月……甲寅 丁酉日。

七月……庚戌 甲戌日。
八月……乙亥 辛亥 癸丑日。
九月……甲午 甲申 丙午日。
十月……庚戌 甲午 癸丑日。
十一月……乙丑 癸丑 丁未 辛未日。
十二月……甲寅 庚寅 丁卯 乙丑 丁未 己亥 辛亥日。

移安周堂圖 (이사를 하여 집에 들어 갈때에 堂의 흉살(凶殺)을 보는그림)

周주	堂당	圖도
天(천길)	害(해흉)(凶)	殺(살흉)(凶)
利(이길)		富(부길)
安(안길)	災(재흉)(凶)	師(사길)

보는법

큰달(大月)에는 안(安)에서 시작하여 이(利) 천(天)…… 순서로 순(順)으로 돌아가고 적은달(小月)은 천(天)에서 시작하여 이(利) 안(安) 순서로 역(逆)으로 돌리여 이사 당일에 맞는 궁(宮)으로서 길(吉) 흉(凶)을 판단하는 것

응접문

이다.

[例] 대월(大月)의 十日에 이사를 할것 같으면 안(安)에서 시작하여 二利 三天 순서로 돌아오면 十日에 利를 얻는것이다. 利는 즉吉하니 이사할수 있는것이다.

第六章 應接門
제육장 응접문

進人口吉日
진인구길일 (인구를 더하는데 길한날)

天寶 천보　天對 천대　天玉 천옥　天德 천덕　月德 월덕　月恩 월은일

기(忌)할것은
死神 사신　月害 월해　歸忌 귀기와　建 건과　破 파　平 평

開店舖吉日
개점포길일 (상점자리를 할때 좋은날)

甲子 갑자　乙丑 을축　丙寅 병인　己巳 기사　庚午 경오　辛未 신미　甲戌 갑술

乙亥 을해　丙子 병자　己卯 기묘　壬午 임오　癸未 계미　甲申 갑신　庚寅 경인

辛卯 신묘　乙未 을미　己亥 기해　庚子 경자　癸卯 계묘　丙午 병오　壬子 임자

폐일 閉日이다.

甲寅 갑인　乙卯 을묘　己未 기미　庚申 경신　辛酉 신유일 과 成 성 滿 만

개일 開日이다.

分家產吉日
분가산길일 (가산을 분치하는데 좋은날)

正月 정월……己卯 壬午 癸卯 丙午日
二月 이월……己酉 辛未 乙未 己亥 己未日
三月 삼월……甲子 己卯 辛卯 戊 庚子 癸卯日
四月 사월……없음
五月 오월……辛未 丙辰 己未 甲辰 壬辰日
六月 유월……己卯 己卯 辛卯 乙亥 癸卯日 戊辰日
七月 칠월……丙辰 戊辰 庚辰 壬辰日
八月 팔월……乙丑 乙巳 甲戌 乙亥 己亥 庚申日
九月 구월……庚午 壬午 丙午 辛酉日

十월……甲子갑자일 丙子병자일 戊子무자일 庚子경자일
十一월……乙丑을축 己丑기축 癸丑계축일
十이월……乙亥을해 丁亥정해 己丑기축일 壬申임신일
十二月……辛卯신묘 癸卯계묘 庚申경신 乙卯을묘 壬申임신일

造醬吉日 조장길일 (장을 담그는데 좋은날)

丁卯정묘 丙寅병인 丙午병오일과 天德合천덕합 月德合월덕합
滿成開만성개 午日오일이요 기(忌)하는 것은
辛日신일이다.

祭水神日 제수신일 (수신의 제사하는 날)

庚午경오 辛未신미 壬申임신 癸酉계유 甲戌갑술 庚子경자 辛酉신유
일과 除滿執成開日제만집성개일.

祈福日 기복일 (복을 비는 날) ⟨여러가지 기도를 하는 것도 같다⟩

응 접 문

十七

壬申임신 乙亥을해 丙子병자 丁丑정축 壬午임오 癸未계미
丁亥정해 己丑기축 辛卯신묘 壬辰임진 乙未을미 丁酉정유 戊戌무술
壬子임자 癸亥계해 甲辰갑진 戊申무신 乙卯을묘 丙辰병진 戊午무오 壬戌임술

급합 福德복덕 月德월덕 母倉모창 上吉상길과 定成정성
及合福德月德母倉上吉과 定成
개일 開日이다.
기忌하는 날은 受死수사 天狗日천구일과 下食時하식시 寅日인일
이다.

祭祀吉日 제사길일 (여러 제사에 길한 날)

甲子갑자 乙丑을축 丁卯정묘 戊辰무진 辛未신미 壬申임신 癸酉계유
甲戌갑술 丁丑정축 己卯기묘 庚辰경진 壬午임오 甲申갑신 乙酉을유
丙戌병술 丁亥정해 己丑기축 辛卯신묘 甲午갑오 乙未을미 丙申병신

응접문

山鳴日 산명일 〈산이 우는 날〉〈이날에 산제(山祭)사흘 하면 범(虎)에 물릴해(咬害)를 피함〉

정유 을사 병오 무신 기유 경술
丁酉 乙巳 丙午 戊申 己酉 庚戌
을묘 병진 정사 무오 기미 신유 계해
乙卯 丙辰 丁巳 戊午 己未 辛酉 癸亥

큰달(大月)=初二日 二十一日 二十三日 二十六日
적은달(小月)=初一日 初十日 十八日 二十二日 또는
매월(每月) 初八日 二十三日 이다

山祭吉日 (산제에 좋은날) 〈기도방법(祈禱方法)〉

갑자 을해 을유 을묘 병자 병술
甲子 乙亥 乙酉 乙卯 丙子 丙戌
신묘 임신 갑신일
辛卯 壬申 甲申日이다

논(論)=산제(山祭)를 지낼때에는 입산전(入山前)에 먼저 五十日을 재계(齊戒)하고 흰개(白犬)를 데리고 흰 닭(白鷄)을 안(抱)고 소금(鹽)을 한되(一升) 가지고 지극한 정성(精誠)으로 들어가면 산신(山神)이 대희(大喜)하여서 지초(芝草)와 보옥(寶玉)으로 먼저 보이(先示)게 하는것이며 또는 산(山)에 백보정도(百步程度)로 들어가서 산왕(山王)에 이름을 임임양양(林林央央)이라 하고불으면 산신(山神)이 이미 알으시고 여러가지에 사귀(邪鬼)를 제피(除避)하게 하는것이다.

天狗下食日時 천구하식일시〈하늘개가 내려와서 먹는때이 니 무든제사(諸祭)에 기(忌)〉

正月……子日亥時 二月……丑日子時
三月……寅日丑時 四月……卯日寅時
五月……辰日卯時 六月……巳日辰時
七月……午日巳時 八月……未日午時
九月……申日未時 十月……酉日申時
十一月……戌日酉時 十二月……亥日戌時

七星하강일下降日 (칠성이 하강하는 날)

갑술甲戌 갑진甲辰 을사乙巳 병자丙子 정미丁未 무술戊戌 무신戊申
무오戊午 기축己丑 기해己亥 기유己酉 기미己未 경인庚寅 경신庚申 신묘辛卯
신유辛酉 임신壬申 임인壬寅 계유癸酉 계묘癸卯 일日이다.

七星禮拜日칠성예배일 (칠성에게 예배하는 날)

正月 十日 = 녹발(綠髮)이 환생(還生)한다.
二月 六日 = 재앙(災殃)이 사라지고 복(福)을 얻는다.
三月 八日 = 지옥(地獄)의 난(亂)과 횡액(橫厄)을 피한다.
四月 七日 = 소원(所願)을 다 이룬다.
五月 二日 = 무병장수(無病長壽)한다.
六月 二十七日 = 구(求)하는 것이 뜻과 같이 된다.
七月 五日 = 장수부귀(長壽富貴)한다.
八月 二十五日 = 우환(憂患)이 없어진다.
九月 九日 = 관재(官災)가 없어진다.
十月 二十日 = 금은(金銀)과 옥백(玉帛)이 생긴다.
十一月 三日 = 재물(財物)을 많이 얻는다.
十二月 二十二日 = 부귀(富貴)하며 복(福)이 많이 돌아온다.

地鳴日지명일 (땅이 우는날) 〈이날은 흙을 범하지 말라는 것이다〉

큰달(大月) = 十三日 二十五日 二十八日
적은달(小月) = 十三日 十八日 二十五日

竈王上天日조왕상천일 (조왕이 하늘에 올라가는날)

을축乙丑 을미乙未 기유己酉 기묘己卯日
이날에 부엌을 깨끗이 쓸면 大吉하다 함.

竈王下降日조왕하강일 (조왕이 내려오는 날)

갑자甲子 갑오甲午 갑진甲辰 을축乙丑 을해乙亥 을유乙酉 을묘乙卯 갑신甲申
병술丙戌 정묘丁卯 무자戊子 경진庚辰 임인壬寅 임진壬辰 계유癸酉 계묘癸卯

응 접 문

일(吉한것은 上天日과 같다)
日이다.

神祀祈禱日 (신에게 제사를 하여 기도하는 날)

갑자 乙丑 무진 己巳
甲申 乙酉 丁亥 辛卯
甲寅 乙巳 丙午 丁未
임인 乙巳 丙午 丁未
壬寅 乙巳 丙午 丁未 戊申 庚戌 丁巳 壬戌
을해 丙子 丁丑 壬午
임진 甲午 乙未 丁酉

神祀大凶日 (신에게 제사를 할때 크게 흉한 날)

正、七月＝寅、申、午日에는 가장(家長)이 죽는다
二、八月＝卯日에는 가장(家長)이 죽고 巳、酉日에는 가모(家母)가 죽는다
三、九月＝辰、戌日에는 가장(家長)이 죽고 子、午日에는 가모(家母)가 죽는다
四、十月＝辰、戌日에는 가모(家母)가 죽는다
五、十一月＝子、午日에는 가장이죽고 巳日에는 가모으며 寅日에는 우마(牛馬)가 죽는다
六、十二月＝丑、未日에는 우마(牛馬)가죽고 申、酉日에는 가모가 죽는다.

神祀周堂圖 (신에게 제사할때 당(堂)에도 살(殺)을 보는것)

큰달(大月)은 부(夫)에서 시작하여 堂、姑、부(婦)에서 시작하여 역수(逆)로 세는날이 맞는 宮(宮)을 보아 가린다. 井、堂、竈에 있으면 피(避)하여 쓰고 사람에 있는 宮은 쓰지 않는것이 좋을 것이다. 七月 十日、七月二十日은 기(忌)한다

竈	堂	夫
婦	井	정
姑	夫婦	井정

人動日 (사람이 운동을 하면 흉하다 하는 날)

매월(每月) 初一日 初八日 十三日 十八日 二十三日 二十四日이니 이날에 혼인(婚姻)을 하면 부부(夫婦)가 이별

당하며 행군(行軍)을 하면 사병(士兵)이 유혈(流血)을
당하며 수조(修造)를 하면 동토(動土)와 화소(火燒)를
당(當)한다 하니 삼가서 쓰는것이 좋을것이다.

出行日 (출행을 하는날을 보는법)

출행일

마땅한날 = 갑자 을축 병인 정묘 무진 기사 경오 신미
丁酉 정유 甲寅 갑인 乙卯 을묘 壬戌 임술 癸亥 계해
驛馬 역마 天馬 천마 四相 사상 建 건 滿 만 成 성 開 개일이다

不宜出行日 (출행을 않이하는날 보는법)

불의 출행일

正月~寅日 二月~巳日 三月~申日 四月~亥日 五
月~卯日 六月~酉日 七月~午日 八月~子日 九月~
辰日 十月~未日 十一月~戌日 十二月~丑日 과
왕망(往亡) 사리(四離) 사절(四絶) 수사(受死) 천
적(天賊) 사일(巳日) 파일(破日) 평일(平日) 수일
(收日)이다.

每月出行日法 (매달로 출행하는날 보는법)

매월 출행일볍
正月 四月 七月 十月에 원행 할때 보는것

四孟圖

당방일 = 출행하면 여의하고 좋은사람을 만나 길하다
금고일 = 출행하면 손재가 많고 일이 그릇되고 흉하다
금당일 = 출행하면 길하고 통달하리라
순양일 = 출행하면 가는곳마다 좋고 송사하면 이기고
적을 만나지 않고 재수있다
도적일 = 출행하면 형벌이 몸에 임하고 크게 흉하다
보창일 = 출행하는자는 백사통달하고 금의 환향한다

二月 五月 十一月에 행할때 보는것

四 中 圖

천도일＝원행하면 재물이 생기지않고 흉하다
천문일＝출행하면 매사여의하고 간곳마다 대길하다
천당일＝출행하면 만사여의하고 대길하다
천사일＝출행하면 재물을 구하면 얻고 길하다
천적일＝출행하면 만사가 이루지 못하고 흉하다
천양일＝출행하면 만사여의하고 길하다
천후일＝출행하면 구설이 있고 흉하다
천창일＝출행하면 구하는 바를얻고 길하다

三月 六月 九月 十二月에 원행 할때 보는것

四 季 圖

청룡족일＝출행하면 이롭지못하고 흉하다
주작일＝출행하면 실물하며 무리함을보고 흉하다
백호두일＝출행하면 재물을 구하되 여의하다
백호협일＝출행하면 동서남북에 다길하다
백호족일＝출행하면 일이되지않고 흉하다
현무일＝출행하면 구설이 있고 흉하다
청룡두일＝출행하면 구하는 재물을 얻고 흉하다
청룡협일＝범사가 여의하여 길하다

第三編 運命門

一. 人生運命門

唐四柱法 (당사주보는법)

생년(生年)의 地支로 생년성(生年星)을 정하고 생월성(生月星)에 생월(生月)을 더하여 생월성(生月星)을 정하고 생월성(生月星)에 생일(生日)을 더하여 생일성(生日星)을 정하고 生日星에 生時를 더하여 生時星(生時星)을 정하는 것이다.

[例] 戊午年 三月(月建은 辰) 八日(日辰은 未) 午時生이면 年生이니 본괘에 午를 찾아 보면 천복성(天福星)임으로 生年星은 천복성(天福星)이 된다. 그다음 생월성(生月星)을 정하려면 生年星인 午宮에 子를 시작하여 순수(順)로 未宮이 丑, 申宮이 寅, 酉宮이 辰, 이렇게 月建인 辰이 戌宮에 오르므로 生月星은 天藝星이다. 그다음 生日星은 生月星인 戌宮에 子를 시작하여 亥宮이 丑 子宮이 寅 丑宮이 卯 寅宮이 辰 卯宮이 巳 辰宮이 未가 巳宮에 옴으로 日辰인 未 巳를 본괘 (本卦)에 보면 天文星이다. 다음 生時星은 生日星인 巳에서 子를 시작하면 午宮이 丑, 未宮

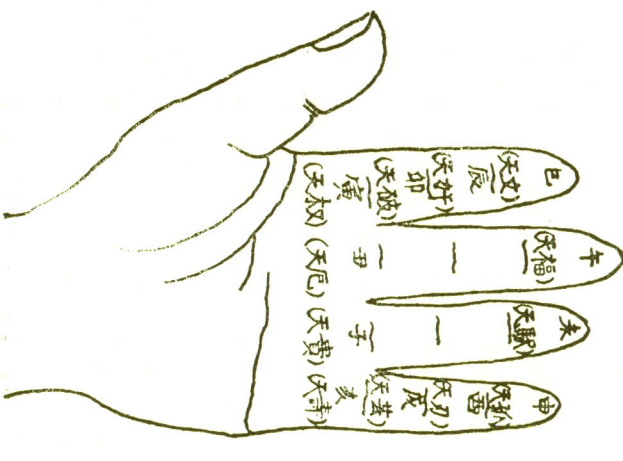

이寅 이런순서로 돌아가서 時支인 午가 이르는곳은 즉 亥宮이 되며 본괘 (本卦) 亥는 天壽星이니 즉 生時星이다. 이와같이 하면 生年星은 天福星 生月星은 天藝星 生日星은 天文星 生時星은 天壽星이니 다음 본괘 (本卦)의 해석을 찾어 길흉(吉凶)을 보라.

본괘(本卦)
子 — 天貴星
丑 — 天厄星
寅 — 天權星
卯 — 天破星
辰 — 天奸星
巳 — 天文星
午 — 天福星
未 — 天驛星
申 — 天孤星
酉 — 天刃星
戌 — 天藝星
亥 — 天壽星

금괘의 해석

당 사 주

천귀성(天貴星)……사람의얼굴(容貌)이 준수(俊秀)하고 귀인(貴人)의 기상(氣像)이며 성명(聲名)이 들어(顯揚)나서 만인(萬人)이 울열어보고(視) 백복(百福)이 겸전(兼全)한 격(格)이다.

천액성(天厄星)……一신(身)이 곤궁(困窮)하고 다년간 (多年間) 포병(抱病)한 기상(氣像)이며 천상(天上)에 득죄(得罪)를 하고 人간(人間)에 적강(謫降)하였으니 초년 (初年)에는 곤궁(困窮)하고 말분(末分)에는 태평(太平) 하며 日과月에 천액성(天厄星)이들면 조실부모(早失父母) 할것이며 그렇지 아니하면 한때(一時)에 걸인(乞人)을 면(免)하기가 어려우나 옛터(舊基)를 일직이(早) 떠나면 이액을 가(可)히 면(免)하는것이다.

천권성(天權星)……만사(萬事)에 술법(術法)과 권능 (權能)이 있어서 길(吉)한 기상(氣像)이며 위인(爲人)이 조달(早達)하고 초분(初分)에는 대길(大吉)하나 中人은 분(末分)에는 大吉하니 大人은 영귀(榮貴)하고 (商業)하고 만일 그렇지 아니하면 무재(巫才)의 품격(品格)이다.

一七八

천파성(天破星)……어천만사(於千萬事)에 시작(始作) 은 있어도 맞침이 없으며 마음의 정처(定處)가 없어서 실패(失敗)가 많으며 옛터(舊基)가 불리(不利)하고 재물 (財物)이 모두이면 헤어지(散)기가 쉬우니 반흥반질(半 凶半吉)한격(格)이다.

천간성(天奸星)……위인(爲人)이 재주(才)가 있어서 기이(奇異)한 꾀(謀)를 헤아리기가 어려우며 성정(性情) 이 비록(雖) 급(急)하나 쉽(易)게 풀리고 귀(貴)한것을 조처(從)서 영화(榮華)를 얻고 활인(活人)으로 명(命)을 구(求)하는 격(格)이다.

천문성(天文星)……얼굴(容貌)이 단정(端正)하고 글재 주(文藝)가 있으며 문명(文明)이니 만일 천권(天權)이나 천인(天刃)을 만나(逢)면 문무(文武)에 재주(才)를 겸(兼)한것이다.

천복성(天福星)……사람이 준수(俊秀)하고 재물(財物) 이 풍족(豊足)하며 四해(海)에 이름이 가득하고 관록이몸 에 리(利)하도다. 그러나 年, 月, 日時에 天福星을 거듭 만나면 의식(衣食)이 풍족(豊足)하고 혹(或) 의약(醫藥)

에 종사를 하면 人命(인명)을 건지며 살리는 격(格)이로다

천역성(天驛星)……만일(若) 관록(官祿)이 아니면 고향을 떠나는 격(格)이니 八方(팔방)으로 편답(遍踏)하며 여러 번이나 곤액(困厄)을 겪은후에야 몸(身)이 편안(安)하나 혹(或) 귀양가는일도 있을것같다.

천고성(天孤星)……형제(兄弟)가 분산(分散)하고 一신(身)이 고단(孤單)하며 세염(世炎)이 머러져서 친(親)이 없어진다. 객지(客地)바람을 만나니 강산을 편답(遍踏)하다가 바다에 재물(財物)을 얻을수(數)요 어부(漁父)의 격(格)이로다.

천인성(天刃星)……수족(手足)에 험(險)이 많고 살(殺)이 많은 기상(氣像)이니 성정(性情)이 강(强)하고 담(膽)은 크되 마음은 적다. 타인(他人)은 글르(非)다하고 나(我)는 옳다하며 다투기를 요구(要求)하며 일을 만든다 만일(若) 병(病)이 없으면 몸(身)에 상처(傷處)가 있을 운명(運命)이다.

천예성(天藝星)……위인(爲人)이 문명(文明)하여서 진보(進步)할 기상(氣像)이며 본성(本性)에 재주(才)가 출

중출중(出衆)하여서 문무(文武)에 백과(百科)를 배우지 아니하여도 스스로 이루니 많은기술과 많은 지혜는 사람이 따르지를 못하는 바이다. 만일 年月日時(연월일시)의 천파(天破)나 천액(天厄)을 만나면 도리혀 혼우(昏愚)하게 되는 것이며 만일(若) 고향을 떠나지 아니하면 귀양갈 액(厄)도 면하기가 어렵다.

천수성(天壽星)……장수(長壽)할 기상(氣像)이나 천상(天上)에서 득죄(得罪)하고 인간(人間)으로 적강(謫降)하니 二十시절(時節)에 운(運)은 비록(雖) 길(吉)하나 三十에 운(運)이 곤(困)함이 많으며 日과時(일과시)에 당(當)하면 八十을 가히 기약(期約)할것이요 성품(性稟)이 온양(溫良)하니 한번 들으면(聞) 열가지쯤이나 알고 마음(心)이 정직(正直)하고 일이 공평(公平)하며 수복(壽福)이 높아서 만년(晚年)에는 편안(便安)하나 만일 천파(天破)나 천액(天厄)을 만나면 도리혀 하명(下命)의 격이된다.

십이삭운상해 十二朔運詳解 토정비결(土亭秘訣)

보는법(鑑定法)

먼저 나이수를놓고 先置當年太歲數) 그해의 태세수를놓아 (再置當年太歲數) 八로제한후에(八八除之後) 남은수를 상패(上卦)로하고(餘數作上卦)∧八로 나누었을때 영(零) 이 되고 남은 수가없으면 나누는수八을웟패로한다∨다음 은 생월수를 놓되(次置生月數) 달이 크면 三十 작으면 二 十九를 놓고(大, 小數) 그 달의 월건수(月建數)를 합하여 六으로 나누어(六六除之後) 남은수를 중패(中卦)로한다 (作中卦)∧이때에 남은 수가 없으면 나누는수 六을 중패로 한다∨다음 생일수(生日數)와 일진수(日辰數)를 합하여 三으로 나누어(三三除之) 남은 수를 하패로한다∧남은 수가 없 을때에는 나누는수 三을 하패(下卦)로 한다∨「例」甲辰 年에는三十八歲된 사람이 八月二十五日生이면 나이 三十八 에 甲辰年의 태세수 二十二를 합하면 六十이 되니 六으로 나누면 四가 남는다. 즉 四를 상패(上卦)로 하니 六 다음 甲辰年(西一九六四) 八月은 大이니 三十을 놓고 月

다음 이것을 六으로 나누면 五가 남으니 즉 중패는 五로 건은 癸酉임으로 ∧달력을 보면 月옆에 써있는 것이 月建 이다∨癸酉의 월건수를 보면 十一이니 합하면 四十一이 다 이것을 六으로 나누면 五가 남으니 즉 중패는 五로 한다.

다음 甲辰年, 八月二十五日의 日辰은 壬午가된다∧달 력에 日辰이나와있다∨생일수 二十五를 놓고 壬午의 일진 수(日辰數)를 보면 十三이니 합하면 三十八이다. 三十八 을三으로 나누면 二가 남으니 즉 하패로한다. 상패(上卦) 는 四, 중패(中卦)는 五, 하패(下卦)는 二이니 즉 四五 二를 찾어서 그해의 신수(身數)를 보는것이다.

수리법(數理法)

∧이것을계산하기곤난하 면뒤에 速見表로하라∨
연월일공통천간수치(年月日共通天干數值) 천간(天干)인 十干에는 다음과 같은 수가 있다.
甲・己…九 乙・庚…八 丙・辛…七 丁・壬…六 戊・癸…五

子년	丑월	寅일 별지수치(年月日別地支數值)
太歲數十二	十一	十
月建數九	八	七
日辰數九	八	七

卯	辰	巳	午	未	申	酉	戌	亥
九	八	七	六	五	四	三	二	一
六	五	四	三	二	一	十二	十一	十
七	六	五	四	三	二	一	十二	十一

一八〇

※ 즉 甲辰年 太歲數는 甲의 九와 辰의 十三을 합하여 二十二가 된 것이며 月建이 乙丑이면 乙의 八과 丑의 八을 합하여 十六이 되는 것이고 日辰이 癸卯이면 癸의 五와 卯의 八을 합하여 十三이 될것이다.

月建法(遁月法)

月建法(遁月法) 甲己之年丙寅頭、乙庚之年戊寅頭、丙辛之年庚寅頭、丁壬之年壬寅頭、戊癸之年甲寅頭, 「例」甲年과 己年의 正月의 月建은 丙寅이되고 乙年과 庚年에 正月의 月建은 戊寅이된다.

年/月	正月	二月	三月	四月	五月	六月	七月	八月	九月	十月	十一月	十二月
甲・己年	丙寅	丁卯	戊辰	己巳	庚午	辛未	壬申	癸酉	甲戌	乙亥	丙子	丁丑
乙・庚年	戊寅	己卯	庚辰	辛巳	壬午	癸未	甲申	乙酉	丙戌	丁亥	戊子	己丑
丙・辛年	庚寅	辛卯	壬辰	癸巳	甲午	乙未	丙申	丁酉	戊戌	己亥	庚子	辛丑
丁・壬年	壬寅	癸卯	甲辰	乙巳	丙午	丁未	戊申	己酉	庚戌	辛亥	壬子	癸丑
戊・癸年	甲寅	乙卯	丙辰	丁巳	戊午	己未	庚申	辛酉	壬戌	癸亥	甲子	乙丑

遁日法(定時法)

時\日	子時	丑時	寅時	卯時	辰時	巳時	午時	未時	申時	酉時	戌時	亥時
甲己日(夜半生甲子)	甲子	乙丑	丙寅	丁卯	戊辰	己巳	庚午	辛未	壬申	癸酉	甲戌	乙亥
乙庚日(夜半生丙子)	丙子	丁丑	戊寅	己卯	庚辰	辛巳	壬午	癸未	甲申	乙酉	丙戌	丁亥
丙辛日(夜半生戊子)	戊子	己丑	庚寅	辛卯	壬辰	癸巳	甲午	乙未	丙申	丁酉	戊戌	己亥
丁壬日(夜半生庚子)	庚子	辛丑	壬寅	癸卯	甲辰	乙巳	丙午	丁未	戊申	己酉	庚戌	辛亥
戊癸日(夜半生壬子)	壬子	癸丑	甲寅	乙卯	丙辰	丁巳	戊午	己未	庚申	辛酉	壬戌	癸亥

太歲數·月建數·日辰數 速見表

일월태 진전세 수수수	일월태 진전세 수수수	일월태 진전세 수수수	일월태 진전세 수수수	일월태 진전세 수수수	일월태 진전세 수수수	일월태 진전세 수수수	일월태 진전세 수수수	일월태 진전세 수수수	일월태 진전세 수수수
癸酉 日月年 十五一七	壬申 日月年 十六三八	辛未 日月年 廿八五十	庚午 日月年 十五七七	己巳 日月年 十六三六	戊辰 日月年 廿二六 八	丁卯 日月年 廿四二六	丙寅 日月年 廿五四七	乙丑 日月年 十九六一	甲子 日月年 廿八八十
癸未 十六三八	壬午 十三五五	辛巳 十四一六	庚辰 廿九三一	己卯 十七五九	戊寅 十三 五	丁丑 十七四九	丙子 十六六八	乙亥 十七二九	甲戌 廿二四十
癸巳 十九十二	壬辰 十十十四	辛卯 十七一九	庚寅 十十五三七	己丑 廿六五八	戊子 十十二十	丁亥 十四四六五	丙戌 十七二 七	乙酉 十七二二十	甲申 廿八四十
癸卯 十三一五	壬寅 十四三六	辛丑 十八五十	庚子 十七七九	己亥 十三三十	戊戌 十 六 八	丁酉 十六二八	丙申 十七四九	乙未 十十廿六一	甲午 十十六八
癸丑 十十六三八	壬子 十十五五七	辛亥 十十六一八	庚戌 十十廿九三一	己酉 十九五一	戊申 十五二七	丁未 十七四九	丙午 十四六六	乙巳 十十五二七	甲辰 二廿一四二
癸亥 十九十四	壬戌 十十 六	辛酉 十十七一九	庚申 十十二七三九	己未 二廿十一七	戊午 十十二四四	丁巳 十十三 五	丙辰 十七二十	乙卯 十十六四八	甲寅 十七七九

一八二

一　一
乾　乾
之　健
姤　姤

【本義】 乾은健
也요姤는遇也니
强健而遇其時中
하여自强不息에
有生生循環之理
故로東風解凍枯
木逢春이라하니
만약健치못한사
람이반대로해로
운것이다

【해석】 곤란한
사람이심이페이
고또공명할것이
다

卦辭	枯東 木風 逢解 春凍	마른나무가봄을만리나도다 동풍에어름이풀리나니
正月	災消福來 弄璋之慶	재앙이사라지고복이오니 생남할수로다
二月	財物大吉 身數自來	신수가길하니 재물이스스로온다
三月	所謀經營 不中奈何	경영하는일은되지않으니 어찌할것인고
四月	運數亦通 諸事順成	운수가열리니 모든일이순성하다
五月	莫近是非 不利之事	시비를가까이하지말라 불리한일이로다
六月	莫近女人 口舌可畏	여자를가까이말라 구설이두렵도다
七月	子孫有慶 若非官綠	만일관록이아니면 자손에경사가있도다
八月	一身自安 財物自來	재물이스스로오니 일신이편안하도다
九月	歲月如流 財物自去	세월은흐르는것같은데 재물이스스로떠나도다
十月	奔馬之格 驛馬有數	역마수가있으니 분주하기만하다
十一月	心神不安 財數不利	재수가불리하니 심신이불안하다
十二月	勿謀經營 虛費心力	경영을하지마라 공연이심력만허비한다

蒙恩拜德 東歸吾國	운은혜를입어덕을절하니 동으로우리나라에도라온다
若非如此 進財添土	만일그렇지아니하면 재물과토지를더한다
若無財數 反爲傷心	만일재수가없으면 도리여마음이상하도다
心神無定 東奔西走	심신이정함이없으니 동서로분주하다
經過山路 前程大路	산길을지나니 앞으로는큰길이로다
他鄕客地 親友愼之	타향객지에서 친구를조심하라
莫近安氏 不利之事	안씨를가까이말라 불리한일이있도다
若非如此 橫厄可畏	만약그렇지않으면 횡액이두렵도다
先困後旺 此月之數	이달의수는 처음은곤하고나중은좋다
英雄訟事 損財可畏	손송사를가까이마라 손재가두렵다
身數不利 愼之疾病	신수가불리하니 질병을조심하라
不東北出方行 	동북지방은 출행이불리하다
身旺財消 吉凶相牛	몸은왕성하고재물은없으니 길흉이상반하도다

卦辭
乾之同人

望月圓滿
更有虧時

【本義】乾은健
也요同人은親也
니 强健이拘子親
하여折損의念이
가있음으로望月
圓滿更有虧時라
하니 羞有始而無
終也

【해석】지금은
원만히생활하고
걱정이없으나장
내에는손해와걱
정이많으며가족
도배반하는마음
이있는패

卦	辭
正月	望月圓滿 更有虧時
	諸事愼之
二月	先吉後凶
	東北之方 財物自來
三月	財物自來
	非賊則盜 愼之
四月	損財可畏
五月	無端之事 口舌入耳
六月	南方不利 勿爲出行
七月	初困後興 終時成功
八月	雖有財數 疾病可畏
九月	玉在石中 其光不見
十月	若非親憂 身數不利
十一月	守分則吉 動則有害
十二月	勿交新友 有損無益

望月이둥글고 뚜껑이모지니
다시이지러질때가있도다
情이서로통하지안토다
맞은둥글고뚜껑이모지니
정이서로통하지안토다

처음은길하고후에흉하
모든일에조심하라
入山求魚 終時不得
산에서고기를구하니
마침내얻지못한다

東北쪽에서재물이스스로온다
此月의운수는
宮中有實 心神自安
관재를조심하라
헛된중에실상이있으니
심신이스스로편안하다

도적을조심하라
만일화성까지하면손재할까두렵도다
非災愼之數
雖得財物 入手則消
비록재물을얻으나손에들어오자홀어진다

손재할까두렵도다
親友愼之數
身出他鄉 親友를조심하라
몸이타향에나가니친구를조심하라

남방이불리하니부로로출행치말라
五六月數 無事得謗
오월유월의수는일이없이비방을받는다

처음은곤란하나뒤에일어나
종시성공하리라
誠心所到 天賜幸福
성심이이르는곳에
하늘이행복을준다

재수는있으나질병이두렵도다
勿貪意外 必是虛荒
분수밖에것을탐내지마라
반드시허황하다

옥이돌속에있으나
빛을보지못한다
謀事虛荒 憂愁自至
꾀한일이허황하고
근심이날로오도다

만약부모의근심아니면
신수가불리하다
在家則吉 出行則害
집에있으면길하고
출행을하면해롭다

분수를지키는것이좋으며
움직이면해가있다
運數亦滯 財數不全
운수가또막히니
재수도완전치않다

새로운친구를사귀지마라
손해만있고이익은없다
財消身旺 吉凶相半
재물이흩어지고몸은성하니
길흉이상반하다

一 三
乾 乾之履

【本義】乾은健하며履는禮也며
也요履는禮也며乾健而
不處也니强健而
不息하여以禮行
處하나니至로止知
義하며至終春義
하여文質이彬彬
함으로鸎上柳枝
片片黃金이라하
니美之至也니라

【해석】부귀공
명을다하고집에
도라와서가히삼
공이라도바꾸지
않이할쾌

卦辭	鸎上柳枝 片片黃金	꾀꼬리가버들가지에깃드리니 쪼각쪼각황금이로다	鳳生五雛 和鳴高岡	봉이제새끼를낳으니 화한기분이높은산까지울린다
正月	財物豊滿 一身自安	재물이스스로풍족하니 일신이스스로편안하다	運數如春 家有吉慶	운수가돌아온것이봄갈으니 집안에경사가있다
二月	此月之數 事有成就	이달의운수는 일이있어성취하리로다	意外橫財 身有外方	뜻밖의횡재를만나며 몸이외방에가있다
三月	若非婚姻 弄璋之慶	만일혼인하지않으면 생남할수로다	意外成事 貴人來助	의외의성사를한다 귀인이와서도와준다
四月	流水東海 其源長久	그물이동해로흘러가 그근원이장구하도다	勿信他言 都是無益	다른사람의말을듣지마라 도무지이익이없다
五月	或有疾病 誠心禱厄	혹질병이있거든 성심으로도액하라	若非服制 火災可畏	만일복을입지않으면 화재가두렵다
六月	風雨初晴 日月明朗	풍우가처음개이나 일월이명랑하도다	財星臨身 小往大來	재성이몸에오니 작은것이가고큰것이온다
七月	財祿臨身 疾病侵身	재록은몸에임하나 질병이몸에침노한다	若遇人助 意外成功	만약다른사람의도움을받으면 의외의성공을한다
八月	貴人相助 官祿臨身	귀인이도와주니 관록이몸에임한다	暗夜得燭 前程有明	어두운밤에촛불을얻으니 앞길이도리여흥함이된다
九月	火姓可親 其利不少	화성을가까이하면 그이익이적지않다	若非如此 吉反爲凶	만일그렇지아니하면 길함이도리여흉함이된다
十月	亥月之數 妙計在中	해월의운수는 계교가맞음이있도다	身有憂愁 常有煩悩	몸에근심이있으니 항상번민이있도다
十一月	貴人相親 橫厄愼之	춘행은불리하니 횡액을조심하라	出行不利 慎之之月	돌을깨어금을보니 노력하면귀함을얻는다
十二月	一室和樂 利在其中	한집안이화락하니 이로움이그안에있다	東西兩方 貴人來助	동서양쪽에서 귀인이와서돕는다

토정비결

一八五

一二一 履之訟

䷉䷅

卦辭
圍棋消日
落子丁丁

바둑을두며소일하니
떨어지는소리가정정하도다

本義
履은論
也니論而禮義에
節條不紊하여秩
序規模가如棋消
連絡에自有閑安
之趣故로圍棋消
日落子丁丁이라
한다

해석
근심걱
정다없어지고가
죽이화락하면도
와주는사람이있
는風

正月
和氣到門
無憂自樂
添口添土
財物自旺

화기가문
에이르니고스로즐겁다
식구와토지를더하니
재물이자연히왕성하다

二月
是非莫近
口舌可畏

시비를가까히마
라구설이두렵도다

三月
出路逢山
無路不進

길에나가서산을만나니
재물이없어서나가지못한다

四月
信人爲賊
夏三月數

여름석달은
믿는사람이도적이된다

五月
莫出遠程
怪賊可畏

먼길을가지마라
도적이두렵도다

六月
外方得財
錦衣還鄉

외방에서재물을언으니
비단옷으로고향에도라온다

七月
天地相合
利在其中

천지가서로합하니
이로움이그속에있다

八月
生不之大
財數

재물은생기나크지못하다

九月
勿近女人
口舌臨身

여인을가까히말마
라구설이몸에임한다

十月
土姓不利
交則不利

토성이불리하니
사귀면이롭지못하다

十一月
吉方何處
西南兩方

길한방위는어딘고
서남양방위로다

十二月
諷德頌功
美風隆盛

먹과공을찬송하니
아름다운바람이융성하다

上下和睦
仁聲四隣

상하가화목하니
어진소리가이웃에들린다

桃李逢春
花落結實

꽃도리가봄을만나니
꽃이떨어지고열매가연다

此月之數
凶多吉少

이달의운수는
흉함이많고길함이적다

是非莫近
官災可畏

시비를가까히마라
관재가두렵다

在家無益
出則爲吉

집에있으면이익이없으니
나가면길하다

若有家憂
安宅爲吉

만일집에우환이있으면
안택하면길하다

不利水姓
去來愼之

수성이불리하니
거래를조심하라

財小成大
積小成大

재수가대길하니
작은것을쌓아큰것을이룬다

有益商物
魚水商吉

이익이어물에있으니
어물상을하면길하다

所爲經營
有頭無尾

경영하는일은
머리는있고꼬리는없다

財運之數
橫財亦好

재수가좋으니
횡재할수가다

吉星照門
貴人來助

길성이이문에비치니
귀인이와서돕는다

一二二 妄無之履

☰
☰
☷

履는 禮

【本義】
畵虎不成反爲狗子라한다
故로畵虎不成反爲狗子라한다
無終에事多阻滯
終無咎하여有始
니禮而行進에至
也요無妄은災也
이불화하는패
허사가되며가족
되고바라는것이
일을하여도화가
【해석】 복되는

卦辭	畵虎不成 도리어개가되도다 범을그리다이루지못하여
正月	每事多滯 매사가막힘이많으니 徒傷心慮 도시마음이상한다
二月	疾病侵身 질병이몸에침노하니 莫近病家 병있는집을가까이마라
三月	一家同心 집안이화평하다 一家和平 집안사람마음이같으니
四月	事有多滯 일에막힘이많고 家人不和 집안이불화하다
五月	此月之數 이달의운수는 先笑後哭 처음은웃고나중은운다
六月	雨後江山 비온후강산의 草色靑靑 풀빛이청청하다
七月	災消病去 재난과병이떠나니 必有吉事 필연코길사가있다
八月	家有不安 집안이편안치못하니 東西有憂 동서에근심이있다
九月	官鬼發動 관귀가발동하니 官災可畏 관재가두렵다
十月	權金兩姓 권김양성을가까이 近則多害 하면해가많으리라
十一月	勿近爲吉 가목성이나를해롭히 木姓害我 않으면길하다
十二月	一年財數 일년의재수는 全在三冬 겨울석달에있다

泉源旣濁 샘근원이앞의흐리였으니
下流何淸 아래호름이어찌맑을고
所望之事 바라는일은
不中奈何 맞지않으니어찌한고
莫近是非 시비를가까이마라
口舌可畏 구설이두렵다
東南之方 동남에방위가
終來有吉 마침내길함이있다
名山祈禱 명산에기도하면
可免此數 이수를가히면한다
心身散亂 심신이산란하니
不坐不立 앉지도서지못한다
諸事可成 모든일을이루고
進財之數 재물이더할수이다
安靜守吉 안정하고분수를지키면
轉禍爲福分 화가복이된다
若非損財 만일손재가아니면
疾病可畏 질병이두렵다
運數不利 운수가좋지못하니
心多辛苦 마음의신고가많다
有名無實 이름은있고실상은없으니
徒費心力 심력만허비하리라
利在何處 이로움을어느곳에있는고
西北兩方 서쪽북쪽이다
一家合心 집안사람의마음이합하여
一家泰平 집안이태평하도다

一二三
☰☰☰
☰☱☰
履는踐
乾之履

【本義】履는踐也요 乾은健也니 內柔外剛에 不中不正으로 以此履 乾에 必見傷害라 外雖親切이나 內實欺我故로 雖曰箕箒舊主倘存이라 한다

【해석】 탐하지도 말고 믿지도 말라 만인간이다 보는데 모양이 흉한 패

卦辭	雖曰箕箒 舊主倘存	비록장가처라하나 옛주인이오히려있도다
正月	財數不通 求財不得	재수가없으니 재물을구하나얻지못한다
二月	跪坐至暮 請求不得	꿇어앉어점을기까지 청구함을얻지못한다
三月	雪上加霜 身有辛苦	눈위에서리를더하니 몸이신고만있다
四月	枯木逢春 千里有光	고목이봄을만났으니 천리에빛이있다
五月	勿貪分外 所望不利	분수밖에있는것을 탐내지마라 바라는것이불리하다
六月	求財不利 身運不利	신운이불리하니 재물을구해도얻지못한다
七月	莫信友人 口舌入耳	친구를믿지마라 구설이귀에들어온다
八月	去此月之數 必有生財方	이달의운수는 옛것을버리고새것을좇도다 東南之方 반듯이재물이생긴다
九月	月明山窓 風雨初晴	동쪽남쪽에 달이산창에밝다 비바람이처음개니
十月	木利有何姓 事多虛妄	이익할성은 무슨성인고 목성이제일길하니라
十一月	登山求魚 事多虛妄	산에올라고기를구하니 일에허망함이많다
十二月	勿入官家 損害可畏	관가에들어가지마라 손해가두렵다
	寅月之數 欲速不達	정월의운수는 속히하려하나 달치못한다
	口舌慎之 失物慎之	구설을조심하라 실물을조심하라
	害方何處 北方不利	해로운방위는어딘고 북방이불리하다
	勿信人言 後悔莫及	다른사람의말을듣지마라 후회가말할수없다
	心身散亂 謀事不成	심신이산란하니 꾀한일을이루지못한다
	或恐敗數 諸事慎之	혹패할수가두려우니 모든일에조심하라
	運數平平 身數平平	운수도평평하고 신수도평평하다
	身旺財旺 安過泰平	몸과재물이왕성하니 태평하게지나도다
	害人何姓 土姓之人	해롭게할사람의성은 토성이라한다
	利在何處 西方利吉	이익은어느곳에있는고 서방이이롭고길하다
	莫近訟事 必有損害	송사를가까이마라 반드시손해가있다
	丑月之數 必有餘慶	선달운수는 반드시경사가있다

一 三 一
三 三 三
三 三 三
遘之人同

老人對酌
醉睡昏昏

【本義】 同人은 親也요 遘는 退也니 親人이 漸退故로 自有孤寂之意故로 老人對酌醉睡 昏昏이라한다

【해석】 강태공이 때를 기다리다 가문왕을 만나는 패이니 궁하다가 달하는 패

卦辭	老人對酌 醉睡昏昏	陽이 孤亢極 多所恨感	노인이 잔을 대하니 취한 잠이 혼혼하도다	한양이외로 극히놉흐니 되는 바가 많도다
正月	殘雪不消 百草不生	身在山谷 心甚辛苦	남은 눈이 사라지지 않으니 백초가 나지 못한다	몸이 산골에 있으니 마음이 참괴롭다
二月	意外成功 名振遠近	經營之事 有頭無尾	뜻밖에 성공하여 이름이 원근에 떨친다	경영하는 일이 머리만 있고 꼬리가 없다
三月	春草逢霜 成長不完	貴人來助 必是成功	봄풀이 서리를 만나니 성장하기 완전치 못하다	귀인이 와서 도우니 반듯이 성공한다
四月	守口如甁 是非有數	若非損財 口舌紛紛	입을 병같이 막으라 시비할 수가 있다	만약 손재가 아니면 구설이 분분하다
五月	名聞千里 虛名無實	在家有數 橫財可得	헛된 이름뿐이다	집에 있으면 횡재할 수가 있다
六月	諸事有吉 官祿臨身	身數平吉 財數不吉	모든 일에 길함이 있으니 관록이 몸에 임한다	신수는 평길하나 재수는 불길하다
七月	靜則大吉 動則不利	動土不利 愼之愼之	가만히 있으면 길하고 움직이면 불리하다	조동토가 불리하니 조심을 다하라
八月	諸水相合 小川成海	守分安居 遇然得財	모든 물이 서로 합하니 작은 내가 바다를 이룬다	직분을 지켜 편안히 살면 우연히 재물을 얻는다
九月	利在何方 東方可知	外實內虛 誰有可知	이익은 어느 방에 있는고 동방의 운수는 이곳에 있도다	밖은 실하고 안은 허하니 가히 알자가 있겠는가
十月	動則有吉 勞而無功	害之何姓 火姓不利	가만히 있으면 길하고 움직여 나와 공이 없다	해로운 성은 무엇인고 화성이 불리하다
十一月	此月之數 勞而無功	正心守分 凶反爲吉	이달의 운수는 수고하나 공이 없다	바른 마음으로 분수를 지키면 흉한 것이 길해진다
十二月	貴人在傍 財利大吉	丑月之數 吉多無凶	귀인이 곁에 있으니 재리와 길함이 크니라	섣달 운수는 길함이 많고 흉함이 없다

一 三 二
同人
乾之人同

卦辭

同人은

【本義】 同人은 親也요 乾은 健也니 至親이 強健하니 親也라

郁郁靑靑 草綠江邊

故로 草綠江邊郁郁靑靑이라 하니 溫和自然之對니 女溫和自然之

意也라 和之至也

【해석】 무슨일 이던지힘들지않이하고잘되며공명할패

풀이 강변에푸르니 성하고풀도도다

正月	人口增進 廣置田庄	인구가늘고 널리전장을장만한다
二月	人口旺盛 財數興旺	인구구가왕성하고 재수가왕성하다
三月	意外成功 名振四方	뜻밖에성공하니 이름이사방에떨친다
四月	愼之口舌 北方不利	북방이불리하니 구설을조심하라
五月	午月之數 謀事如意	오월의운수는 꾀하는일이여의하다
六月	携酒登山 情友同樂	술을가지고산에올라 친구와같이즐긴다
七月	新凉七月 財運大吉	칠월의운수는 재수가대길하다
八月	砳石見玉 千金自來	돌을쪼아옥을보니 천금이스스로온다
九月	明月滿窓 閑座弄琴	밝은달청풍에 한가허앉아거문고를탄다
十月	春草逢雨 日益成長	봄풀이비를맞이나 나날이성장한다
十一月	子月之數 謀事大吉	동지달운수는 꾀하는일이여의하다
十二月	出行有吉 財數大吉	출행하면길함이있고 재수가대길하다

鳳鳴朝陽 可期聖世 봉이조양에서우니 가히성인세월을기약하도다

去舊生新 積小成大 옛것은가고새것이오니 작은것을쌓어큰것이된다

魚龍得水 變化無窮 어룡이물을얻으니 변화가무궁하다

貴人相助 利大不小 귀인이서로도우니 이익이적지않다

積德之家 必有餘慶 덕을쌓은집에 반듯이남은경사가있다

利在何處 東北之間 이로움이어데있는고 동북사이로다

一身平安 財數興旺 일신이편안하고 재수가흥왕하도다

東西兩方 必有吉事 동서양쪽에 반드시길사에있다

妻宮有慶 一家爭春 처궁에경사가있으니 한집안에서봄을다툰다

吉星照門 財數興旺 길성이문에비치니 재수가흥왕한다

三冬之數 終得財利 삼동의운수는 마침내재물을얻는다

此月運數 財數大吉 이달의운수는 재수가대길하다

運數亨通 一身自安 운수가형통하니 일신이스스로편안하다

一 三 三

☰☰☰ (卦象)

同人之无妄

卦辭	雪滿窮巷 孤松獨立	눈이 궁벽한 거리에 가득하니 외로운 소나무가 홀로 섯다
正月	山中失路 東西不辨	산중에서 길을 잃고 동서를 분별치 못한다
二月	幸遇貴人 苦盡甘來	다행이 귀인을 만나면 고생이 다하고 단것이 온다
三月	身運不利 損財多大	신운이 불리하니 손재가 많다
四月	運數不利 好事多魔	운수가 불리하니 좋은 일에 방해가 많다
五月	午月之數 諸事亨通	오월의 운수는 모든 일이 형통한다
六月	若遇人數助 婚姻之數	만일 사람이 도우면 혼인할 수로다
七月	莫非損財 身憂間間	손재가 아니면 간간히 몸에 근심이 있다
八月	花林路上 貴人相逢	꽃 수풀 길 위에서 귀인을 서로 만난다
九月	戌亥之月 一笑一悲	구월과 시월에는 한번은 웃고 한번은 슬퍼한다
十月	若非損財 其實友不全	만약 손재가 아니면 그 친구를 믿지 마라 실은 완전치 못하다
十一月	小求大得 所望如意	작은 것을 구하다 큰것을 얻고 소망이 여의하다
十二月	雖有貴人 有言無益	비록 귀인은 있으나 말만 있고 실상은 없다

【本義】 同人은 親也요 无妄은 无災也니 親而有災異에 剛而不中하여 無子孤獨故로 雪滿窮巷孤松獨立이라한다

【해선】 친척 없이 혼자 다니는 몸이신세를 한탄하며 술취하여 누운패

		三鶴南飛 俱就池塘	세학이 남으로 나르니 함께 못가에 오도다
		在家不利 出行有吉	집에 있으면 힘이 있고 출행하면 불리하다
		終成大器 金入火爐	금이 화로불에 들어가니 마침내 큰 그릇을 이룬다
		辰巳之月 口舌愼之	삼사월에는 구설을 조심하라
		橫厄可畏 莫近是非	시비를 가까이 말라 횡액이 두렵다
		財運亨通 日得財物	재운이 형통하니 날로 재물을 얻는다
		一氣和平 活氣有數	활기가 있을 수이니 집안이 화평하리라
		在家無益 出行有吉	집에 있으면 무익하고 출행을 하면 길함이 있다
		莫近女色 損財可畏	여색을 가까이 마라 손재가 두렵다
		此月之數 守分上策	이달의 운수는 분수를 지키는 것이 상책이다
		身數平吉 財數大通	신수는 평길하고 재수는 대통하다
		三冬之數 事有成就	삼동의 운수는 일이 있어 성취한다
		每事愼重 終時有吉	매사에 신중하면 마침내 길함이 있다

一四一

卦辭 否之妄无

萬頃滄波一葉片舟
若無親患膝下有憂
吉凶相半一喜一悲

【本義】 本妄은 否는 塞也요 災也라 否塞하니 因于災라 名必辱하며 否于塞이라 身必危하나니 萬頃滄波一葉片舟이라 謹愼하면 无咎

【해석】 타향에 있는 몸이의지 없는 곳이라 이곳저곳 피이 하게 돌아다니는패

正月
만경창파에 한잎싸귀조각배로다
만일 친환이 없으면 근심이 있다

二月
一喜一悲 길흉이 상반하니 한번은 기쁘고 한번은 슬프다

三月
身有損失 몸이 노중에 재물의 손실이 있다

四月
訟事有數 송사가 있으니 동으로 서로 분주한다

五月
諸事不利 다행히 귀한 운을 만나니 모든 일에 성공한다

六月
在家有吉 집에 있으면 불리하고 출행하면 길함이 있다

七月
先吉後凶 처음은 길하고 후에 흉하니 勞而有功 일을 폐함에 불리하고 경영을 하지마라

八月
謀事不利 미리 도액하라 勿謀經營 몸에 질병이 있으니

九月
身有疾病 豫爲禱厄

十月
莫信他言 다른 사람을 믿지마라 有名無實 이름은 있고 실상은 없다

十一月
勿貪他財 다른 재물을 탐하지마라 無益有害 이익이 없고 해롭다

十二月
盡力求事 힘을 다하여 일을 有頭無尾 머리만 있고 꼬리가 없다

枯樹不花 마른나무에 꽃이 없고
空淵無魚 빈못에 고기가 없도다

六冲發動 육충이 발동하니
先吉後凶 먼저는 길하나 종은 흉하다

六親冷情 육친이 냉정하니
自手成家 자수로 성가한다

此月之數 이달의 운수는
牛吉牛凶 반은 흉하고 반은 길하다

莫近是非 시비를 가까이 마라
官災可畏 관재가 두렵다

求財如意 재물을 구하면 여의하고
謀事成就 꾀하는 일이 성취된다

利在未月 오월과 유월에는
終時有吉 나중에 길함이 있다

諸事可愼 모든일에 조심하면
守分爲策 분수를 지킴이 상책이다

戌月之數 시월의 운수는
小財可得 작은 재물을 가히 얻는다

亥月之數 해월의 운수는
欲進不進 나가려 하나 가지 못한다

守分爲吉 분수를 지킴이 길하니
杜門不出 문을 닫고 나가지 마라

與人謀事 다른 사람과 일을 구하나
都無成事 도무지 성사 함이 없다

一四二

无妄之履

䷘

百人作之
年祿長久
裏姓可知
利在何姓
名譽有吉
財數不利
静則有吉
動則不利
若非官祿
弄璋之慶
午未之月
欲求反失
身數平吉
財數不全
幸逢貴人
意外財數
遠方有信
情友可知
若無親愛
膝下有厄
一家豊饒
家人和平
土姓勿親
橫厄自甚

【本義】无妄은 災也요 履는 禮也니 无妄으로 以禮行
之면 无咎이나 以无妄으로 爲樂則樂天知命이
라 知足知分에 何憂何悔이리요 百
人作之에 年祿長久 라

【해석】 도와주는
사람이 많아서자
연히 곤한사람이
부자가되고 외로
운사람이 귀하게
되는 괘

卦辭	百人作之 해의록이장구하도다 백사람이 농사를지으니
正月	裏姓可知 이익은어느 성씨에있나뇨 배성인줄을가히알리라
二月	名譽有吉 명예는유길하니 재수는불리하다
三月	財數不利 움직이면불리하고 가만히있으면길하다
四月	靜則有吉 動則不利
五月	若非官祿 弄璋之慶 만일관수로아니면 생남함수로다
六月	午未之月 欲求反失 오뉴월과육월은 구하고저하나 도리혀잃는다
七月	身數平吉 財數不全 신수가평길하고 재수는완전치않다
八月	幸逢貴人 意外財數 다행이귀인을만나니 뜻밖의재수가있다
九月	遠方有信 情友可知 원방에서 서신이있으니 정우인줄가히안다
十月	吉星來照 名振四方 길성이빛이니 이름이사방에떨친다
十一月	若無親愛 膝下有厄 만일부모의근심이없으면 슬하에액이있다
十二月	一家豊饒 家人和平 집안이풍요하니 사람이화평하다
	土姓勿親 橫厄自甚 토성을친하지마라 횡액이스스로온다

忠言輔成 王政不傾	충성된말로도와서이루니 왕의정사가기우러지지아니한다
偶然扶助 意外得財	우연히도움을받으니 이외의재물을얻는다
損財有憂 取利愼之	손재할염려가있으니 취리를조심하라
巳月之數 口舌愼之	이달의운수는 구설을조심하라
此月之運 必有吉慶	사월의운수는 반드시길함과경사가있다
兩心不同 謀事不成	두마음이같지않으니 꾀하는일을이루지못한다
勿貪分外 損財可畏	분수외의것을탐하지마라 손재가두렵도다
雲外萬里 必有慶事	구름밖만리에 반드시경사가있다
衆人相助 財政興旺	모든사람이서로도우니 재수가흥왕한다
一朝菊花 九月發	구월의국화가 하루아침에편다
少得多出 身數奈何	적게언고많이나가니 신수들어찌할고
喜事重重 心神和平	기쁜일이겹치니 심신이화평하다
勿貪分外 致敗可畏	분수외의것을탐내지마라 치패할가두렵다

一四三 无妄之災

䷘ 无妄

卦辭
夜雨行人
進退苦苦

【本義】无妄은 災也
요 同人은 親也니 親於災而苦不
已故로 夜雨行人
進退苦苦라

【해석】곤란한 일
이 많고 무슨 일을
하고자 하여도 마
음과 같지 아니하
며 한탄이 많고 심
란하나 여자의 관
계에는 이익이 있
다는 게

正月
夜雨行人
進退苦苦
비오는 밤에 걸어가는 사람이
나아가고 물러감이 괴롭도다

二月
在家有吉
出則有害
집에 있으면 길하고
나아가면 해가 있다

三月
莫信他言
必受其害
다른 사람의 말을 듣지마라
반듯이 그 해를 입으리라

四月
春草逢霜
成長不完
봄풀이 서리를 만나니
성장함이 완전치 않다

五月
心中有苦
事有虛荒
심중에 괴로움이 있고
일에 허황함이 있다

六月
安靜則吉
出家不利
안정을 한 즉 길하고
집을 나가면 불리하다

七月
若非疾病
口舌不免
만약 질병이 아니면
구설을 면치 못한다

八月
細雨東風
草色靑靑
가는 비 동역 바람에
풀빛이 청청하다

九月
其禍不小
出家東行
그 화가 적지 않다
집을 나가 동쪽으로 가면

十月
成亥之月
財數大吉
재수가 대길하다

十一月
子丑之月
財祿自旺
동짓달 섣달에는
재록이 스스로 왕성하다

十二月
吉凶相半
上下不調
길흉이 반반이다
상하가 고루지 못하니

正月
衣空履穿
無謀防禦
옷도 헐고 신도 허니
아무리 생각해도 좋은 수가 없다

二月
在家有吉
出則有害
집에 있으면 길하고
나아가면 해가 있다

三月
二人各心
事有虛妄
두 사람 마음이 각각이니
일에 허황함이 있다

四月
他人相從
必有失敗
타인과 상종하면
반드시 실패함이 있다

五月
凶多吉少
運也奈何
흉은 많고 길함이 적으니
운이 어찌할고

六月
好運挽回
勿失好機
좋은 운이 도라오니
기회를 잃지 마라

七月
東南兩方
出行不利
동남방향으로
출행하면 불리하다

八月
幸逢舊緣
利入我家
다행히 옛인연을 만나니
이로움이 내 집에 들어온다

九月
西北之方
出行則害
서쪽과 북쪽은
출행하면 해롭다

十月
南北兩方
財物自旺
남북양쪽에는
재물이 스스로 왕성하다

十一月
今年之數
移舍不吉
금년 운수는
이사하면 불길하다

十二月
若非生產
限制之數
생산을 아니하면
복 입음을 운수이다

補
朴崔可親
其益不少
박가와 최가를 친하면
그 이익이 적지 않다

一五一 ䷫ 姤之乾

姤는 遇也오 乾은 健也니 過也니 柔遇剛而失其中政故로 其象이 返凶하여 失其成功故로 緣木求魚事事多滯라 靜하면 有咎하고 動하면 有益이니라

【本義】姤는 遇也오 乾은 健也니 柔遇剛而失其中政故로 其象이 返凶하여 失其成功故로 緣木求魚事事多滯라 靜하면 有咎하고 動하면 有益이니라

【해석】안이 되는 일을 함에 되지 않이하고 도와 줄 사람을 찾아도 만나지 못하니 공연히 마음이 떠서 갈팡질팡하는 패니라

卦辭	緣木求魚 事事多滯	나무를 가지고 고기를 낚구려 하니 일이 막힘이 많토다
正月	不意之禍 忽然來到	寅卯之月은 다른 경영을 하지마라 불의의 화가 홀연이 이른다
二月	家神發動 非遷則憂	三春의 재수가 반드시 흥왕함이 있다 가신이 발동하니 이사 아니가면 근심이 있다
三月	疾病近來 莫非可畏	雖有財數 必有興旺 병이 까가히 오니 질병이 두렵도다
四月	何望大財 無實	謀事不得 急則不利 어찌 큰 재물을 바랄고 꽃이 떨어지고 열매가 없으니
五月	花落逢雨 其色靑靑	運數大吉 家中和樂 가문풀이 비를 만나니 그빛이 청청하다
六月	未月之數 黑白不明	遠行不吉 在家則吉 육월의 운수는 흑백이 분명치 못하다
七月	若非損財 官災口舌	欲免災厄 移基則吉 만약 손재가 아니면 관재 구설이 있다
八月	家人分離 距離相遠	此月之數 凶多吉少 집안 사람이 떠나 거리가서 로 멀다
九月	戌亥之月 生男之數	財星照宅 意外得財 구월과 시월에는 생남할 운수로다
十月	害在何方 東北兩方	出行不利 在家則吉 해는 어느 방위에 있는고 동북방위로다
十一月	子丑之月 財産北方	財星旺旺 一身和平 동짓달 섯달은 재산이 북방에 있다
十二月	一身旺旺 一家和平	有人相助 意外成功 몸도 재물도 왕성하니 집안이 화평하다

志氣意同 事不稱情 뜻은 우기고 의사는 합치니 일이다 맞지아니한다

寅卯之月은 다른 경영을 하지마라 정월과 이월은

三春의 재수가 반드시 흥왕함이 있다

雖有財數 急則不得 비록 재수는 있으나 급하게하면 언지못한다

謀事不得 人口不和 일을 꾀함에 불리하니 인구가 불화하다

運數大吉 家中和樂 운수가 대길하니 집안이 화락하다

遠行不吉 在家則吉 원행하면 불리하나 집에있으면 길하다

欲免災厄 移基則吉 재액을 면하고자 하면 이사하면 길하다

此月之數 凶多吉少 이달의 운수는 흉함이 많고 길함이 적다

財星照宅 意外得財 재성이 집을 빛이니 뜻밖에 재물을 언는다

出行不利 在家則吉 출행하면 불리하고 집에 있으면 길하다

木姓有害 若近有害 만일 가까히 하면 해가 있다 목성이 불리하니

有人相助 意外成功 도와주는 사람이 있으면 뜻밖에 성공한다

一 五 二   姤之遘

䷫

卦辭
火及棟樑
燕雀何知

불이기둥과들보에미치나
제비와새가어찌하리냐

本義 姤는遇也
遘 遇也
遘은退也니知
進而不知退하며
知遇而不知離라
以其頭之小利
忘其來頭之大利
함이라火及棟樑
燕雀何知라한다

해석 대화가당
도함을모르고안
락하여마음대
로하자하여도꺼리
는것이있어서못
하고타향에외로
이다니는패

正月	飛鳥絶羽 進退不知	나는새가날개가떨어지니 進退를알지못한다
二月	中春有憂 妻憂子憂	중춘에근심이있으니 처와아들의근심이다
三月	貴人何在 西北地方	귀인이어데있고 서북지방이로다
四月	甘言利說 虛名無實	감언이설은 이름이고실상은없다
五月	財數論之 誠求小得	재수를논할것같으면 성심껏구하면조금얻는다
六月	陰陽和合 所望如意	음양이화합하니 소망이뜻대로된다
七月	申酉之月 壽福綿綿	칠월팔월은 수와복이면면하다
八月	守分上策 動則無益	분수를직히면상책이니 움직이면무익하다
九月	莫貪外財 必有其害	외재를탐하지마라 그해가반듯이있다
十月	欲行不進 心中有苦	심행하려하나나가지못하고 심중이괴롭도다
十一月	東方有吉 西方不利	동방은길하고 서방은불리함이있다
十二月	祈禱七星 凶反爲吉	칠성에기도리혀길하다

巴蜀之地 安能久居	파촉땅에서 어찌오래거하리요
水火有驚 愼之愼之	물과불에놀랄것이니 조심에조심을더하라
辰巳之月 出行不吉	신수가고단하니 출행하면불길하다
預先防厄 轉禍爲福	삼월과사월에는 액을미리막으면 화가복이된다
偶來木姓 東方助我	우연히와서나를돕는다
身數大吉 財數興旺	신수가대길하고 재수가흥왕한다
花朝月夕 身醉花間	아침꽃과저녁달에 몸이꽃사이에취하였다
此事愼之 凡事愼之	이달의운수는 범사에조심하라
貴人何在 西北兩方	귀인이어데있느뇨 서북양쪽이라
莫近酒色 必受其害	주색을가까히마라 그해를반듯이입는다
利在何姓 火金兩姓	이익은어느성에 화성금성에있나니라
進退兩難 山鳥失家	진퇴양난이로다 칠산새가집을잃으니

一五三 姤之訟

䷇䷅ 姤之訟

卦辭
年雖逢荒飢者逢豊
禍去福來使我必善

本義 姤는 遇也
訟은 論也니 遇
而論其利害故로 年
雖値荒飢者逢豊
捨害就利故로
이라 한다

해석 지금은 곤
난하나 미구에 곤
난을 면하고 태평
이지 날뿐이라 자
연히 횡재하여 전
장을 많이 작만할
패

正月	寅卯之月 財星照門 정월이 월당은 재성이 문에 빗인다 出動有吉 意外得財 출동하면 길함 뜻밖에 재물을 얻는다
二月	渴龍得水 必有吉事 목마른 용이 물을 얻으니 필시 길사가 있다 喜中有憂 口舌愼之 기쁜중에 근심이 있으니 구설을 조심하라
三月	利在何方 西北兩方 이로움이 어디 있는고 서북쪽에 있다 意氣揚揚 意外成功 의기양양 하도다 뜻밖에 성공하니
四月	辰巳之月 和氣到門 삼월과 사월에는 화기가 문에 이른다 飛龍在天 利見大人 나는 용이 하늘에 있으니 이는 큰 사람이 본다
五月	日得千金 利在到處 하루에 천금을 얻는다 이익이 도처에 있으니 貴人來助 其功不少 귀인이 와서 도우니 그 공이 적지 않다
六月	未月之數 災厄愼之 유월의 운수는 재액을 조심하라 財星臨身 意外生財 재성이 몸에 이르니 뜻밖에 재물이 생긴다
七月	申酉之月 災厄難免 칠월과 팔월에는 남의 액을 면키 어렵다 若無此數 可被他欺 만일 이 수가 없으면 남의 소김을 받는다
八月	所望之事 不中奈何 바라는 일은 맞지 않으니 어찌할고 身數不通 求財不得 신수가 불통하니 재물을 구하나 얻지 못한다
九月	人厄難兒 謀事可成 인액을 피하여 일을 이루니 陰陽和合 萬物自旺 음양이 화합하니 만물이 스스로 왕성한다
十月	添福添祿 俱存 복록이 구존하니 식구에 토지를 더하니 흡앙하는 사람이 많다 莫近女色 口舌臨身 여색을 가까이 마라 구설이 몸에 임한다
十一月	魚龍得水 동짓달과 섣달은 어룡이 물을 얻는다 南方不利 不宜出行 남방이 불리하니 출행치 마라
十二月	子丑之月 與人東去 牛凶牛吉 사람과 더불어 동에 가라 반은 흉하고 반은 길하다 莫近是非 口舌可畏 시비를 가까이 마라 구설어 두렵도다

一九七

一六一 訟之履

卦辭

一枝梅花罪罪

봄비가 부슬부슬 오니 한 가지 매화로다

鹿得美草 群呼其友

사슴이 아름다운 풀을 만나서 여러 벗을 부르도다

【本義】 訟은 論

也요 履는 禮也니 剛未得中에 論而 禮儀하나니 其德 은 如春雨之潤澤 하며 其容은 如梅 花之美故로 春雨 罪罪一枝梅花라

【해석】 도와주

는 사람이 많음에 무슨 일이던지 음대로 되고 명예 가 높은 데까지 이 르는 괘

正月

雖有財物 入手則消

비록 재물은 있으나 손에 들어온즉 소비된다

謀事多數 不得利益

꾀하는 일이 많으나 이익을 얻지 못한다

二月

出門南行 先因後旺

문을 나서서 남으로 가니 먼저는 곤하나 나중은 왕성하다

淸江求魚 求財如意

청강에서 고기를 구하니 재물을 구하면 뜻대로 된다

三月

移基有吉 勿爲遲滯

터전을 옮기는 것이 길하니 지체하지 마라

利財何處 南方有吉

이재 가 어데 있는고 남방이 제일 길하다

四月

求事多處 別無所益

일을 여러 곳에 구하나 이익은 별로 없다

若非移舍 終時訟事

만일 이사를 않으면 종시 크게 패하리라

五月

金姓有害 近則大害

금성이 해로우니 가까이하면 큰해가 있다

莫近訟事 終時大敗

송사를 가까이 마라 종시 크게 패하리라

六月

利在行遠 出邊江方

먼 곳에 출행하면 강변에 이익이 있다

若非桂香 文書相爭

문서로서로 싸운다

七月

宋姓有助 同業則吉

송씨 성이 도우니 동업하는즉 길하다

商路有吉 勿失此時

장사길이 길하니 이때를 잃지 마라

八月

不求自至 大得財物

구하지 않아도 스스로 큰 재물을 얻는다

土助我姓 可知姓

무슨 성이 나를 도울꼬 토성임을 가히 알리라

九月

莫慮人情 不利之事

인정을 생각지 말라 불리한 일이다

若非官祿 添口之數

만일 관록이 아니면 식구를 더할 수 있다

十月

經營之事 必有虛妄

경영하는 일이 반드시 허망하다

身數奈何 身運奈何

신수가 고르지 못하고 신운을 어찌할고

十一月

諸事多逆 在家則吉

모든 일이 많이 거스르니 집에 있으면 길하다

此月之數 半凶半吉

이 달의 운수는 반은 흉하고 반은 길하다

十二月

財數大吉 手弄千金

재수가 대길하니 천금을 손으로 희롱한다

若非如此 弄璋之數

만약 그렇지 않으면 생남할 수로다

一六二 訟之否

䷅䷋ 訟은論

【本義】

訟은論也요否는塞也니
其論이塞而不通
하여事多疑惑故
로夏雲起處魚龍
浴水也라

【해석】

룡이물
에있으니생애가
넉넉하고무슨일
울하랴던지성명이
있으나아니되는
일은하지마라송
사가있을째

卦辭	夏雲起處 魚龍浴水處	여름구름이일어나는곳에 고기와용이물에목욕하도다
正月	寅卯之月 意氣揚揚	정월과이월에는 의기양양하다
二月	莫行東西 所謀不成	동서에가지마라 꾀하는일을이루지못한다
三月	驛馬照門 身遊外方	역마가문에빛이나니 몸이외방에서논다
四月	莫近女色 有害無益	여색을가까이마라 해만있고이익은없다
五月	午未兩月 莫行東南	오월과육월달에는 동남으로가지말라
六月	莫信親人 損財不少	친한사람을믿지마라 손재가적지않다
七月	魚遊春水 食祿津津	고기가봄물에노니 식록이진진하니라
八月	旱天降雨 萬物皆喜	만물이모두기뻐한다 가문하늘에서비가오니
九月	意外得財 身數大吉	신수가대길하니 뜻밖에서재물을얻는다
十月	財旺身旺 所望如意	재물과신수왕성하니 바라는것이뜻대로된다
十一月	和氣滿堂 子丑之月	동짓달과섯달에 화기가집에가득하다
十二月	莫近火姓 損財有數	화성을가까이말라 손재가있을수다

	心欲東西 一無所定	마음이동쪽서쪽하고저하나 하나도정한바가없도다
	三人相合 財望可得	세사람이서로합하여 재물을바라니얻는다
	不心中有憂 知人事	마음가운데근심이있으니 인사를알지못하느니라
	西北大吉 東南大害	서북이길해가고 동남은큰해가있다
	有財外方 出行得財	재물이외방에있으니 출행하면재물을얻는다
	人情雖多 何事是非	인정은비록많으나 무슨일에든지시비가있다
	莫行東西 害人必隨	동서로가지마라 해할사람이필시따른다
	靜則有吉 動則有害	고요하면길하고 동하면해롭다
	財上有害姓 若近木姓	목성을가까이마라 재물에해가있다
	與人同事 利益相當	다른사람과동사하면 이익이상당하다
	守在其中 利分安居	이분수를지켜안정하면 가그가운데있다
	必有慶事 若非橫財	만일횡재가아니면 반드시경사가있다
	福祿自來 財星照門	재성이문에비치니 복록이스스로온다

一六三 訟之姤

☰☰ 訟
☰☴ 姤

【本義】 訟은 論也요 姤는 遇也니 論而後에 遇其時故로 白露旣降秋扇停止이라하니 改舊從新之義

【해석】 처음에는 진퇴양난한 경우이나 다행히 귀인을 만나 귀히 되고 재수 있을 패

卦辭	白露旣降 秋扇停止	흰이슬이 임의 나리니 가을부채 가정지하도다
正月	雖有財物 聚財不能	비록 재물은 있으나 재물을 모으기는 어렵다
二月	貴人相助 所求必得	귀인이 서로 도우니 구하는 것을 반드시 얻는다
三月	南方貴人 遇來助力	남방의 귀인이 우연히 와서 조력한다
四月	一輪孤月 獨照千里	한 조각의 외로운 달이 홀로 천리를 비친다
五月	安靜則吉 動則不利	안정하면 길하고 동하면 불리하다
六月	世事如夢 相離有吉	세상일이 꿈같으니 서로 떠나면 길하다
七月	貴星照門 因人成事	귀성이 문에 비치니 사람으로 인해 성사한다
八月	信人有害 交友愼之	사람을 믿으면 해가 있으니 친구를 조심하라
九月	家人不睦 先吉後凶	집안이 화목치 못하니 먼저는 길하고 나중은 흉하다
十月	移居則吉 古基不利	옛터는 불리하니 이사하는 길이 좋다
十一月	若非揚名 橫財之數	만약 이름을 날리지 않으면 횡재할 수로다
十二月	貴人到門 必有喜事	귀인이 문에 이르니 필시 기쁜 일이 있다

自此以後 始得財物 이후로부터는 처음으로 재물을 얻는다
兄弟相別 必有災厄 형제가 서로 떠나니 재액이 반드시 있다
東方之財 終時不利 동방의 재물이 먼저는 길하고 나중은 흉하다
財數論之 先吉後凶 재수를 논하면 먼저는 길하고 나중은 흉하다
進退有路 前進大吉 진퇴의 길이 있으니 전진하면 길하다
求財如意 利在四方 재물을 구하매 뜻과 같으니 이익이 사방에 있다
若逢貴人 官祿臨身 만일 귀인을 만나면 관록이 몸에 임한다
外卯內順 血情同照 밖은 화하고 안은 순하니 정이 한가지로 비취도다
守舊大吉 動則不利 옛것을 지키면 대길하고 동하면 불리하다
疾苦相半 失物愼之 질고가 상반하니 실물에 조심하라
白雪乾坤 小財可得 백설천지에 작은 재물을 얻는다
若非如此 間或身病 만일 그렇지 않으면 간혹 신병이 있다
今年上之策 守分上之策 금년 신수를 지킴이 상책이다

一二一

澤大之夬

夬는 決

【本義】 夬은 決也요 大過는 禍也니 너 有危이나 謹愼하면 無咎하여 終得吉利之故로 晝耕夜讀錦衣還鄉이라

【해석】 부지런하고 조심하면 부록을 얻을것이고 재수있으며 기쁜일이 있을때

卦辭	晝耕夜讀錦衣還鄉	낮에 일하고 밤에 글읽으니 비단옷 입고 고향에 오도다
正月	天地相合 必有慶事	천지가 서로 합하였으니 반드시 경사가 있도다
二月	吉星照門 必有慶事	길한 별이 문에 비치니 슬하에 경사로다
三月	明月高樓 膝下慶事	달 밝은 높은 누에 앉아서 희희낙락하도다
四月	若非橫財 必有慶事	횡재를 하지않으면 반드시 경사가 있다
五月	喜喜樂樂 必有慶事	재물이 왕성하니 많은 사람이 우러러본다
六月	財物旺盛 人多欽仰	재물이 왕성하니 많은 사람이 우러러본다
七月	以小成大 家產豐足	작은것으로 큰것을 이루니 가산이 풍족하도다
八月	莫近酒色 其害不少	주색을 가까히 하면 그 해가 적지 않도다
九月	勞後得吉 終時大吉	고생한 뒤에 길하리니 끝에 가서 대길하리라
十月	運數大吉 有財有權	운수가 대길하니 재물과 권력이 있도다
十一月	若非官祿 得男之慶	관록이 아니면 생남할 수로다
十二月	所望如意 凡事可親	바라는 것이 뜻과 같다
	子丑之月 火姓有成	동짓달과 섣달에 화성을 친하면 매사를 이룬한다

正月	南行求福 與喜相得	남쪽으로 가서 복을 구하니 기쁨으로 더불어 서로 얻도다
二月	若非婚事 意外得財	만약 혼사가 아니면 뜻밖의 재물을 얻는다
三月	勞而後得 天賜其福	수고한 후에 얻으니 하늘이 내린 복이로다
四月	身在路上 外財可得	몸이 노상에 있으니 재물을 밖에서 얻도다
五月	交友之害 愼之愼之	친구를 사귀는데 조심하라
六月	身數大吉 到處春風	신수가 대길하니 이르는 곳마다 춘풍이라
七月	其與人營事 其利不少	사람과 더부러 일을 경영하면 그 이익이 적지않도다
八月	酒色成病 百藥無效	주색으로 병이 되면 백약이 무효하다
九月	他人有害 莫近親友	남으로 인하여 해가 있으니 친구를 가까히 하지마라
十月	貴人相助 意外成功	귀인이 도와주니 뜻밖에 성공하도다
十一月	財運興旺 大財入門	재운이 왕성하니 큰 재물이 문에 들어온다
十二月	雖有生財 得而半失	비록 재물은 생겼으나 얻은것을 반은 잃는다
	富貴當前 人人仰視	부귀가 앞에 닿으니 사람들이 우러러본다

二 ䷫ 二 ䷉ 夬之革

卦辭
金入鍊爐 終成大器

금이 단련한 화로에 드니
마침내 큰 그릇을 이루리라

本義
夬는 決也요 革은 改也니
改革을 決行하여
本性이 變體됨으로
金入鍊爐에 終成大器다

해석
상당한 지위를 얻음에
행동을 하여 상당 한지위를 얻음에
희희낙낙하는데
만일 때를 잃으면
성공하기 어려운 패

正月	寅卯之月 必有陰事 정월과 이월에는 음사가 있도다 만약생남하지않으면 혼사가 있을수로다
二月	若非弄璋 必有佳事 삼월동풍에 황조가 쌍으로 나르니라
三月	三月東風 黃鳥雙飛 삼월동풍에 황조가 쌍으로 나르니라
四月	龍得明玉 喜事重疊 용이 옥을 얻으니 기쁜일이 첩첩이로다
五月	春草逢雨 日就月長 봄풀이 비를 만나니 날마다 길어진다
六月	若非吉事 身數不利 좋은 일이 아니면 신수가 불리하다
七月	登山求兎 必是求得 산에서 토끼를 구하니 반드시 구하도다
八月	兩人同心 福祿陳陳 두사람의 마음이 같으니 복록이 베풀어진다
九月	在家無益 出行得財 집에 있으면 이익이 없고 나가면 재물을 얻는다
十月	東方吉利 必有吉慶 동쪽에 김씨성은 반드시 길하고 이익이 있다
十一月	若非登科 膝下有慶 만약 과거가 아니면 슬하에 경사가 있다
十二月	財物隨我 所望如意 재물이 나를 따르니 바라는 것이 여의하다

潛龍得水 變化無窮
잠긴용이 물을 얻으니
변화가 무궁하도다

一枝花開 一枝葉落
한가지는 꽃이 피고 한가지는 잎이 지도다

移基改業 漸入佳境
이사하거나 직업을 고치면 점점 좋으리라

意外橫財 若非添口 必有亨通
뜻밖에 횡재한다
식구가 늘지 않으면 반드시 형통하도다

經營之事 必有順成
경영하는 일은 반드시 이루도다

有人相助 百事順成
사람이 서로 도와주니 매사를 쉽게 이루도다

身運有吉 口舌愼之
운수는 길하나 구설을 조심하라

貴人在北 可親有益
북에 귀인이 있으니 친하면 유익하다

終成大器 立身揚名
마침내 큰 그릇을 이루니 이름이 멀치도다

財在東方 行則可得
재물이 동쪽에 있으니 가면 얻는다

妄動則敗 守分則吉
분수를 지키면 길하고 함부로 움직이면 패한다

一家在吉慶 一家和平
집안에 경사가 있으며 집안이 화평하도다

財物陳陳 田庄有益
재물이 진진하니 전장에 이익이 있다

二一三 夬之決

☱
☰
☱

夬之決

【本義】 夬은 決也니 也요 兌는 說也니 悅樂의 決함이 極에 達함으로 樂極哀生之理가 有함으로 平地風波驚人損財라

【해석】 손재가 있으니 두문불출하고 시비와 송사에 참여하지 마라 잘되면 크게 되고 못되드라도 해는 없는 패

卦辭	平地風波 驚人損財	평지에 풍파가 사람이 놀래고 손재하도다
正月	馬行山路 進退困苦	말이 산길로 행하니 진퇴가 곤란하도다
二月	深山失路 進退兩難	깊은 산에서 길을 잃으니 진퇴가 양난이라
三月	內患可畏 預先防厄	집에 우환이 있으니 반드시 내환이라 미리 액을 막으라
四月	必是內患 家有憂患	내환이 두려우나 미리 액을 막으라
五月	午未之月 官厄不免	오월과 유월에는 관액을 면하지 못한다
六月	謀事不利 安靜則吉	일을 꾀하면 불리하니 안정하면 길하다
七月	深山求魚 終時不得	깊은 산에서 고기를 구하니 끝내 얻지 못한다
八月	每事難成 勿貪分外	매사를 이루기 곤란하니 이외의 것을 탐하지 마라
九月	月入黑雲 不見好月	검은 구름에 달이 들어가니 좋은 달을 보지 못한다
十月	春草逢霜 更生難望	봄풀이 서리를 맞으니 다시 살길이 없도다
十一月	子丑之月 平吉之數	동짓달과 섣달은 평길한 운수로다
十二月	不爲出路 不利之事	길에 나아가지 마라 불리한 일이 있다

中夜犬哭 盗在內外	밤중에 개가 짖으니 도적이 안밖에 있도다
臨江無船 前路暗暗	강에 임하니 배가 없고 앞길이 캄캄하도다
求之不得 勿爲妄動	구하여도 얻지 못하니 함부로 움직이지 마라
魚龍失水 一時困苦	고기와 용이 물을 잃으니 한때 피로움이로다
莫近他人 必有損財	남을 가까이 하지마라 반드시 손재가 있다
凡事在人 勿爲干之	모든일이 남에게 있으니 간섭하지 마라
此月之數 每事不成	이달의 운수는 매사를 이루지 못한다
出行不利 訟事不利	출행하여도 불리하고 송사하여도 불리하다
諸事有滯 心中有憂	모든 일이 막히니 마음에 근심이 있다
財數不通 損財多端	재수가 불통하고 손재가 많다
勿謀經營 虛名無實	경영을 하지 마라 헛이름뿐이로다
至誠修養 利在其中	정성껏 수양하면 이가 그 가운데 있다
遠行不利 橫厄可愼	원행하면 불리하니 횡액을 조심하라

二二一 兌之說 困

卦辭
不知安分하니
反有乖常이라
若非作客이면
必有移舍

本義
也요困은危也니
悅干困이라何暇
于處리요故로不
知安分反有乖常
이라

해석 분수를
지키지않이하면
해가되고재수도
없고곤란한패
이라

正月
困苦不免
卯月之數
二月의운수는곤란
함을면치못한다

二月
砺石見玉
治木成家
돌을다스려집을이룬다

三月
守分安居
外凶內吉
분수를지키고편안히살면
밖은흉하고안은길하다

四月
莫近是非
口舌紛紛
시비를가히하지마라
구설이분분하다

五月
千里他鄕
喜逢故人
천리타향에서
기꺼히고인을만난다

六月
申酉之月
事有虛妄
칠월과팔월에는
일에허망함이있다

七月
事有頭無尾
有頭失敗
머리는있고꼬리는없으니
일에실패가있다

八月
利在何方
南方有吉
이익은어느쪽에있는고
남쪽에있다

九月
東方有敗
西方有吉
서동쪽은길하고
서쪽은망한다

十月
必有謀事
勿謀失敗
큰일을꾀하지마라
반드시실패가있다

十一月
損財數不吉
財數甚多
손재수가심하니
불길하다

十二月
守株待兎
得而還失
나무를지키여토끼를기다리니
얻었다가도로잃는다

莫信人言
親人爲賊
남의말을믿지마라
친한사람이도적이된다

莫貪非理
天不賜福
의리가아닌것을탐하지마라
하늘이복을내리지않는다

勿謀分外
必有虛荒
분수외의것을꾀하지마라
반드시허황하다

他人謀事
反見其害
다른사람과일을꾀하면
도리어해를본다

如兄如弟
損財多端
형제가같은사이에
손재가많다

貴人助我
宜行南方
귀인이나를도우니
남쪽으로가라도

土姓可近
不利其事
토성을가까이하면
그일에불리하다

此月之數
在家則吉
動則有敗
이달의운수는
집에있으면길하고
움직이면패한다

外財入門
不利水姓
損財之數
외재가들어온다
수성은불리하니
손재할수로다

心中有苦
所望不成
마음에피로움이있으니
바라는바를이루지못한다

在家心亂
出行有吉
집에있으면마음이산
란하고나가면길하다

二二二 兌之隨

卦辭
青天白日 陰雨濛濛
청천백일에 음한 비가 몽몽하도다

本義 兌는 說也요 隨는 順也니 剛中爲孚아여 居陰爲悔니 以孚而說則吉而悔凶故로 靑天白日陰雨濛濛이라

[해석] 뜻밖에 번사가 생기여원한을맺고 그래도 부족하여좋지못 할일이 생기는 패

正月
先凶後吉 金玉滿堂
有財東方 木姓可親
먼저는 흉하고 뒤는 길하니
금옥이 집에 가득하다
재물이 동쪽에 있으니
목성을 친하라

二月
辰巳之月 先困後吉
吉星照門 財寶入門
삼월과 사월은 먼저 곤란하고 뒤에 길하다
길성이 문에 비치니 보배가 문에 들어온다

三月
木星照耀 財數大吉
若逢貴人 財數大吉
만약귀인을 만나면 재수가 대길하다

四月
有財東方 不利出行
每事不成 君源不長
재물은 동쪽에 있으니 출행하면 이롭지못하다
매사를 이루지못하니 군원이 길지못하다

五月
生活有苦 農失其時
농사에 때를 잃으니 생활에 괴로움이있다

六月
莫信他言 其害不少
다른사람의 말을 믿지말라 그해가 적지않다

七月
申西之月 始得財物
心事如夢 世事有苦
七月과 八月에 비로서 재물을 얻는다
마음에 고민이있으니 세상일이 꿈같다

八月
害姓不吉 金姓何姓
무슨성이해로운가 금성이불길하다

九月
身運有滯 每事不利
宜行市場 求財數利
운수가 막히하니 매사가 막히도다
시장에 가야한다 재수를구하려면

十月
悠宜求財 行市場
손을 東方에 두면 千金을 얻을 것이다

十一月
木姓害我 莫行北方
북쪽에 가지말라 목성이나를해하니

十二月
經營之事 終時未決
경영하는길은 끝내미결이다

欲飛無翼 鼎重折足
날고저하나 날개가없으니 솟이 무거워서발이 불어진다

他人有害 其源不長
남의 원이 길지못하니 매사를 이루지못하다

每事不成 不利出行
매사를 이루지못하니 출행하면 이롭지못하다

若逢貴人 財數大吉
만약귀인을 만나면 재수가 대길하다

財在東方 得而半失
재물은 동쪽에 있으니 얻은것을반은 잃는다

若非金姓 必受損害
금성을 친하면 반드시 손해를입는다

金姓可親 添口之數
식구가 느는수가있다

若得橫財 必受損害
만약횡재가 아니면 반드시 손해를입는다

先得後失 漸不如初
먼저는 얻고뒤에 잃으니 점점 처음만못하다

若無疾病 反爲損財
만약질병이 없으면 도리혀손재 본다

若親金姓 每事不成
만약금성을 친하면 매사가 이루워지지못한다

所望之事 必是虛事
바라는일은 반드시 허사이다

手弄千金 身遊東方
몸이 동쪽에 가서놀면 천금을 만지리라

經營之事 終時未決
경영하는길은 끝내미결이다

二二三 兌之夬 兌는 說

【本義】
夬는 決也니 剛이 決乎中하
여 象陽之中에 獨
與上六으로 爲應
故로 有凶道矣니
吉而決于凶故로
一枝花開一枝花
凋타

【해석】 근심과
슬거움이 상반하
니 덧없는 세월이
어느겨를에 가는
지 알지못하는 패

卦辭	一枝花開 一枝花凋	한가지꽃은 피고 한가지의 꽃은 마른도다	方圓不同 柔剛異鄕	모지고 둥근것이 같지 아니하니 유하고 강함이 다른 골이로다
正月	一有喜事 一有悲事	한번 기쁜일이 있고 한번 슬픈일이 있다	心中有憂 禱厄則吉	마음에 근심이 있으니 도액하면 길하다
二月	一枝花凋	한번슬픈일이 있다 달이 구름밖에 나오니	雪消未盡 春草一困	눈이 다녹지 않았으니 봄풀이 곤란하다
三月	天地明朗	천지가 명랑하다	害方何處 東南兩方	해로운 방위는 어느쪽인고 동남쪽이니라
四月	莫信人言 謀事反誤	남의말을 믿지말라 모사가 도리여 그릇된다	有路何方 奔走東西	동서로 분주히 다닌다
五月	三夏蜂蝶 貪香無益	삼하의 봉접이 향기를 탐하니 이가 없다	雖有財物 入則卽出	비록 재물은 있으나 들어오면 곧 나간다
六月	出行不利 杜門不出	출행하면 불리하니 문을 닫고 나가지마라	必有內患 若非如此	반드시 내환이 있다 만약 그렇지 않으면
七月	家中有慶 必得貴子	집안에 경사가 있으니 만일과 귀자를 얻는다	岩上孤松 籬下黃菊	바위위에 외로운 소나무요 울타리밑에 국화로다
八月	必有慶事 若非科甲	반드시 경사가 있다 만일과 거자가 아니면	心神散亂 在家上策	마음이 산란하니 집에 있는것이 상책이다
九月	戌亥之月 因人生財	구월과 시월에는 사람으로 인하여 재물이 생긴다	家運旺盛 月出黑雲	가운이 왕성하니 달이 검은구름에서 나온다
十月	必是得財 貴人多助	반드시 재물을 얻는다 귀인이 많이 와주니	求事如意 一身自安	일신이 편안하다
十一月	必有喜事 子丑之月	반드시 기쁜일이 있다 십일월과 십이월에는	宜行西南 大財可得	서남으로 가면 큰 재물을 얻는다
十二月	雲散月出 世界明朗	구름이 흩어져 달이 나오니 세계가 명랑하다	莫近是非 口舌相侵	시비를 가까이하지 말라 구설이 서로 침노한다

二三一 革之咸 革은改
咸之改

卦辭
逢時不爲
更待何時
때를 만나서 하지않이하면
다시어느때를 기다릴까

本義
也요咸은感也니
變革之初에人未
信之라가感於文
明之德而自有遲
延之端故로逢時
不爲更待何時라
한다

[해석] 매사를
때를 잊어어 찌할
고아무리귀한손
이라도나를해코
저하니 도를닦고
악을버려야좋을
괘

卦辭	
正月	逢時不爲更待何時 / 때를 만나서 하지않이하면 다시어느때를 기다릴까
二月	心高志足求財如意 / 마음이 높고뜻이 족하니재물은쉽게구하도다
三月	正心修德利在其中 / 바른마음으로덕을닦으면 이익은그안에 있다
四月	勿近惡人守分則吉 / 악을가까이말고 분수를지키면길하다
五月	事不如意一成一敗 / 일이여의치못하니일성일패 한다
六月	君臣唱和貴人來助 / 임금과신하가화창하니 귀인이와서도와준다
七月	若非妻憂堂上有憂 / 만약내환이아니면 친환의근심이있다
八月	經營之事貴人來助 / 경영하는 일은 귀인이와서도와주리라
九月	莫信他言終時不利 / 다른사람의말을듣지말라 끝에불리하리라
十月	東南兩方貴人助我 / 동남양쪽에서귀인이 나를도와주리라
十一月	盛慾更發大害難免 / 허욕이다시나면 큰해를면하기어렵다
十二月	利在南方偶來助力 / 이익은남쪽에있으니 우연히와서힘을돕는다

	義不勝情以慾自營若非添口必是官祿 / 의가정을이기지못하니써스스로경영하고자한다 만약식구가늘지않으면 필시관록이로다
	財星照門大財到門北方如意所望成就凡事如意勿失好期 / 재성이문에비치니 큰재물이들어온다 북방에길한것이있으니 바라는바를성취한다 범사가여의하니 기회를잃지말라
	因人致敗其害不少 / 사람으로인하여패하니 그해가적지않다
	恩人何在東方木姓 / 은인은어데있는고 동쪽에목성이다
	利在何方鄭李兩姓勿貪虛慾必有其害 / 이로운방은 정씨와이씨의두성이다 허욕을탐하지마라 반드시해가있다
	與人謀事兩人各心 / 다른사람과일을꾀하면 두사람의마음이각각이다
	若非木物田庄得利 / 만약나무가아니면 전장으로이익을얻는다
	若貪人財凶事不免 / 남의재물을탐하지마라 흉한일을면하지못한다
	財運旺盛大財入門 / 재운이왕성하니 큰재물이문에들어온다

二三二 革之夬

卦辭

夜逢山君 進退兩難
밤에 범을 만나니
나가고 물러감이 다 어렵다

漁笛一聲 路遠南柯
고기잡는 저한소리에
남가의 길이 멀도다

吉星照門 喜事重重
길성이 문에 비치니
기쁜 일이 많도다

【本義】 革은 改也요 夬은 決也니 中六二爻 合爲一卦하여 爻中 上下가 情不相得에 進難退狀故로 夜逢山君進退兩難이라

【해석】 나를 해코저 하는 사람뿐이요 지도하는 사람도 없다 늦게야 조금 나을 꽤라

正月

祿在到處 欲動春風
녹이 가는 곳마다 있으니
움직이려 하여 가도 로멈춘다

若非官厄 疾病侵身
관액이 아니면
질병이 몸에 든다

二月

東南之財 意外入門
동남쪽의 재물이
뜻밖에 문에 들어온다

必有陰事 利在其中
반드시 음사가 있으니
이익이 그 가운데 있다

三月

莫近他人 疾病相侵
딴 사람을 가까이 하지마라
질병이 침노한다

守分安居 意外成功
분수를 지키고 편안히
있으면 뜻밖에 성공한다

四月

吉祥臨身 必有喜事
길한 일이 몸에 이르니
반드시 기쁜 일이 있도다

心中有憂 安靜則吉
마음에 근심이 있으나
안정하면 길하다

五月

南方不利 勿爲出行
남쪽이 불리하니
출행하지 말라

若非損財 橫厄可畏
만약 손재가 아니면
횡액이 두렵다

六月

身數有吉 凶中有吉
신수가 길하니
흉한 중에 길함이 있다

有路西南 奔走無暇
길이 서서 남에 있으니
분주하여 가나 여가 없다

七月

轉禍爲福 心中無憂
화가 변하여 복이 되니
마음에 근심이 없다

陰陽相生 必有吉祥
음양이 서로 생하니
반드시 길함이 있다

八月

若近是非 口舌紛紛
시비를 가까이 하면
구설이 분분하다

若非如此 官災可畏
만약 그렇지 않으면
관재가 두렵다

九月

出行不利 守舊安靜
출행함이 불리하니
옛을 지키고 안정하라

守分安過 人人仰視
분수를 지키고 안과하니
사람마다 우러러본다

十月

凶中有吉 身數可愼
신수가 불길하니
질병을 조심하라

此月之數 凶少吉多
이 달의 운수는
흉함은 많고 길함이 적다

十一月

疾病可愼 身數不吉
신수가 불길하니
질병이 몸에 든다

雲散月出 所望可成
구름이 흩어지고 달이 나오니
바라는 것을 이룬다

十二月

身安無憂 太平安過
몸이 편안하고 근심이 없으니
태평이 지낸다

二 ☱
三 ☰
三 隨之革

草는 改

【本義】 草은 改

也요 隨는 順也니
事將改革而順受
天命則自變이 化
吉故로 潛龍得珠
變化無窮이라

【해석】 재물이
많이 생길 김에 무슨
일이 든지 귀인을 만
나 성공할 때
이되고 귀인을 만

卦辭	潛龍得珠 變化無窮	잠긴용이 구슬을 얻으니 변화가 무궁하도다	天之所賜 福祿當在	하늘이 주시는 바니 복록이 항상 있도다
正月	天地相應 萬物和生	천지가 서로 응하니 만물이 화생한다	寅卯之月 壽福來臨	정월과 이월에 수는 복이 와서 응한다
二月	謀事最速 利益不少	일을 속히 꾀하면 이익이 적지 않다	若非生男 必是揚名	만약 이름이 나지 아니하면 반드시 생남한다
三月	家道興旺 添土添土	집안이 흥왕하고 식구와 토지를 더한다	經營之事 他人先謀	영위하는 일은 다른 사람이 먼저 꾀한다
四月	凶鬼窺身 添厄可愼	흉액이 몸을 엿보니 조심하라 한다	他人有謀 勿爲出行	다른 사람에게 꾀함이 있으니 출행하지 말라
五月	莫近西人 其害不少	서쪽 사람을 가까이 말라 그 해가 적지 않다	北方不利 人人仰視	북쪽이 불리하니 사람들이 우러러 본다
六月	利在南北 宜行南北	이익은 남북에 있으니 마땅히 남북으로 가라	雖有謀事 百事橫財	비록 일을 꾀하나 만사에 횡재하지 않음으로
七月	事理正當 人不言行	사리가 당연하니 다른 사람이 말을 못한다	若非橫財 弄璋之慶	만약에 횡재 아니하면 생남 한 수 다
八月	出利得財方 利在遠方	이로움이 먼 데 있으니 나가면 재물을 얻는다	名振四方 人多欽仰	이름이 사방에 떨치니 사람이 흠앙한다
九月	頭揷桂花 人皆仰視	머리에 계화를 꽂았으니 사람이 모다 앙시한다	小人不吉 君子有吉	소인은 불길하고 군자는 길하다
十月	吉星來照 家有慶事	길성이 와서 비치니 집에 경사가 있다	利在何處 南北兩方	이익은 어느 곳에 있는고 남북 두 방이라
十一月	喜事臨身 子丑之月	동짓달과 섯달에는 기쁜 일이 몸에 임한다	雖有心苦 反爲吉祥	비록 마음에 괴로움이 있으나 도리어 길함이 있다
十二月	因人被害 損財多端	사람으로 인하여 해를 입으니 손재가 많다	心中無憂 安處太平	마음에 근심이 없으니 편안한 곳에 태평히 지낸다

二四一 隨之萃

䷐ ䷬
隨 萃
之
萃

卦辭
居家不安
出他心閑

本義
隨는 順也요 萃는 萃也니
取善遠惡하면 無
咎니 有功他處之
意故로 居家不安
出他心閑이라

해석
집안일
을버리고동북간
으로멀리나가면
재물도생기고기
쁜일도생길괘

正月	西北兩方 不宜出行	서북양쪽에는 출행하지말라
二月	身運不均 有苦多憂	운수가고르지못하니 괴로운일이있고근심이많다
三月	深山失路 東西不辨	깊은산에서길을잃으니 동서를분별치못한다
四月	貴星照宅 貴人來助	귀성이집에비치니 귀인이와서도와준다
五月	財在四方 到處有吉	재물이사방에있으니 이르는곳마다길함이있다
六月	商路得財 廣置田庄	장사길에재물을얻으니 널리전장을둔다
七月	財入家門 半失奈何	재물이집에들어오나 반은잃으니어찌할고
八月	黑雲滿空 大雨卽降	검은구름이공중에가득하니 큰비가곧온다
九月	千里有信 喜逢親友	천리에서서신이있으니 기쁘게친구를만난다
十月	莫貪人財 反受其害	다른사람의재물을탐하지말라 도리어해를받는다
十一月	金姓有害 莫行東方	금성에해가있으니 동쪽에가지말라
十二月	財運始回 凡事有吉	재운이처음도라오니 범사에길함이있다

卦辭
隨陽運行 不失其常
東行則得吉 行則得利
家中有憂 出行則吉
心無定處 事可虛荒
南北有吉 與人同事
喜色滿面 百事可成
若非損財 膝下有厄
先山後凶 先山後吉
兩人同心 日得大財
東西兩方 求事不成
不發虛慾 別無所益
財物到家 反爲有害
貴人來助 必有得財

양지를따라구우러가니 그항상을잃치아니하다
동쪽에길함이있으 니가동쪽에서길을언는다
집에근심이있으니 출행하면길하다
마음에정한곳이없으 니일에허황함이있다
남북에길함이있으니 다른사람과같이하라
기쁜빛이얼굴에가득하니 만사를이룬다
만약손재가아니면 슬하에액이있다
먼저는길하고뒤는흉하니 선산에는흠이있다
두사람이마음이같으니 날로큰재물을언는다
동서양쪽에서일을구하나 이루지못한다
허욕을내지말라 별로이익이없다
재물이집에오나 도리어해가있다
귀인이와서재물을도 와주니반드시재물을언는다

二一〇

二四二 隨之兌

䷐

卦辭
古人塚之上
今人葬之
이제 사람이 영장한다

正月
運數有不吉
운수가 불길하여
堂上有憂
친환이 있다

二月
利在何處
이익은 어느 곳에 있는고
西方有吉
서쪽에 길함이 있다

三月
凶變爲吉
흉함이 변하여 길하게 되니
大利當到
대리가 당도하다

四月
財如阜山
재물이 산과 같으니
心神自安
마음이 스스로 편하다

五月
若居新屋
만약 새 집에 살면
凶變爲吉
흉한 것이 변하여 길하다

六月
口舌間或
만약 시비가 아니면
若非是非
구설이 간혹 있다

七月
緣木求魚
나무로서 고기를 낚구려 하니
畵中之餠
그림 속에 떡이로다

八月
終時得財
종시 재물을 얻는다
財福隨身
재복이 몸에 따르리

九月
朱雀臨門
주작이 문에 임하니
口舌粉粉
구설이 분분하다

十月
水鬼汚名
물귀신이 이름을 더럽이니
水火可愼
물과 불을 조심하라

十一月
小牛有病
작은 소가 병이 있으니
不行千里
먼 길을 가지 못하도다

十二月
身上有厄
신상에 위태함이 있으니
勿爲妄動
움직이지 말것이다

【本義】 隨는 順也요 兌는 說也니 初陽이 在下而近하고 五陽이 正應而遠하여 二陰而不能自守일새 順乎命而說乎事하여 故人之遺範을 違而勿失之謂故로 古人塚上今人葬之也라

【해선】 하면 일함에 크게 곤난되다가 다시 일이 피여 격정과 근심이 없어지고 늦게야 길할패

秦失其鹿
진나라가 그 사슴을 잃었으니
疾足先得
빠른 사람이 먼저 얻도다
雖有求事
비록 일은 구하나
不中奈何
맞지 아니한다

身上有憂
신상에 근심은 있으나
財物自來
재수는 대길하다

財星入門
재성이 문에 드니
財數大吉
재물이 스스로 온다

財物有吉
서방에 좋은 일이 있으니
必是財帛
반드시 재물이다

勿爲妄動
망동하지 말라
以商失敗
장사로서 실패한다

生疎之人
가까히 하면 실패한다
近則失敗
사몸이 길 위에 있으니

身在路上
동서 양방에서
四方我家
뜻밖에 재물을 얻는다

意外得財
東西兩方

財數不吉
재수가 불길하니
莫貪外財
딴 재물을 탐하지 마라

或有官厄
관액이 있으니
預先祈禱
미리 기도하라

子丑之月
자축 달과 십달에는
每事不成
매사를 이루지 못한다

預先防厄
미리 액을 막으면
凶化爲吉
흉함이 변하여 길하다

一四三 隨之革 隨는順也요革은改也니

☱☰ (卦象)

【本義】 傳相告引罪及念外라

外雖順于命이나 内實改干事라 有求必得이나 非正也니 爲邪媚之嫌이라 故로 有不正 廣故로 傳相告引罪 及念外라

【해설】 구설수가 있으니 가정이 나 타인이나 언쟁 치말고 다정한 사 람이라도 이별할 수이니 조심하면 되는 괘

卦辭	傳相告引 罪及念外	전하여서로고발하다가 죄가생각밖에미치도다
正月	心有悲憂 訟事紛紛	마음에슬픔과근심이있으니 송사가분분하다
二月	行馬失路 말이길을잃었으니 進退可難 나가기가곤난하다
三月	守分在家 분수를지키고집에있으면 別無過失 별다른과실이없다
四月	勿近女子 여자를가까이하지말라 口舌損財 구설과손재가있다
五月	財利可得 재물은가히얻으나 口舌是非 구설과시비가있다
六月	飢者逢豊 주린자가풍년을만났으니 生活自足 생활이자족하다
七月	南北有吉 남북에는길하고 東西有害 동서에는해가있다
八月	雖有得財 비록재물은얻었으나 口舌奈何 구설을어찌할것인가
九月	火姓有害 화성에해가있으니 莫親火姓 화성을친치말라
十月	若非服制 만약복제가아니면 疾病可畏 질병이가히두렵다
十一月	水鬼可畏 水鬼照門 수귀가문에비치니 물귀신이두렵다
十二月	東園回春 동원에봄이돌아오니 百花滿發 백화가만발한다

根枯株朽 逢春何榮	뿌리가마르고나무가썩으니 봄을만난들어찌영화할고
我心正直 腰昧甚多	나의마음은정직하나 애매한것이많도다
親有無情 因人被害	사람으로인하여해를입는다
家人不和 心不安靜	집안사람이불화하니 마음이안정치못하다
握手登樓 故人無情	손을잡고누에오르니 친구가무정하다
莫近水姓 諸事虛妄	수성을가히허망하다 모든일이허망하다
利在何物 田庄多益	이익은어느물건에있느냐 전장에이가많다
經營之事 如成不成	경영하는일이될듯하면서 이루지못한다
水火有驚 水火可慎	수화를조심하라
心中有憂 誰能可知	마음에근심이있으니 누가능히알아주나
吉凶相半 苦盡甘來	길흉이상반하니 쓴것이다가고단것이온다
若非如此 家有一驚	만약그렇지아니하면 집에한번놀랄일이생긴다
幸運到家 家産自旺	행운이집에오니 가산이스스로왕성한다

二五一 太過之夬

卦辭

蓬萊求仙 反爲虛妄
도리혀 허망 하도다
求事不成 事有失敗
일에 실패가 있으니 일을 구하여도 이루지 못한다
海中求玉 不見好玉
바다 가운데 옥을 구하나 좋은 옥을 보지 못한다
心身不平 家有少憂
집에 작은 근심이 있으니 심신이 편치 못하다
到處有財 水姓來助
수성이 와서 도와 주니 가는 곳에 재물이 있다
在他家吉 出他家害
남의 집에 있으면 길하고 내 집으로 가면 해가 있다
二人各心 東西各離
두 사람이 마음이 각각이니 동서로 각각 떠난다
雖有生財 得而失財
비록 재물은 생기나 얻어서 반은 잃는다
砂石見金 必是得財
돌을 쪼아 금을 보니 반드시 재물을 얻는다
草木逢秋 心多煩悶
초목이 가을을 만나니 마음에 번민이 많다
兩人同心 求事可成
두 사람의 마음이 같으니 일을 구하여 가히 이룬다
莫信人言 必有狼狽
남의 말을 믿지 마라 반드시 낭패한다
南方其人 偶然救我
남방의 그 사람이 우연히 나를 구한다

【本義】
大過는 夬也요 夬은 決也니 剛以決이라 初雖有美나 無終하야 나니 蓬萊求仙反 爲虛妄蓮愼하면 吝하나 無咎이라

【해석】
의뢰할 때 없이 허탄한 일을 하지마라도무지 내 뜻 찬성이지 구를 원망하랴 자연이 화가 나서들 어앉은 패

正月
推車上山 力不能任
수레를 밀고 산에 오르니 힘이 능히 당치 못한다
諸事有害 不如在家
모든 일에 해가 있으니 집에 있기만 못하다
莫信親人 損財多端
친한 사람을 믿지 마라 손재가 많다
不意之事 爭訟不已
뜻하지 않은 일로 쟁송을 마지 않는다
財物臨身 勿失好期
좋은 기회를 잃지 마라 재물이 몸에 임하니
朴氏有吉 意外我助
뜻밖에 나를 도와 준다 박씨가 길하며
與人謀事 反受其害
다른 사람과 일을 꾀하면 도리어 그 해를 입는다
訟事不絶 損財甚多
손재가 끊어지지 안이하니 손송사가 많다
他人之財 偶然到家
타인의 재물이 우연히 내 집에 온다
若非移基 出行則吉
이사하지 않으면 출행하는 것이 길하다
莫近金姓 反爲損財
금성을 가까히 하지 마라 도리어 손해 본다
百事有滯 在家最吉
백사에 막힘이 있으니 집에 있는 것이 가장 좋다
在家有吉 出門有害
집에 있으면 길하고 문을 나가면 해가 있다

二五二　太過之咸

䷴

卦辭 太過는
禍也요 咸은 感也라
니 禍以感于時勢
之遷하니 其窮이
極이라 故로 靡室
靡家窮居無所라

[해석] 일없이
돌아다니며 세월
을 보내다가 늦게
야 비로소 자기의
잘못한것을 깨달
고 마음을 고치는
괘

本義

卦辭	靡室靡家 窮居無所	처도잃고집도없으니 오고갈때가정처없도다
正月	生活困苦産 家無財産	집에재산이없으니 생활이곤고하다
二月	到處有財 人人仰視	두처에재물이있으니 사람마다우러러본다
三月	着冠出門 上下不和 口舌不絕	갓을쓰고집을나가니 상하가불화하니 구설이끊어지지않는다
四月	奔走之格 身在他鄉	분주할격이다 몸이타향에있으니
五月	勿爲相爭 口舌不免	서로다투지마라 구설을면키어렵다
六月	官鬼發動 官厄難免	관귀가발동하니 관액을면하기어렵다
七月	經營之事 必有得財	경영하는일은 반드시재물을얻는다
八月	口上有吉 是狼狽	문서상에길함이있으니 반드시재물을얻는다
九月	交上有財 必有得財	시월달의운수는 작은재물을얻는다
十月	少財可得	
十一月	飢者逢豊 金玉滿堂	주린자풍년을만나니 금옥이집에가득하다
十二月	亥月之數 積德之家 必有餘慶	덕을쌓은집에는 반드시남은경사가있다

憂來撓足 目不可合	근심이옴에발을묶으니 눈을가히부치지못한다
求財不利 財神發動	재물을구하하니 가신이발동하니 재물이스스로온다
兩姓同心 財物自來	두성이마음이같으니 재물이스스로온다
若非親憂 疾病可畏	만약친환이아니면 질병이두렵다
口舌紛紛 不察之故	구설이분분하니 살피지못한연고로다
勞而無功 身數奈何	수고는하나공은없으니 신수를어찌할꼬
謀事多端 不中奈何	꾀하는일이많으나 되지않으니어찌할고
若有人助 婚姻有慶	만약남는사람이있으면 혼인의경사로다
吉變爲凶 徒費心力	길함이변하여흉하니 공연히심력만허비한다
勿貪分外 必是虛妄	분수에넘치는것을탐하지마라 반드시허망하리라
官災口舌 間或有之	관재와구설이 간혹있다
橫財豊饒 財星照門	재성이문에비치니 횡재하여풍족하다
朴金不利 木姓助我	박가김가는불리하고 목성이나를도와준다

二五三 困之太過

卦辭
花爛春城 萬和方暢
꽃이 봄성에 무르익으니 만가지화하여 바야흐로 화창한다

本義
太過는 禍也요 困은 危也니 禍而危하여 其窮이 極이니 易之義는 窮則變하고 變則通함으로 其變이 如春花之繁華故로 花爛春城萬和方暢이라

[해석] 가족이 화락하고 벼슬이 높으며 지도하는 사람이 많고 도와주는 사람이 많으니 반드시 경사있을패

卦辭	
正月	始逢大運 萬事有成 비로소운을 만나니 만사에 이룸이 있다	君明臣賢 上下相和 임군이 밝고 신하가 어지니 우와 아래가 서로 화하도다
二月	美人相對 必有喜事 미인을 서로 대하였으니 반드시 기쁜 일이 있다	若非官祿 婚姻之慶 만약 관이 아니면 혼인할 수다
三月	龍得明珠 造化無窮 용이 밝은 구슬을 얻었으니 조화가 무궁하다	東南兩方 財物興旺 동쪽과 남쪽 양방에 재물이 왕성하다
四月	出行不利 在家則吉 출행함이 불리하니 집에 있으면 길하다	春風三月 萬物得意 봄바람 삼월에 만물이 뜻을 얻었다
五月	運數大通 一家和平 운수가 대통하여 집안이 화평하다	龍得天門 必有榮貴 용이 천문을 얻었으니 반드시 영귀함이 있다
六月	我先折桂 人皆仰視 내가 먼저 계수를 꺾으니 사람들이 우러러 본다	若近酒色 疾病侵身 만약 주색을 가까히 하면 질병이 몸에 침노한다
七月	勿高心志 吉變爲凶 마음을 높게 말라 길함이 변하여 흉하게 된다	意外榮貴 必是貴人 뜻밖에 영귀하니 반드시 귀인이다
八月	一家和平 豈不美哉 한집이 화평하니 어찌 아름답지 않으랴	若非親喪 膝下有驚 만약 친상이 아니면 슬하에 놀람이 있다
九月	家中有慶 得男之慶 집에 경사가 있으니 생남할 경사이다	西北兩方 出行有吉 서북 양방에 출행하면 길하다
十月	暗夜失燈 東西不辨 어두운 밤에 등불을 잃었으니 동서를 분간치 못한다	西南兩方 千金自來 서남방에서 천금이 스스로 온다
十一月	運數亨通 意氣洋洋 운수가 형통하니 의기가 양양하다	失財可愼 盜賊可愼 재물을 잃고 뜻도 잃으니 도적을 조심하라
十二月	家人合心 利在其中 집안 사람이 마음을 합하니 이가 그 가운데 있다	若無此數 反爲虛荒 만약 이 수가 없으면 도리어 허황하다 利在何姓 必然鄭氏 이는 어느 성에 있는고 반드시 정씨이다

二六一 困之危

䷮ 困
䷝ 兌之危

本義 困은危也요兌은說也니處險而悅은憂中逢喜라故로千里他鄉에喜逢故人也라

해석 반가운 사람을 만나는 동시에 대관의 지위를 받고 가을에 이르러 생남하고 재수도 좋을 괘

卦辭	千里他鄉 喜逢故人	천리타향에 기쁘게 옛날 사람을 만났도다
正月	添口添土 喜滿家庭	식구도 늘고 토지도 느니 기쁨이 집안에 가득하다
二月	他人救助 必有橫財	타인이 나를 구조하니 반드시 횡재가 있다
三月	身上不安 財必長遠	신상이 불안하나 재수는 반드시 장원하다
四月	陰陽和合 必有慶事	음양이 화합하니 반드시 경사가 있다
五月	官鬼發動 虛夢散亂	관귀가 발동하니 헛된 꿈이 산란하다
六月	東西有路 奔走他鄉	동서에 길이 있으니 타향에 분주하다
七月	同房花燭 獨坐彈琴	동방화촉에 홀로 앉아 거문고를 탄다
八月	經營之事 速則爲吉	경영하는 일은 속히 하면 길하다
九月	謀事順成 必有吉利	일을 꾀하여 순성하니 반드시 길함이 있다
十月	利在北方 與人同事	재리가 북방에 있으니 다른 사람과 동사하라
十一月	諸事亨通 因人成事	모든 일이 형통하니 사람으로 인하여 성사한다
十二月	若逢貴人 大財入手	만약 귀인을 만나면 큰 재물이 손에 들어온다

掛書碧雲 大德呈祥	과거의 글을 걸으니 큰 덕이 상서를 드리도다	
身有奔走 勞而有功	몸이 분주하나 고하나 공이 있다	
春草逢雨 壽福自來	봄풀이 비를 만나니 수복이 스스로 온다	
勞而無功 身數奈何	수고하나 공이 없으니 신수를 어찌할까	
勿爲出路 疾病相侵	집을 나가지 말라 질병이 침노한다	
家有吉慶 必是弄璋	집에 경사가 있으니 필시 득남한다	
勿聽他言 別無所利	다른 말은 듣지 말라 별로 이익이 없다	
周遊四方 先吉後凶	사방에 두루 놀다 먼저 길하고 후에 흉하다	
若財可得 大利可得	만약 재물을 얻는다 만약 귀인을 만나면 큰 재물을 얻는다	
身數大吉 百事有吉	신수가 대길하니 백사에 길함이 있다	
金姓有害 勿爲去來	금성은 해가 있으니 거래를 하지 마라	
枯木回春 其形更新	마른 나무에 봄이 도라오니 그 형상이 다시 새롭다	
莫行西北 費財不免	서북으로 가지 마라 재물의 소비를 면하지 못한다	

二六二 困之萃 困

䷮䷬

三年不雨年事可知

卦辭
三年不雨年事可知
해의일을가히알도다

本義
困은危也요萃는聚也니
易曰困于酒食이라하니有厭飮食苦悩之意와困이聚하면尤困故로三年不雨年事可知라

해석
궁한사람이일을함에마음대로되지않는다운수라어찌할고한탄말고있으면종말에는형통할패

正月
勿貪分外凶謀無用
분수밖의것을탐하지마라흉한계교는무용하다

二月
士姓有害近則有害
토성이해로우니가까이하면해가있다

三月
因而有厄愼之疾病
곤하고액이있으니질병을조심하라

四月
虛慾不利莫出凶計
허욕이불리하니흉계를내지마라

五月
暗夜失燭前路暗暗
어두운밤에촛불을잃었으니앞길이답답하다

六月
經營之事勿說內容
경영하는일은내용을말하지마라

七月
見而不食畵中之餠
보고도먹지못하니그림가운데떡이로다

八月
莫近是非口舌難免
시비를가까이하지마라구설을면하기어렵다

九月
勿謀他營反受其害
다른경영을도모하지말라도리어그해를받는다

十月
勿爲妄動橫厄侵身
망녕되이움직이지마라횡액이몸에침노한다

十一月
別無損益
별로손익이없다
子月之數횡액의재수는

十二月
必有亨通勿失此期
반드시형통함이있으니이기회를잃지마라

老馬爲駒病든닭이새끼못치도다

苦盡甘來終有成功쓴것이다가고단것이오니마침내성공한다

若無官災口舌身病만약관재가없으면구설과신병이있다

身在困境居處不安몸이곤경에있으니거처가불안하다

逆水行舟事理不當만약여색을가까이하면괴이한일이앞에당한다

莫近女色怪事當前사리가부당하다배가물을거슬러행하니

若非口舌官災橫厄만일구설이아니면관재와횡액이있다

心有煩惱何以安逸마음에번민이있으니편안치못하다

空谷回春草木自樂골짜기에봄이돌아오니초목이즐겨한다

自此以後次次亨通이로부터뒤에는차차형통한다

若行西方損財口舌만약서방에가면손재와구설이있다

利在東方出行可得재물이동방에있으니나가면가히얻는다

橫厄有數勿爲出行횡액수가있으니출행하지마라

二六三 過太之困

卦辭　困은 危也요 大過는 禍也니 困이 有禍에 凶咎를 可知로 易曰 入于其官이라도 不見其妻라하니 清風明月에 獨坐節盆이라

【해석】 처음에는 좋으나 중에는 외로이 되어 타향에 돌아다니며 처궁에 큰 근심이 있을때

本義

正月	清風明月 獨坐叩盆	맑은 바람 밝은 달에 홀로 앉아 동우를 두드린다
二月	利在北方 求則可得	재물이 북방에 있으니 수고하나 공이 없다
三月	無事無業 勞而無功	일도 없고 사업도 없으니 수고하나 공이 없다
四月	官祿臨身 可免喪紀	관록이 몸에 임하면 상처를 면한다
五月	若逢貴人 意外橫財	만약 귀인을 만나면 뜻밖의 횡재를 한다
六月	事有多滯 求事難成	일에 막힘이 많으니 일을 구하나 이루지 못한다
七月	凡事可慎 或恐損財	범사를 조심하라 혹손재가 두렵다
八月	欲飛未飛 此以奈何	날으려하나 날지 못하니 이것을 어찌할고
九月	勿爲爭訟 口舌當頭	송사하지마라 구설이 당두한다
十月	無依無托 山鳥出林	무의무탁하다 산새가 수풀을 나오니
十一月	必有小財 宜行北方	반드시 작은 재물이 있으니 북방으로 가라
十二月	謀事多端 事不如意	일이여 의치 못하니 일을 꾀함이 많다

上山東北 秋月吊身 若逢貴人 身上有榮	산동쪽 북쪽 가을 달이 몸에 오르니 만약 귀인을 만나면 신상에 영화가 있다
莫行南方 吉變爲凶 若無相爭 口舌粉粉	남쪽에 행하지 마라 길함이 변하여 흉하다 만약 서로 다투지 않으면 구설이 분분하다
朱雀發動 間間口舌 或有損財 凡事慎之	주작이 발동하니 간간이 구설이 있다 혹 손재가 있을지 모르니 범사를 조심하라
有志不成 有頭無尾 但只金字 此年所憂	뜻은 있고 이루지 못하니 머리만 있고 꼬리가 없다 이해에 근심할 것은 단지 금자이다
運數不吉 勿思妄計 雖有得財 得而難聚	운수가 불길하니 망녕된 일을 생각마라 비록 재물을 얻으나 얻어도 모이기 어렵다
莫出慾心 反爲失敗	욕심을 내지 마라 도리어 실패한다
去舊從新 喜事當前	옛을 버리고 새것을 쫓으니 기쁜일이 앞에 당한다
開運三冬 不小不大	운수가 삼동에 열렸으니 작지도 않고 크지도 않다

```
三 一 一
三 三 三
三 三 三
```
鼎之有大

大有는

卦辭
忙忙歸客臨津無船
빨리가는 손이
나루에 임함에 배가 없도다

本義 大有는 實也요 鼎은 定也니 寬而能定에 順하여 無許歸處故로 忙忙歸客臨津無船이라

해석 분주히 돌아다녀도 성공치 못하고 가정에 재미만되는 패

天休命이나 易曰 鼎顚趾니 利出否라하니 鼎未有實而有否惡之積하여 無許歸處故로

卦辭	忙忙歸客臨津無船	빨리가는 손이 나루에 임함에 배가 없도다
正月	有恨自嘆誰有能知	한이 있어 스스로 탄식하니 누가 능히 알아주랴
二月	若非移舍膝下有驚	만약 이사하지 아니하면 슬하에 놀람이 있다
三月	謀事順成生活泰平	꾀한 일을 순성하니 생활이 태평하다
四月	莫行他鄉口舌可侵	타향에 가지마라 구설이 침노한다
五月	運數不吉或有素服	운수가 불길하니 혹 소복을 입을 수가 있다
六月	官鬼發動每事未決	관귀가 발동하니 매사가 미결하다
七月	三秋之數宜可守分	가을 석달의 운수는 분수를 지켜야 한다
八月	勿發虛慾終是不利	허욕을 발하지 마라 종시 불리하다
九月	若非損財膝下有憂	만약 손재 없으면 자손에 근심이 있다
十月	深山小兎虎群何防	깊은 산에 작은 토끼가 범떼를 어찌 막을고
十一月	南方有厄橫厄可愼	남방에 액이 있으니 횡액을 조심하라
十二月	以小易大其利甚多	작은 것으로 큰 것을 바꾸니 그 이익이 많다

	婚禮不明男女失常	혼례가 밝지 못하니 남녀가 항상을 잃도다
	與人謀事必有損害	다른 사람과 일을 꾀하면 반드시 손해가 있다
	陰雨濛濛不見明月	음우가 몽몽하니 밝은 달을 보지 못한다
	巳午有厄宜可愼之	사오월에 경사가 있으니 마땅히 삼가야 한다
	家下有吉慶膝下有慶	집에 경사가 있다 슬하에 경사가 있다
	避狸逢虎事有危險	살쾡이를 피하다 범을 만나니 일에 위험이 있다
	兩人各心是非口舌	두 사람이 마음이 각각이니 시비와 구설이 있다
	虛妄之事必然損害必有凶兆	허망한 일은 필연 손해볼 징조이다
	財數已回利在田庄	재수가 이미 돌아오니 이익은 전장에 있다
	戌月之數愼之疾病	구월의 수는 질병을 조심하라
	莫信他人口舌間或	다른 사람을 믿지마라 구설이 간혹 있다
	求財不吉財數不得	재수가 불길하여 구하여도 얻지 못한다
	利在四方大財入手	이함이 사방에 있으니 큰 재물이 손에 들어 온다

大有之离

三 一 二

卦辞 青鳥傳信 鰻者得配

푸른새가 소식을 전하니
홀아비가 배필을 얻도다

[本義] 大有는 寬也요 离는 麗也니 南方之卦니 自有調和之德故로 青鳥傳信鰻者得配라

[해석] 혼인이 되며 수고함은 적어도 효력이 많으니 사람이 와서 우연히 좋은 일이 많은 패

正月
美人有吉慶
집에 경사가 있으니
미인이 서로 잔을 든다

二月
家有慶 膝下有慶
金玉滿堂
슬하에 경사가 가득하고
금옥이 당에 가득하다

三月
或有疾病
預先祈禱
혹 질병이 있으니
미리 기도하라

四月
始終如一
必有榮貴
처음과 끝이 하나같으니
반드시 영귀함이 있다

五月
幸運已回
福祿自來
행복한 운수가 도라오니
복록이 스스로 온다

六月
家有慶事
生男之慶
집에 경사가 있으니
남할 경사로다

七月
凡事有吉
必有橫財
반드시 횡재한다
재성이 문에 도라오니

八月
財星入門
財物入門
재물이 문에 들어 온다
법사가 길하니

九月
深山失路
行路不能
심산에서 길을 잃으니
갈가기가 불능하다

十月
財星入門
必有橫財
재성이 문에 비치니
반드시 횡재한다
밝은 달이 사창에 비치니
일을 반드시 이룬다

十一月
月明紗窓
事機必成
원행을 하지마라
불리한 일이 있다

十二月
不勿爲遠行
不利之事行
만약 금성이 도우면
반드시 기쁜일이 있다
必有助金姓
必有喜事

花月春山 萬紫千紅
꽃이 봄산에 피니
만가지 천가지 붉도다

人口增進 田庄買得
인구가 늘고
전장을 산다

二月桃李 逢時開花
이월의 도리화가
때를 만나 꽃이 핀다

若非橫財 問有疾病
만약 질병이 있거든
박씨의원에게 문의하라

吉星臨門 胎星來照
길성이 문에 임하니
태기별이 와서 비치도다

心有興旺 必待時
마음을 바르게하고 때를 기다리면
반드시 흥왕한다

財祿臨身 名傳四海
재록을 사해에 전한다

貴人相助 利在其中
귀인이 서로 도우니
이가 그 가운데 있다

所望難成 人多忌我
소망을 이루지 못한다
다른사람이 나를 꺼리니

堅如山玉 本心守分
군본 심으로 분수를 지키면
견고하기 산과옥 같다

男兒得意 意氣洋洋
남아가 뜻을 얻으니
의기가 양양한다

心勿爲大 吉變爲凶
마음을 급하게 하지마라
길함이 변하여 흉하게 된다

三二一 ䷥ 大有之睽

卦辭

大有는 寬也요 睽는 背也니 寬而背其德이 니 寬雖有始나 無終하나니 故로 事 多怜忙畫出魍魎이라

【本義】
事多怜忙 畫出魍魎
靜則失業 動則多利
若無口舌 盜賊可畏

【해석】 모든일이 마음과 같지 못 하며 남에게 아 서로 남에게 아 서손재하며 부모 에게 질병이 있을 패

卦辭	事多怜忙畫出魍魎	일이 창망함이 많으니 낮에 난 도깨비로다
正月	靜則失業動則多利	고요하면 직업을 잃고 활동하면 이익이 많다
二月	若無口舌盜賊可畏	만약 구설이 아니면 도적이 두렵다
三月	固守其家終時有福	그집을 굳게 지키면 마침내 복이 있다
四月	損財有害出入多端	출입하면 해가 있고 손재가 많다
五月	身上有吉必有亨通	신상에 길함이 있으니 반드시 형통함이 있다
六月	以小易大財運大通	작은것으로 큰것을 바꾸니 재운이 대통한다
七月	欲避橫厄預行南方	횡액을 피하고저 하거든 미리 남방으로 가라
八月	山鳥羽傷欲飛不飛	산새의 날개가 상하였으니 날려고 하여도 날지 못한다
九月	盜賊可畏失財可慮	도적이 두렵고 재물을 잃을 염려라
十月	不意之財偶然到家	뜻하지 아니한 재물이 우연히 집에 온다
十一月	小舟逢傷江南水邊	강남 물가에 작은배가 상하였다
十二月	若無疾病堂上愛病	만약 질병이 없으면 부모에게 근심이라

黃泉風雨 百草揮荒
황천바람비에 백가지풀이 다 쓰러지도다

若無損財 疾病侵身
만약 손재가 아니면 질병이 몸에 침노한다

風波不行舟 欲進不進
풍파에 배를 행하니 가려고 하나 가지 못한다

身數不吉 祈禱名山
신수가 불길하니 명산에 기도하라

因人有害 安靜居家
사람으로 인하여 해가 있으니 금성을 멀리하라

勿貪人財 反爲損害
타인의 재물을 탐하지 마라 도리어 손해한다

或有口舌 謀事難成
혹 구설이 있어 모사를 이루기 어렵다

苦勞相牛 喜憂相雜
괴로움이 상반하고 기쁨과 근심이 섞였도다

不意之事 損財多端
뜻하지 아니한 일로 손재가 대단하다

四方得利 必得大財
사방에 이가 있으니 반드시 큰 재물을 얻는다

無家有不平 無端損財
집에 불평함이 있으니 무단히 손재한다

事不如意 世事如夢
일이 여의치 못하니 세상일이 꿈과 같다

三二一 濟未之睽

卦辭

方病大腫
扁鵲難醫
其地發動
必有口舌

병든큰허데를
편작이도고치기어렵다
기지가발동하니
반드시구설이있다

【本義】 脛는背
也요未濟는失也
니背德而失其事
故로方病大腫扁
鵲難醫라

【해석】 질병이
떠나지아니하고
손재의혐의가있
으니모든일에조
심하여야할패

卦辭	正月	二月	三月	四月	五月	六月	七月	八月	九月	十月	十一月	十二月

經營之事
如成不成
주영하는일은
될것같으나이루지못한다

無匙何食
飢者得飯
주린자가밥을얻었으나
숟갈이없으니어찌할고

月入黑雲
不見其光
달이검은구름에드니
그빛을보지못한다

其害甚多
家有憂患
집에우환이있으니
그해가심히많다

財在路邊
强求必得
재물이길가에있으니
힘써구하면얻는다

橫厄有數
誠心禱厄
횡액수가있으니
성심것도액하라

莫近女人
必有損財
여자를가까히하지마라
반드시손재가있다

生疎之人
勿爲交遊
생소한사람을
사귀지말고놀지도말라

終無一成事
所望之事
소망한일은
하나도이루지못한다

一年之在三冬數
都是일년의재수는
도시삼동에있다

偶然意外入門之財
우연한재물이
뜻밖에들어온다

冬桑枯死
當風失道
겨울뽕나무가마르니
바람을당하야길을잃도다

莫貪人財
未免狼狽
타인의재물을탐하지마라
낭패를면하지못한다

出則心閑
入則心亂
나가면마음이한가하고
들어오면심란하다

財運逢空
橫財反凶
재운이비였으니
횡재가도리여흉하다

口舌有數
勿爲相爭
구설수가있으니
서로다투지마라

或有謀失敗
勿分外
분수밖의일은꾀하지마라
혹실패가있다

六七月數
百事有魔
육월과칠월에는
백사에마가있다

勿爲旅行
疾病侵身
여행을하지마라
질병이몸에침노한다

事有未決
必有煩悶
일에미결함이있으니
반드시번민한다

勿向虛荒
每事有滯
매사에막힘이있으니
허황한일은말라

家下之慶
膝下有吉辭
자손에경사가있으니
집에경사가있으라

若助火姓
可得橫財
만약화성이도우면
가허횡재한다

三二二

噬嗑之睽

本義 睽는背

해석 생남하고부자되고귀인을만나보며처녀이면출가할괘이라

춘三월화락결실이요

暮春三月 花落結實 : 점은봄삼월에 꽃이떨어져서열매가맺도다

卦辭	
正月	陰陽和順 必有慶事 : 음양이화합하니 반드시경사가있다
二月	百事俱順 日取千金 : 백사가구순하니 하루에천금을취한다
三月	若非移居 明制可慮 : 만약옮겨살지아니하면 복임을염려하고있다
四月	東方木姓 偶來助力 : 동방에목성이 우연히도와준다
五月	財産入門 財旺東北 : 재물이문에들어오니 재물은동북에왕성한다
六月	山野回春 花色更新 : 산야에봄이도라오니 꽃빛이다시새롭다
七月	七月八月 口舌愼之 : 칠월과팔월에는 구설을조심하라
八月	若逢貴人 財旺身旺 : 만약귀인을만나면 재물과몸이왕성한다
九月	小往大來 必有成家 : 작은것이가고큰것이오니 반드시성가한다
十月	是非之事 終時損財 : 시비의일로 마침내는손재한다
十一月	日月恒明 喜滿家庭 : 일월이항상밝으니 기쁨이가정에가득하다
十二月	莫近是非 口舌侵身 : 시비를가까히하지마라 구설이몸에침노한다

	披雲見月 萬邦有光 : 구름을헤치고달을보니 만나라가빛이있도다
	胎星照門 必是生男 : 태성이문에비치니 반드시생남하리라
	吉運己回 身貴財旺 : 길한운수가돌아오니 몸은귀하고재산은왕성한다
	若非産慶 人口增進 : 만일산고가아니면 인구가는다
	意外助我 朴李之姓 : 뜻밖에나를돕는는 박씨나이씨가아니냐
	虛動有害 謀事則吉 : 헛되이동하면해롭고 일을도모하면이롭다
	宜行東西 必有橫財 : 마땅히동서로가라 반드시횡재가있다
	凡事如意 身上平安 : 범사가여의하니 신상이편안하다
	聽經之事 必有吉利 : 경영한일은 반드시길하다
	若非如此 口舌可畏 : 만약그렇지아니하면 구설이두렵다
	若非揚名 必有得財 : 만약이름이나지아니하면 반드시재물을얻는다
	損財有數 木姓愼之 : 손재수가많으니 목성을조심하라

三 二 三 有大之睽

【本義】睽는背也요 大有는寬也라
니背其義而寬于
仁이 如宋襄之仁
하야 不因人於厄
而終受敗續故로
日有弓無矢來賊
何防이라

【해선】 매사를
준비하여 장래의
환을 방비하고 곤
란한 생활이라도
안심하고지나나
차차 복이돌아오
는패

卦辭	有弓無矢 來賊何防	활은 있고 살이 없으니 오는 도적을 어찌 막을고
正月	鬪于谷口 出行有吉 宜行東南	개도야지가 함께 달아나니 골어구에싸우도다 출행함이 길하니 마땅히 동남쪽으로 가라
二月	經營之事 有始無終 何望生活	경영한일은 시초만 있고 끝이 없다 어찌 살기를 바라리오
三月	事有多數 若非如此 口舌有數	이월과 삼월에는 일이 많이 거슬린다 만약 그렇지 아니하면 구설수가 있다
四月	必是生產 或有失敗 守分安居	만약 질병이 없으면 필시 생산할 것이다 실패수가 있으니 분수를 지키고 살라
五月	身數不吉 橫厄可愼	신수가 불길하니 횡액을 조심하라
六月	每事有滯 心神散亂	매사에 막힘이 있으니 심신이 산란하다
七月	身上有吉 貴人來助	신상에 길함이 있으니 귀인이 서로 도우리라
八月	若無大疾 必有大患	만약 질병이 없으면 큰 근심이 있다
九月	必是女人 西北有吉	필시 여자이니라 서북에 길함이 있으니
十月	求之不得 不如在家	구하여도 얻지 못하니 집에 있기만 못하다
十一月	動則有害 靜則有吉	움직이면 해가 있고 고요히 있으면 길하다
十二月	成敗多端 身數奈何	성패가 많으니 신수를 어찌할고

心無所主 意外遇事 見機可行 謀事不明 모사가 불명하니 기회를 봐서 행하라 마음에 주장한 바가 없으니 뜻밖에 일을 만난다

勿爲他營 謀事有錯 枯木回春 終時有光 다른 경영을 하지마라 일에 그릇됨이 있다 고목에 봄이 돌아오니 종시 빛이 있도다

事有分數 莫貪外財 災消福來 謀事可成 일에 분수가 있으니 외재를 탐하지마라 재앙이 사라지고 복이 오니 모사가 성취된다

爲分行之不可事 膝下有服 若無服制 슬하에 근심이 있도다 만약 복제가 없으면 분수 밖의 일은 행하는 것이 불가하다

三三一 離之離 ䷝䷝

卦辭
陽翟大賈
手弄千金

양적의 큰 장사가
천금을 희롱하도다

【本義】 離는 麗也요 旅는 客也니 以剛居下而處明體하여 志欲尙進而作旅客之狀故로 陽翟大賈手弄千金이다

【해석】 장사하므로 이익을 많이 보고 와주는 사람이 많고 경영하는 일이 뜻과 같은 괘

卦辭	
正月	春風三月 桃花滿發 偶得大財 財運方盛 萬物更生 陽回故國 봄바람 삼월에 도화가 만발하였다 재운이 성하니 만물이 다시 산다 봄이고국문에 돌아오니 우연히 큰재물을 얻는다
二月	貴人扶助 可得千金 귀인이 도와주니 천금을 얻는다
三月	五六之月 財如丘山 오월과 유월에는 재물이 구산같다
四月	百事俱成 意外得財 백사를 가추어 이루니 뜻밖에 재물을 얻는다
五月	與人謀事 必有財利 다른 사람과 일을 꾀하면 반드시 재물에 이가 있다
六月	月明紗窓 貴人可親 달 밝은 사창에 귀인을 친히 한다
七月	草木回春 日益生色 초목이 봄이 돌아오니 날로 빛이 더난다
八月	東園桃李 始結其子 동원의 도리화가 비로소 열매를 맺도다
九月	莫行水邊 橫厄可畏 물가에 가지마라 횡액이 두렵다
十月	以財傷心 勿貪虛慾 재물로서 마음을 상하니 허욕을 탐하지 마라
十一月	冲中連合 凶禍爲吉 충하는 가운데 합함을 만나니 흉화가 변하여 길하게 되도다
十一月	財在官門 莫貪外財 재물이 관문에 있으니 외재를 탐하지 마라
十一月	龍在小川 吉凶相雜 용이 작은 내에 있으니 길흉이 서로 섞겼다
十一月	有財官門 豈不美哉 재물이 관문에 있으니 어찌 아름답지 아니하랴
十一月	花發東園 必有生產 꽃이 동원에 피니 반드시 생산이 있다
十一月	經營之事 因人成事 경영하는 일은 사람으로 인하여 성사한다
十一月	家運旺盛 貴人助我 가운이 왕성하니 귀인이 나를 돕는다
十一月	莫信西女 無端口舌 서쪽 계집을 믿지 마라 무단히 구설이 있다
十一月	家事吉慶 膝下之慶 집에 경사가 있으니 슬하의 경사로다
十一月	以此論之 每事有吉 이로서의 론할진대 매사에 길함이 있다
十一月	在家無益 出行得財 집에 있으면 가없으니 출행하면 재물을 얻는다
十一月	勞心勞力 必有財利 노심 노력하면 반드시 재리가 간다
十二月	守分安居 意外橫財 분수를 지키고 있으면 외의 횡재를 한다

토정비결

三二二 ䷍ 有大之离 离는 麗

【本義】 离는 麗也요 大有는 寬也니 陰麗于陽하여 其像이 爲火體라 陰西用陽에 有改舊革新之意故로 北邙山下新建茅屋이다

【해석】 만금이 있은들 무엇할고 북망산에 메장이 가련하다 극흥하먼 길한지라 모든 일에 정심정도 할패

卦辭	北邙山下 新建茅屋	북망산밑에 새로이메집을세우도다
正月	日月不見 心多有憂	일월을보지못하니 마음에근심이있도다
二月	離家何向 身遊都市	집을떠나어디로갈것인가 몸은도회에서논다
三月	心有不安 求財不得	마음이불안하니 재물을구하여도얻지못한다
四月	在家愁心 出外心閒	집에있으면근심하고 나가면마음이한가하다
五月	利在文書 田庄之事	이가문서에있으니 전장의일이라
六月	無爲强求 轉禍爲福	억지로구하지않으면 화가굴어서복이된다
七月	祈禱佛前 餘厄可免	불전에기도하면 남은액운면한다
八月	事有未決 有頭無尾	일에미결함이있으니 머리는있고꼬리는없다
九月	百事成就 喜滿家庭	백사가성취하니 기쁨이가득하다
十月	若非親憂 膝下有驚	만약에친환이아니면 슬하에놀람이있다
十一月	吉凶難辨 子丑兩月	동짓달과섣달에는 길흉을가리기어렵도다
十二月	身運不利 或有疾病	신운이불리하니 혹질병이있다

出入公事 勞而無功	공사에출입하야 수고해도공이없도다
家若不然 家宅不安	만약그렇지않으면 집안이불안하다
莫信人言 先吉後凶	다른사람의말을믿지마라 먼저길하고뒤에흉하다
幸逢貴人 橫厄可免	다행이귀인을만나면 횡액을면한다
身遊東方 貴人助我	몸이동방에가서놀면 귀인이나를돕는다
財運旺盛 財帛豐盈	재운이왕성하니 의식이풍족하다
勿爲妄動 待時安靜	망녕되이움직이지말고 조용히때를기다리라
訟事有數 勿爲爭論	송사수가있으니 다투지마라
身上有厄 祈禱家神	신상에액이있으니 가신에게기도하라
運數如此 此外何望	운수가이러하니 이밖에무엇을바라리오
木姓有害 勿爲與受	목성에해가있으니 거래를하지마라
與人謀事 必有虛荒	다른사람과모사하면 반드시허황하다
莫近木姓 必受災殃	목성을가까이하지마라 반드시재앙을받는다

三三三 噬嗑之离
三三三 临
三三三 离는 麗

[本義]
也요 噬嗑는 噬이
니 柔麗乎中正而
亨하여 文明而噬
其利라 剛柔中半
하야 事無不中故
로 射虎南山連貫
五中이라

[해석] 무슨일
을 경영하던지 뜻
과 같이 되고 큰일
가능히 큰일이라
도 할것이니 때를
잘 파서 할 때

卦辭	射虎南山 連貫五中 乾泉逢雨 其水更多	범을 남산에서 쏘니 연하야 다섯번 맞도다 마른 샘이 비를 만나니 그물이 다시 많다	天所顧佑 禍災不到 威振四方 意氣洋洋	하늘이 도라보는바에 재화가 이르지 못하도다 위엄이 사방에 떨치니 의기가 양양하다
正月	日月光明 必有喜事	일월이 광명하니 반드시 기쁜일이 있다	家中有慶 必是膝下	집안에 경사가 있으니 반드시 슬하에 있다
二月	君子登科 小人得財	군자는 벼슬을 얻고 소인은 재물을 얻는다	他人之財 偶然入門	타인의 재물이 우연히 문에 들어온다
三月	龍得河海 造化無窮	용이 하해를 만났으니 조화가 무궁하다	不遠行不 如在家	원행을 불리하니 집에 있는게 이롭다
四月	失物有數 凡事愼之	실물수가 있으니 범사를 조심하라	莫信北人 水姓有害	북쪽사람을 믿지마라 수성에게 해가 있다
五月	若非科甲 必有得財	만일 벼슬을 아니하면 반드시 재물을 얻는다	心堅如石 勞後有功	마음을 돌같이 굳게하고 수고한 뒤에 공이 있다
六月	樂極愛生 不如虛荒	너무 좋은 것이 도리어 근심이니 허황함만 못하다	守分上策 妄動有害	분수를 지키고 망녕히 움직이면 해가 있다
七月	甘雨時降 豊年可期	단비가 때로 오니 풍년을 기약한다	西北兩方 貴人來助	서북 양방에서 귀인이 와서 돕는다
八月	晴天月出 鏡色可美	개인 하늘에 달이 뜨니 경색이 아름답다	心身自安 成功何難	마음과 몸이 편하니 성공하기 어려울 것이 없다
九月	莫貪外財 必有虛荒	외재를 탐하지마라 반드시 허황하다	逢秋蓮花 一時滿發	가을을 당한 연꽃이 한때에 만발한다
十月	所顧成就 身數大吉	소원을 성취하니 신수가 대길하다	若非橫財 官祿臨身	만일 횡재가 아니면 관록이 몸에 임한다
十一月	若近女色 無端口舌	여색을 가까이 하면 무단히 구설이 있다	凡事有順 所求可得	범사가 유순하니 구하는 바를 가히 얻는다

토정비결

三二七

三四一 晋之噬嗑

卦辭
萬里長程에
去去高山이로다
만리긴길에
갈수록산은높으도다

本義
噬嗑은 噬也요 晋은 進也니 九四一陽이 間于其中하여 必噬之後에 進則尤爲不通이니 故로 萬里長程去去高山이라

【해설】
끝없는 길이갈수록어렵
기만하고잘되지
아니하니마음이
항상불안한괘
라

正月
深山孤松
大海片舟
깊은산에외로운소나무요
큰바다에조각배로다

三婦同心
忽不相思
세지어미가한가지마음이더니
홀연이서로생각지아니하도다

二月
或恐橫厄
預爲禱厄
혹횡액이두려우니
미리도액하라

運數多逆
必有損害
운수가많이거스리니
반드시손해가있다

三月
夏多如意
家在慶事
여름에는여의한일이많다 (심신이태평하니
집안에경사가있다)

木土兩姓
意外貽害
목성과토성은
뜻밖에해를끼친다

四月
三春無意
預爲禱厄
삼춘에는이가없고

莫行北方
必有失敗
북쪽에가지마라
반드시실패한다

五月
心身泰平
夏多如意
심신이태평하니
집안에경사가있다

利在外方
出行有吉
재물이외방에있으니
출행하면길하다

六月
愁心不絕
口舌可侵
수심이그치지않고
구설이침노한다

莫爲爭鬪
些少之事
다투지마라
사소한일이다

七月
貴人扶助
豈非生光
귀인이도와주니
어찌생광이아니냐

身數如此
此數奈何
신수가여차하니
이운수를어찌할고

八月
莫行東方
必有損財
동방에가지마라
반드시손해한다

雖有生財
得而半失
비록재물은얻으나
얻어서반은잃는다

九月
若非喪妻
必有損財
만약손처가아니면
반드시시상처한다

莫恨損財
身病之憂
손재한것을한탄마라
신병이걱정이다

十月
事不如意
心多煩惱
일이여의치못하니
마음에번민함이많다

成造不寧
家宅不寧
家造祈禱
집이불안하니
성조에기도하라

十一月
東奔西走
必然奔走
동으로달고서로달으니
필연분주하다

深山流水
不息歸海
깊은산에흐르는물이
쉬지않고바다로간다

十二月
雲散月出
鏡色更新
구름이흩어져달이나오니
경색이다시새롭다

春草逢春
日就月將
봄풀이봄을만나니
일취월장한다

見機活動
必有小財
기회를보아서활동하면
반드시작은재물이있다

若近是非
訟事可畏
만약시비를가까이하면
송사가두렵다

三四二

䷐ 噬嗑之噬嗑

[本意]
噬也요 嗑는 背也
니 上下 兩陽而中
虛라 六二中正에
變爲不虛故也니
中虛故也니陰變
爲陽에 其陽이 方
强故로 年少靑春
足踏紅塵이라

[괘해] 소년등
과하고 자손까지
영귀한데 위엄과
권세가 떨치매 복
록이 진진한 괘

卦辭	年少靑春 足踏紅塵 년소한청춘이 붉은티끌을밟도다
正月	之東之西 各自止安 동쪽으로가고서쪽으로가니 각기편한데서그치도다
二月	蒙彼恩澤 柔順利貞 은혜를입어서 유하고순하고이롭고곧도다
三月	不能掩辭 喜矢日語 즐기고웃고또말하니 능히입을가리지못한다
四月	新受大喜 一家欽仰 새로이큰기쁨을받으니 한집안이흠앙하도다
五月	源淸流濁 百解俱興 근원이맑고흐름이흐리니 백가지페가함께일어나도다
六月	傾筐卷耳 憂不能傷 길경이광우리를아우리니 근심하나상하지는아니한다
七月	東行西序 失其頭序 그동쪽으로가고서쪽으로걸음하야 두서를잃도다
八月	沛然新雨 碩我枯苗 나의마른싹을키우도다 쏟아지는새비가
九月	雷轟百里 有聲無形 우뢰가백리에울리니 소리는있고형상은없도다
十月	眞心造化 都在靈臺 참마음조화가 다영대에있도다
十一月	德積逢時 宜其美才 덕을쌓을때를만나여 그아름다운재주가마땅하도다
十二月	黃鷄早鳴 日掛扶桑 누른닭이일찍우니 해가부상에걸렸도다

	水流趣下 逐成東海 물이흘러아래로다다르니 드디어동해를이루도다
	到處有利 勿失好期 도처에가이있으니 좋은기약을잃지마라
	貴人助我 手弄千金 귀인이나를도우니 손으로천금을희롱하도다
	婚媾多儀 慶事入門 혼구에거동이많으니 경사가문에입하도다
	一所顧如 無所傷 원한바가뜻과같으니 하나도상한바가없도다
	素服有數 不然身病 소복수가있으니 그렇치아니하면신병이로다
	初凶後吉 終得大利 처음은흉하고뒤는길하니 마침내큰이를얻도다
	空然爭談 竟至爭訟 공연이득담하여 마침내송사에이르도다
	膝下餘慶 豈非抱子 슬하에경사있으니 어찌아들이있지아니할고
	凡事不利 有名無實 모든일이이룹지못하니 이름은있고실상은없도다
	莫入官府 刑殺侵身 관부에들지마라 형살이몸에침노하도다
	樂事有常 一身閑安 즐거운일이항상있으니 한몸이한가편하도다
	名高四方 萬人仰視 이름이사방에높으니 만사람이우러러보도다

토정비결

三二九

三四三

☲☲☲ 噬之噬
☲☲☲ 离之噬

【本義】噬嗑은 离也오 离는 麗也니 陰柔不正中이 라治人而人不服이 如噬腊肉遇毒之狀也니 故로 日驅馳四方山程水程이라

【괘해】귀물을 구하러 산에 나물에나 사방으로 다 닌다고 진감내 늦게야 조금 나올 패라

卦辭	驅馳四方 山程水程	사방에 달리여 산길과 물길이로다
正月	所望如意 事有疑端	소망은 여의하나 일에 의심단이 있다
二月	若無橫財 反爲服數	만약 횡재가 없으면 도리어 복입을수 있다
三月	同事異 反不相合	천리 타향에 외로 운몸이로다
四月	千里他鄉 孤獨單身	마음은 같은 일이나 뜻이 서로 합하지 아니 한다
五月	情不相合	마음이 같다르니 정이서로합 하지 아니 한다
六月	積氷不溫 北陸苦寒	얼음이 쌓이여 따뜻지 아니 하고 북육이 심히 차도다
七月	凶聲醜言 要不可聞	흉한 소리 더러운 말을 가히 들을 수가 없도다
八月	揚風偃草 塵埃俱起	바람이 일고 풀이 쓰러지 티끌이 함께 일어 나도다
九月	百條共根 枝葉茂盛	백 가지가 한 가지로 가지와 잎사귀가 무성 하도다
十月	寂寞依欄 有誰與我	적막히 난간에 의지하니 뉘가 있어 나로 더불 가
十一月	秋雨殘燈 忘家可嘆	가을 비쇠잔한 등잔에 집을 잃어 가히 탄식 하도다
十二月	草木變色 聲落平蒲	초목이 빛이 변하도다 소리가 평포에 떨어 지니
	不一進一退 期而會	한번 나아가고 한번 물러 기약 아니 하고 모이도다

	南向陋室 風雨並入	남쪽으로 더러운 집에 향하니 바람과 비가 아울러 들도다
	山路走馬 路險困苦	산길에 말을 달리니 길이 험하여 곤란 하다
	財在路中 出行可得	재물이 길가운데 있으니 출행 하면 언는다
	莫信他言 反爲虛妄	다른 사람의 말을 믿지 마라 도리어 허망 하니라
	不膝下有憂 然素服	자손의 근심이 있으니 그렇치 아니 하면 소복 하리라
	先易後難 事不穩當	일이 먼저는 쉽고 뒤에는 비색 하니라
	愼之橫厄 事無所當	횡액을 삼가라 괴이한 일이 문에 들도다
	人有舊緣 助我千金	집에 저 곤난한 바 있으니 한몸이 곤난 하도다
	一家有慶 一身苦寒	사람이 옛인연이 있어 나를 천금으로 도우도다
	吉凶相半 一喜一悲	한번 기쁘고 한번 슬프니 길흉이 서로 반이로다
	守舊安常 可免此數	예를 지키고 편안이 있으면 가히 이 수를 면 하리라
	官災口舌 連綿不絶	관재와 구설이 연면 하여 끈어지지 않 는다
	家多不利 到處有災	집에 이로지 못한 일이 많으니 도처에 재앙이 있도다

三五一

䷱

有大之鼎

【本義】鼎은 定也요 大有는 寬也니 初六이 居鼎之下하야 猶鼎趾之象이라 今變則鼎而顚趾난 悖道也라 雖寬이나 何能也라 故로 曰 未嫁闍女弄玉不當이라

【괘해】이리저리다가 매한곳도 배반키어렵다 도를 잃었어서 도의 식은 녁녁하나 무색한일이야 어찌한고 개과 선하면 안정할패

卦辭	弄玉不當 女	시집가지아니한처녀가 아들을낫는것이당치아니하다
正月	蜂媒牧丹 事必楚越	벌이목단에중매하니 일이반드시의심이많다
二月	到處不吉 飢不得食	이르는곳에길함이없으 주려서밥을얻지못하나도다
三月	所願難成 災厄連綿	소망은이루기어렵고 재앙과액이연면하도다
四月	一家散亂 凶多吉少	한집안이산란하니 흉함은많고길함은적다
五月	莫近是非 口舌可侵	시비를가까히말라 구설이침노한다
六月	逆水行舟 行進可難	물을거슬러배를행하니 나가기가어렵도다
七月	橫財千金 手弄珠璣	재수가있으러 천금을희롱한다
八月	月入雲中 其色不見	달이구름속에드니 그빛을보지못한다
九月	若無損財 膝下有愛	만약손재가없으면 자손의근심이있으리라
十月	去來江東 有處中間	강동에왔다갔다하며 중간에처하여야있도다
十一月	若非素服 膝下有凶	만약소복수아니면 자손의흉함이있으리라
十二月	事多蒼茫 何信親人	창망한일이많으니 어찌친한사람을믿을고

	山弊共光東	달이동쪽창문에이르다
	半月東窓 何人窺視	반달이동쪽창문에 어떤사람이엿보는고
	因風散落 一朶花枝	한줄기꽃가지가 바람으로인하야 흩어지도다
	出山入水 幾吊魚腹	산에나고물에드니 몇번이나고기배에조상한고
	鳳閣凰臺 路有靑雲	봉집황대에 과거에길이있도다
	慶事入門 利在田土	경사가문에드니 이가전토에있도다

三五二 鼎之旅

䷱䷷

鼎은定
也요旅는客也니
以剛居中에鼎有
實之狀이라二―
能以이라自守하
야化爲六合之卦
하니其象如龍之
變化라故로靑龍
朝天雲行雨施라

[本義]

[패해] 내외가
화합함에연락이
자주있고당하는
대로함에해로운
듯하여도평안한
패

卦辭	靑龍朝天 雲行雨施	陰陽配合 萬物化生	음양이배합하니 만물이화하여나다

| 正月 | 五龍俱起 弄出雲間 | 若非生子 禾斗可期 | 다섯용이함께일어나서 희롱하야구름사이에나도다 |

청룡이하늘에조회하니
구름이가고비가오다

만일생자가아니면
과거하리라

| 二月 | 君明臣賢 可期太平 | 生子娶妻 宜室宜家 | 임군이밝고신하가어지니 가히태평을기약하리로다 |

아들을낳고장가드니
집안이마땅하도다

| 三月 | 萬里南國 獨行威嚴 | 愼之朴姓 空受損害 | 만리남국에서 홀로위엄을행하도다 |

박가성을삼가라
한갖손해만보도다

| 四月 | 大尾小頭 重不可搖 | 愼之金姓 損財太多 | 큰꼬리적은머리가 무거워서가히혼들지못한다 |

금성을삼가라
재수가십히많도다

| 五月 | 長脚疾步 日走千里 | 事多吉利 處處橫財 | 긴다리로빨리걸으니 날로천리를달아난다 |

길하고이로운일이많으니
곳곳이횡재로다

| 六月 | 鳳生五雛 其樂陶陶 | 家道中興 慶在膝下 | 봉이다섯새끼를낳으니 그즐거움이도도하다 |

가도가태평이니
경사가슬하에있다

| 七月 | 歸期何時 雁書知寄 | 身有小憂 解神則吉 | 기러기글을부칠줄아니 돌아갈기약이어느때인고 |

몸에적은근심이있으니
귀신을풀면길하리라

| 八月 | 張網南天 細魚多得 | 財源滾滾 何羨石崇 | 그물을남천에펴니 가는고기를많이얻도다 |

재물이근원이곤곤하니
어찌석숭을부러할고

| 九月 | 靑天月白 景色更新 | 所願成就 求財如意 | 푸른하늘에달이희어 경색이다시새롭다 |

소원을성취하고
재물을구하니여의하다

| 十月 | 萬傾滄波 舟逢順風 | 吉星入門 必有慶事 | 만경창파에 배가순풍을만났도다 |

길성이문에드니
반드시경사가있다

| 十一月 | 若逢貴人 可得千金 | 財穀豊富 此外何求 | 만약귀인을만나면 가히천금을얻으리라 |

재물과곡식이풍부하니
이밖에무엇을구하리요

| 十二月 | 明月滿空 光彩五倍 | 與人謀事 必是虛荒 | 밝은달이공중에가득하니 광채가오배나된다 |

남과꾀하는일은
필시허황하다

三五三

䷰

濟未之鼎　鼎은定

【本義】 鼎은定也요 未濟는失也니 定其位而失其德故로 弱小膝國이 間於齊楚라 是曰 歸於齊楚하야 其行이 塞이라

【재해】 나의 마음이 약하여 중무소주함으로 이일저일에 도민지못하고 저일에도 민지못하는패

卦辭	弱小膝國 間於齊楚 龍馬上山 絶無水泉	약소한듯나라가 제나라초나라사이에 있도다 용과마가산에 오르니 물과샘이없도다	心無定處 莫知所向 他鄉不利 戒之出行	마음에정하는곳이없으니 향할바를아지못한다 타향이옳지못하니 출타함을경계하라
正月	一夫兩心 求事不成	한지아비가두마음이니 일을구하야도이루지못하도다	愼之木姓 損害不少	목성을삼가하라 손해가적지않이하도다
二月	十里望煙 散之四方	십리에연기를바라보니 사방으로흩어지도다	無爲之事 口舌紛紛	하엄없는일로 구설이분분하도다
三月	東西兩京 遊人爭光	동서두서울에서 노는사람이빛을다투도다	目下有利 宜行西方	이로움은느쪽에있는고 마땅히서방으로가라
四月	親人有害 凡事可愼	친한사람이해가되니 모든일을삼가하라	利在何方 北方有吉	이로움이길한방은 북쪽이제일하다
五月	意外功名 振遠近	뜻밖에공명하면 이름이원근에떨치도다	若非親憂 膝下之憂	만약부모의근심이없으면 슬하의근심이다
六月	未月之數 逆水行舟	六月의운수는 배가물을거슬러가도다	膝下有吉 財祿滿堂	슬하에길함이있고 재산이만당하도다
七月	兩人同心 因成事	두사람의마음이같으니 일로인하여성사한다	利在出入 動則得利	이로움이출입하는데있으니 움직이면이롭다
八月	意外功名 振遠近 名振遠近	뜻밖에공명하면 이름이원근에떨치도다	百謀進就 一身閑安	백가지꾀가진취하니 일신이한가하다
九月	華首山頭 仙道所遊	화수산머리에 선도의노는바로다	不宜出家 到處有損	집을나가기마땅치않으니 자기손해가있으니
十月	客宿臥寒 席褥不安	요자리가편치못하도다	自手衡目 百事瓦解	자기손으로눈을찌르니 백가지일이와해로다
十一月	難分老少 右手掩目	노소를분변키어렵다 오른손으로눈을가리니	一室和平 財物入來	한집안이화평하니 재물이들어오도다
十二月	鳥鴨呼子 哺以酒脯	새가울어자식을부르니 술과포육으로써먹이도다		

토정비결
二三三

三六一 睽之未濟

未濟 睽之未濟

本義 未濟는 失也요 睽는 背也니 以陰居下에 能自進하야 失其德而背其位故로 曰狡兎旣死走狗何烹이라 하니라

[괘해] 다른 사람의 해가 내게로 도라오니 깊이 삼가고 아모쪼록 지런이 하여야 수복이 도라올패

狡兎旣死 走狗何烹 간사한 토끼가 이미 죽었으니 달아나는 개를 어찌 삶는고

卦辭
正月 豫神發動 爲安宅預 미리 안택 하라 가신이 발동 하니
二月 若無積德 自有身辱 만약덕을 쌓은것이 없으면 몸에 욕이 된다
三月 陽入陰室 所行不均 외인을 가까히 말라 신상에 근심이 많으니
四月 雲處靜閣 身上多憂 양이 음한 집에 들어가니 행하는 바 고르지 못하다
五月 雲處靜樂 구름이 고요한 집에 처하니 즐거움이 로다
六月 夜視無明 不利商賈 밤에 보는 것이 밝지 아니하니 장사를 하면 이롭지 못하다
七月 築室山根 人以爲安 집을 산밑에 지으니 사람으로써 편안하다 하다
八月 傷弓之鳥 曲木難棲 활운 나무에 상한 새가 굽은 나무에 깃드리기 어렵도다
九月 心憂神疲 危中思安 마음에 근심하고 신이 피곤하니 위태한 가운데 편함을 생각한다
十月 天地光明 日月明朗 구름이 열리고 달이 밝으니 천지가 광명하도다
十一月 繞樹三匝 無枝可依 나무의 세겹이나 두르니 가이의지할데 없도다
十二月 進退盤桓 中途無路 나아가나 물러가나 길이 없으니 중도에 방황하러 도다

中心有願 背明入暗 중심에 원함이 있으니 밝음을 등지고 어둔데 들도다
日暮西山 乘舟不利 해가 서산에 저무는데 배타는 것이 불리하다
莫信親人 反受其害 친한 사람을 믿지마라 도리어 그 해를 받는다
二十年光 世事如夢 이십시절에 세상일이 꿈같다
西南不吉 莫往喪家 서쪽남쪽으로 가지마라 상가집으로 길하지 아니하니
如無橫財 膝下有榮 만약 횡재 아니한면 자손의 영화 있도다
吊殺侵身 勿往喪家 상가살이 몸을 침노하니 조객집을 가지 마라
空手對人 外富內貧 빈손으로 사람을 대하니 밖은 부자요 안은 가난하다
勿往水邊 江神泣我 물가에 가지마라 강귀신이 나를 울린다
爲人謀事 心不相合 남과 일을 꾀하니 마음이 서로 합당치 아니하도다
不然生子 禾斗有數 그렇치 아니하면 아들을 낳으리라
進前退後 事事倒懸 앞으로 나아가고 뒤로 물러가니 일이거구 달리도다
非事無頭 非僧非俗 일이 두서가 없으니 중도 아니요 속인도 아니로다

三六二 ䷢ 晋之未濟

卦辞
太平宴席에 君臣會坐라
태평한 잔치자리에 군신이 모여 앉도다

本義 未濟는 失也요 晋은 進他니 九一居二一本非正이니 以中故로 得正하니 初失其位라 가能進則自有太平之像故로 太平宴席 君臣會坐라

[패해] 몸이 귀이되고 횡재하니 심신이 평안하고 운명이 길한 괘

卦辭	太平宴席 君臣會坐	태평한 잔치자리에 군신이 모여 앉도다
正月	鳳凰來儀 呈祥並至	봉황이 와서 거동하니 상서드림이 스스로이르도다
	家給人足 頌聲並作	집이 넉넉하고 사람이 족하니 찬성소리가 아울러 젖도다
二月	日光高明 進人見喜	햇빛이 높고 밝으니 오는 사람이 매기쁨을 보도다
三月	雲散月出 景色一新	구름이 흩어지고 달이 나오니 경색이 새롭다
四月	春深玉樹 百花爭發	봄깊은옥수에 백화가 다투어 핀다
五月	有財得方 出行得財	재물이 밖에 있으니 출행하여 얻으리라
六月	左輔右弼 金玉滿堂	왼쪽 오른쪽으로 도우니 금옥이 집에 가득하도다
七月	百足俱行 相輔爲强	백발이 함께 서로도와 강하게 되도다
八月	陰極生陽 蟄虫開張	음이 극하야 양기내노니 움치러진 벌레 열리도다
九月	舊槐新桃 招神接氣	엣괴화와 새복사나무가 신을 불러 기운을 접하도다
十月	磨石作鏡 去舊生新	돌을갈어 거울이되니 예를버리고 새것을 행하도다
十一月	泉涸龍憂 求雨不常	샘이 마르니 룡이 근심하여 비를 구함에 비상치 않도다
十二月	慎之興受 金姓不利	금성이 이롭지 못하니 주고 받음을 삼가라

	坤厚地德 萬物蓄殖	곤운의 땅이 두터우니 만물이 번식하도다
	百事俱吉 膝下有慶	백가지 일이 함께 길하니 자손의 경사 있도다
	一呼百諾 萬人仰示	한 번 부르매 백이 허락하니 만인이 우러러 보도다
	日就月將 積財如山	날로나 가고 달로 자라 재물이 산과같이 쌓였도다
	財數有吉 或有口舌	재수는 좋으나 혹 구설이 있다
	若非橫財 必有慶事	만약 횡재가 아니면 반드시 경사가 있다
	官祿隨身 若無慶事	만약 경사가 없으면 관록이 몸에 따른다
	多載積穀 可比金谷	쌓인 곡식을 많이 실으니 가히 금곡을 비하도다
	貴人助我 身受福慶	귀인이 나를 도우니 몸으로 복과 경사를 받으리라
	東西兩方 貴人來助	동서 양쪽에서 귀인이 와서 돕도다
	喪殺侵家 莫往之地	상살이 집에 침노하니 가지마라
	所願如意 日取千金	원하는바 뜻과같으니 날로 천금을 취하도다

三六三 未濟之鼎

未濟는

【本義】鼎은 定也니 陰柔不中正則 凶이라 然而柔乘 剛하야 定其位則 當中矣니 故로 曰 虎榜雁塔或 名或 字라

【卦解】 벼슬에 드러가니 좌우전 후가다귀인이라 내몸이높고내이름이 날릴패

卦辭	虎榜雁塔 或名或字	범의방과기러기탑에 혹이름이고혹자로다
正月	隨時草木 葉茂花盛	때를따라난풀과나무니 잎사귀무성하고꽃이성하도다
二月	乘龍上天 雲行雨施	룡을타고하늘을오르니 구름이가고비를베푸도다
三月	一片彩雲 或散或聚	한쪽각채색구름이 혹흩어지고혹모이도다
四月	頭帶紫冠 必是貴人	머리에붉은갓을쓰니 반드시귀인이로다
五月	神龍潛水 雲雨未成	신기한룡이물에잠기니 구름이비를이루지못하도다
六月	不言四時 萬物自化	말아니하는사시에 만물이스사로화하리라
七月	舊事未成 新事興旺	옛일이흥왕하도다 새일이흥왕하도다
八月	進退有光德 上下同心	나아가나물러가나빛이있도다 위아래한가지먹으니
九月	家人同意 所望如意	집안사람의마음이같으니 소망이여의하도다
十月	吉運旺盛 必有好事	길한운수가왕성하니 좋은일이있다
十一月	不喜笑且語 不能掩敝	즐기고웃고또말하니 입을가리지못한다
十二月	雲行雨施 化育萬物	구름이가고비가오니 만물을기르도다

	天門開闢 六合光明	하늘문이열리니 육합이광명하도다
	上和下睦 子孫有榮	위로화하고아래로화목하니 자손의영화있도다
	莫信人言 反有凶事	남의말을믿지마라 도리허흉한일이있도다
	有事公門 可步蟾宮	일이공문에있으니 가히섬궁에거름하도다
	愼之出行 西方有害	서방에행함을삼가라 출행하면해가있으니
	何事不成 進而知退	나아가서물러갈줄도알면 어찌성공치않이하리요
	在家有利 出他不利	집에있으면이룸지못하고 밖에나가면길함이있도다
	進田益財 家道自興	밭을가스로로태평하도다 가도가스스로태평하도다
	添口添土 家道旺盛	가식구가늘고토지가느니 가도가왕성한다
	貴人來助 可得大財	귀인이와서도우니 큰재물을얻도다
	貴道何在 西南兩方	귀인은어데있는고 서남양쪽이다
	夫婦和順 喜滿家庭	부부가화순하니 기쁨이가정에가득하다

四一一 恒之大壯

䷟䷡

大壯은

【本義】
志也요 恒은 久也
니 剛陽이 處下而
當壯하야 志尙恒
久而無變通之道
譬如落葉之木이
尙未得春意而久
則生死를 未可知
라 故로 曰 落木餘
魂 生死未辨이라

【解曰】
나 중난
불이 웃둑하고 재
물을 따라도 내것
이 아니라 그러나
의지할데 있으면
궁을 면할 패

卦辭	落木餘魂 生死未辨	나무떠러진남은혼이 살고죽는것을 판단치못한다
正月	三人共行 各別採桑	세사람이 함께다니나 각각뽕을 따로따도다
二月	卵石相鬪 其勢不當	알이돌과서로싸우니 그세를당하지못한다
三月	東山之路 眞人所在	동쪽산길은 진인이있는바로라
四月	本無所望 其身慮傷	본래바라는바가없으니 그몸을상할까염려라
五月	事無頭緖 所望難成	일을두서서가없으니 소망을이루지못하도다
六月	七年大旱 草木不長	칠년대한에 초목이크지못한다
七月	偶入我家 他人之財	타인의재물이우연히 나의집에 들어온다
八月	江水盡涸 一魚之擾	강고기가요란함으로 한고기가다흐리도다
九月	雪落花山 草木失魂	눈이꽃산에떠러지니 초목이혼을잃을토다
十月	女子侵弄 有害於事	여자가침노하여희롱하니 일에해가있으리라
十一月	秋南春北 隨時變通	가을은남쪽봄은북쪽이니 때를따라변통하도다
十二月	生不逢時 困且多厄	사는것이때를만나지못하니 곤하고또액이많토다

	任重致遠 力不能當	무거운것을싣고 번데로가니 힘이능히당치못한다
	家內愼之 疾病愼之	집안이불평하니 질병을삼가라
	莫與爭訟 是非口舌	쟁송하지마라 시비와구설이두렵다
	得財何方 宜向西方	재물을어느쪽으로얻을고 마땅히서방으로가라
	莫恨辛苦 終得財利	신고함을한하지마라 마침내재리를얻는다
	家有小憂 心下有小憂	집에근심이있으니 자손의근심이니라
	水鬼窺身 乘舟可愼	수귀가몸을엿보니 배타기를조심하라
	與人成事 利在其中	다른사람과성사하니 이가 그가운데있도다
	無關之事 空得口舌	관계없는일로 한갖구설만있으리라
	口舌之來 驚人損財	구설의이르는바로 사람을놀래고손재하도다
	莫近女色 不意之禍	여색을가까히마라 뜻밖에화로다
	西方木姓 偶來助我	서방의목성이 우연히와서나를돕도다
	心常懷憂 落眉之厄	마음이항상근심을품으니 라미의액이로다

四一二

䷡ ䷶ 大壯之豐

【本義】 大壯은志也요豐은大也니其志ㅣ恒大하야有經國濟世之策而橫行于天下故로曰馳馬長安得意春風이라

【해왈】 공명하여세도함에재산이많이생기며일신이태평이지나니록먹음이도리여구구하다고향에도라가명월을희롱하는괘

卦辭	馳馬長安 得意春風	말을장안에서달리니 뜻얻은봄바람이로다	騎龍承鳳 上見神公	룡을타고봉을이으니 위로신공을보도다
正月	身安如山 心不在汚	몸이편키산같으니 마음이더러운데있지아니하다	之東之西 財如阜山	동쪽으로가든지서쪽으로가든지 재물이언덕과산같도다
二月	長男用事 家道自興	장남이일을하니 가도가스스로이러나도다	家有好事 財福津津	집에좋은일이있으니 재복이양양하도다
三月	守舊安常 事無虛實	옛것을지켜편안하니 일이허실이없도다	若無當憂 膝下有缺	만약부모의근심이아니면 슬하에험이있도다
四月	水鬼照門 莫行水邊	물귀신이문에비치니 물가에가지마라	家有慶事 榮在膝下	집에경사가있으니 영화가자손에게있다
五月	莫爲人爭 財譽有傷	다른사람과다투지말라 재물과명예가상한다	一室安樂 世事太平	집안이안락하니 세상일이태평하다
六月	月明萬里 故人來助	달밝은만리에 고인이와서돕는다	上下和睦 家道自旺	상하가화목하니 가도가스스로왕성한다
七月	君子失意 小人得志	군사는뜻을잃코 소인은뜻을얻으리라	刑殺臨身 官厄愼之	형살이몸에임하니 관액을삼가라
八月	黃馬綠車 駕之六郡	누런말과푸른수레로 여섯골에명애하도다	東北有利 貴人自來	동쪽북쪽에이가있으니 귀인이스스로오도다
九月	中夜犬吠 墻外有盜	밤중에개가짖으니 담밖에도적이있도다	愼之出他 損財之數	타관나감을삼가라 손재수로다
十月	鉛刀攻玉 無不鐕鑿	납칼로옥을다듬으니 뚫고파지안함이없도다	出則有損 入則有憂	나가면손이있고 들면근심이있도다
十一月	駕黃買蒼 與利相迎	누런것을멍애하고푸른것을사니이로더부러서로맛도다	慶在家門 弄璋之樂	경사가문에있으니 아들낳을즐거움이라
十二月	荷簣隱居 遂其潔淸	산뗴미를메고숨어사니 드디어그좃촐하고맑으리라	守舊安靜 終得大吉	옛을지키고안정하면 마침내크게길함을얻으리라

四 一 三 大壯之歸妹

☷☳
☰☳

大壯은 歸妹

【本義】大壯은 大也니 其義與大壯之豐으로略同하나 但以雷澤이됨으로 渴龍得水濟 蒼生이라

【해왈】 권세를 얻어 창생을 구제 할생각이요 자식 이없어 양자하면 길하고 경사 있으 며 또 형세느러부 자될패

卦辭	渴龍得水 濟濟蒼生	마른용이 물을 얻으니 창생이 제제 하도다
正月	吉慶到門 赤手成家	길경이 문에 이르니 적수로 성가 한다
二月	財祿如山 安處太平	재록이 산 같으니 편안한 곳에서 태평하다
三月	財星隨身 意外得財	재성이 몸에 따르니 뜻밖에 재물을 얻는다
四月	一身榮貴 名振四方	일신이 영귀하게 되니 이름이 사방에 떨친다
五月	虎臥靑山 百獸自驚	범이 청산에 누었으니 백짐승이 스스로 놀래도다
六月	明月照夜 使暗爲晝	밝은 달이 밤에 비치니 어둠으로 하여금 낫을 삼는다
七月	不利出門 東西觸垣	문동에나 감이 이롭지 않다
八月	一室百孫 和與笑言	한집안에 백손자서 로더부러 웃고 말도다
九月	名振四海 威弄千里	이름이 사방 위엄이 천리에 허롱하도다
十月	進退狐疑 終不決定	진퇴 간에 여호의 심이 있으 마침내 결정 못하리라
十一月	雨順風調 百物長養	비가 순하고 바람이 고르니 백물이 장하도다
十二月	新田宜粟 上農得穀	새밭에 조가 마땅하니 상농군이 곡식을 얻는도다

營城洛邑 周公所作
라읍에 경영하니 주공의 지은 바로라

若非如此 必得貴子
만일 이같지 않으면 반드시 귀자를 얻는다

出入四方 到處有財
사방으로 출입하니 이르는곳마다 재물이 있다

北方有吉 宜行北方
북쪽이 길하니 마땅히 북으로 가라

有財多權 到處春風
재물과 권리가 있고 가는곳마다 춘풍이로라

事在意外 喜悲一半
일이 뜻밖에 있으니 기쁘고 슬픔이 한반이로다

家內無事 百害不作
집안이 무사하니 백가지 해가 짓지아니하도다

莫與人交 舟中皆盜
남과더부러 사귀지마라 배 가운데다 도적이로다

家道平正 吉無不利
가도가 평정하고 이롭지 아니함이 없도다

靑雲有路 步出蟾宮
청운에 길이 있으니 걸음하야 섬궁에 나도다

事無頭緖 勞而無功
수일 이하나 공이 없도다

一朝抱玉 膝下餘慶
하루아침에 옥을 안으니 슬하의 남은 경사로다

若往西方 意外橫財
만약서방에 가면 뜻밖에 횡재로다

四二一

䷸ 歸妹之解

歸妹는

【本義】
歸妹는요解는散也라
初九居下而無
正應하여有常矣
之德而今曰散矣
라其避免가勉強避
之에又有他禍故
로曰僅避狐狸更
踏虎尾라

【解曰】 화불단
행이라갈수록곤
난함이많다아무
리노력하여도공
이없으니한탄한
들무엇하리재수
조차없는걸

卦辭	僅避狐狸 更踏虎尾 商人行旅 資本無所有	다시범의꼬리를밟는다 상인이여행하니 자본이있는자가없도다
正月	困於太行 世事如夢	태행산모퉁이누웠으니 세상일이꿈같곤하도다
二月	虎臥山隅 獸不敢前	범이산모퉁이누웠으니 짐승이감히앞에못오도다
三月	年豊歲熟 萬民皆喜	해가풍년이드니 만민이호호하도다
四月	知罪惟天 子自避父	죄아는자는하늘이로다 아들이스스로아비를피하니
五月	天日當中 能照四方	하늘의날이가운데당하니 능히사방에비치도다
六月	眉似片月 心如楚人	눈섭은조각달같고 마음은초나라사람같도다
七月	一女上仙 二子登舟	한계집은신선에오르고 두아들은배에오른다
八月	守家上策 出門不利	집을지키는것이상책이고 문을나가면불리하다
九月	到處有財 食祿自足	도처에재물이있으니 식록이스스로족하다
十月	出門不利 口舌有數	도처에서말을듣는다 구설수가있으니
十一月	誠心勞力 小利可得	성심껏노력하면 작은이익은얻는다

身立風端 自招禍福	몸이바람끝에서 스스로화복을부르도다
莫論財利 緣木求魚	재리를의론치말라 나무를인연하여고기를구함과같다
疾病憂苦 連綿不絕	질병과근심이 연면하여끊어지지아니한다
若信他言 徒害無益	다른말을듣지마라 한갓해만되고유익함이없도다
意外橫財 日獲千金	뜻밖에횡재하여 날로천금을얻도다
事不穩當 百害無益	일이온당치못하니 백가지해로워익함이없도다
家道太平 萬事得意	가도가태평하니 만사가뜻을얻도다
有勞無功 修夜咄歎	수고만있고공이없으니 밤이늦도록탄식한다
若非素服 膝下之厄	만약소복이아니면 자손의액이로다
損財有數 土姓遠之	손재수가있으니 토성을멀리하라
若非如此 家庭不安	만일그렇지않으면 가정이불안하다
家有不平 風波不絕	집에불평함이있으니 풍파가그치지않는다
誠而移居 庶免此數	만약이사가면 모든수를면한다

四二二 震之妹歸 歸妹는

【本義】歸妹는 大也요 震은 動也니 九二一陽剛得中에 上有正應而反陰柔不正하니 所配之人이 皆不良而動則其害는 當如兄弟姉妹之類라 故로 曰兄耶弟耶庚人之害라

【해왈】 형도 같고 아우도 같으나 마음은 도적이라 피함에 오월달이 늦었으니 어찌할고 하는 패

卦辭	兄耶弟耶 庚人之害 형이냐 동생이냐 동갑의 해로다
正月	懸懸萬里 去家南海 멀고 먼 남해가 집 가기만 하리로다
二月	夫妻逢目 不能正室 부처가 눈만 만나니 정실이 능치 못하도다
三月	財星逢空 求財不得 재성을 만나니 재물을 구해도 얻지 못한다
四月	損財隨身 莫近金姓 손재가 따르니 금성을 가까이 말라
五月	莫行怪地 橫厄可畏 괴지에 가지마라 횡액이 두렵다
六月	橫厄有數 水火慎之 횡액수가 있다 수화를 조심하라
七月	渭城千里 豈無故人 위성천리에 어찌 고인이 없는고
八月	園有枯木 夜招南賊 동산에 마른 나무가 있으니 밤에 남도적을 부르도다
九月	雀行求粒 誤入絕豪粒 뱁새가 낯알을 구하다가 잘못하여 그물에 들도다
十月	天地東南 萬人自賀 천지 동쪽남쪽 만인이 스스로 하례하도다
十一月	夫婦相背 和氣不振 부부가 서로 등지니 화기가 떨치지 않도다
十二月	他鄉嫁女 落在誰家 타향에 시집가는 여자가 누구의 집에 갈지 모른다

四二一 震之妹歸

大尾細頭 重不可搖 큰 꼬리가는 머리가 무거워서 가히 흔들지 못한다

家宅不搖動 家內不安 집안이 요동하여 근심이 끊어지지 아니한다

憂苦不絕 謀及女害子 괴가녀자에 미치니 도리혀 그 해를 받으리라

家有疾神 心神不安 집에 질고 있으니 마음이 불안하다

祿在四方 太平安過 녹이 사방에 있으니 태평히 지낸다

事不如意 太亦奈何 일이여의치 못하니 이것을 어찌할꼬

若非如此 口舌難免 이 같이 아니하면 구설을 면하기 어렵다

四顧無依 孤獨之狀 사고에 의지할데 없으니 고독한 형상이로다

杜門不出 意外之厄 문을 막고 나가지 아니하니 뜻밖에 액이로다

他人之害 受驚不已 타인의 해로 놀램을 받음이 마지 않는다

心神多勞 後必有得 심신이 수고가 많으니 뒤에는 반드시 얻음이 있도다

雖有不平 先困後泰 비록 불평함이 있으나 먼저는 곤하고 뒤에는 통한다

莫近火姓 損財可當 화성을 가까이 마라 손재를 가히 낭하리라

二四一

四二三 歸妹 大壯

歸妹는
之壯
【本義】歸妹는
大也요 大壯은 志
也니 正與大壯之
歸妹로 同하나 六
三이 陰柔故로 其
德이 姸而美라 故
로 花笑園中蜂蝶
來戱라
【解曰】 좋은 일
을 좋은줄 모르고
남 모르게 하고저
하여도 자연안다
두번 장가들고 생
남할 패

卦辭	正月	二月	三月	四月	五月	六月	七月	八月	九月	十月	十一月	十二月
花笑園中 蜂蝶來戱	春桃萌生 萬物榮華	常德自如 不逢禍災	無月洞房 花燭輝煌	細流成大川 積小成大	喜其福慶 失其有光	暗中得燭 前路長久	綏祿孔明 履德長久	泉起崑崙 東出玉門	則天順成 百謀俱成	心不如初 終不合意	嬰兒得乳 乃得甘飽	其本則一 大樹之枝

꽃이 원가운데서 웃으니
벌과 나비가 와서 희롱한다
봄복사가 싹이 나니
만물이 영화하도다
항상 덕을 스스로 갖으니
화재를 만나지 아니한다
달없는 동방에서
꽃촛불이 휘황하도다
가늘게 쌓아 내는것을 이루니적
은것을 아끼어 큰것을 이루도다
그 기쁘고 웃음이 항상 없으니
복과 경사를 잃으리라
어둔 가운데 촛불을 얻으니
녹을 연유하여 심히 밝도다
덕을 연유하여 심히 장구하도다
샘이 곤륜산에서 이러나서
동쪽으로 옥문에나오도다
하늘을 법하여 함께 이루니
백가지 꾀하는것을 순하게 하니
마음과 때음이 처음같지 아니하니
마침 배부름을 얻으리라
이어린아이가 젖을 얻으니
큰 나무에 나가지가
근본은 하나로다

萬物和生
蟄虫振起
若非婚姻
生子有慶
守舊安靜
自然成福
財數如意
日得三千
赤手成家
何羨陶朱
預爲禱厄
可免口舌
事多得利
到處得財
家有慶事
膝下有榮
不利於財
西方金姓
橫財有數
木姓最吉
畏人口舌
無端之責
無望之中
自得千金
坦然無憂
凡事順成

만물이 화하여 나니
움추러진 벌레가 이러나도다
만약 혼인이 아니면
아들 낳아서 경사있도다
예를 지켜 안정하니
자연이 복을 이루리라
재수가 뜻과 같으니
날로 삼천을 얻도다
적수로 성가하니
어찌 도주공을 부러워하리요
미리 구설액을 면하리라
가히 구설을 면하리라
일이 길함이 많으니
도처에 재물을 얻도다
집에 경사가 있으니
슬하에 영화가 있도다
서방금성이
재물에 이롭지 못하도다
횡재수가 있으니
목성이 가장 길하도다
남의 구설이 두려워서
무단한 책임이로다
스스로 아니한 가운데
천금을 얻으리라
단연히 근심이 없으니
범사가 순하게 이루도다

四三一

☱☳ / ☶☳ 遯小之豊

[本義] 豊은 大也요 小過는 過也니 大而失其過라 日月盈則食이라 하니 天地日月之有變故로 天崩地陷事事倒懸이라

[해왈] 부모상을 당하고 내환이 있으며 근력하면 재수는 있을패라

卦辭	天崩地陷 事事倒懸	하늘이 무너지고 땅이 빠지니 일이 꺼꾸로 달리도다
正月	家庭有憂 素服可畏	집안에 근심이 있으니 복을 입을까 두렵다
二月	遠行不利 出則傷心	나가면 마음이 상한다 원행하면 불리하니
三月	南方親人 偶然貽害	남쪽의 친한 사람이 우연히 해를 끼친다
四月	苟政日作 上下不親	번가한 정사가 날로 행하니 위와 아래가 친치 아니한다
五月	五獄四瀆 地得以安	오악과 사독에 땅이 편안함을 얻다
六月	飢虎入市 求其肉食	주린 범이 저자에 드니 그 고기밥을 구하도다
七月	長女三嫁 進退多態	가나한 계집이 세번시집가니 나아가고 물러가는 태도는 많도다
八月	天下雷行 塵起不明	하늘아래우뢰가 가니 티끌이 일어나서 밝지아니하도다
九月	高岡鳳鳴 太平氣像	높은 뫼에 봉이 우니 태평한 기상이로다
十月	邀期妹鄉 採糖山中	누이 향을 산중으로 해 기약을 수수를 매 하고 언약하도다
十一月	不耕而獲 家食不給	갈지 아니하고 얻으니 집에 먹는것이 넉넉지 않다
十二月	東行不祥 南去避兵	동쪽으로 가면 상서치 아니하나 남쪽으로 가서 군사를 피하라

出入無時 憂患爲災	춘입함이때가 없으니 근심하여 재앙이 되리라
財在口筆 農則有害	재물이 입과 붓에 있으니 농사를 지으면 해해 가 있다
身數不利 財數는 불리하다	신수는 길하나 재수는 불리하다
有頭無尾 謀事不成	머리는 있는데 꼬리는 없으며 일을 꾀하나 이루지 못한다
害自四方 豫數有吉	해가 사방으로 오니 미리도액을 하리라
絶處逢生 凶變爲吉	끈어진 곳에 생함을 만나니 흉함이 변하여 길하게 된다
愼之爭訟 口舌紛紛	다툼을 삼가라 구설수가 있으니
求財不能 反爲損財	재물구함이 능치 못하니 도리혀 손재가 되리라
空失財物 上下各散	공연히 재물을 잃으니 위와 아래가 각각 흩어지도다
欲求財産 宜行南方	재산을 구하려고 하려면 마땅히 남방으로 가라
有約東方 自得財物	언약이 동방에 있으니 스스로 재물을 얻으리라
家有疾病 預祈名山	집에 질병이 있으니 미리 명산에 빌라
莫貧外財 以財得舌	밖의 재물을 탐하지 마라 재물로서 구설을 얻으리라

四三二 豊大之壯大

䷡

豊은 大
也요 大壯은 廣也
【本義】 豊은 大하
니 其德이 豊大하
며 其志廣濶하여
明以時動하며 信
以發志하여 宜照
天下而下ㅣ懷其
德이라 故로 交趾
越裳이 遠獻白雉라
【해왈】 용마가
나자 장군이 나서
시세를 얻어 마음
대로 동하는 패

卦辭	交趾越裳 遠獻白雉 고지에 월상써가 멀리 흰꿩을 드리도다
正月	一身安樂 日得千金 일신이 안락하니 하루에 천금을 얻는다
二月	順風乘舟 日行千里 순풍에 배를 타니 하루에 천리를 간다
三月	若逢貴人 必是成功 귀인을 만나니 반드시 성공한다
四月	南薰殿角 春入紫陌 남훈전각에 봄이 붉은언덕에 들도다
五月	欲東反西 情不相合 동쪽으로 하고저하나 도로서쪽으로 하니 정서로 합하지 아니하도다
六月	兩處心同 謀事必成 두곳에 마음이 같으니 꾀하는 일이 반드시 이루리라
七月	馬過窓隙 暫時變化로다 말이 창틈에 지내 잠시의 변화로다
八月	屹立峰頭 萬人仰視 높은 봉우리에 섰으니 만인이 우러러 보도다
九月	暗中生明 行人喜悅 캄캄한 가운데 밝음이 생기니 다니는 사람이 기쁘도다
十月	財福豊富 所望文章 재와 복이 풍부하니 바라는 바 가문장이로다
十一月	陰衰陽盛 必有內憂 음이 쇠하고 양이 성하니 반드시 안근심이 있으리라
十二月	遏惡揚善 其道化堊 악한 것을 막고 착한 것을 날리니 그 도가 성인에 화하도다

春和景明 波瀾不起 봄이 화하여 경치가 밝으니 물결이 이러나지 아니한다	
財祿豊滿 一家太平 재물이 풍만하니 집안이 태평하다	
有害親人 勿爲同事 친한사람에게 해가 있으니 같이 일을 하지 마라	
家在吉慶 喜滿家庭 집에 경사가 있으니 집안에 기쁨이 가득하다	
若非科慶 生子有吉 만약 과거가 아니하면 아들을 낳아 길함이 있도다	
家有怪事 若非損財 만약에 손재수가 아니면 집안에 괴이한 일이 있으리라	
外財入門 財福有餘 밖의 재물이 문에 드니 재복이 남어지 가도다	
莫誇多得 得而反失 많이 얻음을 자랑마라 얻었다가 도리어 잃도다	
若有官祿 名高主將 만약 벼슬이 있으면 이름이 대장에 높으리라	
處處有財 不失前業 곳곳에 재물이 있으니 전에 업을 잃지 아니할지어다	
如干財物 不期自得 얼마가 재물은 기약 아니하여도 스스로 얻도다	
若無疾病 是非官庭 만약 질병이 없으면 관정의 시비가 있도다	
三人同心 必從二人 세사람이 동심하니 반드시 두 사람을 좇도다	

四 三 三

☳☰
☳☰
☳☰
豊之震

豊은大

【本義】
也요 震은 動也니
大而動其事라 易
曰豊其沛라 折其
右肱이니 豊其沛
不可大事也요 折
其右肱이니 終不
可用也라 하니 蓋
子心勤索 豫護이
라 終不能成功故
로 伏於橋下 隱事
誰知라

【해왈】
큰일을
경영하다 이루지
못하고 천연허다
리 아래 엎드려 생
각하니 할발한 기
운이 없는데 다 행
이도 와주는 사람
이 있어 갈길을 찾
아가는 패

卦辭

正月
伏於橋下
陰事誰知
다리밑에 엎드려서
가만히 한일을 누가 아리오

二月
違道逆理
陰陽相傷
도 가 어기고 이리가 거슬리니
음양이 서로 상하도다

三月
北堂向閉
吞火難修
북당이 항상 막혔으니
향화를 닦기 어렵도다

四月
六龍俱怒
戰于陂下
여섯용이 함께 성내니
언덕 아래서 싸우도다

五月
冠帶南遊
與福喜期
관대하고 남쪽에 가서 노니
복으로 더불어 기쁘도다

六月
百事無益
求之不得
백사에 이가 없으니
구하여도 얻지 못한다

七月
風雨不順
草木不長
비바람이 순하지 못하니
초목이 자라지 못한다

八月
時運不幸
每事不成
시운이 불행하니
매사를 이루지 못한다

九月
旣危且殆
室如懸磬
집이 경쇠 단것같으니
임의 위태하도다

十月
三人求橘
反得大栗
세사람이 탱자를 구하니
도리어 큰밤을 얻으리라

十一月
非言相訣
侮于徑路
진 하는 말이 서로 그르니
지름길이 그로도다

十二月
出門逢惡
爲怨爲怨
문에 나서 악함을 만나니
분함도 되고 원망도 되도다

正月
蒙雨斜陽
空立愁翁
비를 석양에 맞으니
공연이 섰는 근심이로다

二月
家內不平
東敗西傷
집안이 편안치 못하여
동쪽으로패하고 서쪽으로패한다

三月
愼之金姓
損財損名
금성을 삼가라
손재하고 손명하리라

四月
訟殺侵身
愼之爭論
송사살이 몸에 친노하니
시비를 삼가라

五月
吉運己回
食祿自生
길한운이 이미 돌아오니
식록이 스스로 생하도다

六月
陰事可知
女人招男
비밀이 한일을 안다
여인이 사내를 부르니

七月
凡百之事
必有虛妄
무릇 여러가지일에
반드시 허망함이 있다

八月
賣買有損
文書有害
매매에 손이 있고
문서에 해가 있다

九月
不是非口舌
然然疾病
그렇지 아니하면 질병이로다
시비와 구설수니

十月
橫財有數
黃金百鎰
황재수가 있으니
황금이 백일이로다

十一月
因人敗財
無事德謗
사람을 인하여 재물이 패하니
일없이 비방을 얻도다

十二月
莫爲出行
道中有賊
출행하지 마라
길가운데 도적이 있도다

正月
谷風布起
萬物出生
곡풍이 하여 이러나니
만물이 나도다

二月
出門逢惡
爲怨爲怨
문에 나서 악함을 만나니
분함도 되고 원망도 되도다

三月
因人成事
得財若干
남을 인하여 일을 이루니
재물을 약간 얻도다

四四一 震之豫

䷲䷏

卦辭 震은動也오豫는悅也니
本義 震驚百里에驚遠而懼
邇也니 雖悅何益
고 群雄陣飛胡鷹
放翼이라하니 盖
中無所主하여莫
知所向也라

【해왈】 세상에
남애해코저하는
사람이있다매사
를실시하니되는
일이없도다곤난
을한탄말고있으
면늦게는좋은일
이있으리라는패

群雄陣飛
胡鷹放翼
뭇꿩이떼로나니
큰매가날개를벌리도다

卦辭

正月 春鴻飛金東
以馬買金
봄기러기가동쪽으로나니
말로써금을바꾸도다

二月 爲凶作妖
餠在畵中
네꼬리여섯머리가
흉함이되여요괴를짓도다

三月 餠在畵中
見而不食
떡이그림가운데있으니
보고도먹지못하도다

四月 配合相迎
利之四隣
배합되여서로맞으니
넷이웃에이롭도다

五月 天之所壞
不可強支
하늘이문어진바되니
가히지탱치못하도다

六月 湧泉不溶
南流不絶
솟는샘이용용하여
남쪽으로흘러끈어지지아니한다

七月 水火相傳
雷乃發聲
물과불이서로전하니
우뢰가이에소리를발한다

八月 朝露不久
肓澤欲盡
아침이슬이오래지아니하니
기름못이다하고저하도다

九月 畵龍頭角
文章未成
용의머리와뿔을그리나
문장이이루지못하도다

十月 夕陽江村
孤客失杖
석양강마을에
외로운손이막대를잃도다

十一月 喜來如雲
擧家歡欣
기쁨이이르기구름같으니
온집안이즐겨하도다

十二月 絆逃不遠
心與言反
얼거맨말도망이멀지아니하니
마음이말과더부러반대로하니라

富貴榮華
一場春夢
부귀와영화가
일장춘몽이로다

心無所定
或東或西
마음에정한바없으니
혹동쪽서쪽이가나

家有疾病
辛苦何言
집에질병이있으니
신고함을어찌할고

莫貪外財
空失本財
밖갓재물을탐하지마라
한갓본재물을잃도다

西北有人
助我扶我
서쪽북쪽에사람이있으니
나를돕고나를붙잡도다

分外之財
切勿貪之
밖의재물에있어
절대로탐치마라

愼之愼之
勿失木期
삼가고삼가라
좋은기약을잃지마라

一驚之火
利在水火
한번놀람이있고꼬리는없고

凡事不吉
有頭無尾
모든일이길하지못하니
머리는있고꼬리는없도다

莫近北人
徒損無益
북쪽사람을가까이마라
한갓손만되고유익함이없도다

一無所事
聽之之語
하는바의일이
하나도의지할바없도다

天賜其福
財得千金
하늘이주신그복이니
재물을천금이나얻도다

勿信他人
外親內疎
타인을믿지마라
밖은친하고안은성그도다

四四二

䷲䷵
妹歸之震

卦辭
茫茫大海
遇風孤棹
身數困苦
出他不利
아득한큰바다에
바람만난외로운돛대로다
신수가곤하고하니
나가면만불리하다

【本義】震은動也요歸妹는大也니六三ㅣ乘初九之剛故로當震之來而危厲也라動而大니其危ㅣ甚矣라故로茫茫大海에遇風孤棹라

【해왈】홀연단신이의지할곳이전혀없다밀리타향에가면구조하여줄사람이있을패

正月
衣食不足
飢寒可免乎
의식이부족하니
기한을어찌면할까

二月
憂來如雲
目不可合
근심이오되구름같으니
눈을가히합하지못한다

三月
自乘永貞
其道太平
그스스로가태명하도다

四月
避黑東西
反入禍門
환을동쪽서쪽으로피하나도로화에들도다

五月
雲綻日光
視線不明
구름이해빛을가리니앞길이밝지못하도다

六月
能行未進
欲成未成
능히가고저하나이루지못하며이루고저하나이루지못한다

七月
隧不我求
我何求之
이웃이나를돌아보지아니하니내가어찌구하리요

八月
依托西兌
白玉丹鳳
흰옥과붉은봉서쪽에의탁하도다

九月
往事如夢
空勞心力
간일이꿈같으니한갓마음만수고하리라

十月
夜夜入胸
女人入夢
밤마다꿈이있으니여인이품에들도다

十一月
陸何不求
我顧之
이웃이나를돌아보지아니하니

十二月
霜落秋江
魚龍失色
서리가가을강에떨어지니고기와룡이빛을잃도다

不蜉蝣戴盆
能上載山
하루사리가동우를이니
능히산에오르지못한다

若非家憂
親厄可畏
만일집에근심이없으면
부모의액이두렵다

因人致敗
勿爲同事
사람으로인하여패하니
같이일을하지마라

家苦日至
憂內不平
집안이편하지아니하니
근심고생이날로이르도다

家産漸潤
可得田土
가산이점점불으니
가이전토를얻도다

小貪大失
勿爲貪利
이를탐하고큰것을잃으니
이를탐하지마라

愼之口舌
勿信人言
한갓마음만상하도다

愼之口舌
徒傷心緖
한갓마음만상하도다

爭訟之口
勿入門門
송사함이문에들도다

事在文書
愼之木姓
일이문서에있으니
목성을삼가라

小財可得
宜行西方
적은재물을가히얻으려면
마땅이서방으로가라

若無妻患
損財可當
만약처환이아니면
손재를당하리라

都或南或北
無所利
도혹남쪽혹북쪽
무지로운바가없도다

守而勿出
落眉之厄
지키고나가지마라
낙미의액이로다

四四三

䷲ 震은 動
䷹ 也요 豊은 大也니
䷼ 四四二와 略同하여
豊之震 나요 ㅎ居陽하여
 當震時而居不正
 이라 有綏散自失
 之狀이니 居不安
 而綏散則閑臥於
 高亭之上하여 有
 消遣世慮之心 故
 로 日六月炎天閑
 臥高亭이라

【해왈】 몸이한
 가하니 피리소리
 도 청아하다 상당
 한 곳에 처하매 회
 색이 단면하다 차
 차 임신양명할패

卦辭	六月炎天 閑臥高亭	유월염천에 한가이 높은정자에 누었도다
正月	修道遠惡 終見吉利	도를닦고 악을멀리하니 마침내 길함을본다
二月	勿聽女言 別無所得	여자의말을 듣지마라 별로소득이없다
三月	天賜其福 分安居利	분수를지키고 있으면 하늘이복을준다
四月	意外功名 名振四方	뜻밖에 공명하여 이름이 사방에떨친다
五月	雨順風調 萬物自樂	비바람이 순조로우니 만물이 즐긴다
六月	在家不安 暫時出行	집에 있으면 불안하니 잠시 출행하라
七月	利在木姓 害人之數	이는 토성에 있고 해는 목성에 있다
八月	進退有路 必是成功	남의 말을 듣지마라 진퇴함에 길함이 있으니 필시 성공한다
九月	莫聽人言 不利之數	남의 말을 듣지마라 불리한 수로다
十月	吉星入門 必有慶事	길성이 문에 드니 반드시 경사가 있다
十一月	家運旺盛 衣食豊足	가운이 왕성하니 의식이 풍족하다
十二月	家人同心 財自天來	집안사람이 마음이같으니 재물이 하늘에서 온다
	百事如意 此外何望	백사가 여의하니 이밖에 무엇을 바랄까

歸期何年 千里江山	도라갈기약이어느 해인고 천리강산이로다
勿聽女言 別無所得	여자의말을 듣지마라 별로소득이없다
若非生產 官祿臨身	만일 생산하지 아니하면 관록이 몸에 닫는다
雖有財利 口舌間或	비록재물은 있으나 간혹 구설이있다
家庭有慶 膝下之慶	집안에 경사가 있으니 슬하의경사로다
內外相爭 一次不合	내외가 불합하니 한번 다툰다
若非如此 兄弟有別	만일 이와같지 아니하면 형제간에 이별이 있다
莫近火姓 必有損害	화성을 가까히 하지마라 반드시 손해가있다
木姓所言 必有虛妄	목성이 말하는 것은 허망함이 있다
利在西北 出則大得	이가 서북에 있으니 나가면 많이 얻는다
貴人助我 利在文書	귀인이 나를 돕는다 이가 문서에 있으니
子月之數 吉凶相半	동짓달의 운수는 길흉이서 로섞였다
財在商業 財物興旺	재물이 장사에 있으니 재물이 흥한다

四五一 恒之大壯

卦辭
恒은久也요大壯은志也니
初與四ㅣ爲正
應天理之常也나
初居下而在初에
未可以深有所求
머四陽이上而不
下하야爲二三所
隔에應初之意ㅣ
異乎常矣니初之
柔暗이不能度勢
라恒有粉忙之意
故로靑山歸客步
步忙忙이라

【해왈】날이저
물어가니할일이
바쁘다괴로운몸
이은인을만나줄
겁게고향에도라
오는패

卦辭	靑山歸客 步步忙忙	청산에도라오는객이 걸음이가빠르도다	釣魚失綸 魚不可得	고기낚다가낚시줄을잃으니 고기를가히얻지못한다
正月	鷄犬相鳴 怨嘆不親室	닭과개가서로바라보니 원진이되어친하지아니하도다	嶺之口舌 預祈名山	구설을가히삼가라면 미리명산에서기도하라
二月	不夜視失明 不利遠去鄕	밤에봄이밝은것을잃으니 먼시골이이롭지않도다	莫吊喪家 疾病侵身	상가집에조상마라 질병이몸에침노하리라
三月	中道別共車	중도에서이별하고가나	移徙南天 宜向東方	이사수가있으니 마땅히동방으로향하라
四月	童女無媒 不利動搖	처녀가중매없으니 움직이면이롭지못하도다	離鄕南天 歸恩如矢	도라갈생각이간절하니 시골을남천으로떠나나
五月	雲捲靑天 明月自新	구름이청천에걷으니 밝은달이스스로새롭도다	百事咸吉 室家有慶	백가지일함께길하니 집안의경사있도다
六月	兩虎相鬪 勝負未判	두범이서로싸우니 이기고지는것을판단치못한다	愼之火姓 不利共謀	화성을삼가라 같이꾀하기가이롭지못하다
七月	無月暗夜 神物時鳴	달없는어둔밤에 신기한물건이때로우도다	邪鬼入門 放逐誦經	사귀가문에드니 송경하야쫓으라
八月	以羊易牛 情義不同	양으로써소를바꾸니 정과의가같지않이하도다	勢在兩難 誰怨孰尤	세가두번어려운데있으니 뉘를원망하고뉘를허물고
九月	訛言無味 面目可憎	말이무미하야 면목이가히밉도다	千里路中 獨自跋涉	천리길가운데 홀로발벗고가도다
十月	勝物時鳴夜 神物時鳴 多錢善賈	소매가길면춤을잘추고 돈이많으면장사를잘한다	愼之南方 殺有往亡	남방을삼가라 왕망살이있도다
十一月	如踏虎尾 轉憂成喜	범의꼬리를밟는것같으나 근심이구을러기쁨을이룬다	先凶後吉 利在西北	먼저흉하고뒤에는길하니 이가서북쪽에있도다
十二月	不如臨深淵 不可休息	깊은못에임한것같으니 가히쉴수가없도다	每事周密 可免橫厄	매사가주밀하면 가히횡액을면하리라

四五二

過小之恒

☷☳
☷☴
☷☶

卦辭
恒은久也요小過난過也니以陽居陰이本當有悔하야以其久中故로得悔하나니久而有過라如夢之眞僞를未可知故로夢得良弱眞僞可知라

【本義】
眞玉理塵誰有知之慎之西方厄在膝下

【해왈】 어진사람을얻어도음을받으니무슨일이과실이있을까보는곳마다좋은사람만만나는패

卦辭
夢得良弱眞僞可知
꿈에양필을얻으나참과거짓것을가히알도다
액이슬하에있으니서쪽을조심하라

正月
若非人助意外成功
莫非口舌可畏
一飮一啄莫非前定
한번마시고한번쫏는것이전에정한이치로다
만일이같지않으면구설이두렵다
만일남의도움을받지않으면뜻밖에성공한다

二月
貴星照門因人成事
莫非口舌
귀성으로인하여성공한다
남과다투지마라시비와구설이로다

三月
誰有知之眞玉理塵
意外成功若非人助
진옥이티끌에못혔느냐누가있어알겠느냐

四月
推車上山前進有險
몸과재물이왕성한다
길함이있고흉함이없으니수레를밀고산에오르니앞으로나아가면험함이있다

五月
鳳運不通家運不通
봉이닭이라속하니가운이통치못하도다

六月
馬跌車傷前程千里
말이너머지고수레가상하니앞길이천리로다

七月
三姓相伴祥光得生
諸事荒唐危不得心
세성이서로짝하니상서빛을얻어생하도다
모든일이황당하니위태하야마음이맞지못하도다

八月
卦多悅惚恩反成患
每事沮戱
進口之數生子有榮
괘에황홀함이많으니은혜가도리어근심된다
일이앞으로나아가지못하니매양용함이많도다
아인구가더할수있니아들을낳아영화있으리라

九月
根枯葉茂不可長久
損財損名戒之在色
今雖有福後必招殃
뿌리가마르고잎사귀가성하니가허장구치못하도다
지금은비록복이있다하나뒤에반드시재앙을부르리라

十月
桃花開落有形無聲
驚在南方八人愼之
복사꽃이열었다떨어지니형상은있고소리는없도다
남쪽에놀랄일이있으니화재를삼가라

十一月
魚躍龍門歸作變化
所願盡就財得千金
고기가용문에서뛰니도라가서변화를짓도다
원하는바에나아가니재물을천금이나얻도다

十二月
動因風便謀及他人
無端風說後至口舌
동함이바람편에인하니도가타인에게미치도다
무단한풍설로서구설수에이르도다

二五〇

四五三

解之恒

恒은久

【本義】
恒은久也요解는散也니
九三이位雖得中
이나過剛不正하
야志從于上에不
能久于其所라不
恒其德則兎之望
月에不久其光而
入于腹故로曰望
月玉兎淸光滿腹
이라

【해왈】 수태하
면귀자를낳고질
병없이잘자라태
평한쾌

卦辭	望月玉兎 淸光滿腹	달을바라보는옥토끼가 맑은빛이배에가득하도다
正月	一名在利路 一見榮華	이름이이로에있으니 한번영화를보리라
二月	船泛江湖 多獲珍寶	배를강호에띄웠으니 보배를많이얻도다
三月	彩鳳呈瑞 麒麟下都	채색봉이상서를드리고 기린이도회지에나리도다
四月	心生猶豫 營謀難成	마음에주저함이생기니 피를경영함에이루기어렵다
五月	添口添土 一家和平	식구와토지가더하니 집안이화평하다
六月	積德之家 必有餘慶	적덕한집에 반드시남은경사가있다
七月	財行商路 宜在市場	재물이장사길에가라 마땅허시장에가라
八月	坐爭立訟 粉粉世事	앉아서다투고서서송사하니 분분한세상일이로다
九月	注滿則傾 過猶不及	가득하게부으면기우러지니 지나감과불급함이같도다
十月	道與時違 名微位卑	도가때로더불어가니 이름이적고지위가낮도다
十一月	耐心待待 亨通自至	마음을견디고때를기다리니 형통함이스스로이르리라
十二月	玉女乘鸞 晩開蟠桃	옥녀가란을타니 늦게반도가열리도다

	春蘭秋菊 守分隨緣	봄난초와가을국화가 분을직혀인연을따르도다
	家給人足 上下相宜	집이녁녁하고사람이 위와아래가서로마땅하다
	財數通泰 勿失好期	재수가퉁태하니 좋은기약을잃지마라
	百事遂心 膝下有榮	백사가마음대로되니 자손의영화가있도다
	若非口舌 損財可當	만약구설수아니면 손재를가히당하리라
	家道興旺 此外何望	가도가흥왕하니 이밖에무엇을바라리오
	妻子有憂 預爲祈禱	처자에근심이있으니 미리기도하라
	膝下吉慶 家有榮慶	슬하에영화가있다 집하에영화가있다
	好事多魔 莫爲經營	좋은일에마가많으니 경영을하지마라
	莫爲淩人 事必虛歸	사람을업신여기지마라 일이반드시헛되리라
	木姓不利 莫爲與受	목성이이롭지못하니 여수를하지마라
	守舊安心 好事當頭	옛것을지키고안심하면 좋은일이머리에당하도다
	自此以後 財福漸進	이후로부터서는 재복이점점나아가도다

四六一 妹歸之解

䷗ ䷧

本義

解는 散也요 歸妹는 大也니 易日雷雨ㅣ作하야 解니 君子ㅣ以하야 赦過宥罪라 하니 今에 罪旣解而過又大라 故로 曰避嫌出谷仇者懷劍이라

해왈 원수가 칼을 품고 말을 타 매 길을 잃었으니 이것이 배은 망덕 한죄가 아닌가 천지를 우러러 탄식하는 패

卦辭	
避嫌出谷	혐의를 피하여 골에 나가니
仇者懷劍	원수가 칼을 품고 다

正月
量淺福薄 황금이 자루에다 하나
黃金豪盡 양이 야고 복이 엷으니

二月
乳燕高飛 어린제비가 높이나니
雖飛不遠 비록 나나 멀리 못간다

三月
月出阜東 달이 언덕 동쪽에 뜨니
山弊其光 산이 그빛을 가리도다

四月
折薪燃酒 섶을 꺾어 술을 데우니
使媒求婦 중매로 하여금 지어미를 구한다

五月
一出華東 한번 화한나라에 오니
風塵不犯 풍진이 범치 못하도다

六月
逆流用棹 거슬려 흐름에 돛대를 쓰니
進不得行 나아가서 행함을 얻지 못한다

七月
荊山之石 형산의 돌이
雕珠成章 아리색이 고 좇아서 구슬이 된다

八月
莫有人爭 사람과 다투지 말라
必有狼敗 반드시 낭패가 있다

九月
祈禱則吉 구월과 시월은 기도 한즉 길하리라
九十月令

十月
土與山連 흙이 산으로 더부러 연하니
共保歲寒 해의 참을 한가지로 보전한다

十一月
逃於東都 동으로 도망하야
鶴盜我珠 학이나 이 구슬을 도적하다

十二月
搖亂世路 하늘을 혜치고 땅이 춤추니
播天舞地 세상길이 요란하도다

一朝溫飽 하루 아침에 따뜻하고 배부르니
傷其初心 그처음 마음이 상하도다

勿爲出動 출동을 하지마라
動必有悔 동하면 반드시 뉘우침이 있도다

所爲之事 하는 바의 일을
欲成未成 이루고저 하나 이루지 못한다

事在落眉 일이 눈썹에 있으니
厄爲懼之 횡액을 삼가라

南方出凶 남쪽을 삼가라
莫爲出動 출동을 하지마라

橫厄懼之 횡액을 삼가라

喜添田土 인구가 더하고
人口增進 끼한바 이루지 못하니

事歸空虛 일이 허사가 된다
事謀不成

終獲大利 마침내 큰이를 얻으리라
事將進就 일이 장차 진취되니

日落靑山 해가 청산에 떨어지니
行客失路 행객이 길을 잃도다

妻耶子耶 아내나 아들에게
疾病相侵 질병이 서로 침노한다

莫信他人 타인을 믿지마라
言甘事違 말은 달고 일은 억인다

失物在數 실물수가 있으니
愼之盜賊 도적을 삼가라

名利不振 명리가 떨치지 아니하니
口舌紛紛 구설이 분분하도다

四六二 豫之解

☷☳ / ☵☳

【本義】
解는散也요 豫는悅也니 散而悅이라 去邪
媚而得中正之直
突이니 故로 日萬
里無雲海天一碧
이라 하나니라

【해왈】 벼슬마
다사양하고 고향
에도 가지 한 가로
이 낙시질이나 하
고 세월 보내는 괘

卦辭	海天一碧 萬里無雲	마리에 구름이 없으니 바다와 하늘이 한가로이 푸르다	門招喜氣 有人助力	문에 기쁜 기운을 부르니 힘돕는 사람이 있도다
正月	喜氣映門 隔去福臨	화가 가고 복이 임하니 기쁜 기운에 문에 비치도다	人口增進 田土有利	인구가 더하고 전토의 이가 있도다
二月	知足爲貴 莫貪邪心	분수를 아는 것이 귀하게 되니 분수밖의 마음을 탐치마라	向人求財 反得其害	사람을 향하여 재물을 구하니 도리어 그 해를 보리라
三月	萬和俱新 春草方長	봄풀이 바야흐로 자라니 만가지 화함이 함께 새롭도다	利在西南 手弄千金	이가 서쪽 남쪽에 있으니 손으로 천금을 희롱하도다
四月	或有口舌 莫近女子	여자를 가까이 말라 혹 구설이 있도다	陰陽和生合 萬物化生	음양이 화합하니 만물이 소생한다
五月	中流風波舟 逆水行	역수에 배가 가니 중류에 풍파가 있다	身上無憂 利財可得	신상에 근심이 없으니 재리를 얻는다
六月	功名可遂 仁聲四海	공명을 이루니 어진 소리 사해에 떨친다	所望如意 男兒得意	소망이 뜻대로 되니 남아가 뜻을 얻으리라
七月	活氣更新 魚龍得水	어룡이 물을 얻으니 활기가 다시 새롭다	到處有財 身數大吉	신수 대길하니 도처에 재물이 있다
八月	必有成事 貴人我助	귀인이 나를 도우니 반드시 성사한다	有財多權 意外成功	뜻밖에 성공하니 재물과 권세가 많아진다
九月	百事大吉 身遊南方	몸이 남쪽에서 놀면 백사 대길하다	或有口舌 若近女子	만일 여자를 가까이 하면 혹시 구설이 있도다
十月	遠行得利 利在外方	이익이 외방에 있으니 먼 곳에 가면 이익을 얻는다	貴人我助 東南兩方	동남양방에서 귀인이 와서 나를 돕는다
十一月	必有喜慶 子丑月令	동짓달과 섣달은 필시 기쁜일과 경사가 있다	到處得利 名利如意	명리가 다 추니 도처에 이익을 얻는다
十二月	其尾洋洋 井魚出海	우물 안에 고기가 바다에 나가니 그 꼬리가 양양하도다	謀事順成 求財如意	재물을 구함에 여의하고 꾀하는 일이 순성한다

토정비결

二五三

四六三 恒之解

☷☵
☴☰

卦辭

玉兎升東에 淸光可吸이라
玉兎升東쪽에 오르니
맑은 빛을 가히 마시도다

本義
解는 散也요 恒은 久也니
與四五三으로 相爲表裡하나 兎之
望月에 散而後悅
故로 玉兎升東淸
光可吸이라

해왈 수태하
면 귀자를 낳고가
족이 화락하야 경
사가 있을패

正月
一片荊山 玉價千金
한조각 형산에
옥값이 천금이로다

財福津津 日致千金
재복이 진진하야
날로 천금을 구하도다

二月
塞翁得馬 其威十倍
변방직히는 늙으니가 말을 얻으
니 그위엄이십배나 된다

老當益壯
諸事如意
늙어 도머욱장하도니
모든일이 뜻과같으니

三月
天上蟠桃 初結其實
하늘 위에 반도가
처음으로 그열매를 맺도다

利在田土 膝下有榮
이가 전토에 있으며
자손의 영화있으리라

四月
天下不振 三戰三敗
세번싸워세번패하
니 그위엄이떨치지못한다

害及於身 莫作遠行
해가 몸에 미치나
원행하지 말라

五月
金鷄玉狗 以報佳音
금닭과옥개가
아름다운소리를 내도다

金玉滿堂 財得千金
금옥이 집에 가득하니
재물을 천금이나얻도다

六月
未月之數 別無所益
유월의 수는
별로이익이 없다

因人致災 莫近水邊
남을 인하야 재앙을 이루도다
물가에 가까히 가지마라

七月
利在四方 不息勤勉
이익이 사방에 있으니
쉬지않고 근면하면

親人反害 雖有疾病
친한 사람이 도리혀 해친다
질병이 있을까 두렵다

八月
財利自到 財如飄蓬
재리가 스스로이른다
재물이 쑥대화살날리듯한다

必東西兩事 恐有吉事
반드시 길사가 있다
동서양쪽에

九月
東奔西走 財利到處
동쪽으로 다라나고서쪽으로
재리가 도처에 있다

莫近水邊 江神怒號
물가에 가지마라
강신이 성내도다

十月
三鶴南飛 俱就池塘
세학이 남으로 나아가니
함께못에 나아간다

宜去求財 利在西方
마땅이 가서재물구함이
이가 서쪽에 있으니

十一月
嬰兒得母 衣食自足
어린애가어미를얻으니
의식이스스로만족하도다

萬事俱吉 心常泰然
만사가함께길하도다
마음이항상태연하니

十二月
三鶴南飛(?) 轉禍爲福 喜來入門
화가구으러복이되니
기쁨이 문에 들도다

手弄千金土 若非田
손으로전토금을희롱하
만약 전토가 아니면

五一一 小畜之巽

䷈

卦辭

小畜은

本義

塞也요巽은順也
니健而順하며剛
中而志行하야乃
亨허나塞而不通
하야如密雲之不
雨라有長上之憂
故로梧竹相爭身
入麻田이라

[해왈] 부모상
을당하고곤궁할
수이나화를이용
하여복을삼으면
미래에형통하는
일이있으리라

梧竹相爭
身入麻田

오동과대가서로다투니
몸이삼밭에들도다

正月

四亂不安
東西爲患

사방이어지러워치못하니
동쪽서쪽이근심이된다

二月

秋菊欲笑
恒心不久

가을국화가웃고저하니
항상마음이오래지않도다

三月

尙義崇德
以建大福

의를숭상하고덕을높이니
써큰복난간을의지하였을꼬

四月

寂寞依欄
有誰與我

적막한난간을의지하였을꼬
누가나로더부러있을고

五月

秋雨殘燈
忘家可嘆

가을비쇠잔한등잔에
집을잊어가히탄식하도다

六月

白雪遠山
遠行不能

백설이먼산에있으니
원행하기어렵다

七月

背月向暗
不見好光

달을등지고어둠을향하니
좋은빛을보지못한다

八月

在家心亂
出他心閑

집에있으면심란하고
출타하면마음이한가하다

九月

岩上孤松
滄海一粟

바위위에솔나무요
창해에조알이라

十月

每事不成
是亦何運

매사가이루지못하니
이또무슨운인고

十一月

運數始回
利在其中

운수가다시시작되니
이익이그속에있다

十二月

莫行喪家
不利之事

상가에가지말라
불리한일이있다

昧昧墨墨
不知白日

어둡고어두워서
밝은날을알지못한다

家多疾苦
東敗西傷

집에병고생이많으니
동쪽에패하고서쪽에상한다

出而勿失
守而有悔

나가면뉘우침이있으니
지켜서잃지마라

財雖旺盛
病在北堂

재물은비록왕성하나
병이북당에있도다

人口不圓
憂苦難堪

인구가둥글지아니하니
근심고생을견디기어렵다

如干捏財
付之一失

여간재물을손실하니
한웃음으로부치도다

揖財有數
火姓遠之

손재가있을수니
화성을멀리하라

若無疾病
可恐口舌

만일질병이없으면
구설이두렵다

家運如此
每事愼之

가운이이러하니
매사를조심하라

夜夢散亂
心中不淸

밤꿈이분란하니
심중이불결하다

預爲安宅
凡事如意

미리안택하면
범사가뜻대로된다

財數旺盛
必有得財

재수가왕성하니
반드시재물을얻는다

東方有害
莫行東方

동방에해가있으니
동방에가해지말라

五一二

䷈ ䷤ 小畜之家人

【本義】 小畜은塞也요家人은同也니三陽이志同而塞하야無可通之地故로曰池中之魚終無活計라

【해왈】 못가운데물고기가살길이가이없다상대하는자가다강한자이라어찌이기기를바랄가동서에분주하여도무색한괘

卦辭	池中之魚 終無活計	못가운데고기가 마침내살계책이없도다	新市飲食 口暫頤養	새저자음식이 입에잠간그르도다
正月	四面楚歌 身運否塞	사면이다초나라노래니 신운이비색하도다	莫與人爭 訟事可愼	남과다투지말고 송사를가히삼가라
二月	釣魚山上 魚不可得	고기를산에서낚으니 고기를가히얻지못하도다	百事多舛 宜守安靜	백사가어긴데가많으니 마땅이안정하게지키라
三月	陰失陽復 其室不完	음은잃고양은회복하니 그집이완전치못하다	若無服數 膝下有憂	만약소복수가아니면 슬하에근심이있으리라
四月	天地閉塞 人情何生	천지가막히니 인정이어찌나리요	莫向西方 往則大凶	서방을향하지마라 가면크게흉하리라
五月	石上走馬 其馳不疾	돌우에서말이달리니 그달림이빠르지못하다	所爲之事 雖成何利	하는바의일은 비록이루나어찌이로울가
六月	大尾小腰 體格不均	큰꼬리와작은허리가 체격이고르지못하도다	凡事不利 有頭無尾	모든일이이롭지못하니 머리는있고꼬리는없다
七月	鴻漸于山 靈神不佑	기러기가산으로점점가니 신령한신이도웁지아니한다	志大運否 何事可成	뜻이크고운이비색하니 이루는일이무엇인고
八月	江東霽日 牧童吹笛	강동의개인날에 소먹이는아이가저를분다	吉運已回 萬事向新	길한운이임의도라오니 만사가새것을향하도다
九月	秦失其鹿 天下共逐	진나라가그사슴을잃으니 천하가한가지로좇기도다	事在瞬間 早急圖之	일이눈결에있으니 일즉이급히도모하라
十月	千年江山 枯木結子	천년강산에 마른나무가꽃이핀다	小往大來 百事進就	적게가고크게오니 백가지일이진취하도다
十一月	築室水上 危如抱卵	집을물우에지으니 위태하기알안은것같도다	南北有人 皆是扶我	남쪽북쪽에사람이있으니 다나를부뜰도다
十二月	張網南天 避之何方	그물을남천에치니 어느쪽으로피할고	四面皆賊 出則不利	사면이다도적이니 나가면이롭지못하도다

五一三 小畜中孚之小畜

䷈䷼䷈

魚出海意氣洋洋
于海矣니 故로 沼
塞이다가 信而通
自由可通之道니
라가 信而行之則
也니 塞而不通이
塞也오 中孚는 信

【本義】 小畜은

【해왈】 형세가
북이 도라오는 패
사하니 오래살고
늘어 큰집으로 이
이라

못의 고기가 바다에 나가니
의기가 양양하도다

卦沼	沼魚出海 意氣洋洋	德施流行 利之四隣	덕을 베풀고 유행하니 네이웃에 이롭도다
正月	轉禍爲福 喜色滿面	財聚如山 富如石崇	화가 복이 되니 희색이 만면하다 재물을 산같이 취하니 부하기 가석숭 같다
二月	偶然得財 生計自足	若非父母 膝下之厄	우연히 득재하니 생계가 자족하도다 만일 부모의 근심이 아니면 슬하에 액이 있다
三月	到處有財 遠行得財	秋鼠得庫 食祿陣陣	도처에 재물이 있으니 원행하면 득재한다 가을 쥐가 곡간을 얻으니 식록이 진진하다
四月	經營之事 必是成功	王心修德 福祿自來	경영하는 일이 반드시 성공하리라 바른 마음으로 수덕하면 복록이 스스로 온다
五月	靜則大吉令 五六月令	靜則有吉 妄動有害	오월과 유월은 정숙하면 대길하다 정숙하면 길함이 있고 망동하면 해가 있다
六月	財物如山 富如金谷	利在何姓 火金兩姓	재물이 산같으니 부가 금곡같으니라 이가 느성이라 화성과 금성이라
七月	或有口舌 七八月令	經營之事 勿說內容	칠월과 팔월은 혹시 구설이 있다 경영하는 일의 내용을 말하지 말라
八月	必有損財營	辰戍兩方 橫財多端	다른 일을 꾀하지 마라 반드시 손재가 있으리라 진술양방에 횡재가 많다
九月	春風到處 百化滿發	東方來客 必是助我	춘풍이 도처에 부니 백화가 만발하도다 동방에서 온 객이 반드시 나를 돕는다
十月	移徙之數 家神發動	吉神扶助 事事成就	가신이 발동하니 이사할 수로다 길신이 도와주니 일마다 성취한다
十一月	鶯棲柳枝 片片黃金	財星臨身 田庄得利	꾀꼬리가 버들가지에 깃드니 편편이 황금이다 재성이 몸에 입하니 전답에 이득이 있다
十二月	祈禱佛前 意外成功	自此以後 事事亨通	불전에 기도하면 이외의 성공을 한다 앞으로는 일마다 형통한다

토정비결

二五七

五二一 中孚之孚中

【本義】中孚는

信也요 渙은 散也니 當中孚之初에 上應六四하야 能度其可信而信之라가 失其所以度之 六正而不得其所 安故로 敗軍之將 無面渡江이라

【해왈】 팔천군 사가다패하고사 방으로처들어오 는적군을막을준 비가가이없는패

卦辭	正月	二月	三月	四月	五月	六月	七月	八月	九月	十月	十一月	十二月

敗軍之將 無面渡江 牛驚馬走 上下渾擾

狗兎何前捕足 狡兎何前捕足 凡事不遂 每事不如意

初雖楚越弟 終作楚越弟 口舌紛紛 兼以憂苦

雲弊萬里 日月無光 愼之素服 若無疾病

霜落草木 無聲無形 莫問喪家 吊客入門

心同事異 表裡相反 莫信親人 恩反爲仇

柳綠桃紅 春色自若 以財得名 萬人仰視

千里他鄕 思家難還 凡事不利 問東答西

過逢揚善 好着春色 貴人頭上 金角榮華

探藥三山 一去不回 事雖成就 勞而無功

西山日暮 天地無所 周遊四方 行色無依

經涉波濤 片舟彷徨 事多蒼荒 財如飄蓬

月照長江 魚龍欲呑 莫貪外財 空勞閑心

(해설 부분)
패군한장사가 면목없이강을건느도다
소가놀래고말이달아나니 위와아래가혼잡하도다

개가앞발이이루지못하니 간사한토끼를어찌잡을가
모든일이이루지못하니 매양뜻과같지아니하다

처음은비록형제같으나 마침내초나라월나라가된다
구설이분분한데 근심과피로움을겸하도다

구름이만리를가리우니 날과달이빛이없도다
만약질병이없으면 소복수를검하도다

서리가초목에떨어지니 소리도없고형상도없도다
상가집에묻지마라 조객살이문에들도다

마음은같으나일이다르니 것과속이서로달라도다
친한사람을믿지마라 은혜가도리혀원수로다

버들이푸르고복사는붉으니 봄빛이자약하도다
재물로써이름을얻으니 만인이우러러본다

천리타향에집을생각하매 도라오기어렵도다
모든일이이롭지못하니 동쪽을물으면서쪽을대답한다

착함을막고착한것을날이니 좋게봄빛을삼산도다
귀인의머리위에 금각이영화하도다

약을가산산에서캐니 한번가면도라오지못한다
일이비록성취되나 수일만되고공이없다

서산에날이저무니 천지간에갈곳이없다
사방에주류하니 행색이의지할데없도다

파도를지나니 쪼각배가방황하도다
창황한일이많으니 재물이날이는쑥대화살같도다

달이장강에비추니 어룡이장고저한다
밖가의재물을탐내지마라 한가한마음을수고한다

五二二 益之孚中

≡≡≡
≡≡≡

卦辭 中孚는

【本義】 中孚는 信也요 益은 損也니 初雖居下나 當盆下之時에 受上之盆者也니 畢末之當震에 有榮華之榮故로 二月桃李逢時爛漫이라

【해왈】 가정에 화락하니 봄바람 한 것같고 성조에 벼슬하니 복록이 진진하며 질병이구름같이 거든 가니 집안이 다건강한 괘

正月	夫婦之和樣倫 居室之和樣 學靈三年 聖且神明	부부가 화락하는 윤기는 집에 만난 듯하도다 신령함을 배운삼년에 성인이 또한 따르지 삼년에
二月	月有虧盈 吉凶未分	달이 기울고 찬이 있으니 길흉을 분간치 못하도다
三月	非鷄之鳴 蒼蠅之聲	닭우는 것이 아니라 창승의 소리로다
四月	五六月之令 失物慎之	오뉴월과 유월은 실물에 조심하라
五月	旱天降雨 萬物更生	가뭄에 비가 오니 만물이 다시 살아난다
六月	官祿隨身 財祿豐滿身	관록이 몸에 따르니 재록이 풍족하도다
七月	與人謀事 必有得財	다른 사람과 일을 꾀하면 반드시 재물을 얻는다
八月	戌亥兩方 財物自旺	술해 이양방에 재물이 왕성하다
九月	缺月復圓 必有喜事	기우러진 달이 다시둥그니 반드시 기쁜 일이 있다
十月	身寒骨冷 所依何處	몸이 차고 뼈가 시리니 의지할바 어느 곳인가
十一月	莫人心所歸 莫非天意	인심의 돌아가는 바는 다 하늘의 뜻이로다
十二月	神馬來告 報我無憂 事有成就 宜行南方 東隣有友 此是貴人	신마가 와서 고하니 나의 근심없음을 알도다 일이 성취함이 있으니 마땅이 남방으로 가라 동쪽이웃에 벗이 있으니 이것이 귀인이로다
	一喜一悲 萬事失意 人口增進 財物豐厚 西方來人 必損其財	한번 기쁘고 한번 슬프니 만사가 뜻을 잃었도다 인구가 더나아가고 재물이 풍부하고 후하도다 서방에서 사람이 와서 반드시 재물에 해가 있다
	若非之數桂 生男之數 損姓遠之數 土姓遠之數	만일 한 수가 아니면 생남할수 있다 손재 한수 있으니 토성을 멀리하라
	災去福來 天神我助 經營之事 必是成功	재앙이 떠나가고 복이 오니 천신이 나를 돕는다 경영하는 일이 반드시 성공한다
	天地相應 所望如意 雖欲求財 事多不成	천지가 서로 응하니 소망이 뜻대로 되리라 비록 재물을 구하려 하나 많이 이루지 못하도다
	莫近水姓 害及自身	수성을 가까이 마라 자기몸에 해가 있도다

토정비결

二五九

五 二 三 中孚之小畜

中孚는

【本義】中孚는 信也요 小畜은 塞也니 六二ㅣ 當益下之時하여 處中下而受上之益할새 其容이 信而塞이라 故로 兩虎相鬪하여 望者失色이라

【解曰】 타인과 투쟁마라 어언간 세월이다 가고 늦게 하는 일이 바쁘기만 하다

卦辭	兩虎相鬪 望者失色	두 범이 서루 다투니 바라보는 자가 빛을 잃도다
正月	逢秋葉潤 何時繁榮	가을을 만나 잎사귀가 마르니 어느 때에 번창할고
二月	隱於山水 遯世無憫	산과 물에 숨어서 세상을 물려 가면 번민이 없다
三月	鉛刀攻玉 堅不何得	납 칼로 옥을 스리니 굳건하여 얻지 못하리로다
四月	大兵所屠 城空無家	큰 군사대인 곳에 성이 비고 집이 없다
五月	爭物傷義 以惡性詰	물건을 다투고 의를 상하니 악한 것으로서 구짓는다
六月	勿爲妄動 不利其財	망동을 하지 말라 불리함이 재물에 있다
七月	莫近酒色 必有失敗	주색을 가까이 말라 반드시 실패한다
八月	有事失敗 又何口舌	실패 있는데 또 무슨 구설인고
九月	天賜奇福 食祿陣陣	하늘이 복을 나리니 식록이 진진하도다
十月	到處有財 名高四方	이르는 곳에 재물이 있으니 이름이 사방에 떨친다
十一月	守舊無災 何望他業	옛일을 지키면 재앙이 없는데 다시 무슨 업을 바라랴
十二月	求之不得 身數奈何	구하나 얻지 못하니 이 신수를 어찌할고

	一牛二尾 其非失物	한 소가 두 꼬리니 그 실물수가 아닌가
	愼之口舌 是非紛紛	구설을 삼가라 시비가 분분하리라
	杜門不出 以待好運	문을 막고 나가지 아니하니 좋은 운을 기다리도다
	莫近女色 恐有損財	여색을 가까이 마라 손재 있을가 두렵도다
	一莫作水行 一驚過火	물 행하지 마라 한번 물과 불에 놀라리라
	莫爲遠行 終爲爭訟	여수를 하지마라 마침내 송사하리라
	家有疾病 妖鬼退出	집안에 질병이 있으니 요귀를 몰아내라
	損財有數 治誠名山	손재가 있을 수이니 명산에 치성하라
	事多盛荒 祈禱七星	일에 허황함이 있으니 칠성님께 기도하라
	不莫近木姓 不利我事	목성을 가까이 하지 마라 내 일에 불리하다
	若非官祿 弄璋之慶	만일 관록이 아니면 생남할 경사가 있다
	有勞無功 世事浮雲	수고가 있으나 공이 없으니 세상일이 뜬 구름과 같도다
	莫近火姓 損財不少	화성을 가까이 말라 손재가 적지 않다

二六〇

五三一 家人之漸

䷤

【本義】家人은 同也요 漸은 進也니 神九九以剛陽으로 處有家之始하여 能防閑之니 同進而閑이라 未能進이니 有備而後에 進故로 龍生頭角然後登天이라

【해왈】 공부가 성취되니 채용될 터요 채용되면 장차 내에 크게 될괘

卦辭	龍生頭角 然後登天	용이 머리에 뿔이 나니 연후에 하늘에 오르도다	逐鹿山頭 利去我西	사슴을 산이에서 쫓으니 이가니의 서쪽에 갔도다
正月	久陰霖雨 塗行泥濘	오래 음산한 비에 길을 진흙으로 이기도다	在家有閑 出他有憂	집에 있으면 근심이 있고 타향에 가면 가름다
二月	飛鳥遺音 上逆下順	나는 새가 소리를 깃치니 위는 거스리고 아래는 순한다	有名無實 莫爲求之	이름은 있고 실상은 없으니 구하지 마라
三月	雁足帶書 空傳虛名	기러기 편에 글을 전하니 공연히 헛이름을 전하도다	愼之木姓 內有含怨	목성가를 삼가라 안에 원망함이 있도
四月	雲開月白 天獨自明	구름이 열고 달이 희니 하늘에 거리가스스로 밝도다	萬事不成 莫爲得意	만사가 뜻을 얻으니 이루지 아니할 일이 없다
五月	往則有功 以定安邦	가면 공이 있으니 써편한나라를 정한다	有否後泰 事無不成	먼저는 비색하고 뒤는 통하니 무슨일이든지 이루지 못함이 없다
六月	長夜短日 陰爲陽賊	긴밤 짧은 날 음이 양의 적이 된다	先否後泰 事無不成	근심 가운데 기쁨이 있다
七月	持善避惡 福祿常存	착한것을 가지고 악함을 피하니 복록이 항상 있도다	莫近土姓 口舌是非	토성을 가까이 마라 구설과 시비로다
八月	有狐鳴園 飢無所食	여우가 동산에서 우니 주렸어도 먹을 것이 없다	貴人在東 偶來助我	귀인이 동쪽에 있으니 우연히 와서 돕는다
九月	温山松栢 常茂不落	따뜻한 산의 송백이 항상 성하여 떨어지지 아니한다	疾病憂苦 連綿不絶	질병과 근심이 연연하여 끈어지지 아니한다
十月	明月當天 宇宙光新	밝은 달이 하늘에 당하니 우주가 빛이 새롭도다	虛中有實 財得千金	빈가운데 실함이 있으니 재물을 천금이나얻도다
十一月	從舟江湖 大風忽起	배를 강호에 피우니 큰 바람이 홀연히 일어 난다	所爲之事 進就有望	하는 일이 진취의 희망이 있도다
十二月	日闇不明 讒夫在堂	날이 밝지 못하니 참소한지 애비가 집에 있도다	事不如意 動則有害	일이 뜻과 같지 아니하니 동하면 해가 있다
			莫信親友 言實不同	친한 벗을 믿지 마라 말과 실상이 같지 아니하다

토정비결

二六一

五 三 二
家 人 小 畜 之 卦

䷤䷤䷤

辭 家人은

【本義】 同也요 小畜은 塞
也니 六二柔順乎
正은 女之正位乎
內者也라 故로 陰
狀也며 夜狀也니
易曰旡攸遂요 在
中饋라 하니 故로
曰 見而不食肅中
之餠이라

【解曰】 매사가
마음대로 되지 아
니하니지도 하는
자누구인고 재목
을 달으면 성공할
패

卦辭	見而不食하니 그림가운데떡이로다
正月	無端之事 口舌可侵 口舌이침노한다
二月	莫聽人言 必有其害 남의 말을 듣지말라 반드시 해가있다
三月	旱天待雨 淸風遂雨 가뭄에비를기다리니 맑은바람이비를쫒는다
四月	出在家則害吉 집에있으면심란하고 출타하면마음이한가하다
五月	橫厄愼之令 五六月之令 오월과유월은 횡액을조심하라
六月	在家則害 出則有吉 집에있으면길하고 나가면해가있다
七月	若逢火姓 大財入手 만일화성을만나면 큰재물이손에들어온다
八月	日暮江上 乘舟不吉 해질무렵강위에 배를타면길치하다
九月	戌亥之月 遠行不利 구월과시월은 원행이불리하다
十月	舊情難別 新情不得 구정은이별키어렵고 신정은얻기어렵다
十一月	事多奔忙 此亦運也 일이많아분망하니 이것도운인가
十二月	山程水程 行路千里 산길과물길에 갈길이천리라

枯旱三年 草萊不生 마른가뭄삼년에 풀과쑥이나지아니한다	
先得後失 徒傷心神 먼저는얻고후에잃으니 심신이헛되이상하도다	
此好事多魔 此亦奈何 좋은일에마가많으니 이역시어찌할고	
財數論之 得而消費 재수를논하면 얻으나소비된다	
事不如意 到處有敗 일이여의치못하니 도처에실패가된다	
至誠祈禱 庶免此數 지성으로기도하면 이수를거의한다	
莫近金姓 反受其害 금성을가까이말라 도리여그해를받는다	
若非口舌 膝下有憂 만일구설이아니면 슬하에근심이있다	
東方不利 西方有吉 동방이불리하고 서방이길하다	
身數如此 世事浮雲 신수가이러하니 세상사가뜬구름이라	
凡事順成 憂中有喜 범사가순성하니 근심중에기쁨이있다	
日落西山 歸客忙忙 해가서산에떨어지니 도라가는객이바쁘도다	
此月之數 橫厄愼之 이달운수는 횡액을조심하라	

五三三 家人之益

卦辭
䲹手握弓
射而不中
외손으로활을당기니
쏘아도맞지아니한다

【本義】家人은 同也요益은 損也니以剛居剛而不中은過乎剛者也라故로隻手提弓射而不中이라하니隻手는奇也며陽也니라

【해왈】 매사가 되지안코욕심을 부리니마음이항상불안한괘

卦辭	䲹手握弓射而不中	외손으로활을당기니쏘아도맞지아니한다
正月	四壁無戶不得出入	네벽에문이없으니출입을할수없도다
二月	一足何平一足何走	급히평명에나가니한발로어찌달아날고
三月	赤壁火起孟德失魂	적벽강에불이일어나니맹덕이가혼을잃었도다
四月	高樓無柱顚僵無久	높은루에기둥이없으니오래지못하여옆어지도다
五月	剛柔相呼二姓爲家	강하고유함이서로부르니두성이집이되도다
六月	龍虎相爭風雲進退	용과범이서로다투니바람과구름이진퇴하리라
七月	月掛梯枝時躔松琴	달이오동나무가지에걸렸으니때로솔거문고를타도다
八月	終多刺枝步躓我足	길에탱자나무가시가많으니거러가매나의발을찌르도다
九月	不能變化泉涸龍憂	능히변화치못한다샘이마르고용이근심하니
十月	夢覺榮華時時華熟	꿈에기장익는것을깨달으니잠시의영화로다
十一月	慎勿係舟海浪起處	바다물결이이러나는곳에삼가여배를매지마라
十二月	不晝虎皮不得晝骨	범을그리고가죽을그리나뼈는그리기를얻지못한다
	理金藏玉自言其賢	금을묻고옥을감추고스스로그어짊을말한다

	不得東北不損財名	소쾌되고손명이되니 동쪽북쪽이이롭지못하도다
	以下淩上不種其德	아래로써위를업신여기니 그덕이맛지못하여그치지아니하도다
	莫爲人事訟舌不止	남과다투지마라 송사와구설이그치지아니한다
	若非生子恩變爲仇	마약아들을낳지아니하면 은혜가변하여원수되도다
	橫向東北閑臥高亭	동쪽북쪽을향하여원수되도다 한가히높은정자에누웠도다
	四方無事財金千金	사방에일이없으니 천금재를하리라
	事多蒼荒守分安靜	창황한일이많으니 분을지키여안정하라
	移守有數宜擇西方	이사수가있으니 마땅히서방을가리라
	莫近水邊江神怒號	물가를가까이마라 강귀신이성내도다
	厄在臨間宜避東方	액이눈결에있으니 마땅히동방으로피하라
	人心難測信斧斫足	인심을측량키어려우니 밈는도끼가발을찍는다
	慎之木姓橫厄有數	목성을삼가라 횡액수가있도다

二六三

五四一 益之觀 益은損

☷☷☴
☳☳☳

【本義】
益은損也요觀은觀也니
初六이陰柔在下
에不能遠見이라
易曰小人은无咎
요君子는吝이라
하니小人之事
요君子之羞也라
有損이요走爲小人
之策이요君子之
羞也니故로曰三
十六計走爲上策
이라하니走도
道也라

【解曰】
대치는
운이도라왓다흥
미잇는봄언덕에
뜻을얻어다니는
꽤

卦辭	三十六計走爲上策	달아나는것이상책이로다
正月	神不降福雖求何益	신이복을나리지아니하니비록구하나어찌유익할고
二月	君子得意小人失志	소인은뜻을잃고군자는뜻을얻는도다
三月	黃金入櫜守難失易	황금이주머니에들어가니지키기는어렵고잃기는쉽도다
四月	隨高逐低得步進步	높은데를딸으고낮은데를좇으니걸음을얻어나아가도다
五月	夢入天臺山月明朗	꿈에천태산에들어가니산달이명랑하도다
六月	韓盧逐兔走不伸步	달아나매가토끼를쫓으니매결음을펴지못한다
七月	君明臣賢候其待明	임군이밝고신하가어지니우러러그벼슬을구하도다
八月	畏昏不行候且待明	어둠을두려워행하지못하니아침에밝음을기다린다
九月	心無可據射鹿不得	마음에가이증거할것이없으니사슴을쏘다언지못하도다
十月	二桃三口莫適所與	두복사나무를아지못하니줄바를아지못하도다
十一月	頭戴桂影手弄千金	머리에계수나무그림자를이니손으로천금을희롱하다
十二月	杜宇一聲春不入夢	두우한소리봄이꿈에들지아니한다

東求金玉反得弊石	동쪽으로금옥을구하다가도리어떠러진돌을얻는도다
事在頃刻愼之落眉	일이경각에있으니락미지액을삼가라
在家傷心宜出遠方	집에있으면마음이상하니마땅이먼방으로나가라
愼物失盜在數賊	실도적을삼가라
莫向喪家殺在弔客	조상가지마라조객살이있도다
虛荒之事愼勿行之	허황한일여행하지마라
若無重服口舌侵身	만약중복수가아니면구설수가몸에있도다
上下和順各得其安	위와아래가화순하니각각그편함을얻으리라
行之西方利不可得	서방에가면이를가이얻지못하도다
愼之口舌之爭訟	송사하지마라구설수가있도다
愼之橫厄口舌含怨	횡액을삼가라원수가원망을먹음도다
仇人含怨若非科甲膝下有榮	만약과거아니면자손의영화있으리라
莫向東方有人害我	동방을향하지마라나를해할사람이있도다

三四二

☰☴ 孚中之益

【本義】 益은 損

也요 中孚는 信也
니 損而有信이라
九二當可行之時
而失剛不正하여
節而不知通이라
故로 有一把刀刃
之節而不知通이
라只害于人이니
故로 一把刀刃害
人何事라

【해왈】 타인을
해코자 마라 천지
가 넓다 한들 어데
로도 망할고 마음
이 항상 공구한 패

卦辭 一把刀刃 害人何事 한번 칼날을 들고 사람을 해치는 것이 무슨 일인가

正月 動多悔吝 安止有吉 동하면 허물이 많고 편히 그치면 길하리라
二月 一夫兩心 妻妾相爭 한 지아비가 두 가지 마음을 두니 처첩이 서로 싸우도다
三月 老楊日衰 條多枯槁 늙은 버들이 날로 쇠하니 마른 가지가 많도다
四月 人作室橋 上以爲安 집을 다리 위에 지으니 남이 써 편하다 하도다
五月 萬物受氣 花葉茂盛 만물이 기운을 받으니 꽃과 잎사귀가 무성하도다
六月 推輦上山 高仰重難 수레를 밀어 산에 오르니 높이 우러러 보기 거듭 어렵도다
七月 日出扶桑 天地始明 날이 동방에서 나니 천지가 비로서 밝도다
八月 牝馬呼駒 俱就草場 암말이 망아지를 불러서 함께 풀마당에 나아간다
九月 蒙慶受福 有所獲得 경사를 입고 복을 받으니 얻을 바가 있도다
十月 亡錐失斧 何以斫樹 송곳을 잃고 도끼를 잃으니 어찌하여 나무를 빌고
十一月 機言不發 頭不能達 비밀을 말하지 말라 사실이 좋지 못하리라
十二月 安坐閑堂 弄樂行觴 편하게 한가한 집에 앉아서 풍류를 듣고 잔을 들이도다

淇水秋雨 竹葉散亂 기수가 을비에 대잎사귀가 산란하도다
若無親憂 病在自身 만약 부모의 근심이 아니면 병이 자기의 몸에 있도다
損財之士 姓愼財不少 신재지사니 손재가 적지 않도다
客爲喪家 西方不往 상가집을 삼가라 객귀가 침해하도다
愼莫出往 鬼侵害 서방이 이롭지 아니하니 나가지 마라
百謀成就 自得財鄕 백가지 일이 다 성취하니 스스로 재물을 얻으리라
世思如雲 夜不成寢 세상생각이 구름같이 밤에 잠을 이루지 못한다
水姓不利 莫與受授 수성이 이롭지 못하니 여수를 하지 마라
財祿少有 愼之口舌 재록은 조금 있으나 구설수를 삼가라
利在田庄 手弄文書 이가 전토에 있으니 손으로 문서를 희롱한다
事無頭尾 欠在疾病 일이 머리와 꼬리가 없으니 흠이 질병에 있도다
若無身苦 憂在膝下 만약 몸고생이 없으면 근심이 자손에게 있으리라
晩歡風流 財祿所餘 늦께 풍류를 질기고 재록에 남어지 가 있도다

五 四 三

䷩

人家之益

先人邱墓
都在大梁

本義

益은 損

也요 家人은 同也
나 六三이 陰柔하
여 不中不正이니
不當得益者也
라 然이나 當益下
之時에 居下之上故
로 有益之以凶事
也라 先人邱墓都
在大梁이라 하니
先人은 家之先人
也요 邱墓난 家之
凶禮也라

【해왈】 쌍방에
정드리매어느곳
을배반할고그
인하여병이되
다앞길이황황하
니도나닥아불패
치료하기극난하
다

卦辭

乘船浮海
雖困無凶

正月

轥馬到門
奔走之象

분주할상이로다
역마가까이이르니
선인의무덤이
다대양에있도다

二月

河姓不利
偶然貽害

하성을히해를준다
우연히해를준다

三月

凡事不利
諸事注意

범사가불리하니
모든일에주의하라

四月

世業如夢
赤手成家

세업으로꿈같으니
맨손으로집을이루도다

五月

守家則吉
出路有害

집을지키면길하고
길에나서면해가있다

六月

口有舌數
官災可畏

구설이있을수이니
관재가두렵다

七月

勿貪分外
反有失敗

분외것을탐내지마라
도리혀실패함이있다

八月

身旺財旺
可得千金

신수와재수가왕성하니
가히천금을얻는다

九月

不利財北方
莫行千里

북방에가지마라
재물에불리하다

十月

莫近酒色
損財之數

주색을가까히말라
손재의수로다

十一月

若無人害
口舌之數

사람의해가없으면
구설수로다

十二月

春草方長
日就月將

봄풀이바야흐로자라니
일취월장한다

孚浮海
雖困無凶

떼를타고바다를건느니
비록곤하나흉함이없도다

財在遠方
出則得財

재물이먼곳에있으니
나가면얻으리라

損財口舌
莫近酒色

손재와구설이있다
주색을가까이말라

無端之實
口舌難免

무단한책임으로
구설을면하기어렵다

在家心亂
遠行則吉

집에있으면심란하고
원행하면길하다

勿貪人財
小得大失

남의재물을탐하지말라
작게얻고크게잃는다

財在西方
必得大財

재물이서방에있으니
반드시큰재물을얻는다

財不隨身
求之不得

재물이몸에따르지않으니
구하나얻지못한다

木姓有吉
金姓不利

목성이길하고
금성은불리하다

水姓不利
恒常遠之

수성이불리하니
항상멀리하라

勿爲渡江
商路失敗

강을건느지말라
장사에실패한다

莫出遠路
損財不少

먼길을떠나지말라
손재가적지않다

善治其家
意外成功

집을잘다스리면
뜻밖에성공한다

五 五 一

畜小之巽

巽은順
也요小畜은塞也
니順而塞이라何
以有리요初以
陰居下에爲巽之
主니卑巽之過라
爲進退不果之狀
故로妖魔入底作
孼芝蘭이라

【本義】

【해왈】 자손에
불길하매자연이
불안하니한적한
절간에서도나닦
을패

卦辭	妖魔入庭 作孼芝蘭	이웃이나를도라보지아니하니 녀를를바라보도다
正月	澗旱不雨 澤竭無流	마른가물에비가오지아니하니 못시마르고호름이없도다
二月	一源諸派 其末必亂	한근원모든파가 그끝이반드시어지럽도다
三月	兩金相擊 勇武誰敵	두금이서로치니 용맹한무기를누가대적할고
四月	嚴石上山 步跌不前	돌이고산에오르니 미끄러져앞으로가지못한다
五月	白馬一聲 萬里他鄉	흰말한소리에 만리타향이로다
六月	棄文就武 改舊從新	문을버리고무에나아가니 예를고치고새것을좇도다
七月	自立風頭 自招禍福	스스로바람머리에서서 스스로화와복을부르도다
八月	白鷗晝眠 處士不來	백구가낮에자니 처사가오지아니하도다
九月	天地閉塞 利深難得	천지가막히었으니 이가깊어나얻기어렵도다
十月	身立風頭 自招禍福	몸이바람머리에서서 스스로화와복을부르도다
十一月	舊井無魚 利得不饒	옛우물에고기가없으니 이엄음이넉넉지못하도다
十二月	擇日高求 遠之東齊	날을가리여높이구하니 멀리동쪽제나라에이르도다

	隣不顧我 而望玉女	이웃이나를도라보지아니하니 옥녀를바라보도다
	求財不利 慎之膝憂	재물을구함이이롭지못하니 자손의근심을삼가라
	以材傷心 有始無終	재물로써마음을상하니 처음은있고끝에는없도다
	莫向西北 守分安靜	서쪽북쪽을향하지마라 분을지켜안정하라
	事不如意 病殺侵身	일이뜻과같지아니하니 병살이몸을침노한다
	莫無身病 膝下有厄	만약신병이없으면 자손의액이있으리라
	家庭不安 禱則吉	가정이편치못하니 액을빌면길하리라
	財在東方 貴人助我	재물이동쪽에있으니 귀인이나를돕도다
	謹慎寺分 轉禍爲福	삼가서분을지키면 화가굴러복이되도다
	若無榮華 反爲口舌	만약영화가없으면 도리어구설수로다
	北來酒食 慎勿食之	북쪽에서오는술과밥을 삼가서먹지마라
	雖云求財 口舌侵之	비록재물을구한다하나 구설을삼가라
	意外貴人 寫來助我	뜻밖의귀인이 우연히와서나를구한다

五 五 二 巽之漸

䷴

巽은 順이요 漸은 進也니
二一以陽處陰而
居下에 有不安之
狀이나 當巽之時
하여 不厭其早而
二又居中에 不
至甚故로 四皓圍
棋消遣世慮라 하
니 順而能進에 自
有閑安之象이라

【解曰】 큰 보배
를 가지니 찾어
오는 사람이 많아
가 영귀하다 않으
리요 생애가 넉넉
할패

【本義】

四皓圍棋
消遣世慮
네눕은이가 바둑 울투니
세상생각을 다 돌여 보내도다

卦辭

正月
花林深處
飮酒自樂
꽃수풀 깊은곳에
술을 마시며 즐기도다

二月
擧盃花間
春鳥自弄
꽃사이에서 잔을드니
봄새가 스스로 회롱한다

三月
家運大通
百事如意
가운이 대통하니
백사가 뜻대로되리라

四月
貴人助我
成功無疑
귀인이 나를 도우니
성공함이 의심할바 없다

五月
家有憂患
擇日豫防
집안에 우환이 있으니
날을 가려 예방하라

六月
山高谷深
花滿春山
산이 높고 골이 깊으며
봄동산에 꽃이 만발하리라

七月
若非橫財
必受吊問
만약 횡재가 아니면
반드시 조문을 받는다

八月
憂散喜生
一家泰平
근심이 떠나고 기쁨이 오니
집안이 태평하도다

九月
安分樂道
滿室春風
안분하고 도를 즐기니
춘풍이 집에 가득하다

十月
草綠江邊
兩牛相爭
푸른 강번에
두소가 서로 투니라

十一月
一身自安
人多欽仰
한몸이 스스로 편안하니
우러러 보는 사람이 많다

十二月
甘雨時來
百穀豊登
단비가 때를 찾아오니
백곡이 풍등하도다

風靜浪息
鰲頭可釣
바람이고요하고 물결이쉬니
새우머리를 가히 낚으리라

世事浮雲
身上安樂
세상일이 뜬구름 같으니
신상일이 안락하도다

若非官祿
必有弄璋
만일 관록이 아니면
반드시 생남하리라

誠心求事
成功之事
성심껏 일을 구하면
일에 성공한다

若非如此
損財難免
만일 그렇지 않으면
재물을 면하기 어렵다

財福隨身
金玉滿堂
재복이 몸에 따르니
금옥이 집에 가득하리라

守舊安居
利在其中
옛것을 지키고 편안히하면
이익이 그안에 있다

七八月令
吉中有憂
칠월달과 팔월달은
길한중에 근심하리라

安中有危
官災愼之
평안한중에 위험함이있으니
관재를 조심하라

若不祈禱
膝下有厄
만일 기도치 않으면
슬하에 액이 있다

幽谷春回
何事不成
유곡에 봄이 다시오니
무슨일이 이루워지지 않을꼬

身數泰平
日得千金
신수 태평하니
하루에 천금을 얻는다

五 五 三

䷸ 巽之渙 巽은順

卦辭

淸風明月 對酌美人

맑은바람밝은달에 잔을대하미인이로다

本義

巽은散也니 也요 渙은散也니 過剛不中하야居 下之上이니非能 順者라今散渙其 不能則能順이니 順而能美則如風 之淸爽하며如 明月之新鮮이라 故로淸風明月對 的美人이라

[해왈]

내외가 화합하고자손이 창성하며겸하야 귀이되니만인이 앙시할패

正月

二人同心 其利斷金

그이가 마음이같으니 그이가 금을끓토다

二月

春日新婚 就陽日溫堂

봄날에새로혼인하니 일기가온화하도다

三月

左輔右弼 金玉滿堂

외로돕고우로도우니 금옥이집에가득하도다

四月

鳳生五雛 同巢其母

봉이다섯새끼를낳으니 한가지로그어미와깃드리도다

五月

如兄如弟 各居東西

형도같고동생도같으나 각기동서쪽에거하도다

六月

歸鳥失巢 暮入寒泉

둘아오는새가깃을잃었으니 저물게찬샘에들도다

七月

景星照堂 麟遊鳳舞

경성이집에비추니 기린이놀고봉이춤추도다

八月

從木人 可得成功

목성사람을쫓아눌면 가히성공을언으리라

九月

晝堂高峻 寶鼎新成

그림집이높으니 보배솟이새로이루도다

十月

不能掩口 喜笑且語

웃고또말하니 능히입을가리지못하도다

十一月

雲雨未成 神龍潛水

신령한용이물에잠기니 구름과비를이루지아니하도다

十二月

朦朧新月 照我四隣

몽롱한새달이 나의네이웃에비추도다

隨風騎龍 與利柱逢

바람을따라용을타니 이로더부러서로만나도다

意外橫財 飛入我門

뜻밧에횡재가 날아서나의문에들도다

若非婚媾 必也生子

만약혼인아니면 반드시아들낳으리라

慶在子孫 其喜洋洋

경사자손에있으니 그즐거움이양양하도다

人口增進 田土有光

인구가더하고 전토에빛이있도다

財散人離 空自嘆息

재물이허터지고사람이떠나니 한갓탄식만하도다

莫近木姓 口舌是非

목성을가까히마라 구설과시비로다

子孫登科 慶事入門

자손이과거하니 경사가문에들어온

慎之火姓 損而無益

화성을삼가라 손에이되고유익함이없도

身登靑雲 不然進財

몸이벼슬에오르니 그렇지아니하면재물을언으리

偶來貴人 助我扶我

우연이오는귀인이 나를돕고부잡도다

身運暫否 慎之疾病

신운이잠간비색하니 질병을삼가라

財福津津 千金可得

재복이진진하니 천금을가히얻으리라

五六一 孚中之渙

䷺

【本義】渙은 散也ㅣ오 孚中은 信也ㅣ라 世居卦之初하야 니 渙卦之初하야 始渙而極之니 風 以散之라 故로 風 起西北帽落何處 라

【해왈】 만사가 와해되니 고향에 도라갈곳이없는 괘

卦辭	風起西北 帽落何處	바람이서북에일어나니 사모가어느곳에떨어질고
正月	虛度光陰 世事無味	헛되이세월을보내니 세상사가무미하다
二月	愁心難免 凡事多逆	수심을가히면키어렵니 범사가거슬리니
三月	兩心不動 必有相別	두마음이움직이지않으니 반드시서로이별하리라
四月	事有未決 憂苦何事	일에미결이있는데 우고는무슨일인고
五月	身運不吉 又何口舌	운수가불길하니 또한무슨구설인고
六月	不見草色 七年大旱	칠년큰가믐에 풀빛을볼수없다
七月	水姓有害 愼而遠之	수성은해가있으니 조심하여멀리하라
八月	不意之變 若近女子	만약여자를가까히하면 뜻하지않은변이있다
九月	或有身厄 凡事愼之	혹시액이있으니 모든일에조심하라
十月	雨滯月出 四方明朝	비가개이고달이나오니 사방이명랑하도다
十一月	若非生財 膝下有慶	만약재물이생기지않이면 슬하에경사가있다
十二月	勿爲妄動 安靜爲吉	헛되이움직이지마라 안정하면길하다

卦辭	夢飯不飽 酒未入口	꿈에밥먹는것이배부르지못하니 술이입에들어가도다
正月	先得小利 所望難成	처음은작은이익을얻고 바라는것을이루기어렵다
二月	事無頭緖 終見損財	일에두서가없으니 나종은손재를본다
三月	些少之事 口舌又侵	사소한일로 구설이또범한다
四月	妻宮有憂 豫爲防厄	안해에근심이있으니 미리액을방지하라
五月	橫厄有數 勿爲妄動	횡액할수가있으니 헛되이움직이지말라
六月	莫恨財窮 初困後泰	재물이궁한것을한말라 처음은곤하나종은편안하다
七月	預爲治誠 憂在堂上	미리치성하여라 근심이부모에있다
八月	心神不平 遠行之數	원행할수있으니 심신이편치않으니
九月	若非如此 家庭風波	만약이렇지않으면 가정풍파가있도다
十月	家運己回 利在田庄	가운이도라오니 이익이전장에있다
十一月	若非如此 損財有數 親人愼之	손재가있을수이니 친한사람을조심하라
十二月	財上有損 勿爲與受	재물에손해가있으니 줌을하지말라 받고

五六二 渙之觀

渙은 散

【本義】

觀은 觀也니 也요 觀은 觀也니 九而居二—宜有 梅也나 當渙之時 하야 來而不窮이 라 能無其悔則得 願矣니 寶鼎煮丹 仙人之藥이라하 니 願之深也라

【해왈】

좋은 터
롤 얻어 사니 찾아
오는 사람이 많고
재물과 오곡이 풍
족할패

寶鼎煮丹
仙人之藥이로다
보배솥에 단사를 달이니
신선의 약이로다

卦辭	
正月	鳳飛千仞 飢不啄粟 봉이 천길을 나니 주려도 조는 좇지 아니한다
二月	心今雖喜 이제때를 만나도다
三月	自有奇梯 어떤 사람에 구름을 바라는고
四月	建國洛東 父子俱封 나라를 낙수동에 세우니 부자가 함께 봉하도다
五月	心多狐疑 且不可合 마음에 여우의 심이 많으니 눈을 가히 합하지 못하도다
六月	男女合室 花燭明朗 남녀가 집에 합하니 꽃촉불이 명랑하도다
七月	不覺夕陽 一場歌笑 한바탕 노래하고 웃으니 석양을 깨닫지 못하도다
八月	歲寒栢後 彈琴不鼓 久而無音 해가 찬 연후에 송백이 뒤에 마르도다 검은고만 뜯고 소리 안 나도다 오래가도
九月	松栢後凋 검은고만 뜯고 가늘은 안치 가 오래도소리 안 나도다
十月	春花罪罪 봄꽃이 정히 열리도다
十一月	雨順風調 泰平聖世 비와 바람이 순조로우니 태평세상이로다
十二月	秋菊繁華 隨時春蘭 가을국화와 봄난초가 때를 따라 번화하도다

一道觀風
威令蓋世
한길에 바람을 보니
위력이 세상에 덥도다

淸心正直
可期得財
맑은 마음이 정직하니
가히 재물을 얻으리라

家有餘慶
子孫有榮
집에 남은 경사 있으니
자손에 영화 있으리라

求財不難
宜行西方
재물 구하기 어렵지 아니하니
마땅이 서방으로 가라

橫財有數
宜出西方
횡재수가 있으니
마땅이 서방으로 가라

求財不近火
損財之數若
마침성을 가까이 마라
손재수가 있도다

財星照我
到處有利
재물별이 내게 비추니
도처에 이가 있도다

求財南方
得而還失
재물을 남방에서 구하니
얻었다가 도로 잃도다

不求自來
自然得財
구하지 아니하여도 스스로 오니
자연이 재물을 얻도다

莫往喪家
吊客臨門
상가집에 가지 마라
조객이 문에 임하도다

若非折桂
身入金谷
만약 과거 못하면
몸이 금곡에 들도다

靑雲有路
可折丹桂
과거에 길이 있으니
가히 단계를 꺾으리라

如無橫財
膝下之慶
만일 횡재 못하면
자손의 경사로다

五六三 渙之巽

渙은 散

【本義】
渙은 順也며 巽은 順也니 陰柔而不
中正하야 有私于
己之衆也니 居得
陽位에 志在財外故
로 深入青山先建
茅屋이라하니 蓋
修道入山之意也

【解曰】
청산에
깊이 들어가서
먼저 띠집을 세우도다

卦辭
深入青山
先建茅屋
깊이 청산에 들어가서
먼저 띠집을 세우도다

正月
老龍無謀
何而登天
늙은 용이 꾀가 없으니
어찌 하늘에 오를가

二月
山深四月
不見春色
산깊은 사월에
봄빛을 보지 못한다

三月
春雪滿山
草木不生
봄눈이 산에 가득하니
초목이 나지 못한다

四月
膝下有憂
用藥不差
슬하에 근심이 있으니
약을 써도 낫지 않는다

五月
民迷失道
亂我統紀
백성이 혀미하여도를 잃었으니
나의 통기를 어지럽게 한다

六月
日居月諸
遇暗不明
달이 갈수록
어둠지어 밝지 못하도다

七月
南婦說戰
何厄落眉
남쪽을 만나미
어떤락미의 액이나로

八月
有聲無形
雷在天上
우뢰가 하늘 위에 있으니
소리는 있고 형상은 없다

九月
南行北走
延頸望食
남쪽으로 가고 북쪽으로
목을 느려서 밥을 바라도다

十月
陰升陽伏
鬼哭其室
음이 오르고 양이 엎드리니
귀신이 그 집에 울도다

十一月
兩處心同
事必不同
두 곳에 마음은 같으나
일은 반드시 같지 못하도다

十二月
百世光陰
所望成章
백세의 광음이
바라는 바의 문체를 이루도다

兩犬爭鬪
股瘡無處
두개가 싸우니
달이에 성한데가 없도다

雖有財物
得而難聚
비록 재물은 있으나
얻어서 모으기 어렵도다

若近女色
損名損財
만일 여색을 가히 하면
명예와 재물이 손상한다

雖有勞力
徒勞無功
비록 노력이 있으나
도시 공이 없도다

心到神不安
心到不安
도처에 해가 있으니
심신이 불안하도다

慎之頻頻
橫厄出動
횡액수가 자주 있으니
출동함을 삼가라

百事漸退
日見減縮
백사가 일이 점점 물러 가니
날로 감수함을 보도다

口舌是非
莫與人爭
남과 싸우지 말라
구설과 시비로다

些少之事
終得口舌
사소한 일로
마침내 구설을 얻도다

家無所貯
困苦難形
집에 저축함이 없으니
곤고함을 형상키 어렵다

可免惡厄
預爲防厄
미리 방액을 하면
가히 악질을 면하리라

莫信親友
空然損財
친한 벗을 믿지 마라
공연히 손재로다

勿爲發動
坐安立危
앉으면 편하고 서면 위태하니
발동하지 마라

六一一 需之須

䷄ 需之井

【本義】需는 須也머 待也요 井은 靜也니 待其靜則也며 待也요 井은 靜也니 待其靜則靜也라 待其靜則陽剛에 異風이 未靜故로 平地風波 束手無策이라

【해왈】 풍파나 는곳에계책이전허없이다도망코자 하여도길을잃고 모든일이뜬구름 과같다남의구설 을먼키어려운괘

卦辭	平地風波 束手無策	평지에풍파가 손을묵고꾀가없도다
正月	雪滿江山 行人不見	눈이강산에가득하니 행인을보지못한다
二月	險路已過 更逢泰山	험한길을이미지났는데 다시태산을만난다
三月	寂寞旅窓 恨嘆不已	적막한여창에서 한탄함을마지않는다
四月	意外費財 無處不傷	뜻밖에재물을허비하니 상하지아니한곳이없도다
五月	與人同事 狼狽之事	남과같이일을하면 낭패할수라
六月	一朝狂風 落花紛紛	하루아침광풍에 낙화가분분하다
七月	黃裳建元 福德在身	누런치마은몸을세우니 복덕이몸에있도다
八月	鑿井求玉 其價千金	우물을파고옥을구하니 그값이천금이로다
九月	出入節時 南北無憂	나고들미때로절조하니 남쪽북쪽에근심이없도다
十月	避北東走 反入虎口	북쪽을피하여동쪽으로달아나 도리어범의입에들도다
十一月	明月照夜 使暗爲晝	밝은달이밤에비치니 어둠으로하여금낮이된다
十二月	疎類異路 心不相慕	성근유와다른길에 마음이서로사모치지못한다

	三女爲姦 俱遊高園	세기집이간사하게되니 함께높은동산에놀도다
	險路不馳 有險進	험로에말을달리니 힘하여나가지못한다
	萬里遠程 去去益甚	만리에먼길이 갈수록더욱심하다
	偶然之事 口舌難免	우연한일로 구설을면하기어렵다
	若無口舌 身病可畏	만일구설이아니면 신병이두렵도다
	如干財數 得而反失	여간재수는 얻으나도리어잃는다
	若近外色 不意之變	만일남의여자를가까히하면 뜻밖에변이있다
	家有好事 非財則科	집에좋은일이있으니 재물아니면과거로다
	若無橫財 膝下有慶	만약횡재가아니면 자손의경사로다
	愼之木姓 損財之數	목성을삼가라 손재할수로다
	莫貪非理 事事被害	비리한재물을탐치마라 일에해를입으리라
	凶中有吉 先噸後笑	흉한가운데길함이있으니 먼저는찡그리고뒤에는웃는다
	愼之酒色 損財損名	주색을삼가라 손재하고손명하리라

六一二 濟旣之需

植蘭靑山
更無移意

本義 需는 待
也요 旣濟는 合也
니 剛中能需故로
得終吉하며 待其
合而無移意故로
植蘭靑山更無移
意라

해왈 좋은 터
를 얻어서 사니
상한처사의 명망
이요 찾아오는 손
이 많고 또 보물을
쌓고 오곡이 풍년
든패

卦辭	植蘭靑山更無移意	란초를 청산에 심으니 다시 옮길 뜻이 없도다	諷德誦美周盛隆功	아름다운 덕을 칭송하니 덕과 공을 찬송하니가성한다
正月	平地神仙 才德豐優	재주와 덕이 풍부하니 평지에 신선이로다	取利東方 日獲千金	이를 동방에서 취하니 날로 천금을 얻으리라
二月	鶴龍呈祥 帝道軍暢	거북과 룡이 상서를 드리니 제의 도가 거거퍼빛나도다	家豐身旺 百事有吉	집이 풍부하고 몸이 왕성하니 백가지일이 길함에 있도다
三月	鹿下西山 欲保其群	사슴이 서산에 내리니 그무리를 보하고저한다	積德餘慶 榮及子孫	적덕한남은 경사가 영화가자손에게미치도다
四月	石上栽蘭 其香不長	돌위에 난초를 심으니 그향기 가길지 못하도다	出行有損 愼之官舌	출행하면손이 있으니 관재와 구설을 삼가라
五月	反馬旋師 以息勞疲	말을 돌리고 군사를 회군하니 써 수고롭고 피곤함을 쉰다	安閑趣味 笑送歲月	편하고 한가한 취미가 웃고세월을 보내도다
六月	隣人含怨 何不修身	이웃사람의 원망을 먹음으니 어찌몸을 닦지 아니하는고	愼之言舌 終作訟事	언쟁을 삼가라 마침내송사를 짓도다
七月	燕昭買骨 待償千金	연소왕이 말뼈 갚을천금이나 기다리도다	子孫之憂 間或有之	자손의 근심이 간간이 있도다
八月	小往大來 陰陽相和	음양이 서로 화하니 적게가고크게오도다	財數稍饒 自手成家	재수가 점점요부하니 제손으로집을 이루도다
九月	鬼嘯江頭 女人心亂	귀신이 강머리에 휘파람부니 여인의 마음이어지럽다	家有疾苦 豫防則吉	집에 질고가 있으니 예방하면길하리라
十月	陰相和 玉釆文章	금빛이 밝으니 옥채색문장이로다	家有好事 日得興財	집에 좋은일이 있으니 날로 재물이 일어나도다
十一月	浪起魚驚 事多盛荒	물결이 이러나매고기가놀내니 허항한 일이 많도다	莫信親人 損財損名	친한사람을 믿지마라 재물손명하리라
十二月	鳳含丹書 貴人來訪	봉이 단서를 먹음으니 귀인이와서 찾도다	若無折桂 損財頻頻	만약 과거가자주 있으면 손재수가 있다

二七四

	六一三 ䷂ 需之節	
卦辭	若有緣人 丹桂可折 만약인연의 사람이 있으면 단거하리라	君明臣賢 天下太平 임군이밝고신하가어지니 천하가태평하도다
正月	積德之故 財產興旺 적덕한연고 재산이왕성하다	財在西方 偶然到家 재물이서방에있으니 우연이집에온다
二月	貴人來助 意外成功 귀인이와서도우니 뜻밖에성공한다	莫與人爭 子孫之慶 만일횡재가아니면 자손에경사가있다
三月	甘雨時降 百草茂盛 단비가때로나리니 백초가무성하다	若非橫財 是非愼之 남과더부러다투지말고 시비를조심하라
四月	乘龍上天 雲行雨施 용을타고하늘에오르다 구름이가고비가오도다	人口增進 財祿興旺 인구가늘고 재록이왕성한다
五月	家無疾苦 心神自安 집에질고가없으니 심신이스스로편안하도다	財如丘山 此外何望 재물이산같으니 이외에무엇을바라요
六月	山深四月 綠陰繁盛 산깊은사월에 녹음이번성하다	此月之數 口舌愼之 이달의수는 구설을조심하라
七月	東方可知 貴人何在 귀인은어디있는고 동방인줄알라	男兒得意 到處春風 남아가뜻을얻으니 이르는곳마다춘풍이다
八月	意外成功 名振四海 뜻밖에성공하니 이름이사방에떨친다	若非官祿 膝下之慶 만일관록이아니면 슬하에경사가있다
九月	庶物咸興 百姓皆蘇 뭇물건이다일어나니 백성이다소생하도다	財星隨身 橫財之數 재성이몸에따르니 횡재할수다
十月	飛龍在天 大人之祥 나는용이하늘에있으니 큰사람에상서로다	若非生財 生男之數 만일재물이생기지않으면 생남할수로다
十一月	家庭和平 喜事重重 가정이화평하니 기쁜일이첩첩하다	外方之財 偶然到家 외방의재물이 우연이집에온다
十二月	龍得明珠 造化無雙 용이명주를얻었으니 조화가무쌍하다	身上榮貴 人人仰視 일신이영귀하니 사람마다우러러본다

【本義】需는待
也요節은止也니
九三이去陰愈近
而過剛不中하나
止其所處則待其
時而成故로若有
緣人丹桂可折이
라하니라

【해왈】 귀인을
만나면과거할수
요미인을이별하
고언언불망하고
경륜을품고세월
만허송하는괘

二七五

六二一 節은止

䷻ 坎之節

[本義] 節은止也요 坎은陷也니
陽剛得正에居節
之初하야未可以
行에能節而止者
也라今에陷之則
吾之怠慢也니故
로三顧未着吾情
怠慢이라

[해왈] 매사를
경영함에게을리
말라쓸데없는타
인의물건을탐하
지마라타향에도
라다녀도내곳만
못한패

卦辭 三顧未着 吾情怠慢
세번도라보아도만나지못하니
나의정이거으만하도다

正月 畫中有餅 欲食不食
그림가운데떡이있으니
먹고저하나먹지못한다

二月 無理之財 莫爲貪過
무리하게재물을
탐하지마라

三月 與人交誼 有損無益
남과더부러교재하면
손은있고익은없도다

四月 愼之疾病 怪殺臨身
질병을삼가라
괴이한살이몸에임하도다

五月 財星如雲 聚散無常
재물별이구름같으니
모이고흐터짐이항상없도다

六月 財之福盡 家事蒼茫
재물이다하고복이진하니
집일이창황하도다

七月 財自天來 貴人相助
재물이하늘로부터오니
귀인이서로돕도다

八月 動則有咎 靜則安泰
동하면허물이있고
고요하면편하리라

九月 尙仁崇德 以建大名
어짐을숭상하고덕을높이니
써큰이름을세우리라

十月 賀喜從福 日利蕃息
기쁨을하례하고복을쫓으니
날로리가번식함이로다

十一月 家道中興 上下相親
가도가중흥하니
위와아래가서로친하니

十二月 泉閉澤竭 主母飢渴
샘이막히고못이마르니
주모가기갈로다

一月 十里望煙 散渙四方
십리에서연기를바라보니
사방으로흐터지도다

二月 弊鏡無光 不成其明
거울을가려서빛이없으니
그밝은것을이루지못한다

三月 兄伐遼西 弟征東燕
형은동연을정벌하고
동생은서료를치도다

四月 事將難成 雪裡求筍
일이장차이루기어렵고
눈속에대순을구하니

五月 財福津津 日得千金
재복이진진하니
날로천금을얻으리라

六月 室家豊足 財興福至
집안이풍족하도다
재물이이러나고복이이르니

七月 財福親人 損財不吉
친한사람을삼가라
손재가적지않이하리라

八月 莫與人爭 口舌是非
남과다투지마라
구설과시비로다

九月 三豚俱走 闢于谷口
세야지가함께달아나니
골어귀에서싸우도다

十月 心不相同 外親內疎
마음이서로같지못하니
밖은친하고안은성그도다

十一月 長安春風 男兒得意
장안봄바람에
남아가뜻을얻도다

十二月 黑白不明 巧言亂國
검고힌것이밝지못하니
묘한말이나라를어지럽게한다

무리 愼之女色 無理之厄
여색을삼가라
무리한액이로다

六二二 節之屯

【卦辭】
僅渴釣鉤　張網何免
載甁望天　不見星辰
日在皐頭　向昧爲昏
燕雀含泥　以生孚乳

겨우 낙수갈구리를 피하니
그물 배 품을 어찌 면할고
병을 이고 하늘을 바라니
별을 보지 못하도다
해가 언덕 넘에 있으니
어둠을 향하여 더어 둡게 된다
연작이 진흙을 삼음고
써 알을 낳도다

【本義】節은 止也오 屯은 難也라
釣釣則險矣나 災咎之小者라 今止
于難而又有大陵
矣니 故로 曰僅避
釣釣張網何免이
라

【해왈】적은 화
를 피하니 큰 화가
당도한다 적은 일
을 탐하니 큰 일을
잃도다 나의 불찰
이라 남을 원망치
말패

卦辭	
正月	載甁望天　不見星辰 병을 이고 하늘을 바라니 별을 보지 못하도다
二月	日在皐頭　向昧爲昏 해가 언덕 넘에 있으니 어둠을 향하여 더어 둡게 된다
三月	燕雀含泥　以生孚乳 연작이 진흙을 삼음고 써 알을 낳도다
四月	雀目燕頭　空然損害 뱁새 눈에 비가 까히나 공연히 손해 본다
五月	莫近親友　畏昏無光 친한 친구를 가까히 마라 어두워 빛이 난것을 두려워한다
六月	與人不利　求事有盛 사람으로해서 불리하니 구하는 일에 헛됨이 있다
七月	疾病愼之　七八兩月 칠팔 양월에는 질병과 조심하라
八月	在家則吉　出他不利 집에 있으면 길하고 다른데 가면 불리하다
九月	事無頭緖　終見失敗 일에 두서가 없으니 마침내 실패한다
十月	雖有生財　小得大失 비록 재물은 생기나 작게 얻고 크게 잃는다
十一月	雨順風調　百物長養 비가 순하고 바람이 고르니 백물이 자라도다
十二月	無有車輛　四馬共駕 네 말이 한 수레를 끄니 중하나 어려운 것이 없도다

小人成群　君子傷倫
소인은 무리를 이루고
군자는 인륜이 상하도다
於東於西　無往不凶
동쪽 서쪽에 가되 흉치 아니함이 없도다
守靜勿動　凶禍百端
고요히 지키어 동치 마라
흉화가 백 가지로다
愼之不利　木姓之交
목성이 이롭지 못하니
교섭함을 삼가라
莫向水邊　落眉有危
물가에 향하지 마라
눈섭에 떨어진 액이로다
杜門不出　出路有害
문을 닫고 나가지 마라
길에 나가면 해가 있다
莫信親友　被害不少
친구를 믿지 마라
피해 가 적지 않다
勿爲人爭　口舌有數
남과다 투지 마라
구설이 있다
謀事難成　求財無益
꾀하는 일을 이루기 어려우니
재물을 구하기에 무익하다
凡事可愼　或有損害
범사를 조심하라
혹손해 가 있다
莫恨辛苦　苦盡甘來
쓴 것이 다 하면 단 것이 온다
明月高樓　飮酒自樂
달밝은 높은 누에서
술 마시 머스스로 즐긴다
顧小失大　福逃墻外
적은 것을 돌보다 가 큰 것을 잃으니
복이 담밖에 도망하도다

二七七

六 二 三
　　　　　節
　　　　　之
需　　　　需

節은止
也요需는待也니
陰柔而不中正하
야以待止而能節
也則無不應者니
投入于秦相印綬
身이라하니君子
藏器于身하야待
時而勤者也라

【해왈】 높은지
위를언으니만인
이우러러볼괘

卦辭	投入于秦 相印緦身
正月	遊戲仁德 日益有福
二月	梧桐秋色 霽月尙新
三月	財在西方 夜夢早祥
四月	東西兩頭 日月不轉
五月	夫子在堂 顔曾後先
六月	賣玉得石 失其所欲
七月	花木同色 春雨霏霏
八月	大步上車 南至喜家
九月	開門納福 加以善祥
十月	國亂不寧 鳥飛孤鳴
十一月	三鷄啄粟 八雛從食
十二月	嘆息不悅 憂從中出

던저진나라에들어가니
정승의인이몸에얼키도다

어진덕으로놀고희롱하니
날로더욱복이있도다

오동가을빛에
개인달이오히려새롭도다

재물이서방에있으니
밤꿈이상서를드리도다

날동쪽서쪽두머리에
달과날이구르지아니한다

공부자가집에있으니
안자와증자가뒤로모시도다

옥을팔아돌을얻으니
하고저하는바를잃도다

봄비가비비한가데
꽃과나무가한가지빛이로다

큰걸음으로차에오르니
남쪽으로기쁜집에이르도다

문을열고복을드리니
착한상서를더하도다

나라가어지러워편치못하도다
까마귀가날러외로우니

세닭이조를쪼으니
여덟이끼가좇아먹도다

탄식하고즐기지아니하니
근심이가운데로좇아나도다

潛龍得珠
造化不測

福自天來
橫財有數

若無科甲
名振四海

人口與旺
手弄千金

若無親就
疾病愼之

名利進就
財福津津

莫近金姓
反受其損

何處有利
不然生子

到處不成利
頭揷桂花

萬事順成
一家和睦

愼之火姓
內寶傷我

一人有慶
兆民懷之

不身有疾
憂然重服

잠긴룡이구슬을얻으니
조화가불측하도다

복이하늘로부터오니
횡재수가있도다

만약과거못하면
이름이사해에떨치도다

인구가흥왕하며
손으로천금을희롱하도다

만약부모근심이아니면
질병을삼가라

명리를진취하니
재복이진진하도다

금성을가히하지마라
도리어그손을받으리라

무슨일을이루지못할고
도처에이가있으니

머리에계수나무꽃을꽂으니
그렇지아니하면아들을낳으리

한집안이화목하니
만사가순하게이루도다

화성을삼가라
안으로난실상나를상하도다

한사람의경사있으니
억조백성이생각하도다

몸에병근심이있으니
그렇치아니하면중복이로다

六三一 既濟之蹇

卦辭: 旣濟는 合也요 蹇은 難也니 合于難則更無絶望而待其回泰之時故로 曰桂花開落更待明春이라

【本義】

【해왈】 형제가 상봉하고 타향에 있는 가족의 소식을 들을꽤

卦辭	桂花開落 更待明春 계수나무꽃이 피다 떨어지니 다시 명년 봄을 기다리리라
正月	百草嘉卉 萌芽將出 백가지풀이 아름다우니 싹이 장차 나오도다
二月	霧露雪霜 日暗不明 안개와 이슬과 눈서리에 날이 어두워 밝지 못한다
三月	三女求夫 伺候山隅 세계집이 지아비를 구하니 산모퉁이에서 기다리도다
四月	竊名盜位 居非其家 이름을 도적하고 위를 도적하니 거함이 그 집이 아니로다
五月	賊仁傷德 天怒不福 어짐을 해하고 덕을 상하니 늘이 성내여 복주지 아니하도다
六月	行路不寧 莫渡江船 길가기 편치 못하니 강배를 건느지 말라
七月	下憂上煩 盡政爲患 아래로 근심하고 위로 번거하니 쥬먹은 정사가 근심이 되도다
八月	內和外睦 上下相宜 안은 화하고 밖은 화목하니 위와 아래가 서로 마땅하도다
九月	旅舘秋深 客夢閑散 여관에 가을이 깊으니 손의 꿈이 한가하도다
十月	雞失其雛 常畏狐狸 닭이 그 새끼를 잃고 여우와 삵을 두려워하도다
十一月	龍游鳳舞 歲樂民喜 용이 놀고 봉이 춤추니 해가 즐겁고 백성이 기쁘도다
十二月	萬里蒼海 片舟彷徨 만리푸른 바다에 조각배가 방황하도다

卦辭	重戌射隼 不知所定 겁푸주 살질하여 새매를 쏘니 정한 바를 알지 못하도다
正月	事有順理 家內太平 일이 순리가 있으니 집안이 태평하도다
二月	愼之口舌 百謀不成 구설을 삼가라 백가지 꾀가 이루지 못한다
三月	愼之女色 恠事頻頻 여색을 삼가라 괴이한 일이 자주 있으리라
四月	若無堂憂 厄及子孫 만약 부모의 근심이 아니면 액이 자손에게 미치리라
五月	失物在數 愼之盜賊 실물수가 있으니 도적을 삼가라
六月	愼之出行 有損無益 출행함을 삼가라 손만 있고 유익함은 없도다
七月	莫與人爭 口舌是非 남과 싸우지 말라 구설과 시비로다
八月	有財南方 機會莫失 재물이 남방에 있으니 기회를 잃지 말라
九月	勿求外財 反爲損財 밖에 재물을 구하지 마라 도리혀 손재가 되리로다
十月	若無親憂 厄在膝下 만약 부모 근심이 없으면 액이 자손에게 있도다
十一月	家道漸泰 財豊人足 가도가 점점 통하니 재물이 풍성하고 사람이 족하도다
十二月	厄處得安 終獲不利 위태한 곳에 편함을 얻으니 마침내 이롭지 못함을 얻으리라

旣濟之需

六三　怒奔燕軍
　　　無處不傷

二　　採薪深山
　　　如履虎尾

卦辭
以鐵食鐵
背恩忘德

正月
祈禱名山
愼之疾病

二月
雷鼓東行
稼穡潤傷

三月
莫與人交
初恩後仇

四月
基地不安
預爲安宅

五月
吉運漸回
家給人足

六月
有志不就
事多阻滯

七月
欲向瑤池
路遠山險

八月
寂寞殘春
獨自掩門

九月
射隼高岸
動無不利

十月
木雁南飛
春事可信

十一月
進退維谷
羝羊觸藩

十二月
隱隱山林
懷切一聲

해왈
내몸이
괴로우니그해가
타인에게미친다

本義
旣濟는需는待也라니二一以文明正中之德으로上應九五剛陽中正之君하니宜得行其志而九五一不能下順以行其道ㅣ라하니怒奔은不得下也오喪其茀은無處不傷之義니故로怒奔燕軍無處不傷이라

성내여달아나는 연나라 군사가
상처아니난곳이 없도다

범의 꼬리를 밟는것 같도다
섶을 깊은 산에서 캐니

쇠로써 쇠를 먹으니
은혜를 등지고 덕을 잊었도다

명산에 기도하라
질병을 삼가여

우뢰가울어 동쪽으로 가니
베가 마르고 상하도다

남과 더불어 사귀지 마라
처음은 은혜요 뒤에는 원수로다

기지가 편치 못하니
미리 안택을 하여라

길한 운이 점점 돌아오니
집이 넉넉하고 사람이 족한 도다

뜻이 있어도 나아가지 아니 하니
막힌 일이 많도다

길은 멀고 산이 험하도다
요지로 향하고저 하나

적막한 늦은 봄에
홀로 스스로 문을 가리도다

새매를 높은 언덕에서 쏘니
동하여 이롭지 아니 함이 없도다

나무기러기 남쪽으로 가니
봄일을 가히 믿도다

나아가나 물러가나 어려움에 처하니
양이 울타리를 찔러 가기 어렵도다

은은한 산림에
처량한 한 소리로다

一九
爲山九仞
功虧一簣

산을 아홉 길을 하매
공이 한 삼태미에 이즈러진다

山高水深俯
一仰一
산이 높아 우러러 보고
물이 깊어 한번 굽혀 보니

고사업에 종사하
전래의 업을 버리
면낭패될패

身數
木姓與
愼之不利

나무성 받음을 삼가지 말라
조심하여 이롭지 못하니

雖日救人
善無功德

비록 사람을 구원한다 하나
착하여도 공덕이 없도다

莫向東方
木姓害我

동방으로 향하지 마라
목성이 나를 해하도다

事不如意
家多疾苦

집에 질고가 많으니
일이 뜻과 같지 못하니

生子之慶
若非婚姻

만약 혼인이 아니라면
아들 낳을 경사로다

求財必得
非分勿

재성이 나에게 비치니
구하면 반드시 얻으리라

每自長嘆
四顧無依

사방에 의지할 곳이 없으니
매양 스스로 탄식한다

六三三　旣濟之屯

䷾　旣濟

【本義】 旣濟는 合也요 屯은 難也니 與旣濟之變으로 同하나 以剛居剛에 終傷于自身故로 骨肉相爭手足絕脈이라

【해왈】 일가에 싸움하고 친척간에 절교하니 오륙월사이에는 부모에게 근심을 끼치고 재수에도 손해있는 패

卦骨	骨肉相爭手足絕脈	손과 발의 맥이 떨어진다
正月	親戚無情妾亦冷情	친척이 무정하니 첩역시 냉정하다
二月	日暮長程去去泰山	날이저물고길은먼데 갈수록 태산이다
三月	官鬼發動親友害我	남방에 가지마라 친우가 발동한다
四月	莫近南方官厄可畏	남방에 가지마라 관액이 두렵다
五月	日暮江山行路有厄	날이강산에저무는데 길을가면액이있다
六月	雲霧滿山不知方向	구름과 안개가 산에 가득하니 방향을 알지 못한다
七月	家神發動預防無厄	가신이 발동하니 예방하면 액이 없으리라
八月	謀事不利憂苦不絕	꾀하는 일이 불리하니 근심과 괴로움이 많다
九月	如干財數先得後失	여간 재수는 먼저 얻고 뒤에 잃는다
十月	女子多言亡家之兆	여자의 말이 많은 것은 집안이 망할 징조로다
十一月	意外成功産業興旺	뜻밖에 성공하니 산업이 왕성한다
十二月	今年之數守分則吉	금년의 운수는 분수를 지키면 길하다

欲飛不能忘苦心勞
有害北方損財之數
날고저하나 날지못하니 뜻이괴롭고마음이수고롭다
북방이 해로우니 손재할수로다

心神不安又何辛苦
他人之事可免禍厄
심신이 불안한데 또무슨 신고일까
타인의일로 횡액이 침노한다

橫厄可侵誠禱七星
陰人扶助自力生財
액이 침노하니 칠성에게 치성하면
음인이 붙들고 돕는다

心神不安世事浮雲
若非禱厄損財可當
심신이 불안하니 세상일이 뜬구름과같도다
만일 도액하지 않으면 손재를 당한다

歸期何時身遊外方
寂寞旅窓空然嘆息
돌아올 때는 언제인가 몸이 외방에 노니
적막한 여관에서 공연히 탄식한다

若非官祿生男之數
家人和合家道旺盛
만일 관록이 아니면 생남할 수다
집안이 화합하니 가도가 왕성한다

意外成功産業興旺
安居則吉妄動有害
뜻밖에 성공하니 산업이 왕성한다
편안히 살면 길해가있고 망녕이움직이면해가있다

二八一

八四一

屯之比

䷂䷇

屯은 難

之初—以陽在
下에又居動體而
上應陰柔險陷하
여有盤桓難進之
狀故로日心小膽
大居常安靜이라

【本義】 屯요比는和也니

【해왈】 가택이
안정함에부부가
화락한다공명이
무엇인가다버리
고산수좋은곳에
소요하는괘

卦辭
心小膽大
居常安靜
거하매항상안정하도다
마음이적고담이크니

正月
在家無益
出路何行
집에있으면무익하고
길에나가면어디로갈것인고

二月
夫婦合心
家道漸興
부부가마음을합하니
가도가점점흥하도다

三月
萬頃滄波
順風加帆
만경창파에
순풍에돛을더하였도다

四月
身運不利
意外有厄
신운이불리하니
뜻밖에액이있다

五月
勿爲他營
反爲損財
다른경영을하지마라
도리어손재한다

六月
修身齊家
萬事泰平
수신제가하면
만사가태평하다

七月
出則有悔
入則心安
나간즉뉘우침이있고
들어간즉마음이편하다

八月
雲雨滿空
不見星辰
구름과비가공중에가득하니
별을보지못한다

九月
渴龍得水
飢虎得食
목마른용이물을얻고
주린범이밥을얻었다

十月
盜賊愼之
失物有數
도적을조심하라
실물수가있다

十一月
財星照門
金玉滿堂
재성이문에비쳤으니
금과옥이집에가득하다

十二月
子丑兩月
必有慶事
자축두달에
반드시경사가있다

春陽生草
夏長條枝
봄양기에풀이성하니
여름에가지가길도다

壽福綿綿
泰平之數
수복이면면하니
태평할수다

貴人相助
百事如意
귀인이서로도와주니
백사가여의하도다

隱仇誰知
尙在近地
숨은원수를누가알고
오히려가까운곳에있다

財福如山
心身平安
재복이산같으니
집안사람이즐긴다

閑坐高堂
家人大悅
한가히높은집에앉았으니
마음과몸이편안하다

春風暖和
萬物自生
봄바람이온화하니
만물이스스로난다

杜門不出
出外無益
문을닫고나가지마라
밖에나가면무익하다

莫親火姓
損財多端
화성을친하지마라
손재가대단하다

運數亨通
不求自得
운수가형통하니
구하지않아도스스로얻는다

東西四方
謀事不利
동서사방에
꾀하는일이불리하다

魚遊春水
其尾洋洋
고기가봄물에노니
그꼬리가양양하다

安分第一
今年之運
금년의운수는
안분하는것이제일이다

六四二 屯之節

䷂䷻

卦辭　捕兎于海　求魚于山

【本義】屯은 難也요 節은 止也니 六二之動은 乘剛也라 止于難에 何求之有리요 故로 捕兎于山이라 하니 難之至也라

【해왈】 분외의 일을 하지 마라. 토끼를 바다에서 잡고 고기를 산에서 구하도다.

正月	財數論之 得而反失 재수를 논하면 얻으나 도리어 잃는다
二月	莫與人爭 以財傷心 남과 다투지 마라 재물로서 마음이 상한다
三月	事物不如意 財物不可得 일이여 뜻의 같지 못하니 재물을 얻지 못한다
四月	賊在路上 失物可畏 도적이 노상에 있으니 실물이 두렵다
五月	天不賜福 生計困窮 하늘이 복을 내리지 않으니 생계가 곤궁하다
六月	勤則有悔 居家安常 움직이면 뉘우침이 있으니 집에 있으면 항상 평안하다
七月	意外貴客 偶然助我 뜻밖에 귀한 손이 우연히 와서 나를 돕는다
八月	莫聽人言 偶然損財 남의 말을 듣지 마라 우연히 손재한다
九月	家運不吉 疾病愼之 가운이 불길하니 질병을 조심하라
十月	勿貪外財 得而反失 외재를 탐하지 마라 얻어도 도리어 잃는다
十一月	事有復雜 都無所得 일에 복잡함이 있으니 도시 소득이 없다
十二月	千萬意外 金姓來助 천만 뜻밖에 금성이 와서 돕는다

百花爭發 忽遇狂風
백가지 꽃이 다투어 피나 홀연이 미친 바람을 만나도다

事無始終 勞而無功
일은 처음과 끝이 없으니 수고하나 공이 없다

若非失物 出門失敗
만일 실물이 아니면 문을 나가서 실패한다

身數不利 憂苦不免
신수가 불리하니 근심을 면하지 못한다

莫近金姓 以利傷心
금성을 가까히 마라 이로서 마음을 상한다

預爲禱厄 膝下有憂
미리도액 하라 슬하에 근심이 있다

不發虛慾 不利之數
허욕을 내지 마라 불리할 수로다

徒是他營 勿謀他營
다른 경영은 하지 마라 한갓 마음만 상한다

土姓助我 生色五倍
토성이 나를 도와주니 생색이 오배나 된다

莫近病人 恐有病厄
병자를 가까히 마라 병액이 있을까 두렵다

損財可畏 莫近東方
손동방을 가까히 마라 재손재할까 두렵다

有頭無尾 凡百之事
머리는 있고 꼬리는 없다 모든 일에

奇分居家 可免困厄
분수를 지키고 집에 있으면 곤액을 면한다

六四三 濟旣之屯

☷☵
☳☵

屯은 難

本義
屯은 難也요 旣濟는 合也
니 陰柔居下하여
不中不正에 上無
正應이라 如暗中
之行人이라 今
合則復明矣니 故
로 暗中行人偶得
明燭이라

【해왈】 고진감
내라 비색한 운이
다가고 왕성한 운
이 도라 오니 재수
있고 복이 돌아오
는 패

卦辭	暗中行人 偶得明燭	어두운 가운데 가는 사람이 우연이 밝은 촛불을 얻은도다
正月	若非橫財 生產之數	만일 횡재가 아니면 생남할 수로다
二月	草木含露 其色青青	초목이 이슬을 먹음으니 그 색이 청청하다
三月	春風雪消 草木茂盛	봄바람에 눈이 녹으니 초목이 무성하다
四月	身遊外方 意外榮貴	사월 남풍에 몸이 외방에서 노는 뜻밖에 영귀하리라
五月	人多欽仰	사람들이 우러러 보도다
六月	金入火中 終成大器	금이 불 가운데 들어가니 마침내 큰 그릇을 이룬다
七月	利在四方 事事亨通	이가 사방에 있으니 일마다 형통한다
八月	若非婚慶 弄璋之數	혼인의 경사가 아니면 생남할 수로다
九月	意外功名 名振四方	뜻밖에 공명하여 이름이 사방에 떨친다
十月	兩人同心 必有喜事	두 사람의 마음이 같으니 반드시 기쁜 일이 있다
十一月	空谷回春 處處花山	빈 골에 봄이 돌아오니 곳곳이 꽃산이로다
十二月	身旺財旺 必有慶事	몸과 재물이 왕성하니 반드시 경사가 있다
	冠帶南遊 喜與相期	갓과 띠로 남쪽에 노니 기쁨으로 더불어서로 기약한다
	正二之月 近人我助	가정월과 이월에 가까운 사람이 나를 도와준다
	吉星照門 貴人來助	길성이 문에 비치니 귀인이 와서 도와준다
	財在外方 出行得財	재물이 외방에 있으니 출행하면 재물을 얻는다
	身上無憂 無事泰平	신상에 근심이 없으니 무사태평하다
	神之所佑 百事成功	신의 도움을 받으니 백사가 성공하리라
	財數大吉 大財入門	재수가 대길하니 큰 재물이 문에 들어온다
	天神自助 百事吉利	천신이 스스로 도우니 백사가 길하고 이하리라
	添口添土 家道興旺	식구도 더하고 가도도 더하니 가사가여의하니
	百事如意 世事泰平	백사가여의하니 세사가태평하다
	心仁積德 萬人稱讚	마음이 어질고 덕을 쌓으니 만인이 칭찬한다
	東風細雨 草色青青	동풍에 가는 비가 오니 풀빛이 푸릇푸릇하도다
	出行可得 到處有財	출행하면 얻는다 도처에 재물이 있으니

六五一 井之需

䷄

卦辭
籠中囚鳥放出飛天
농가운데갇힌새가 놓아서하늘에날도다

【本義】井은靜也요需는待也니靜而待其時하여出動于世라故로籠中囚鳥放出飛天이라

【해왈】 곤궁한 신세활발하게되고 세상공명이머리고 고산수좋은곳에가서편안히 내는패

正月 雨後月出景色一新
비뒤에달이나오니 경색이한결같이새롭다

二月 貴人助我先困後泰
귀인이나를도우니 먼저곤하고뒤에태평하다

三月 身數泰平人人仰視
신수가태평하니 사람마다우러러본다

四月 夫婦和合一室和氣
부부가화합하니 한집안이화기가있도다

五月 家人和合日得千金
집안사람이화합하니 날로천금을얻는다

六月 遊戲仁德日益有福
어진덕으로놀고 날로더욱복이있도다

七月 雲散月出天地更明
구름이흩어지고달이나오니 천지가다시밝다

八月 金玉滿堂人口增進
인구도더하고 금옥이도만당하다

九月 身數大吉百事如意
신수가대길하니 백사가여의하다

十月 天神助我不求自得
천신이나를도우사 구하지않아도스스로얻는다

十一月 慶事到門春光再來
경사가문에이르니 춘광이두번이르다

十二月 財運旺盛大財入門
재운이왕성하니 재물이문에들어온다

枯旱三年甘雨時至
마른가뭄삼년에 단비가때로이르도다

若逢土姓必得大財
만일토성을만나면 반드시큰재물을얻는다

天神助我必有餘慶
천신이나를도우니 반드시경사가있으리라

財在西方貴人助我
재물이서방에있으니 귀인이나를돕는다

預禱竈王或恐疾病
미리조왕에게기도하라 혹질병이두렵다

所望如意萬事順成
만사가순성하리라 소망이여의하니

綠陰芳草登樓自樂
녹음방초에 누에올라스스로즐긴다

意外成功喜滿家庭
뜻밖에성공하니 기쁨이집안에충만하다

每事如意家産興旺
매사가여의하니 가산이흥왕한다

所望如意憂散喜生
소망이여의하니 근심이흩어지고기쁨이생긴다

夫婦和順一家和平
부부가화순하니 집안이화평하다

預爲治誠或有妻厄
미리치성하라 혹처액이있다

若近水姓偶然失敗
만일수성을가까이하면 우연히실패한다

六五二 井之蹇

井은 靜也요 蹇은 難也니

【本義】九二一剛中에 上無正應하며 下比 初六에 功不上行이라 無應從之故 로 獨自行之니故 로 雪裡梅花獨帶 春光이라

【解曰】 추운겨 울다지나고따뜻 한봄돌아오니마 음이화평하고경 사있을폐

卦辭	雪裡梅花 獨帶春光	눈속의매화꽃이 홀로봄빛을띠도다
正月	初憂後喜 與福爲友	처음은근심하고뒤에는기쁘니 복으로더불어벗을삼도다
二月	月爲明空 借日之光	달이공중에서밝으니 해에빛을빌리는바에
三月	精誠所至 神明之輔	정성드리는바에 신이도우리라
四月	楝落秋雨 相逢佳女	괴화정자에비에 아름다운여자를서로만나도다
五月	甘霖醴泉 太平氣像	단이슬과단샘이 태평한기상이로다
六月	龍馬上山 絶無水泉	용마가산에오르니 물과샘이끈어졌도다
七月	蟬脫其殼 化體歸本	매미가그껍질을벗으니 몸이화하여근본에돌아온다
八月	目下歡事 翻成一夢	눈아래즐거운일이 뒤처서한꿈을이루리라
九月	絶無水泉 小人得道	소인이도를얻도다
十月	陰陽故殃 安坐無患	음이강하고양이쇠하니 이에근심과재앙이없도다
十一月	日月之途 所行必到	일월의길은 행하는바가반드시이르리라
十二月	百人作行 相輔爲强	백인이같이가서 서로도우니강하게된다

處高不傷 雖危不亡	높은데있으나상치아니하고 비록위태하나망치아니한다
愼中有疾 危中有安	질고를삼가라 위태한가운데서편함이있다
偶來貴人 助我功績	우연이온귀인이 나의공을돕도다
輔我有之人 到處有之	나를돕는사람이 도처에있도다
莫近金姓 損財損名	금성을가이하지마라 손재하고손명하리라
財豊遠行 此外何望	재물이풍족하고몸이편하니 이밖에무엇을바라리요
莫作水火 一驚水火	원행을하지마라 한번수화에놀라리라
莫近木姓 空損財物	목성을가이마라 한갈재물을손하리라
若無親愛 膝下有厄	만약부모의근심아니면 자손의액이있도다
預祈佛前 意外有厄	뜻밖에액이있으니 미리부처앞에서빌라
莫向喪家 吊客臨門	상가집을향하지마라 조객이문에임하도다
守舊勿新 自然亨福	옛것을지키고새것을마라 자연히행복하리라
因人成事 財得千金	남을인하여일을이루니 재물을천금이나얻도다

六五三 井之坎

卦辭
成功者去 前功可惜
성공한자가가니 전공이가히아깝도다

本義
井은靜也요 坎은陷也니 九三이以陽居陽에 在下之上而未爲時用이라 靜而陷則無功矣니 故로 成功者去前功可惜이라

해왈 전성시가다지나니여간 경사가유명무실 나이사하면공명한때

卦辭	
正月	求君衣裳 情不可當 그대의의상을구하니 정이가히당치못하다
二月	出入節時 南北無憂 나가고들고시간이있으니 남쪽북쪽이근심없도다
三月	一衣三冠 無斷絆 한옷에세갓이니 갓에매는끈이없도다
四月	如馬如牛 相顧廣野 말도같고소도같으니 서로넓은들에서싸우도다
五月	隨順行道 事必從新 순함을따라길을가니 일이반드시새것을좇도다
六月	不利秦楚 星落西天 진나라초나라가이롭지못하다 별이서천에떨어지도다
七月	進不知退 狐疑難定 나아가서물러올줄모르니 여호의심을정키어렵도다
八月	大都之居 無物不新 큰도시에서살며 새롭지아니한물건이없도다
九月	入門大喜 上堂見母 문에들어크게기쁘니 당에올라어머니를보도다
十月	陽衰伏匪 陰淫爲賊 양이쇠하여숨었으니 음이넘어도적이되도다
十一月	山開舊路 子孫何安 산이옛길을닫으니 자손이어찌편할가
十二月	五鬼臨門 六神離散 오귀가문에드니 여섯귀신이흩어지도다

	婚禮不明 男女失常 혼례가밝지못하니 남녀가항상을잃도다
	莫爲人爭 口舌相侵 남과다투지말라 구설수가있도다
	莫往東方 事多違反 동방을가지마라 위반되는일이많도다
	莫近木姓 無事得謗 목성을가까이마라 일없이비방을얻도다
	慎之口舌 朱雀紛紛 구설을삼가라 주작이분분하도다
	問於家宅 以修火姓 화성에게물어서 가택을닦으라
	每事不利 有頭無尾 매사가이롭지못하니 머리는있고꼬리는없도다
	莫近木姓 膝下有憂 만약신병이있으면 자손의근심이있으리라
	若無身病 吉運漸回 길운이점점돌아오니 因映得祥 재앙을인하여상서를얻도다
	財帛日至 可期金谷 재백이날로이루니 가히금곡을기약하리라
	莫近土姓 恩反爲仇 토성을가까이마라 은혜가도리여원수되도다
	可兎豫祈七星 疾病可免 미리칠성에게빌면 가히질병을면하리라
	宜苦連綿 禱于名山 병고가끊어지지아니하니 명산에가서빌라

六六一 坎之節

卦辭
九重丹桂
我先折揷

구중에게수나무를
내가먼저꺽어꽂으리라

【本義】
坎은陷也요節은止也니以陰柔로居重險之下하여其陷益窮이라夫易은窮則變變則通이라今至九重丹桂之下하여其陷益窮이라故로曰九重丹桂我先折揷이라

【해왈】 벼슬하고 생남하고 가족
이화락할괘

卦辭	九重丹桂 我先折揷	구중에게수나무를 내가먼저꺽어꽂으리라	龍奔天河 變化多端	용이천하에달아나니 변화가거지못하리라
正月	君子進退 小人漸退	군자는나아가고 소인은점점물러간다	若不登科 膝下有榮	만약과거못하면 자손의영화있으리라
二月	春入紫陌 南薰殿角	남훈전모퉁이에서 봄이언덕에들도다	到處春風 利在四方	이가사방에있으니 도처마다봄바람이로다
三月	風行草偃 君子之德	바람에풀이쓰러지니 군자의덕이로다	南出百里 財星隨身	남쪽으로백리를나가면 재물별이몸에많으도다
四月	雲捲秋空 凌月自新	구름이가을하늘에걷히니 이여긴달이스스로새롭다	一身安然 財帛變全	일신이안연하니 재백이온전하도다
五月	情異俗殊 風不相合	정이서로합하지못한다 풍속이다르니	愼之水姓 無端損財	무단히손재하리라 수성을삼가라
六月	日入雲中 光不得明	날이구름가운데드니 빛이밝음을얻지못한다	莫信他人 損而失名	타인을믿지마라 손하고이름을잃으리라
七月	水中大賈 求利十千	물가운데큰상고가 이를십천이나구하도다	不財自得來 不求自得來	재백이스스로오니 구하지아니하여도스스로얻으리라
八月	悅以安內 不利出門	즐겨서안에나면이롭지못하도다	西北不吉 避之無咎	서쪽북쪽이불길하니 피하면길하리라
九月	平地作雷 聲聞于天	평지에서우뢰를지으니 소리가하늘에들리도다	勿涉大川 江神怒我	큰내를건느지마라 강귀신이나를해하도다
十月	貴人暗助 自致千金	귀인이가만이도우니 스스로천금을이루도다	如兄如弟 助我扶我	형제도같고 나동생도같으니 나를붙이도다
十一月	物各有主 勿爲妄貪	물건이각각주인이있으니 망녕되이탐하지마라	有人北方 善無功德	사람이북방에있으니 착하나공덕이없도다
十二月	羌人笛聲 萬人自驚	오랑캐의저소리 만인이새스스로놀래리라	與金相從 可得意外	금성과더불어상종하면 가히뜻밖에재물을얻으리라

二八八

六六二
坎之比

坎은陷
也요比는和也니
九二ㅣ處重險之
中하야未般自出
之象이니故로有險
之象이니辭에曰
六里靑山眼前別
界라하니愼密而
不出之謂也라

【本義】

【해왈】산에들
어옴에산수의락
이있고환로에나
가매권리가장하
니 세상일은마음
대로하는패

辭卦

正月
六里靑山　眼前別界
吉星入門　百事順成
財物豊足　生活自足
所望如意　謀事順成
육리청산에 눈앞에별세계로다
길성이문에들어오니 백사를순성한다
재물이풍족하니 생활이자족하도다
바라는것이뜻과같으니 꾀하는일을순성한다

二月
渴龍得水　可致千金
小往大來　赤手成家
목마른용이 물을얻었으니
작게가고큰것이오니 빈손으로성가한다

三月
窓前黃菊　逢時滿開
若非疾病　膝下有憂
창앞에황국이 때를만나피였도다
만일질병이아니면 슬하에근심이있다

四月
尺月照身　服制可畏
愼勿行之　虛荒之事
슬픈달이몸에비치니 복제가두렵도다
허황한일은 삼가행하지마라

五月
日出東天　千門共闢
莫與人爭　口舌可畏
해가동쪽하늘에뜨니 천개의문이같이열린다
남과다투지마라 구설이두렵다

六月
久旱不雨　草木漸枯
오래가물고비가오지않으니
초목이점점마른다

七月
閑坐高樓　身上無憂
外富內貧　一時有困
한가히높은누에앉았으니 신상에근심이없다
밖은풍부하고안은비었으니 일시는곤란함이있도다

八月
善治家道　意外成功
食祿陳陳　魚遊春水
가도를잘다스리면 뜻밖에성공한다
식록이진진하도다 고기가봄물에서노니도다

九月
出門得利　利在四方
一家和平　子孫榮貴
문을나가면이를얻는다 이가사방에있으니
집안이화평하니 자손이영귀하도다

十月
左眄右盲　目視不明
눈밝은것이밝지못하도다
원쪽은밀고오른쪽은소경이니
보는것이밝지못하도다

十一月
可擇吉人　預爲致誠
若非官祿　反有災禍
凶中有吉　死地求生
길한사람을가리여 미리치성하라
만일관록이아니면 도리혀재화가있다
흉한중에길함이있으니 사지에서살기를구한다

十二月
苦盡甘來　終時亨通
勿貪非理　空然損財
今年之運　吉多凶少
쓴것이가고단것이오니 마침내형통한다
비리를탐하지마라 공연히손재한다
금년의운수는 길함은많고흉함은적다

六六三
坎之井

卦辭
九月丹楓
勝於牧丹
구월의 단풍이
목단보다 낫도다

【本義】坎은 陷也요 井은 靜也니 以陰柔不中正而 履重險之間하여 陷而益深이 譬如 牧丹之富貴ㅣ己 陷이라가 靜而己 定에 爲丹楓之姸 美라 故로 曰 九月 丹楓勝於牧丹이 라

【해왈】 봄에 부지런하니 가을에 걷우는 것이 많고 좋은 터을 얻어드니 의식이 절로 생기는 패

正月
飛花滿席
可思酒情
나는 꽃이 자리에 가득하니
가히 술정을 생각하도다

二月
千里相思
春花秋月
봄꽃과 가을 달에
천리에서로 생각이로다

三月
天涯一雁
飛落禁苑
하늘 가에 한 기러기가
금원에 날라서 떨어지도다

四月
夜月照窓
花燭失光
밤달이 창문에 비치니
화촉이 빛을 잃었도다

五月
分區定下
平均天下
구역을 나누고 나라를 정하니
천하에 평균하도다

六月
浪起魚驚
無故之厄
물결이 일어 나매 고기가 놀래니
무고한 액이로다

七月
洛陽城東
何人屹立
락양성 동쪽에
어떤 사람이 섰는고

八月
金鶯織柳
綠苔成章
금꾀꼬리 버들을 짜니
푸른 이끼가 문채를 이루도다

九月
虛心應物
無所不通
신령한 마음이 물건에 응하니
통치 아니한 곳이 없도다

十月
一蛇東來
百年不平
한 배암이 동쪽으로 오니
백년을 편치 못하리라

十一月
有路南北
紛紛急趣
길이 남북에 있으니
분분하야 급히 달아난다

十二月
雲弊明月
望晦難分
구름이 밝은 달을 가리니
보름과 그믐을 분간키 어렵도다

秋南春北
隨時而變
가을은 남쪽 봄은 북쪽하니
때를 따라 변하도다

必有內憂
不然情疎
반드시 안으로 근심이 있다
그렇지 않으면 정이 성그도다

莫近女色
先吉後凶
여색을 가히 하지마라
먼저는 길하고 뒤에는 흉하도다

我何求財
財不遂意
재물이 뜻을 이루지 못하니
내 가어찌 재물을 구하리요

妻無病苦
憂及自身
아내가 병이 없으면
근심이 자기 몸에 미치리라

公明正直
可期致當千金
공명정직하야
가히 부하기를 기약할도다

莫往山邑
怪事臨身
산읍에 가지마라
괴이한 일이 몸에 임하도다

財得千金
萬人仰視
재물이 천금이 나 있으니
만인이 우러러 보도다

若非科甲
子孫有榮
만약 과거가 아니면
자손의 영화있으리라

莫貪外財
反爲損失
밖에 재물을 탐하지마라
도리어 손실이 된다

水姓害我
莫向江東
수성이나 나를 해하니
강동으로 향하지마라

可財星隨我
致千金
재물별이나 따르니
가히 천금을 이루리라

橫厄之數
莫往南方
남방으로 가지마라
횡액수가 있도다

七一一

卦辭 大畜之蠱

䷙䷑

【本義】 大畜은 聚也요 蠱는 事也니 乾之三陽이 爲小止에 各得其情하야 如花之逢春而開하야 可得芳菲之趣故로 日尋芳春日却見花開라

【해왈】 혼인하며 생남하고도 주는 사람이 많음에 매사가 힘들지 아니하고 한가로운 패

卦辭	尋芳春日 却見花開 꽃다움을 찾는 봄날에 문득 꽃피는 것을 보도다 事事有利 마다순조루니 如氷推車 얼음에수레미는 것같도다
正月	鵲笑鳩舞 來遺我福 까치가 웃고 비들기가 춤추 와서 나의 복을 기치리라 財昌豐足 膝下有慶 재백이 풍부하니 자손의 경사있으리라
二月	求石得玉 過其所望 돌을구하다 구슬을얻으니 그바라는바에 지나도다 無爲之事 做不有慶 하는 일이 되지 아니함이 없도다
三月	早天逢雨 一滴千金 가문하늘 비를만나니 한번떨어지는 것이 천금이로다 利在田土 百事成功 이가전토에 있으니 백사가 공을 이루도다
四月	二三同心行 二人同行 세사람이 동행함에 두사람이 신을 전하도다 若無身憂 膝下有厄 만약몸근심이 없으면 자손액이 있도다
五月	喜報善信 貴人自來 기쁜소식이 스스로오리라 귀인이 스스로 오리라 大財可得 出入貴門 큰재물을 가히얻으리라 귀문에 출입하면
六月	常德自化 不逢禍殃 항상덕으로 화함이 재앙을 만나지 아니하도다 靑雲有路 不然得財 벼슬에 길이 있으니 그렇지 아니하면 재물을 얻도다
七月	虎臥山隈 狐狸來侵 범이 산모통이에 누웠으니 여호가 와서 침노하도다 愼之有物 害我財物 나무의 재물을 해하리라
八月	言笑自若 仙人來到 말과 웃음이 한가하니 신선이 와서 이르도다 莫信親人 徒損名利 친한 사람을 믿지마라 한갖 명예만 손하리라
九月	不失其常 隨陽轉行 그양을 따라 굴러 다니니 그 향상을 잃지 아니하도다 若有疾病 問于木姓 만약 질병이 있거던 목성에게 물으라
十月	仙人來到 言笑自若 신선이 와서 이르니 말과 웃음이 한가하도다 在家不安 宜出南行 집에 있어 편치 못하니 마땅히 남쪽으로가라
十一月	絶國異路 心不相慕 끊어지나라 다른길에 마음이 서로 생각지 아니하도다 心不相慕 食祿有餘 身閑心平 식록이 남어지가 있으니 몸이 한가하고 마음이 편하도다
十二月	孤棹遇風 日行千里 외로운 돛대가 바람을 만나니 날로 천리를 가도다 若無橫財 靑雲可期 만약 횡재 못하면 과거를 가히 기약하도다
十二月	芳草逢雨 郁郁靑靑 꽃다운 풀이 비를 만나니 성하고 푸르도다	

토정비결

二九一

七一二 大畜之賁

【本義】 大畜은 聚也요 貢는 節也니 九二爲六五所畜하야 以其處中故로 能自止而不進이니 銀鱗萬點 金角未成이라 하니 銀鱗萬點은 自止也오 金角未進也니라

【해왈】 룡이 아직 뿔이 나지 아니 한 격이요 부모에게 크게 효성하니 장래에 크게 될 패

卦辭	銀鱗萬點 金角未成	은비늘만점에 금뿔을이루지못하도다
正月	春光不到 草木不生	봄빛이이르지아니하니 초목이나지않는다
二月	金入煉爐 終成大器	금이난로에들어가니 마침내큰그릇을이룬다
三月	基地發動 移徒吉利	기지가발동하니 이사하면길하다
四月	千耶萬耶 忍之爲德	천번이고만번이고 참는것이덕이되니라
五月	害人不利 反有其害	사람을해하고자하면 도리어그해를취하면
六月	木姓不利 近則有害	목성이불리하니 가목성이불리하니 가까이하면해가있다
七月	在家心亂 出他心閑	집에있으면마음이란하고 출타하면마음이한가하다
八月	靑鳥傳信 必有喜事	청조가소식을전하니 반드시기쁜일이있다
九月	心家不和 家人不平	심신이편안치못하나 집안사람이불화하다
十月	必有成功 賢人成利	반드시이름에이함이있다 현인으로인하여성공하나니
十一月	家有小憂 常居不安	집에작은일이있으니 항상살기가불안하다
十二月	出行不利 守舊安靜	출행하지키고안정하라 옛을지키고안정하라

	水深無梁 何以渡津	물이깊은데다리가없으니 무엇으로써나루를건늘고
	東方有害 莫行東方	동쪽에해가있으니 동쪽에가지마라
	誠心勞力 必有所得	성심으로노력하면 반드시소득이있다
	莫近木姓 必受其禍	목성을가까이마라 반드시화를받는다
	常有其德 災禍自退	항상그덕이있으니 재화가스스로물러간다
	月入雲間 不見其色	달이구름사이에드니 그빛을보지못한다
	心神不安 世事浮雲	마음이불안하니 세상이든구름과같다
	時運不吉 害人不離	시운이불길하니 해하는사람이떠나지않는다
	一財祿興旺 一家泰平	재록이흥왕하니 집안이태평하다
	東西奔走 有勞無功	동서로분주하나 수고만있고공이없다
	明月紗窓 閑居自樂	달밝은사창에 한가히살며즐기도다
	進退不知 心亂事違	진퇴를알지못하니 심란하고일이어기도다
	自此以後 必有餘慶	이후로부터는 필연경사가있다

七一三 大畜之畜損

䷙

【本義】大畜은 聚也요 損은 益也니 三이 以陽居畜極하야 極而通之時也며 又皆陽故로 不相畜而俱進하야 聚益이라 故로 龍蟠虎踞風雲際會라

【해왈】 룡과 호랑이가 조화가 무궁하고 재주가 무진하니 일마다 의한패

卦辭	龍蟠虎踞風雲際會	바람과 구름이 모이도다
正月	長生無極 子孫千億	자손이 천억이로다
二月	配合相迎 利之四隣	배합이 되어서 네이웃에 이로움이 되도다
三月	拱北誠心 衆星之輝	북쪽을 안고 정성으로 뭇별의 우러름이 되도다
四月	以牛買田 家道自興	소로써 밭을 사니 가도가 스스로 이러나도다
五月	皇天不佑 反受其殃	황천이 돕지 아니하야 도리어 그재앙을 받으리라
六月	和氣自生 萬物方成	화기가 스스로 나니 만물이 바야흐로 이루도다
七月	履泥行人 名困身辱	진흙을 밟고 가는 사람이 이름이 곤하고 몸이 욕된다
八月	麟遊鳳舞 靈鳥呈祥	기린이 놀고 봉이 춤추니 신령한 새 가상서를 드리도다
九月	雁足尺書 萬里報音	기러기 발에 부친글이 만리에 소리를 전하도다
十月	宮樓春寂 百官紛紜	궁누에 봄이 고요하니 백관이 분분하도다
十一月	暮江煙雨 牧童失牛	저문강 연기비에 소먹이는 아이가 소를 잃었도다
十二月	春到錦江 萬花爭發	봄이 금강에 이르니 만화가 다투어 피도다

上和下睦 歌頌太平	위는 화하고 아래는 화목하니 노래로 태평을 부르도다
知進知謀 百事成就	나아가고 물러감을 아나 백사가 꾀를 이우도다
若無婚媾 膝下有榮	만일 혼인지 아니하면 자손의 영화 있으리라
一呼百諾 萬人仰視	한번 부르면 백이 허락하니 만인이 우러러 보도다
求財東方 手弄千金	재물을 동방에서 구하니 손으로 천금을 희롱하도다
若無疾苦 不然損財	몸에 질고 가 있으니 그렇지 아니하면 손재하리라
財得東方 土宜西方	재물은 동방에서 얻고 토지는 서방에 마땅하도다
不慎利財 財物不利	금성을 삼가라 재물에 이롭지 못하도다
若無科甲 子孫有慶	만약 과거 못하면 자손의 경사 있다
不意貴人 東來助我	생각지 않한 귀인이 동쪽으로 와서 나를 돕도다
慎之爭訟 口舌是非	송사를 삼가라 구설과 시비로다
損財有數 慎之盜賊	손재수가 있으니 도적을 삼가라
凡事順成 無所不通	모든 일이 순하게 이루니 통치 아니 한바가 없도다

七二一 損之益 損은益

卦辭
陰陽和合 萬物化生

倚義崇德 以建大福
의를 숭상하고 덕을 높이니 써 큰 복을 세우리라

正月
橫行馬上 先定關中
말을 타고 횡행하니 먼저 관중을 정하도다

事業成就 無所不至
사업이 이루어지니 아니 한 바 없도다

二月
左抱金玉 右得熊足
왼쪽은 금옥을 안고 오른쪽은 곰의 발을 얻도다

若非生子 手弄千金
만약 아들을 낳지 못하면 손으로 천금을 희롱하도다

三月
圓鑿方柄 規模不合
둥근 구멍에 모난 자루를 하니 규격이 합치 못하도다

爲人謀事 勞而無功
남을 위하여 일을 꾀하니 수고하나 공이 없도다

四月
政以結繩 太古風俗
정사에 노끈를 맺으니 태고의 풍속이로다

守舊勿新 動多悔咎
옛을 지켜 새것을 말라 움직이면 뉘우침이 많으리라

五月
規模如飛蓬
가벼운 배가 물결을 따르니 빠르기나는 쑥대화살과 같도다

每事速進 遲則有憂
매사에 빨리 함을 얻으니 더디면 근심이 있도다

六月
疾風隨浪
가벼운 배가 물결을 따르니

每事得中
매사에 화하고 양이 마땅함을 얻도다

財物隨來
인구가 더하여 재물이 따라오도다

七月
俱在一巢
함께한 것에 있도다

陰和陽調
음이 화하고 양이 고르니 열 암과 백새끼가 한집에 있도다

一室咸苦樂
한 집안이 다 즐거우나 가끔 질고가 있도다

八月
十雌一雄
밖은 유하고 안은 강하니 문무가 겸하였도다

外柔內剛
뜻밖에 재물을 얻도다

天佑神助 意外得財
하늘이 돕고 신이 도와서 뜻밖에 재물을 얻도다

九月
長女三嫁
맏딸이 세번 시집가니 나아가나 물러가나 부끄럼이 없도다

進退無羞
만약 질병이 없으면 구설이 침노하도다

慎之東行 自有羞辱
삼갈 것은 동쪽으로 가라 스스로 부끄러움이 있으리라

十月
壽如松喬
수를 신선같이 하니 항상 편하야 즐거워 하도다

常安康樂
만약 질병이 없으면 구설이 침노하도다

若無疾病 口舌侵之
만약 질병이 없으면 구설이 침노하도다

十一月
日月在望
날과 달이 서로 바라보니 빛이 갑절이나 밝도다

光輝倍明
작은 식구가 더하니 손으로 글문서를 희롱하도다

小口增進 手弄文書
작은 식구가 더하니 손으로 문서를 희롱하도다

十二月
土與山連
흙이 산으로 부터 연하야 한가지로 해찬 것을 보호하도다

共保歲寒
매사가 순하게 이루어지니 모든 기묘한 일이 많으니 모두 순하게 이루도다

每事順成
매사가 순하게 이루어지고 모든 기묘한 일이 많도다

【本義】
損은 益의 初也요 蒙은 味也며 物之初生也니 初九一當損下益上之時하여 應六四로 柔하야 輕爲之事而速往하니 生也故로 曰陰陽和合萬物化生이라

【해왈】
음양이 화합하니 귀자를 낳을 것이요 권세를 신장하니 인간 구제할 것이라 각처에 전장을 장만할 패

七二二 損之益

【本義】 損은 頤也니 九二一 剛中하야 志在自守에 不肯妄進하야 無雙通之道라 尙未決定之故로 日中不決好事多魔라

【解曰】 일마다 결말이나지아니하니 호사다마로다 선하게공을닦어도덕이없으니 신수가불길할패

卦辭	日中不決 好事多魔	날가운데까지결단치못하니 좋은일에마가많도다
正月	欲行未就 徒勞無功	행하려하나이루지못하니 수고하고공은없다
二月	索居閑處 風塵不侵	한가한곳을찾아살면 풍진이침노하지않는다
三月	莫信友人 笑中有力	친구를믿지마라 웃음속에칼을품었다
四月	奔走不暇 不知閑暇	분주하여가가없으니 한가한줄을모른다
五月	各人各心 事與心違	사람마다마음이다르니 일이마음과같지않다
六月	一喜一悲 憂喜相半	한번기쁘고한번슬프니 기쁨과근심이상반이라
七月	每事有敗 到處損害	매사에실패가있으니 도처에손해가있다
八月	偶然之財 飛入我家	우연한재물이 날러들어온다
九月	小草逢春 蓮花逢秋	작은풀은봄을만나고 연꽃은가을을만났다
十月	山鳥失巢 空飛中天	산새가집을잃으니 공연히중천을나른다
十一月	不如在家 出門不利	문을나서면불리하니 집에있는것만못하다
十二月	去舊從新 必有吉事	옛것을버리고새것을좇으니 반드시길한것이있다

	鶴盜我珠 逃于東郊	학이나의구슬을도적하여 동쪽들에도망하도다
正月	一事不如意 一無成事	일이여의치못하니 하나도이루는일이없다
二月	若非改業 一次遠行	업을고치지아니하면 한번원행한다
三月	莫逢水姓 必是無害	水姓을만나면 필시해가없다
四月	小求大失 仰天大笑	작은것을얻고큰것을잃으니 앙천대소한다
五月	北方有害 勿爲出入	북쪽에해가있으니 출입을하지마라
六月	莫近木姓 損害口舌	목성을가까이마라 손해와구설이로다
七月	西人莫近 言甘事違	서쪽사람을가까이마라 말은다나일은어긋긴다
八月	東奔西走 必然奔走하다	동으로단고서로달리니 필연분주하다
九月	事有未決 辛苦奈何	일에미결함이있으니 신고함을어찌할고
十月	家有風波 更有不安	가정이불안하니 다시풍파가있다
十一月	勿叅訟事 有損無益	송사에참여하지마라 해만있고무익하다
十二月	大財難望 小財可得	큰재물은바라기어려우나 작은재물은얻는다

七 二 三

損之大畜

【本義】
損은 益也요 大畜은 聚也니 陰陽이 不可偏枯오 其中和하니 今益而取之則尤益而過乎中하야 有滿溢之則又以財傷之象이니 如滄波之險을 僅僅渡之則一渡滄波後津何渡有後津故로曰一渡滄波後津何渡也라

【해왈】 일생의 생활이 갈수록 태산이라 몸이 비록 신고하나 어진 사람을 만날패

卦辭	
正月	一渡滄波後津何渡 한번창파를건느매 뒷나루는어찌건느고 / 欲速不達 去去高山 속하고저하나달치못하니 갈수록높은산이로다
二月	貴人助我 必有財旺 귀인이나를도우니 반듯이재산이왕성한다 / 凶中有吉 損者反益 흉한중에길한것이있으니 손자가도리어유익하다
三月	斫石見玉 掘井得水 돌을쪼아옥을보고 우물을파서물을얻는다 / 若不成功 反有損財 만일성공을못하면 도리어손재한다
四月	三四兩月 喜憂相雜 삼월과사월두달에 기쁨과근심이섞였도다 / 莫近官厄 可畏官厄 시비를투지마라 관액이두렵도다
五月	喜中有憂 一次落淚 기쁨중에근심이있으니 한번눈물을흘린다 / 勿爲相爭 是非口舌 시비로다투지마라 시비와구설이로다
六月	莫近西人 以財傷心 서쪽사람을가이마라 재물로서상심한다 / 若非口舌 必有官厄 만일이갈지아니하면 반드시구설이있다
七月	勿貪虛慾 官災可畏 허욕을탐하지마라 관재가두렵다 / 莫近如此 無事得謗 이같이구지마라 일없이비방을얻는다
八月	若逢貴人 意外成功 만약귀인을만나면 뜻밖에성공한다 / 若非損財 六畜有害 만약손재가아니면 육축에해가있다
九月	財利常存 名振四方 재리가항상있으니 이름이사방에떨친다 / 財豊身安 此外何望 재물이풍부하고몸이편하니 이밖에무엇을바랄까
十月	損財西方 莫近西方 손서방에가까이불리하다 / 欲決未決 徒傷心 결단코자하나못하고 마음만상한다
十一月	或有妻憂 身上無害 혹아내에게근심이있으나 신상에는해가없다 / 生男之慶 家有吉慶 집안에경사가있으니 생남할경사로다
十二月	隣人含怨 何不修身 이웃사람이원한을먹음이니 어찌몸을닦지아니하는고 / 預先治防 可免疾病 미리방지하면 가히질병을면하리라
	行者指示 盲人問道 가는자에게길을물으니 소경이지시하도다 / 莫爲經營 到處逢敗 도경영을하지마라 도처에패를만나도다

七三一 ䷕ 賁之節

【本義】賁는 飾也요 艮은 止也니 剛柔明禮ㅣ 自賁于下라 觀于天文하야 以察時變하며 觀于人文하야 以化成天下하나니 文明之德이 通平上下라 故로 曰徧踏帝城千門共闢라

【해왈】 앞길이 열리니 행하는 일이 마음과 같이 잘 되어 간다 부귀를 점전하니 누가아 니뵥종한가 만사 대길한 패

卦辭	徧踏帝城 千門共開	제의 성에 편답하니 천문을 함가지로열다	東風三月 花柳爭春	동풍삼월에 꽃과버들이봄을다투도다
正月	雨下春田 百草俱芳	비가봄밭에 나리니백가지풀이함께꽃답도다	家多慶事 百事就吉	집에경사가많으니 백사가길한데나아가도다
二月	鶯出幽谷 金色玲瓏	꾀꼬리가극옥한골에서나니 금빛이령롱하도다	東南有吉 貴人助我	귀인이나를도우니 동쪽남쪽에길함이있으리
三月	陶朱白圭 善賣息資	도주공의휘구슬은 장사를잘하야리식이많도다	財星照我 日獲千金	재물별이내게비치니 날로천금을얻도다
四月	種雪物大寒 不生	쌓인눈큰추위에 만물이나지못한다	慎之金姓 損害之多端	금성가다단하라 손해가다단하리라
五月	老馬垂耳 不見百里	늙은말이귀를드리우니 백리를보지못하도다	不利東行 慎勿出行	동방이이롭지못하니 삼가서출행하지말라
六月	泉起崑崙 東出玉門	샘이곤륜산에서일어나 동쪽으로옥문에서난다	無望之中 貴人來助	바람없는가운데서 귀인이와서돕도다
七月	千仞之墻 不得入門	천길되는담에 문에들어옴을얻지못하도다	隱隱之事 隣人不知	은은한일을 이웃사람이알지못한다
八月	甘露體泉 太平機關	단이슬과단샘이 태평한기관이로다	若無科甲 生子之慶	과거못하면 아들낳을경사로다
九月	枯樹不花 空淵無魚	마른나무에꽃이피지못하고 빈못에고기가없도다	欲求難求 莫如安靜	구하고저하나구하기어려우니 안정함만같지못하도다
十月	生長太平 仁政流行	태평이생장하니 어진정사가류행하도다	家有餘慶 莫他爲利	집에남은경사가있으니 타향에나가면이롭게된다
十一月	飛來人福 入我居室	날라오는복이 나의사는집에들어온다	於財於商 吉無不利	재리에든지장사에든지 길하여이롭지아니함이없다
十二月	高樓無柱 危如累卵	높은루에기둥이없으니 위태하기알쌓은것같도다	莫入西方 仇者懷金	서방에들지마라 원수가칼을품도다

七三二

䷙

畜大之賁

【本義】賁은聚也
요大畜은聚也
니二ㅣ以陰柔
居中正하고三은
以陰剛而得正이
나皆無寵與則無
和合之情而有威
猛之勢故로雷門
一聲萬人驚倒라

【해왈】 공명할
수이요학문으로
인하야금옥이퇴
적하니귀함이비
할데없는패

卦辭	正月	二月	三月	四月	五月	六月	七月	八月	九月	十月	十一月	十二月
雷門一聲萬人驚倒	逐禍東山道德神仙	禍去福來終時亨通	若而移居必有吉事	上下相冲惡人愼之	二人爲旅各分東西	壅蘤不才到達失時	譏俟所言語不成全	鷄鳴國谷關門已開	雨下春山百花爭發	冕冠進賢步出朝門	誠心勤苦必是成功	運數亨通眞人相逢
우뢰문한소리에만인이놀래도다	화를동산에쫓으니도덕에신선이로다	화는가고복이오니마침내형통한다	만일이사하면반드시길한일이있다	상하가상충하니악한사람을조심하라	두사람이나그네가되여각기동서쪽에논으도다	저는나귀가재주없으니때를잃었었도다	참남하이고망영된말이온전이이루지못한다	탉이함곡관에서우니관문이임이열였도다	비가지봄산에나리니백가지꽃이다투어픤다	면관으로어진이를맞으니절어서조정에나도다	반드시성심으로근고하다	운수가형통하니참다운사람을만난다
마음으로그몸을근심하니편케있는것을생각지아니한다	不念安存心患其身 可免凶事預爲安宅	미리안택하면가히흥한일을면하리라	偶來助力南方之人	남방의사람이우연히와서돕는다	若非得財必逢佳人	만일재물을만날것이아니면가인을만날것이다	財在西方强求少得	재물이서방에있으니힘써구하면조금얻는다	莫近親友恩反爲讐	친한벗을가까히마라은혜가도리여원수된다	金姓不利愼之與受	금성이롭지못하니주고받음을삼가라	若無疾病膝下有厄	만약질병이없으면자손의액이있으리라	如祈名山可免橫厄	만일명산에서기도하면가히횡액을면하리라	吉運漸回以財得名	길한운이접접도라오니재물로써이름을얻는다	禾斗有數不然得財	과거수가있으니그렇지아니하면재물을얻으리라	預先致誠或有疾病	미리치성하라혹질병이있다	今年之運商業不利	금년의운은상업이불리하다

七三三 賁之頤

☶☲☶ 賁

【本義】
也요 頤는 養也니 一陽이 居二陰之間하여 得其節而潤澤者也라 賁而養之則如賁之頤養에 終變于龍而造化故로 曰 魚變成龍造化不測이라

【해왈】 오래동안 공부하여 공명하고 덕을 닦어 부자되는 패라

卦辭	正月	二月	三月	四月	五月	六月	七月	八月	九月	十月	十一月	十二月
魚變成龍 造化不測	青龍得珠 必有慶事	財數興旺 必得千金	身數大吉 必有榮貴	勿爲爭訟 口舌不利	東園碧桃 喜逢花春	魚龍得水 必有慶事	天神助我 壽福綿綿	登樓去梯 有志未就	飛入雲天 鳳得其雛	春花已發 可期秋黃	履祿綏厚 載福受祉	採花東山 美哉春風
고기가 변하여 용이 되니 조화가 측량치 못하도다	청룡이 구슬을 얻었으니 반드시 경사가 있도다	신수가 대길하니 재수가 흥왕한다	만일 영귀치 않으면 천금을 얻으리라	다투고 송사하지마라 구설로서 불리하다	동원의 푸른 복숭아가 기쁘게 화춘을 만난다	어룡이 물을 얻으니 반드시 경사가 있다	천신이 나를 도우니 수복이 면면하도다	뜻이 있으나 사다리를 버리니 아지 못하다	봉이 그 새끼를 얻으니 구름이 하늘에 날라든다	봄꽃이 이미 피니 가히 가을 열매를 기약하도다	록을 받음에 편하고 후하니 복을 실어 받도다	꽃을 동산에서 캐니 아름답다 봄바람이로다

卦辭	正月	二月	三月	四月	五月	六月	七月	八月	九月	十月	十一月	十二月
魚遊深澤 其喜洋洋	命在權威 必是高官	貴人恒助 積財如山	道高名利 名振四方	土姓有害 愼之莫近	財星隨身 所營如意	運數亨通 百事順成	東西兩方 必有慶事	田土之事 是非東西	若非登科 慶在膝下	功名事業 從此成矣	於東於西 無往不利	蘭庭有榮 家道漸興
고기가 깊은 못에 노니 그 기쁨이 양양하도다	명령에 권위가 있으니 반드시 고관이로다	귀인이 항상 도우니 재물 쌓은 것이 산과 같다	도가 높고 이름이 이로우니 이름이 사방에 떨친다	토성이 불리하니 가까이 하는 것을 삼가라	재성이 몸에 따르니 경영하는 일이 여의하다	운수가 형통하니 백사가 순성한다	반드시 경사가 동서양방에 있다	전토의 일로서 동쪽서쪽에서 시비한다	만약 과거 못하면 경사가 자손에게 있도다	공명과 사업이 앞으로는 성취한다	가동서로 서쪽에서 이롭지 아니함이 없다	자손의 영화가 있으니 가도가 점점 일어나도다

七四一 頤之剝

卦辭 頤는 養이요 剝은 落也니

【本義】 易曰 天地ㅣ養萬物하며 聖人이 養賢하여 以及萬民이라하니 極言養道而贊矣라 故로 曰 六馬交馳男兒得意라

【해왈】 부지런한 결과 공명을 하고 덕을 쌓어 부자 되는 패

卦辭	六馬交馳 男兒得意 여섯말이같이달리니 남아가뜻을얻도다
正月	春和日暖 萬物始生 봄이화창하고날이따뜻하니 만물이비로소난다
二月	可得功名 花開弄春 꽃이피어봄을희롱하니 가히공명을얻도다
三月	偶然成功 勤苦之德 근고한덕으로 우연히성공한다
四月	渴龍得水 喜事重重 목마른용이물을얻으니 기쁜일이첩첩하다
五月	家運通泰 事事亨通 가운이크게열리니 매사다형통한다
六月	必然成功 天佑神助 하늘이도우니 반드시성공한다
七月	和樂其聲 鳳引雛行 봉이새끼를데리고가니 화락한소리로다
八月	富貴兼全 名振四海 부귀를겸전하니 이름이사해에떨친다
九月	加以善祥 關門納福 문을열고복을드리니 착한상서를더하도다
十月	皇恩自得 金冠玉帶 금관옥대로 황은을스스로얻는다
十一月	恩人相助 子丑之月 자축달에는 은인이도와준다
十二月	一次喜慶 制 한번은기쁜경사가있다

春桃生華 季女宜嫁	봄복사꽃이피니 끝에딸이시집가도다
幸逢恩信 財祿滿庫	다행이은인을만나면 재록이곡간에가득하다
手執喜信 必逢緣人	반드시인연을만나니 손에기쁜편지를잡으니
財在西方 求而可得	재물이서쪽에있으니 구하면얻는다
家家安樂 家産興旺	가정이안락하니 가산이흥왕한다
善行凡事 必是成功	범사를착하게행하면 반드시성공한다
每事速圖 遲則不利	매사를속히도모하라 더디면불리하다
子孫榮貴 若非官祿	관록이아니면 자손에영귀함이있다
財祿陳陳 喜事重重	재록이진진하니 기쁜일이첩첩하다
利在田庄 東南兩方	이는전장에이익이있으니 동남양쪽이다
到處有財 道高名利	도도가처에재물이있으니 높고이름이이롭다
謀事在人 晩得成就	모사는사람에게있으니 늦게성취함을얻는다
因人成事 必有成家	인하여성사하니 반드시성가한다

七四二 頤之損

䷚ ䷨

頤는 養

【本義】 頤는 養也요 損은 益也니 求養于初則顚倒而達于常理나 今其有益利終受于吉이라 故로 前程早辨榮貴有時라 하니 蓋待時而後에 有榮有貴也라

【해왈】 영귀가 때가 있으니 성공하기 어렵지 아니하다 기회가 좋으므로 마음과 같이 되는 패

卦辭	前程早辨 榮貴有時 앞길을 일찍 판단하니 영화하고 귀함이 때가 있도다
正月	小春在南 春意得意 적은 봄이 남쪽에 있으니 봄뜻이 득의한 듯을 얻도다
二月	花勝春雨 祿得其人 꽃이 봄비를 이기니 록을 그 사람이 얻도다
三月	漁笛一聲 江山草綠 고기잡는 저한 소리에 강산이 임의 가을이 푸르다
四月	山頭草綠 月落水聲 산머리에 풀이 푸르니 달이 물소리에 떨어지도다
五月	姻緣相遇 位尊祿大 인연에서로 만나니 위가 높고 록이 크도다
六月	德施流行 利之四隣 덕을 베풀어 유행하니 네이웃에 이로움이 있도다
七月	立身揚名 道德文章 몸을 세우고 이름을 날리니 도덕의 문장이로다
八月	龍得明珠 興雲致雨 용이 밝은구슬을 얻으니 구름을 이루고 비를 이루도다
九月	蒙慶受福 有所獲得 경사를 입고 복을 받으니 얻을바 가 있도다
十月	失道陰陵 昆給田父 길을 음능에서 잃으니 전부의 속임을 보도다
十一月	鳳凰和音 來儀高岡 봉황이 소리를 화하여 높은뫼에 와서 춤추도다
十二月	與人同和 家事昌盛 남과 더부러 같이 화하면 가사가 창성하도다

南山芝蘭 君子所有 남산의 지초와 란초가 군자의 있는 바로다

利在西南 求財如意 이가 서쪽남쪽에 있으니 재물을 구함이 뜻과 같도다

利在官貴 去舊迎新 이가 관귀에 있으니 옛것을 버리고 새것을 맞으라

愼之親友 空然口舌 친한벗을 삼가라 공연히 구설수로다

若無損財 疾病可畏 만약 손재수 없으면 질병이 가히 두렵도다

財星隨我 日獲千金 재물별이 나를 따르니 날로 천금을 얻으리라

利在北方 貴人助我 이가 북방에 있으니 귀인이 나를 돕도다

凡事順成 先否後泰 모든 일이 순하게 이루니 먼저는 비색하고 뒤에는 통한다

諸般事機 從此進矣 일모든일이 로좇아 나간다

田土有利 宜出西方 전토의 이가 있으니 마땅이 서방으로 나가라

勿信他人 言順事逆 타인을 믿지마라 말은순하고 일은거슬린다

若非生子 婚姻有吉 만약아들을 낳지않으면 혼인에 길함이 있으리라

勿近木姓 有害無益 목성을 가까이마라 해만있고 이익은없도다

七四三
頤之賁

☶☷
☳☷

頤는養
也요賁는飾也니
陰柔ㅣ不中正하
여以處動極而拂
于頤矣니拂于頤
는雖正이나亦凶
矣라早得其正에
終作凶咎故로日
早朝起程汝眠何
事라

【本義】

【해월】 게으름
으로인하여사람
마다싫어한다도
와줄자없는패

卦辭	早朝起程 汝眠何事	일찍이길을떠날터인데 너의조으름이무슨일인가
正月	膝下有病 心神不安	자손에게병이있으니 마음이불안하다
二月	不見春色 山深四月	깊은산사월에 봄빛을보지못하도다
三月	秘密之事 向人莫言	비밀히한일은 사람에게말하지마라
四月	何時歸鄕 身遊外方	몸이외방에있으니 어느때고향에갈가
五月	身運不利 大厄可畏	신수가불리하니 큰액이두렵다
六月	遠求近失 所望難成	먼데것을구하다가까운것을 잃고뜻을이루기가어렵다
七月	西北兩方 莫爲出行	서북양쪽에는 출행하지마라
八月	若無服制 損財不免	만일복제가아니 면손재를면하기어렵다
九月	家有不安 膝厄可畏	집에불안함이있으니 슬하에액이두렵다
十月	失物有數 盜賊愼之	실물수가있으니 도적을조심하라
十一月	木姓不利 勿爲取利	목성이불리하니 이를취하지마라
十二月	修身齊家 轉禍爲福	수신제가 화가굴러복이된다

秋鼠失路 觸處多險	가을쥐가길을잃으니 가는곳마다험함이많다
若非官災 口舌可畏	만일관재가아니면 구설이두렵다
運數不吉 守舊安靜	운수가불길하니 옛것을지키고안정하라
家有不平 家人各離	집에불평이있으니 집안사람이각기떠난다
財星隨身 終得財利	재성이몸에따르니 마침내재리를얻는다
安中有厄 凡事愼之	편한중에액이있으니 매사를조심하라
若非損財 叩盆之數	만일손재가아니 면상처할수로다
四方之中 東南大吉	사방가운데동남쪽에 길함이있다
每事不成 愁心滿面	매사를이루지못하니 수심이가득하다
心神散亂 世事如夢	마음이산란하니 세상일이꿈과같다
不動則吉 動則有害	움직이면해가있으니 집에있는것만못하다
愼之親人 偶然有害	친한사람을삼갈가 우연이해를입는다
勿爲之數 不利家造	집을지으면 불리할수로다

七五一 畜六之蠱

蠱은事也요 大畜은聚也니 初六이蠱未深而事易濟라 易曰 先甲三日後甲三日이라하니故로 日三日之程一日行之라

【本義】

【해왈】 사흘일을 하루에다가고 바쁘다 이것저것 천만가지일을언제나다마칠고 생활이극히곤란하다가 늦게야좀 나아질패

卦辭	三日之程을 一日에行之라 사흘길을 하루에 가도다 人道理和德으로 도화적질 못하니 남이서 도적질 못하도다
正月	洛橋東風에 春意自若이라 서울다리 동풍에 봄뜻이화창하도다 身登青雲 不然橫財 몸이벼슬에 오르지아니하면 횡재하리라
二月	東花有光 順德盛昌이라 동쪽꽃이빛이있으니 순한덕이창성함이라 慎在金姓 利在東西 매사를속히이루나니 동쪽서쪽에있도다
三月	日暮亭堂 事多耗散 날저문정자에 일이모산함이 많도다 損財可當 금성을삼가라 손재를가이당하리라
四月	君臣際會 餘慶彬彬 군신이한자리에 남은경사가빈빈하도다 利在四方 百事順成 백가지일이 순하게이루도다
五月	洛陽春城 好事頻頻 낙양춘성에 좋은일이자주있도다 青雲有路 可期功名 벼슬에길이있으니 가히공명을기약하리라
六月	南歸一笑 偶失其志 남쪽으로돌아가 한번웃도다 事多不利 慎之女色 일이이롭지못함이많으니 여색을삼가라
七月	春風佳節 樂琴清雅 춘풍가절에 풍류와거문고가 청아하도다 晩得其志 自手成家 늦게그뜻을얻으니 자수로성가하도다
八月	泛舟江上 白露旣降 배를강위에 띄우니 흰이슬이 이미내리도다 求財南方 意外橫財 재물을남방에서 구하니 뜻밖에횡재로다
九月	陰陽相生 萬物和悅 음양이서로생하니 만물이화열하도다 百事得吉 無往不利 백사가길함을얻으니 도처의이롭지아니함이없도다
十月	群木自茂 成林之象 뭇나무가스스로성하니 수풀을이루는형상이다 貴人多助 財帛豊富 귀인이많이도우니 재백이풍부하도다
十一月	身多虛動 家道不睦 몸이허동함이많으니 가도가화목치못하도다 慎之出行 動多不利 출행함을삼가라 동하면이롭지아니함이많도다
十二月	明月紗窓 事機必成 밝은달사창에 일을반드시이루리라 暗中之計 何人先知 가만이한계교를 어떤사람이먼저아는고

七 五 二
蠱之艮

卦辭

蠱는事也요艮은止也니九二ㅣ剛中하여上應六五得中矣라今止于中則通乎六合이니故로日天心月光正照萬里라

【해왈】 국가를 위하여 만리에 군사를 내니부하가 다지모지사라가 히성공할것이요 또재취할패

卦辭	天心月光 正照萬里	하늘마음과달빛이정이만리를비치도다
正月	身登龍門 意氣洋洋	몸이용문에들었으니의기가양양하도다
二月	聲聞一國 仰受天恩	소리가한나라에들리니우러러천은을받도다
三月	武陵紅桃 手弄二枝	무릉에붉은복사를손으로두가지를희롱한다
四月	寒谷春回 絶處逢生	찬골에봄이돌아오니끈어진곳에사는것을만나도다
五月	進退之間 多得外財	오고가는사이에밖의재물을많이얻도다
六月	千里揚名 必顯祖宗	천리에이름을날리니반드시조상을빛나게하리라
七月	得玉之象 千里有光	옥을얻을형상이다천리에빛이있다
八月	君子必利 可望靑雲	군자는반드시이로우니가이과거를바라리라
九月	楊州月白 腰下黃金	양주에달이밝으니허리아레황금이로다
十月	南城月明 天地光明	남성에달이높으니천지가광명하도다
十一月	雖云正心 赤手奈何	비록마음이바르다하나적수로어찌할고
十二月	門納好信 意外吉事	문에좋은소식이있으니뜻밖에길한일이로다

張網南川 細魚多得
그물을남천에베푸니잔고기를많이얻도다

若無折桂 弄璋之慶
만약과거못하면아들낳을경사로다

作事己定 財福兼全
하는일이잘되니재복이겸전하도다

膝下餘慶 玉帶其身
그자손의남은경사는몸에옥을띠우리라

愼將耗散 財物害我
북쪽으로갑을삼가라재물이장차흩어지리라

木姓不利 害我天財
목성이이롭지못하니나의재물을해치도다

無望之中 貴人助我
바라지아니한가운데귀인이나를돕도다

祿在四方 自然成家
자록이사방에있으니자연이성가하리라

進退東之方 自天佑之
하동방으로부터돕힘에하늘로부터돕도다

出將入相 萬事俱吉
나가면장수되고들면정승이니만사가함께길하도다

事事無不通 慶事入門
일이통치아니함이없으니경사가문에들도다

所事何關 因人見敗
하는일이무엇에관계하여사람을인하여패를보도다

財自成功 利在他鄕
이재물이타향에있어성공하니

七五三 蠱之事蒙

一渡長江非淺非深
也요蠱은昧也니
【本義】蠱ᆯ事ᅵ라
九三이過剛不中하
故로有小悔나異
體ᅵ得中故로無
大咎니故로曰一
渡長江非淺非深
이라

【해왈】 무해무
덕한괘니귀자를
낳고부부에금슬
이좋은괘

卦辭	一渡長江非淺非深 한번긴강을건느니 얕도아니하고깊도아니하도다
正月	一喜一悲 한번기쁘고한번슬프니 吉凶相半 길흉이상반하도다
二月	險程已過 험한길을이미지나니 前程有順 앞길에순함이있다
三月	吉凶相伴爲凶 길이변하여흉함이된다 莫聽人言 남의말을듣지마라
四月	諸事可成 모든일을이룬다 心與事合 마음과일이합하니
五月	得而反失 얻고도리어잃으니 徒傷心中 한갓마음이상한다
六月	在家則吉 집에있으면길하고 出行則咎 나가면해롭다
七月	財旺西北方 재물은북쪽에왕성하고 事事如意 일은서쪽에있다
八月	或有疾病 혹질병이있으니 卽時退去 즉시물리쳐라
九月	時運逢吉 때의운이길과같다 事事如意 매사가뜻과같다
十月	或有官祿 혹관녹이있으니 勿爲退職 퇴직하지말라
十一月	欲行不進 가고저하나나가지를못한다 出路有險 길에위험함이있으니
十二月	西方來人 서쪽에서오는사람을 善交得利 잘사귀면이를얻는다

	君唱臣和 임군이부르고신하가화하니 上下得宜 위와아래가마땅함을얻도다 莫近木姓 목성을가까이말라 不利之數 불리할수다
	幸逢貴人 다행히귀인을만나 可得大財 큰재물을얻는다
	凡事如意 매사가여의하니 心神自安 마음이편하다
	財在南方 재물이남쪽에있으니 求而可得 구하면얻는다
	財數論之 재수를논하면 初吉後凶 처음은길하고뒤에는흉하다
	東方不利 동쪽이불리하니 勿爲出行 나가지말라
	慎之無實 不勿建家宅 집을세우지말라
	有名無實 유명무실하다 西方可得 서쪽에길함이있으니 求財可得 재물을구하면얻는다
	靜則無利 고요하면이익이없고 動則滿利 움직이면이가득하다
	雖有得財 비록재물은얻으나 疾病侵身 질병이몸에침노한다
	財數亨通 재수가형통하니 凶中有吉 흉한중에길함이있다

七 六 一
䷿ ䷨ ䷃
蒙 之 損

【本義】蒙은昧
也요損은益也니
以陰居下一昧之
深也라昧而有益
이何益之有리요
非一人之害라衆
人之害故로曰一
人之害及於百人
이라

【해왈】한사람
으로인하여백사
람이나곤난되
나의신세를어디
에호소할고자연
이웃음이나는패
이라

卦辭
一人之害
及於百人
한사람의해가
백사람에게미치도다

正月
看魚未釣
憂心在水
고기를보고낚지못하니
근심마음이물에있도다
事甚不密
心多迷感
일이심히치밀치못하니
마음에미혹함이많도다

二月
以下克上
不吉之兆로다
아래로써위를극하니
불길한징조로다
慎之其姓
空然被水害
水邊其人
必損我財
물가에그사람이
반드시나의재물을손하리라

三月
月出高樓
神淸骨秀
달이높은루에나니
신이맑고뼈가빼어내도다
蒙害他人
宜避北方
타인의해를입으니
마땅이북방으로피하라

四月
萬里前程
一身擾擾
만리전정에
일신이요동하도다
何事不成
身財俱旺
무슨일을이루지못하고
몸과재물이함께왕성하리

五月
山重水疊
臨事盤桓
산이거듭하고물이첩첩하니
일에임하여주저하도다
所業難成
生不逢時
업하는바를이루기어렵고
나매는때를만나지못하니

六月
古木花殘
春事寂寞
옛나무에꽃이쇠잔하니
봄일이적막하도다
一家事如廁
一身苦悶
집일이산란하니
일신이피롭고민망하도다

七月
功名事業
雖遲有喜
공명과사업은
비록더디나기쁨이있도다
吉運己回
先憂後樂
길한운이이미돌아오니
먼저는근심하고후에는즐겁다

八月
運逢天地
生道自開
운이천지를만나니
생도가스스로열리도다
守舊安常
可得成功
예를지키며항상을편하니
가히성공함을얻으리라

九月
珠玉相爭
田土有論
구슬과옥이서로싸우니
전토에의논이있도다
莫入喪家
吊客臨門
상가집에들어가지마라
조객이문에임하도다

十月
萱堂雲暗
雁影分飛
훤당에구름이두우니
기러기그림자가나누어날도다
時運不利
害及親戚
시운이이롭지못하니
해가친척에미치리라

十一月
渡水臨山
風霜沾身
물을건느고산을넘으니
바람과서리가몸을적시도다
莫信親友
損害不少
친한벗을믿지마라
손해한가적지않도다

十二月
賣買南北
愁樂相半
남쪽북쪽에서사고파니
근심과즐거움이서로반이로다
財敗人損
所望不利
재물이패하고사람이손하니
바라는바가이롭지않도다

三〇六

七六二 蒙之剝

☷☶ 蒙
☷☶ 剝

卦辭
隨時應物 到處有榮

【本義】
蒙은 昧也오 剝은 落也니 九二ㅣ以陽剛으로 爲內卦之主하여 統治群陰이라 去其蒙昧則有自明矣니 隨時而有昧ㅣ有明이라 故로 曰隨時應物 到處有榮이라하니 가는곳마다 영화롭고자 손이 진진하여 그리울 것 없는 괘

【해왈】

正月	到處有財 財祿隨時 가는곳마다 재물이 있으니 재록이 몸에 따른다
二月	名利俱吉 手弄千金 명리가 다 길하니 손으로 천금을 희롱한다
三月	一身榮貴 所望如意 한몸이 영귀하니 소망이 뜻과 같다
四月	東園紅桃 花落結實 동원의 홍도가 꽃이 떨어지고 열매를 맺는다
五月	莫恨勞苦 先苦後吉 고생함을 한하지마라 먼저는 흉하고 뒤에는 길하다
六月	莫近女色 疾病侵身 여색을 가까이 하면 몸에 질병이 침노한다
七月	財祿俱興 金玉滿堂 재록이 같이 일어나니 금옥이 가득하다
八月	若非科甲 可得財物 과거하지 않으면 재물을 얻는다
九月	身運大通 到處有財 신운이 대통하니 가는곳마다 재물이 있다
十月	身上無憂 安處太平 신상에 근심이 없으니 편한 곳에 태평하다
十一月	若非折桂 必然生男 반드시 생남한다 만일 과거가 아니면
十二月	凶中得吉 轉禍爲福 흉한 중에 길함을 얻으니 화가 도로 복이 된다

	老龍漸光 名利晚成 늙은 용이 점점 비치니 명리가 늦게 이루도다
	乃得功名 官祿臨身 공명을 얻으니 관록이 몸에 임한다
	幸逢明君 財産興旺 다행이 밝은 인군을 만나니 재산이 흥왕한다
	必有財慶 西北兩方 서북 양쪽에 재물이 왕성하다
	若非吉慶 人口增加 경사가 생기지 않으면 식구를 더한다
	西方貴人 偶來助我 서쪽인귀가 우연히 와서 나를 돕는다
	人皆致賀 有名無實 사람들이 치하하나 이름은 있고 고사실은 없다
	若非身病 膝下有厄 신병이 아니면 슬하에 액이 있다
	一室和氣 財帛滿堂 일실의 화기로다 재백이 가득하니
	財星隨身 手弄千金 재성으로 몸에 따르니 손으로 천금을 희롱한다
	莫行酒家 橫厄可侵 술집에 가지마라 횡액이 침노한다
	若非如此 移居外方 만일 이렇지 않으면 외방에 이사를 간다
	莫交水姓 必有不利 수성을 사귀지마라 반드시 불리함이 있다

七 六 三
　　　　蒙
　　　　之
蒙　　　蠱
은
昧
也
요
蠱
는
事
也
니

[本義] 蒙其大
六三陰柔ㅣ不中
不正하여不能有
其身이나蒙其大
人之事故로飛龍
在天利見大人이
라

[해왈] 높은버
슬을하여군왕을
섬기니일신이편
안하고국가태평
하며귀자를낳을
괘

卦辭	飛龍在天 利見大人 나는용이하늘에있으니 이롭게큰사람을보리라	隨人發花 名滿四方 求財何方 西國有吉 사람을따라꽃이피니 이름이사방에가득하도다 재물을구함이어느방인고 서쪽나라에길함이있도다
正月	小人得財 君子得祿 소인은재물을얻으며 군자는록을얻으리라	蒙慶大恩 萬人仰視 膝下之榮 身入靑雲 경사의영화를입으니 만인이우러러보도다 자손의영화있으며 몸이공명에들도다
二月	綿綿壽福 可期一生 면면한수복이여 가히일생을기약하리라	南方有利 財得千金 財乏囊中 四顧無親 남방에이가있으니 재물을천금이나얻으리라 주머니가운데돈이떨어지니 사방을도라보아도친함이없도다
三月	富貴一鄕 子孫獻慶 부자가한시골에귀하며 자손과권세리로다	若非妻患 兄弟有厄 偶來東人 助我一身 만약처환이아니면 형제의액이있도다 우연이동쪽사람이 나의한몸을돕도다
四月	草閣多金 威權獻福 풀집에금이많으니 위엄과권세리로다	財數通泰 可得橫財 有財難求 求之何益 재수가통태하니 가이횡재를얻으리라 재물이있어도구하기어려우니 구하면무엇이유익할고
五月	智窮力盡 疑訝未定 지혜가궁하고힘이다하니 의심함을정치못하도다	財多顧無親 四顧無親 出家道有漸正 家道漸正 재물이서로상하니 만물이실함을얻도다 가도가점점바르니 출입함에빛이있도다
六月	江月三更 一雁悲秋 강달삼경에 기러기가을을슬퍼한다	財數通泰 助我一身 偶來東人 助我一身 우연이동쪽사람이 나의한몸을돕도다
七月	家宅相生 萬物得實 가택이서로상하니 만물이실함을얻도다	兄弟有厄 助我一身 偶來東人 助我一身
八月	喜事在家 田土有光 기쁜일이집에있으니 전토에빛이있도다	石中蘊玉 誰能珍之 돌가운데옥을가 뉘가능이쪽을가
九月	石中蘊玉 誰能珍之 돌가운데옥을가 뉘가능이쪽을가	風雲際會 聚散無常 바람과구름이서로 모이고흩어짐이무상도다
十月	風雲際會 聚散無常 바람과구름이서로 모이고흩어짐이무상도다	威震南海 終有其吉 위엄이남해에진동하니 마침내길함이있으리라
十一月	威震南海 終有其吉 위엄이남해에진동하니 마침내길함이있으리라	吉神助我 一獲千金 길한신이나를도우니 한번천금을얻으리라
十二月	莫近外人 黃金盡散 외인을가까이마라 황금이다흩어지리라	莫近親人 事不穩當 친한사람을가치못하리니 일이온당치못하도다

三〇八

八一一 泰之升

卦辭

萬里長空
日月明朗
일월이 명랑하도다

【本義】泰는通
也요 升은進也니
三陽在下에 相連
而通이라 故로曰
萬里長空日月明
朗이라하니 則天
地ㅣ交而萬物이
通也니라

【解曰】 모든새
양은 낙엽같이사
라지고 가정이태
평하고 만사가마
음과같이되는패
라

卦辭
正月
經營四方
凡事成功
사방에경영하니
모든일이성공하도다

二月
池成龍弄文珠
終山樂存水
仁智兼存水
마침내용의문채를이루리라
못고기가구슬을희롱하니
어질고지혜가겸하여있도다

三月
以羊易牛
其利三倍
그양으로소를바꾸니
그이가삼배로다

四月
池渇無水
枯魚彷徨
못이말라물이없으니
마른고기가방황하도다

五月
求魚河海
擧網必得
그물을들고반드시얻으리라
고기를바다에서구하니

六月
口不從心
欲東反西
입이마음을좇지못하다
동쪽을좋고저하다도리어서쪽한다

七月
三龍戱水
弄財之象
세용이물에서희롱할상이로다
재물을희롱할상이로다

八月
如知造化
價百倍
조화를알면
만값이백배나된다

九月
雨洽春山
花爛錦城
비가한번청산에흡족하니
찬란한꽃이성에무르익도다

十月
隱士出世
事必紛亂
은사가세상에나나니
일이반드시분란하리라

十一月
雲影己成
待時行天
구름그림자가이미일우
때를기다려하늘에행하도다

十二月
愼之口舌
莫作遠行
慎出北姓
宜出北姓
橫財有數
萬事如意
財旺身旺
若非生子
添口添姓
被害多端
必有喜事
可期富名
積小成大
東南兩方
百福並臻
榮及子孫
有財有祿
麟鳳會遊
南山高岡

남산높은메에
기린과봉이모여노도다
재물과자록이있으니
영화가자손에게미치도다
몸이왕성하고
백복이아울러이르도다
적은것을쌓아큰것을이루리니
반드시기쁜일이있으리라
동남양방에
반드시크게부자의일을기약하리라
목이가까이하지마라
해입음이많도다
인구를더하고전토를더하도다
우연이와서손재하도다
만약아들낳지못하면
횡재가적지아니하리라
재수신수가다왕성하니
만사가뜻과같도다
마횡재수가있으니
마땅이북방으로가라
구토설이남에침노하도다
멀리가지마라
괴한병이침노하리라

八一二 夷明之泰

[本義]
泰는 通하고
明夷는 傷也요
九二―以剛居
柔하여 在下之中
에 上有六五之應
이라 主乎泰而得中
道라 雖傷이나 亦
通故로 入水不溺
入火不傷이라

[解曰] 수화의
염려없고 재물을
마음대로 취하여
도시비하는 사람
이없는 태평한괘
이라

卦辭
入水不溺
入火不傷
물에드려도 빠지지아니하고
불에들어서 상치아니한다

正月
松竹凌雪
獨自靑靑
소나무와 대가 눈을업신여기니
홀로만 청청하다

二月
朝聽鶯歌
暮聞杜鵑
아침에 꾀꼬리노래를듯고
저물어 두견어노래를듯다

三月
鑿地十仞
黃金難得
땅을 열길을 파나
황금을 얻기어렵도다

四月
善養父母
名聞一國
부모에게 잘봉양하니
이름이 한나라에 들리도다

五月
家事無主
營事多舛
집에주장귀신이없으니
경영할일이 많이어기도다

六月
天地通泰
花得春心
꽃이 봄마음을얻으니
천지가 통쾌하도다

七月
澤變爲地
魚受其殃
못이변하여 땅이되니
고기가 그재앙을받도다

八月
數年値勞
終歲祿享
수년을 수고한후
마침내 녹을누리도다

九月
山在其中
利耶水耶
산이냐 물이냐
이가 그 운에 있도다

十月
蘭庭有喜
晩年得意
란초뜰에 기쁨이있으니
늦게야 뜻을얻도다

十一月
家平身旺
金物有用
집이편하고 몸이왕성하니
금물이 쏠데있도다

十二月
吉無不利
待時而動
때를기다려 동하면
길하여 이롭지아니함이없도다

正月
春東夏南
隨陽有功
봄은동쪽으로여름은서쪽가니
양지를따라공이있도다

二月
愼之今月
危中有安
위태한 가운데편함이있으니
이달을 조심하라

三月
莫信人言
人實欺汝
남의말을 믿지마라
사람이 실상너를속이도다

四月
以財得名
每事勤勉
가히 성공함을얻으리라
매사 근면하면

五月
莫吊喪家
疾病可畏
상가집을 조심하라
질병이 가히두렵도다

六月
所願如意
事多吉利
원한바가 뜻과같으니
일이 길리하도다

七月
愼之疾苦
豫禱佛前
질병을 조심하여
미리 부처앞에 빌라

八月
南來貴客
偶逢助我
남쪽으로오는 귀객이
우연이 만나나를돕도다

九月
出而有功
在家不利
나가면 공이있고
집에있으면 이롭지못하도다

十月
利驅馳四牛方
害相
이해 서로반이로다

十一月
莫信親友
有損無益
친한벗을믿지마라
손만있고 이익함이없도다

十二月
家多吉慶
子孫有榮
자손의 영화가있으니
집에길하고 경사가 많도다

八一三 泰之臨

䷊䷒

泰는 通

【本義】泰는 通也요 臨은 大也니 九三이 將過於中하니 泰將極而否欲來之時也라 萬物이 將交易而進退故로 日中爲市交易而退라 하니 日中者는 交易之極也니라

【解曰】 흥한 방위를 피하고 길한 방위를 찾으니 가정이 편안하고 사사를 하던지 사양자를 가던지 하면 길 할 패

卦辭	日中爲市交易而退	날가운데저자가되니 사고바꾸어물러간다
正月	知進知退 可以成功	나아갈을알고물러갈을알면 가이성공하지못하도다
二月	節屆仲春 陽氣未洽	절기가중춘이니 양기가흡족하지못하도다
三月	君臣際會 餘慶津津	군신이제회함이여 남은경사가진진하도다
四月	茫茫大海 身登危舟	망망한큰바다에 몸이위태한배에오르도다
五月	雨下秋天 草笛聲新	비가가을하늘에나리니 호디기소리가새롭도다
六月	才超世儕 布衣之極	재주가세상에뛰어나니 선비로서출세함격이다
七月	神不犯家 地吉家昌	신이법하여침노치못하니 땅이길하고집이창성하도다
八月	紅花浸雨 女庭有憂	붉은꽃이비에잠기니 여자에게근심이있도다
九月	靑山歸路 經營可得	청산돌아가는길에 경영을가히얻으리라
十月	黃裳建元 文德在身	문황상이몸에있으니 문채는덕에있도다
十一月	濟江無楫 憂心悄悄	강을건느매돛대가없으니 근심하는마음대도초하도다
十二月	名振玉堂 別有榮光	이름이옥당에떨치니 큰영광이있도다

卦辭	與人同謀 家事昌盛	사람과같이꾀하면 집일이창성하도다
正月	戒之以勤 靜者常吉	동함을경계하라 고요한자가항상길하도다
二月	橫財有數 莫爲强折	횡재수가있으니 구태여손재가다단하도다
三月	損財有數 宜出東方	손재수가있으니 마땅이동방에가라
四月	愼之經營 觸處有傷	경영함을삼가라 단는곳마다상함이있으리라
五月	守舊勿新 空歸虛地	옛것을지키고새것을마라 헛땅에돌아가도다
六月	有財有德 名振天下	재물이있고덕이있으니 이름이천하에떨치도다
七月	求財東方 所願成就	재물을동방에서구하니 원하는바가성취하도다
八月	莫向南方 有損無益	남방을향하지마라 손만있고익이없도다
九月	財得如阜 富名可期	재물얻음이언덕같으니 부자이름을가이기약하도다
十月	於財不新 無旺不成	재물이나이름이나 왕성하여새롭지아니
十一月	失物有數 莫近酒家	실물수가있으리라 술집을가까이마라
十二月	女人害我 莫入女房	여인이나를해치나니 여자의방에들지마라

八二一 臨之師

臨은 大也요 師는 衆也니
卦唯二陽이 偏臨
四陰待時
라初九ㅣ剛而得
正하여志大而有
衆이라故로曰乘
化也라故로曰乘
龍乘虎變化無窮
이라

【本義】 臨之衆이皆有咸臨之衆이
라初九ㅣ剛而得
正하여志大而有
衆이라故로曰乘
化則如龍之變
化也라故로曰乘
龍乘虎變化無窮
이라

【해왈】 기회를
언어활동하니변
화가무쌍하고도
횡재가있어도공
은없으며슬픈소
리를들으니자연
회심하는패

卦辭	乘龍乘虎 變化無窮하도다	용을타고범을타니 변화가무궁하도다
正月	年歲豊登 萬民熙皡	해가풍년이드니 만인이즐거워하도다
二月	開戶下堂 與福相迎	문을열고마루에내리니 복으로더부러서로맞도다
三月	磨劍待時 功名有日	칼을갈고때를기다리니 공명의날이있도다
四月	若無知足 吉變爲凶	만약족함을알지못하면 길함이변하여흉하게된다
五月	言雖正中 事多遲滯	말이비록바르고맞으나 지체된일이많도다
六月	花開成實 萬事成就	꽃이피어열매가되니 만사가성취하리라
七月	重水連疊 無舟難行	물은연첩한데 배가없어가기어렵도다
八月	春花再發 天意合心	봄꽃이두번피니 하늘뜻과합심하도다
九月	時運陽明 四海平安	때운이양명하니 사해가평안하도다
十月	歸來東方 事事如意	동방으로도라오매 일이뜻과같도다
十一月	龍歸大海 天人相合	용이큰바다에도라오니 하늘과사람이서로합하도다
十二月	在家不利 出外有益	집에있으면이롭지아니하고 밖에나면유익하리라

	東風解凍 和氣兆升	동풍에어름이풀리니 화기가오르도다
	上和下睦 自然成福	위로화하고아래로화목하니 자연이복을이루리라
	自弄千金 財成恩澤	손으로천금을희롱하니 재물이사방으로오리라
	身被恩澤 靑雲有路	몸에은택을입으니 과거의길이있도다
	莫貪外財 小貪大失	밖의재물을탐하지마라 적게탐하고크게잃도다
	損而無益 愼之外人	외인을삼가라 손하여이익함이없도다
	若無科甲 膝下有慶	만약과거못하면 자손의경사있도다
	自有口舌 莫近金姓	금성을가까이마라 스스로구설수가있도다
	財如阜山 日就月將	재물이언덕과산같으니 일취월장하도다
	添土添土 百事皆宜	인구를더하고전토를더하니 백사가다마땅하도다
	好事疊疊 日增財物	좋은일이첩첩하니 날로재물을더하도다
	靑雲可期 登科有數	과거하기를기약하도다 공명의수가있으니
	愼事入門 愼之酒色	주색을삼가라 괴이한일이문에들도다

八二二 臨之復

☷☷☷
復之臨

【本義】 臨은 大也요 復은 反也니 剛得中而勢上進이라 大而復其理故로 三陽漸生萬物生榮이라

【해왈】 귀자를 낭으니 일가에 생광이요 천한자귀이되고 빈한자부자될괘

卦辭	三陽漸生 萬物生榮	삼양이 점점 생하니 만물이 영화가나도다
正月	天人合心 四方平安	하늘과 사람이 합심하니 사방이 평안하도다
二月	潤色倍增 門戶多喜	빛을불여 갑절이나더하니 문호에 기쁨이 많도다
二月	姻緣相遇 位尊祿大	인연이서로 만나여 위가높고 록이많도다
四月	千里相贈 是何寶耶	천리에서 보주니 이것이 무슨보배인가
五月	善養有光 世稱孝烈	잘봉양함에 빛이있으니 세상에서 효열이라 이르도다
六月	樓閣新春 成宜春	누각에 봄이마땅이 이루리라 맑은복이
七月	清福隱居 以避亂巷	삼태를 메고 숨어사니 난리에 거함을 피하도다
八月	荷寶百限 此與山連	산과더부러 한이없도다 큰나무 백뿌리가
九月	大樹百限 此與山連	나로하여 운이 근심이많으니
十月	亂頭多憂 使我無聊	어지러이 도움이면할일이많으니
十一月	壽福綿綿 天地所佑	하늘의 도움이라 수복이 면면하도다
十一月	不忘其本 春燕歸巢	그근본을 잊지아니하도다 봄제비가 깃드린데들아오니
十二月	蒙慶受福 有所獲得	경사를입고 복을받으니 얻은바가 있도다

曲直相牛 心事可察	구불고 곧음이 상반하니 심사를 가허 살피라
加無橫財 身登青雲	만일 횡재 못하면 몸이 청운에 오르도다
人口增進 百謀俱興	인구가더하며 백가지꾀가 함께 일어나도다
木姓救我 財帛津津	목성이 나를구원하니 재백이 진진하도다
一見橫財 財星隨我	재물별이 나를 따르니 한번횡재 하리라
一添口添土 一家太平	인구와 전토를 더하니 한집안이 태평하도다
若無科甲 生子可知	만약과거 못하면 아들낳을줄로 알라
慎之橫厄 無望之憂	횡액을 삼가라 뜻밖에 근심이생긴다
若無榮華 反為口舌	만약 영화가없으면 도리어구설이되도다
莫近水姓 無端損財	수성을 가까이마라 무단한 손재로다
積小成大 凡事可就	적은것을 쌓아 큰것을이루니 모든일이 가히 나아가도다
百事成謀 人口增進	백사가 꾀를 이루며 인구가 더하도다
蒙慶受福 宜出早圖	이가 남천에 있으니 마땅이 나가서 일찍도모하라

八二三

臨之
泰

臨은 大
也라 泰는 通也니
陰柔ㅣ不中正而
居下之上하여 大
而通其理라 以示
循環之道故로 九
秋霜降落葉歸根
自根枝出而復歸
根也라

【本義】

【해왈】 객지에
서 고생하다가 공
명하고 환향하나
곤궁함을 면키 어
려우며 모든 일을
조심하면 낙이 되
는 패

卦辭	九秋霜降 落葉歸根 멀어진 잎사귀가 뿌리에 돌아온다	背暗向明 百謀進就 어둠을 등지고 밝은 것을 향하니 백가지 꾀가 진취하도다
正月	出外不在 在內不安喜 밖에 나가면 기쁨이 있고 안에 있으면 편치 못하다	愼之金姓 害我財名 금성을 삼가라 나의 재물을 해치도다
二月	泰山幽谷 鳳凰遊宿 큰 산 그윽한 골에 봉황이 유숙하도다	時運漸回 偶逢貴人 시운이 점점 돌아오니 우연이 귀인을 만나도다
三月	千歡萬悅 擧事爲決 천만가지 즐거우니 모든 일을 결정한다	家內均安 凡事如意 집안이 고르게 편하니 모든 일이 뜻과 같도다
四月	月出山東 山蔽其光 달이 산동쪽에서 나나 산이 그 빛을 가리도다	莫近金姓 言甘事違 금성을 가까이 마라 말은 달고 일은 어기도다
五月	赤手空拳 可致家業 적수공권으로 가이 가업을 이루리라	不意之中 橫財多端 뜻아닌 가운데 횡재가 다단하도다
六月	登高上山 可望千里 높은 데 오르고 산에 오르니 가이 천리를 바라도다	雖有好運 疾病可畏 비록 좋은 운이 있으나 질병이 가이 두렵도다
七月	褰衣出戶 心欲奔走 옷을 걷고 문에 나가니 마음은 분주하도다	無金木兩姓 疾病害我 금목두성이 나 아니면 무단이 나를 해한다
八月	龍歸大澤 風雲相會 용이 큰 못에 돌아오니 바람과 구름이 서로 모이도다	得子有榮 자손의 영화 있도다
九月	進田益財 日獲十千 밭을 사고 재물을 얻으니 날로 십천을 더하니	偶逢貴客 身登龍門 우연이 귀객을 만나서 몸이 용문에 오르도다
十月	風雨如麻 白日靑天 빗발이 삼같도다 백일이 청천에	豫神發動 家祈竈王 예신이 발동하니 집귀신에 제사하라
十一月	長城旣立 四夷賓服 장성이 이미서니 사방이 복종하도다	功成名立 萬人仰視 공이 이루어지니 만인이 우러러 보도다
十二月	神鳥五色 鳳凰爲主 신기한 새가 다섯가지 빛을 내니 봉황이 주인이 된다	若非生子 橫財頻頻 만약 아들을 낳지 아니하면 횡재를 자주 하도다

八三一 明夷之謙

『本義』 明夷는 傷也요 謙은 退也니 內文明而外柔順하여 以蒙大難하니 退其傷之難則入於山林之中하여 遯世無悶也니 故로 曰入山修道本性可見이라

【해왈】 안정을 순상하니 세상일 이뜬구름 같고 혼인하면 부부가 화락하여 경영대로 될패

卦辭	入山修道 本性可見 산에에 들어도를 닦으니 천성을 가히 보리라
正月	配合相生 安如泰山 배합이 뛰어나 서로 생하니 편하기가 태산 같도다
二月	財數大吉 或有口舌 재수는 대길하나 혹시 구설이 있다
三月	莫近是非 可得平安 시비를 가까이 말라 분수를 지키고 안정하면 편안함을 얻는다
四月	與人同事 必是有利 남과 같이 일을 하면 반드시 유리하다
五月	一身自安 橫財多端 일신이 스스로 평안하니 횡재가 대단히 많다
六月	名高多權 人人仰親 이름이 높고 권세가 많으니 사람마다 우러러본다
七月	若非如此 火災可畏 만일 그렇지 않으면 화재가 두렵다
八月	莫貪外財 反爲損財 외의 재를 탐하지 마라 도리어 손재한다
九月	莫恨幸苦 終得吉運 신고함을 한하지 말라 나중에 길운을 얻는다
十月	損財人離 心神不安 재물이 풍만하니 일마다 뜻대로 되도다
十一月	出行不利 守舊安靜 출행하면 불리하니 옛것을 지키고 안정하라
十二月	若逢貴人 可保泰平 만일 귀인을 만나면 태평을 보존한다

— 해석 참고 —

雲散月出 四方明朗
구름이 흩어지고 달이 나오니 사방이 명랑하다

晦明向暗 必然損財
밝음을 등지고 어둠을 향하니 반드시 손재하리라

其利十倍 少求多得
그이익이 열배나 된다 적게 구하고 많이 얻으니

鼠入冬庫 衣食自足
쥐가 겨울 곡간에 들어갔으니 의식이 자족하다

必然成功 一心求事
일심으로 일을 구하면 필연코 성공한다

東耶西耶 移徒有吉
동이나 서쪽이나 이동이나 이사하면 길함이 있다

貴星助我 財帛綿綿
귀성이 나를 도우니 재백이 면면하도다

百事如意 終見大利
백사가 여의하니 나중에 큰 이를 본다

財物豊滿 事事如意
재물이 풍만하니 일마다 뜻대로 되도다

若非如此 橫厄難免
만일 그렇지 않으면 횡액을 면키 어렵다

吉人何姓 李朴兩姓
길인은 무슨 성인고 이가 박가 양성이로다

八三二 明夷之泰

明夷는 傷也요 泰는 通也라
傷之未盡救之速則免矣라 今通之則無不出矣니
故로 曰 往釣于淵하니 金鱗日至라하니
言百發而百中也라

[本義]
明夷는 傷하니 재수가 궁하고 미미한 집에 환관이나 미일가에 생광되는 패라

[解曰] 일을 경영하니 재수가 무궁하고 미미한 집에 환관이나 미일가에 생광되는 패라

卦辭	往釣于淵하니 金鱗日至라 못에 가서 낚으니 금비늘이 날로 이르도다
正月	桃夭二月 宜其家人 그 요 이월에 그 가인이 마땅하도다 / 時和年豊 萬物得宜 때가 화하고 풍년드니 만물이 마땅함을 얻도다
二月	到處有榮 分隨緣 분수를 지키고 인연을 따르니 도처의 영화가 있으리라 / 若無婚嫁 生子之慶 만약 혼인이 아니하면 아들 낳을 수 로다
三月	守道中護 宜神相護 길한 귀신이 서로 보호하니 도가 중흥하도다 / 偶來金姓 佑我輔我 우연히 온 금성이 나를 도와 붙잡도다
四月	家道雖創 蘭庭有慶 가도가 창설하니 자손에 근심이 있도다 / 財星隨我 日獲十千 재물별이 나를 따르니 날로 십천이나 얻도다
五月	風雲相會 或聚或散 바람과 구름이 서로 모이니 혹모이고 혹흩어진다 / 豫可免病苦 가이병고생을 면하리라
六月	威震南邦 赫赫其名 위엄한 그 이름이 남방에 진동하니 혁혁한 그 이름이로다 / 莫近親人 黃金盡散 친한사람을 가까이마라 황금이다 흩어지도다
七月	初難後泰 사나운 법이 수풀에 나오니 처음은 어렵고 뒤에는 통한다 / 祿在四方 到處春風 녹이 사방에 있으니 도처에 봄바람이로다
八月	猛虎出林 사나운 범이 수풀에 나오니 / 慎之喪家 吊客入門 상가집을 삼가라 조객이 문에 들도다
九月	猛猫夜守 太倉積粟 큰 창고에 조를 쌓도다 / 財星照我 富貴可期 재수별이 내게 비치니 부자의 이름을 기약하도다
十月	黃人欽仰 萬甲脫床 만인이 우러러 보도다 / 貴耶富耶 財得十千 귀인가 부인가 재물을 십천이나 얻도다
十一月	憂心是何事 田土의 시비로다 근심이 무슨일인고 전토의 시비로다 / 莫近女色 損財無益 여색을 가까이마라 손재있고 익은없도다
十二月	以金換金 先得後失 금으로써 금을 바꾸니 먼저는 얻고 뒤에는 잃으리라 / 莫近女色 損而無益 여색을 가까이마라 손재가 다단하도다
	龍得其珠 必成大意 용이 그 구슬을 얻으니 반드시 큰 뜻을 이루리라 / 吉運已回 好事將來 길한 운이 이미 돌아오니 좋은 일이 장차 오리라

八三三 復之夷明

☷☷☷
☷☳☲

明夷는 復之夷明

【本義】 明夷는
傷也요 復은 反也
니 以剛居剛에 又
在明體之上而屈
于至暗之下하여
正與上六으로 闇
主爲應故로 有向
明除害라今傷을
反復則自有靜閑
之理故로 靜中滋
味最不尋常이라

【해왈】 변변치
못한 살림이나자
미는있다 또중명
하기나귀자를날
을피

卦辭	靜中滋味 最不尋常	가고요한가운데재미가 가장심상치아니하도다
正月	上下相和 終爲成功	위아래가 서로화합하니 마침내성공하리라
二月	二人同居 意不相合	두사람이동거하나 뜻이서로합하지아니하도다
三月	謀爲多端 但宜守舊	괴하여러가지가되나 다만엣것을지키라
四月	飢虎下山 深林日暮	주린범이산에서나리도다 깊은수풀에해가저무니
五月	月中桂花 春來得意	달가운데게수나무꽃이 봄이옴에게길함을얻도다
六月	春意在南 小物得意	봄뜻이남쪽에있으니 적은물건은뜻을얻도다
七月	利見山水 秋月滿地	가을달과봄바람이로다 이로게산과물을보니
八月	佳人一悲 落紅滿地	아름다운사람이한번슬퍼한다 가을다운사있어땅에가득하니
九月	珠玉相爭 田土有論	구슬과옥이서로다투니 전토의론이있으리라
十月	新地得光 守正勿失	새땅에빛을얻으니 정직함을지켜잃지마라
十一月	功名事業 雖遲有喜	공명과사업은 비록더디나기쁨이있도다
十二月	深入不毛動 五月波	오월파동에 깊이호지로드러가도다

	遊物爭春 進退之狀	노는물건이봄을다투니 진퇴의상이로다
	財潤口添 家道日興	재물이많고인구가더하니 가도가날로흥하도다
	人云安矣 內實困苦	남은편타고하나 안은실상곤고하도다
	身旺財旺 只嫌口舌	신수재수가다왕성하니 다만구설만혐의로다
	財星隨我 勿爲虛送	재물별이나를따르니 허송치마라
	若無榮華 橫財有數	만약영화없으면 황재수가있도다
	手弄文書 利在田土	이가전토에있도다 손으로문서를희롱하니
	身財俱旺 手弄千金	신수재수가함께왕성하니 손으로천금을희롱하도다
	慎之妻患 厄在落眉	아내의근심을삼가라 우연한액이로다
	莫近木姓 空損財名	목성을가까이마라 공연허재명을덜도다
	莫信他人 親人害我	타인을믿지마라 친한사람이나를해코저한다
	莫嘆辛苦 寒往暑來	신고함을탄식하지마라 찬것이가고더운것이오도다
	憂而有苦 夜不成寢	근심하고괴로움이있으니 밤으로잠을이루지못한다

八四一 復之坤

䷗ 復
䷁ 坤之反

卦辭
磋浮生
不知安分

本義
復은反라
一陽이復生于下
하여天地生物之
心이幾乎滅息矣
라當此之時하여
萬物이不得安靜
故로磋磋浮生不
知安分이라
也요坤은順也니

[해왈]
안분치
못하니도주는
사람이반대한다
갈데없는이신세
가이리저리세월
을보내는패

卦辭	磋浮生不知安分	목록한하부생이 안분을알지못하도다

正月 奔走東西 別無所得
　　　동서로분주하나 별로소득이없도다

二月 他鄉風霜 心神凄凉
　　　타향의풍상에 심신이처량하다

三月 諸事不成 一無所得
　　　모든일을이루지못하니 하나도소득이없다

四月 行事如無終 有始無終雲
　　　처음은있고나중은없으니 행하는일이구름같도다

五月 三春已過 蜂蝶不來
　　　삼춘이이미지나니 벌과나비가오지않는다

六月 貴人我助 財數亨通
　　　귀인이나를도우니 재수가형통하도다

七月 入則心亂 出他求財
　　　들어오면심란하고 출타한즉재물을구한다

八月 身數大吉 財數亨通
　　　신수가대길하며 재수가형통한다

九月 在家心利 出他得利
　　　집에있으면심란하고 출타하면이익을얻는다

十月 守分安靜 平平之數
　　　분수를지켜안정하면 평평한수로다

十一月 經營之事 損財不成
　　　경영하는일이 손재만있고이루지못하다

十二月 財數不利 家母不寧
　　　재수가불리하니 가모가편안치못하다

有恨自知 何人嘲笑
財數論之 先得後失
莫近女子 損財口舌
한이있어도스스로아니 어떤사람이조소하는가
재수를논하니 처음은얻고뒤에잃는다
여자를가까이하지말라 손재와구설이있다

在家有困 出他有望
若非損財 一身辛苦
子孫有憂 以文得財
집에있으면곤하고 출타하면유망하다
만일손재가아니면 일신에신고가있다
자손에근심이있으니 그글로서재물을얻는다

文書有喜 必生貴子
若非橫財 必有損財
만일횡재가아니면 반드시귀자를낳는다
문서에기쁨이있으니 반드시재물은얻는다

小財可望 大財難望
西南兩方 必有財旺
謀事不吉 在家則吉
작은재물을바라기어려우나 큰재물을바라기어렵다
서남양쪽에는 반드시재물이왕성하다
일을꾀하면불리하고 집에있으면길하다

勿爲遠行 損財難免
在家則吉 謀事不吉
먼곳에가지마라 손재를면하기어렵다

損家財之數 家運如此
家財數不利 가운이이러하니
損財之數로다 손재할수로다

八 四 二 復之臨

䷗䷒ 復은 反也요 臨은 大也니

【本義】 復은 反也요 臨은 大也니 柔順中正하여 近
于初九而能下之니 復之休矣ᅵ吉
之道也라 不求聞達하고 寓於山水
之樂故로 曰採薪
飮水樂在其中이
라

【해왈】 한가한
곳에서 농사하는
직업에 종사하니
기꺼움이이에있
고 귀인을 만나니
경영하는 일이여
이하는 패

卦辭	採新飮水 樂在其中	섭을 캐고 낭물을 마시니 즐거움이 그 가운데 있도다
正月	花笑春意 天地通泰	꽃이 봄뜻을 맞나니 천지가 통태하도다
二月	推車氷上 事牛功倍	수레를 얼음 위에 미니 일은 반이요 공은 갑절이라
三月	隨時變通 造物成功	때를 따라 변통하니 조물이 성공하도다
四月	天門開闢 四海光明	천문이 개벽하니 사해가 광명하도다
五月	濟江無棹 事多不成	강을 건느매 돛대가 없으니 일을 많이 이루지 못하도다
六月	心拙意大 得而反失	마음이 졸하고 뜻이 크니 언었다가 도로 잃도다
七月	水滿在澤 仁心自福	물이 봄못에 가득하니 어진 마음이 스스로 있도다
八月	綿綿壽福 過一生	죽면한 수복이 족히 일생을 지내도다
九月	有心修正 可免哀厄	마음에 바른 것을 두니 가이 쇠액을 면하리라
十月	陰衰陽長 憂在女人	음이 쇠하고 양은 성하니 근심이 여자에게 있도다
十一月	蜂蝶探香 飛入春花	벌과 나비가 향기를 탐하니 봄꽃에 날아들도다
十二月	群木自茂 成林之象	뭇나무가 스스로 성하니 수풀이룰 형상이로다

守分安靜 道成德立	분을 지켜 안정하면 도가 이루고 덕이 서리라
添口添土 百事順成	인구를 더하고 전토를 더하니 백사가 순이 이루도다
利在四方 財祿在津	이가 사방에 있으니 재록이 진진하도다
貴人在傍 偶來助力	귀인이 와서 힘을 돕도다
折桂揷頭 萬人仰視	계수나무를 꺾어 머리에 꽂으니 만인이 우러러 보도다
莫向西北 害人懷劍	서북쪽을 향하지 마라 해치는 사람이 칼을 품었도다
莫近金姓 有害無益	금성을 가까이 마라 해만 있고 유익함은 없도다
橫往北東 宜往北東	마땅재 수가 있으니 동쪽 북쪽으로 가라
若無科慶 膝下有榮	만약 과거 아니하면 자손의 영화 있도다
至誠祈禱 禍消福興	지성으로 기도하면 화는 없어지고 복은 일어나
莫入女房 怪事屢出	여자의 방에 들지 마라 괴이한 일이 총총이 나도다
若非婚媾 膝下有慶	만약 혼인이 아니면 자손의 경사 있으리라
身多助人 事無不利	나를 돕는 사람이 많으니 이룸지 아니한 일이 없도다

八 四 三

明夷之復
夷明之復

【本義】復은反
也요明夷는傷也
니以陰居陽에不
中不正하고又處
勤極에復而不困
하여屢失屢復之
象故로日人有舊
緣偶來助力이라

【해왈】 뜻밖에
귀인을만나도움
을받고녜를얻어
공명할괘

卦辭	人有舊緣 偶來助力	사람이옛인연이있어서 우연이와서힘을돕도다
正月	運數大吉 百事順成	운수가대길하니 백사가순성한다
二月	南方有吉 貴人相助	남쪽에길함이있으니 귀인이와서도와준다
三月	天降甘露 地出甘泉	하늘에서기름진이슬을내리니 땅에는단샘이난다
四月	利在其中 守舊安靜	옛을지키고안정하면 이가운데에있다
五月	家有吉祥 運數亨通	운수가형통하니 집에길함이있다
六月	草綠江邊 牛逢盛草	푸른강변에소가 무성한풀을만났도다
七月	道高名振 四方	도가높고이름이사방에 떨치도다
八月	預爲壽厄 疾病可畏	미리노액하라 질병이두렵다
九月	若非得財 子孫有榮	만일재물을얻지않으면 자손에영화가있다
十月	先失後得 終時有吉	먼저잃고뒤에얻으니 마침내길함이있도다
十一月	貴人相助 必是成功	귀인이도와주니 반드시성공한다
十二月	勿貪分外 反有不利	분수밖의것을탐하지마라 도리어불리하다

百足之虫 到處不敗	대가지발가진벌레가 도처에패치아니하도다
虛中得實 一家和平	헛된중에실상을얻으니 집안이화평하다
夫婦不合 家有不平	부부가불합하니 집안에불평이있다
五穀豐登 衣食自足	오곡이풍숙하니 의식이자족이라
先困後泰 賤人爲貴	먼저곤하고뒤에태평하니 천한사람이귀하게된다
財在外方 遠行得財	재물이외방에있으니 원행하여재물을얻는다
財祿俱興 橫財豐饒	재록이달성하니 횡재하여풍족하다
若非如此 故人無情	만일이같지않으면 고인이무정하다
一家和平 金玉滿堂	일가화평하다 금과옥이만당하다
吉運已回 赤手成家	길한운수가돌아오니 적수성가한다
必得大財 財運亨通	재운이형통하니 반드시큰재물을얻는다
誠心勞力 成功最吉	성심으로노력하면 성공이가장길하다
愼財之木姓 損財多端	목성을조심하라 손재가많다

八五一 升之泰

卦辭
蠱食衆心　事不安靜心
쥼이여러 마음을 먹으니
일이 안정치 못하도다

正月
事不安靜　東瞻西顧
일이 안정치 못하고
동쪽으로 보고 서쪽으로 돌아보니

二月
一無所成　奔走四方
하나도 이루운바가 없도다
사방에 분주함이 많도다

三月
意東心西　身多虛動
뜻은 동쪽이요 마음은 서쪽이니
몸이 헛동함이 많도다

四月
不落其根　落葉歸根
떨어지는 잎사귀가 뿌리에 돌아 오느니 근본을 잊지 아니 한다

五月
疾苦連錦　鬼兵相侵
귀신이 서로 침노하니
질병이 면면하리라

六月
言語不安動　親戚不和
말이 망동치 아니하고
친척이 화치 아니하도다

七月
初難終泰　若爲農仙
처음은 농사신선이 되고
만약에 끝은 통하도다

八月
但宜守舊　以謀非奇
꾀로써 기특함이 아니니
다만에 녜를지키는것이 마땅하다

九月
變化何施　龍失其珠
용이 그구슬을 잃으니
변화를 어찌 베풀까

十月
如狂如醉　產業飄風
미친것같고 취한것같으니
산업이 바람에 날리도다

十一月
宇宙悲歌　天地茫茫
천지가 망망하니
우주가 슬픈노래로다

十二月
功名已成　罷釣渭水
낙수를 위수에서 거두니
공명이 이미 이루도다

養虎遺患　後悔莫及
범을 길러 근심을 끼치니
뒤의 뉘우침을 말할수없다

愼之疾病　客鬼入門
질병을 삼가라
객귀가 문에 들도다

莫信親人　恩反爲仇
친한 사람을 믿지마라
은혜가 도리어 원수된다

愼之西方　木姓害我
목성이 나를 해치니
서방을 삼가라

利自天來　財自天來
이가나의 문으로 들어오니
재물을 하늘로부터 오도다

若無損財　膝下有憂
만약 손재 아니하면
자손의 근심이 있도다

愼之口舌　是非爭論
다툼을 삼가라
시비와 구설이로다

西方木姓　助我危難
서방목성이
나의위태함을 돕도다

靜而有吉　動必有悔
고요하면 길함이 있고
동하면 반드시 뉘우침이 있으리라

雖曰有吉　後有悔咎
비록 길함이 있으나
후에는 뉘우침이 있으리라

愼之士姓　蒙害不一
토성을 삼가라
해입음이 한번이 아니로다

若無素服　病在自身
만약 소복수 없으면
병이 자기 몸에 있도다

得祿四津　財祿津津
뜻을 사방에 얻으니
재록이 진진하도다

八五二 升之謙

升은 進

【本義】 升要謙은退也니 進而有吉有喜라 自有羽化登仙之 意而今退矣라誰 能知其脫穢之化 哉리요故로曰一 入山門人不知仙 이라

【해왈】 공부를 힘써하여도 남이 알아주지아니하 고 남북으로 분주 하여도 피롭기만 한패

卦辭	人一入山門하니 사람이신선을알지못하도다 運數亨通하니 운수가형통하다 一身平安하다 일신이평안하다
正月	財數如何오 재수는어떠한고 得而半失 얻으나반은잃는다
二月	去惡取善하면 악을버리고선을취하면 偶得平安 우연히편안함을얻는다
三月	南方不利 남방이불리하니 每事不成 매사를이루지못한다
四月	執心如一 마음잡기를한결같이하면 自然得利 자연이이를얻는다
五月	莫近東方 동쪽에가지마라 有損無益 손은있고이익은없다
六月	擇地移居 땅을가려옮겨살면 一室平安 집안이평안하다
七月	東山靑松을 동산에청송을 移植成林 옮겨심어수풀을이루도다
八月	積德之家 덕을쌓은집에 必有餘慶 반드시경사가있다
九月	財數大通 재수는대통하나 膝下有憂 슬하에는근심이있다
十月	雖有求事 비록일을구해도 似成不成 될것같으나이루지못한다
十一月	偶然之事 우연한일로 口舌可侵 구설이침노한다
十二月	以財文生財 재운이왕성하니 財運旺盛 글로서재물이생긴다

久陰霖雨 오랫동안장마비에
塗行泥濘 진흙에길을가도다
愼之金姓 금성을조심하라
損財不少 손재가적지않다

莫恨辛苦 신고함을한하지마라
終見安逸 마침내편함을보도다

利在何處 이는어느곳에있는고
閑處得利 한가한곳에서이를얻는다

勿爲妄動 망동하지마라
安靜處家 안정하는데가있다

意外得財 뜻밖에재물을얻으니
終時成家 마침내성가한다

身上無憂 신상에근심은없으나
財數不利 재수는불리하다

勿爲凌人 남을업신여기지마라
反有其害 도리여그해가있다

飢者逢豊 주린자가풍년을만나니
食祿陳陳 식록이진진하다

橫厄有數 횡액수가있으니
莫近木姓 목성을가까이마라

若非身病 만일신병이아니면
妻憂何兇 아내의근심을어찌할고

偶然貴人 우연히귀인
口舌可侵 구설이침노한다

若逢貴人 만일귀인을만나면
意外功名 뜻밖에성공한다

八五三 升之進

䷭ 師之升

卦辭
入山擒虎 生死難辨
산에 들어가 범을 사로잡으니
죽고 사는것을 판단키어렵다

【本義】
師는 衆也니 升은 進
也요 師는 衆也니
陽實陰虛라 九三
以陽剛當升時
而進으로臨于坤則
剛이 變柔矣니 剛
柔者는 死生之理
也라 故로曰 入山
擒虎生死難辨이
라

【해왈】 깊은산
에서 범을 만나는
상이요 호주가 불
안하니 가족인들
편안할가 준비가
있어도 방비키어
려운 패

卦辭	
正月	作室山根 所以爲安 집을 산뿌리에 지으니 써전하다한다
二月	東行西步 失其次序 동쪽으로 가고 서쪽으로 걸어가 니 그차례를 잃도다
三月	天降雨露 先到西園 하늘이 비와 이슬을 내리니 먼저서쪽 동산에 이른다
四月	獨渡江水 四方無助 홀로 강물을 건느니 사방에 도움는 자가 없도다
五月	金玉分影 以大易小 금과 옥이 그림자를 논으니 큰것을 적은것으로 바꾸도다
六月	才超世價 布衣之極 재주가세상값에 뛰어나니 배옷한 격이로다
七月	財物生身 黃金積庫 재물이 몸에 생하니 황금이 곡간에 쌓였도다
八月	鳳別梧桐 內無托宿 봉이 오동을 이별하니 안에는 부탁하여 잘곳이 없다
九月	心神散亂 邪耶鬼耶 심신이 산란하니 사냐 귀냐
十月	經營四方 人無合意 사방에 경영하나 사람이 합의 함이 없도다
十一月	到處是非 保難之事 도처에 시비니 어려움을 보존할 일이로다
十二月	不以下臨上 不稱其德 아래로서 위를 임하니 그덕이 맞지 아니한다

狂風吹東 落花泥雨
미친바람이 동쪽으로부니
꽃이 진 흙비에 떨어진다

外實內虛 富屋貧人
밖은 실하고 안은 비였으니
부자집 가난한 사람이로다

凡事無尾 有頭無尾
모든일이 이롭지 못하니
머리는 있고 꼬리는 없다

與人莫論 守舊安常
남으로 더부러 의논말고
옛것을 지켜 편안케하라

親人遠去 誰與議論
친한 사람이 멀리가니
뉘로 더부러의 논할고

莫爲經營 財物損如毛
경영하지마라
재물손해 가터럭 같도다

雖有功名 親人不和
비록 공명이 있으나
친한사람이 화치 못하도다

到處爲利 莫送虛허
도처에 이가 있으니
허송치 말라

堂上有憂 不然損財
부모의 근심이 있으니
그렇지 아니하면 손재로다

豫祈名山 可免橫厄
명산에 기도하면
가이 횡액을 면하리라

莫向西方 金姓害我
서방을 향하지마라
금성이 나를 해코저한다

口舌有數 愼之爭論
구설수가 있으니
다툼을 삼가라

田土有事 以財損名
전토에 일이있으니
재물로써 손명하리라

八六一

師之象

卦辭
夕陽歸客
步步忙忙

[本義] 師는衆也요 臨은大也니 初六이 在卦之初하여 爲師之始라 出師之道가 當謹其始니 易曰師出以律이니 失律이라 凶이라하니 今師出而失律이면 失時而不適於律故로 日夕陽歸客 步步忙忙이라

[해왈] 십년공부가 잠시영화에 지나지 못하고 리여 손재하거나 오는바가 한심한

正月
夕陽에 돌아가는 손이
걸음이 빠르도다
東西之場
一喜一悲
동쪽에서 마당에
한번기뻐하고 한번슬프도다
事多紛紜
食小事煩
분운한일이 많으니
먹는것은 작고 일은 번거하도다

二月
一分花東西
一身勞勞
꽃을 동서에서 논으니
일신이 수고롭도다
愼之勿姓
損財不已
목성을 삼가라
손재가 말지 아니하도다

三月
相爭兩處
事事彬彬
일이 두곳에 있으니
서로 논으며 서로 극하도다
不然橫榮
不膝下有榮
그렇지 아니하면
자손의 영화하도다

四月
洛陽春風
好事彬彬
낙양 봄 바람에
좋은일이 빈빈하도다
若無橫財
家多吉慶
만약 횡재가 없으면
집에 길하고 경사가 많도다

五月
玉堂金谷
晩年得意
옥당과 금곡에
늦게야 뜻을 얻도다
禾斗有數
宣行西方
과거수가 있으니
마땅히 서방으로 가라

六月
狐借虎威
欲登靑雲
여우가 범의 위엄을 비니
청운에 오르고자 한다
莫往西方
害人多有
서방을 가지마라
해치는 사람이 많이 있도다

七月
彈琴相堂
不遇其音
거문고를 연당에서 타니
때못 만난 그 소리이다
知我者誰
無端損財
나아는 자가 누군가
무단이 손재하도다

八月
未得其意
一身否塞
일신이 비색하니
그 뜻을 얻지 못한다
莫向女色
損其財名
여색을 향하지 마라
재물을 손실한다

九月
憂樂相半
賣買南北
남북에서 매매를 하니
근심과 즐거움이 상반하도다
凡事無成
書出魍魎
모든일에 이룸이 없으니
낮에 난독갑이로다

十月
直針釣魚
終日無得
곧은 바늘로 고기를 낚으니
종일토록 얻음이 없다
身有疾病
辛苦不離
신몸에 질병이 있으니
신고함이 떠나지 아니한다

十一月
中心鬱鬱
枕上有愁
중심이 울울하여
베개 위에 근심이 있도다
所爲之事
一無可成
하는바의 일은
이룸이 하나도 없다

十二月
龍無其珠
豈登靑雲
용이 그 구슬이 없으니
어찌 청운에 오를까
智多謀奇
春園看花
지혜가 기특함이 많으니
봄동산에 꽃을 보도다
子孫有榮財
若不橫財
만일 횡재 못하면
자손의 영화있도다

八六二 師之比

師는 衆
坤之坤

【本義】師는 衆也요 坤은 順也니 九二一 在下而爲衆陰所歸而有剛中之德이 上應於五而爲所寵任이니 砲響者는 師之器也故로 一聲砲響禽獸自驚이라

【해왈】 한몸에 불안으로 온집안 이다 놀랜다 일이 공교하여 해결하기 어려운 꽤

卦辭
一聲砲響
禽獸自驚
총소리하면에
금수가스스로놀래도다

正月
兩虎相爭
見者失色
두범이서로다투니
보는자ㅣ실색한다

二月
木姓有害
勿爲取利
목성이해로우니
취리를하지마라

三月
莫信他人
有損無益
타인을믿지마라
손은있고이익은없다

四月
奔走東西
每事不成
동서로매사를이루지못한다

五月
入山求魚
必有虛荒
산에들어가서고기를구하니
반드시허황하다

六月
或有人逼惡
取善人害
착한것은취하고악은멀리하라
혹사람의해가있다

七月
勿爲爭論
口舌可侵
다투지마라
구설이침노한다

八月
別無經營
亦無所益
일을경영하지마라
별로이익이없다

九月
有勞無功
此亦奈何
이수고는있고공은없으니
이것을또어찌할고

十月
前程險厄
預爲禱厄
앞길이험악하니
미리도액하라

十一月
入海求金
徒費心力
바다에들어가금을구하니
한갓심력만허비한다

十二月
吉星助我
家有吉慶
길성이나를도우니
집에길한경사가있다

游魚洞水
有聲無功
소리는있고
공이없도다

雖有勞心力
徒費心力
비록수고는하나
한갓심력만허비한다

北方有害
東西有吉
북에해가있고
동쪽과서쪽은길하다

若非如此
服制可畏
이같이않으면
복제가두렵다

財在西方
宜行西方
재물이서방에있으니
서방에가는것이길하다

吉神助我
危中得安
길신이나를도우니
위태한중에편함을얻는다

莫信親人
損財損名
친한사람을믿지마라
손재와손명이있다

大財難望
小財入手
큰재물은바라기어려우나
작은재물은손에들어온다

意外得財
晩時生光
뜻밖의재물을얻어
늦게빛난다

莫近女色
必有不利
여색을가까이마라
반드시불리하다

損財不少
莫近女人
여자를가까이마라
손재가적지않다

守舊安靜
別無災厄
옛것을지키고안정하면
별로재액이없다

身旺財旺
此外何望
이몸이성하고재물이성하니
이밖에무엇을바랄고

八六三 師之升

【本義】師는 衆也요 升은 進也니 萬物之衆이 皆升 進이 如花之逢春 에 有富貴之衆故 로 東風淡蕩春花 富貴라하니라

【해왈】 좋은운 수가돌아오니부 귀할패요돌을쪼 아옥을얻으니재 수있을패

卦辭	正月	二月	三月	四月	五月	六月	七月	八月	九月	十月	十一月	十二月
東風淡蕩 春花富貴 봄꽃이부귀화창하니 동풍이맑고화창하니 도처에재물이있다 의기가양양하다	龍得明珠 造化無窮 意氣洋洋有財 용이밝은구슬을얻으니 조화가무궁하다 의기가양양하다 도처에재물이있다	到處有財 意氣洋洋 도처에재물이있으니 의기가양양하다	吉運己回 喜事重重 길운이돌아오니 기쁜일이첩첩하다	靑鳥傳信 必然喜事 청조가소식을전하니 반드시기쁜일이다	家有吉祥 家人和悅 집에경사가있으니 집안사람이기뻐한다	金玉滿堂 可期富名 금옥이당에가득하니 부명을기약하도다	天佑神助 財帛陳陳 하늘과신이도우니 재백이진진하다	所望如意 事有成就 소망이여의하니 일을성취한다	庭前寶樹 探香採掘 뜰앞의보배나무를 향기를탐하고캐도다	財在路中 出求必得 재물이길가운데있으니 나가서구하면반드시얻는다	運數興旺 福祿恒在 운수가흥왕하니 복록이항상있다	有財有土 事事亨通 재물과토지가있으니 일마다형통한다
	君明臣哲 風雲進退 임군이밝고신하가명찰하니 바람과구름이진퇴하도다	萬事如意 事事大通 만사가여의하니 만사가대통이라	乘時以動 家有吉祥 때를타고움직이니 집에길함이있도다	雲散月出 天地明朗 구름이흩어지고달이뜨니 천지가명랑하다	百事如意 一家和平 백사가여의하니 일가가화평하다	若逢貴人 官祿臨身 만일귀인을만나면 관록이이몸에임한다	到處有吉 泰平之數 도처에길함이있으니 태평할수로다	運數大通 事事亨通 운수가대통하니 일마다형통하리라	家在不利 遠行有吉 집에있으면불리하고 원행하면길하다	必有慶事 家有弄璋 반드시경사가있으니 집안에시경남하리라	事多成就 利在其中 이일이가르중에성취되되니 재수는대길하나 혹구설이있다	意外功名 財帛豐滿 뜻밖에공명이 재백이풍족하다

	五姓例法 [奇門과六壬에應用됨]	五行配姓字法 [專門六壬法에應用됨]	五行姓所屬 [普通行年運에適用됨]
土喉音 / 官脾	孫沈嚴任閔鳳陶景貢 鞠鮑明玄琴元晉白奉 都太邑葛河杜	孫沈嚴魏劉宋任閔鞠 景慶都明殷丘仇 宮南甘司南安鄭崔	宋權閔林任嚴孫皮丘 都田
金齒音 / 商肺	龍張柳裵黃徐蠅台慶 楊兪全王方元康成韓 文申南盤	王龍張方裵黃成徐溫 文申慶南楊安兪盧 金康余元柳蔡房	徐成黃元韓南張申郭 盧裵文王班陰柳
木牙音 / 角肝	趙周孔曹車崔劉廉 朴林郭奇朱洪夏召陸 諸池卓尙卜	趙周曹廉高洪崔南陸 玉劉李權池朴林尙郭 卜車孔石	金趙朴崔兪孔高車曹 康劉廉朱陸
火舌音 / 徵心	李陳鄭馬羅宋田成 幸錢池施邊薛尹蔡姜 丁吉殷印哥	李鄭陳蔡羅尹丁陶史 芮諸桂卓宣石成吉 薛邊權具姜千印愼	李尹鄭姜蔡羅辛愼丁 全邊池石陳吉玉卓薛 咸
水唇音 / 羽腎	吳蘇曾魯全表呂具 魚[南宮]許午牛孟 [西門]餘睦魏禪	吳許蘇申曹龍于孟 禹胡卜表郭公鮮葉卞 呂南馬于門西秋魚具睦	吳呂禹奇許蘇馬魯 曾餘千

복서문

二, 卜筮門 (복서문)
南陽訣 (남양결) (제갈무후에 교련수)

본비결(本秘訣)은 와룡선생(臥龍先生)이 융중(隆中)에 높이 누어서 고금(古今)의 일을 묵묵(默默)히 생각(生覺)하시고 세상(世上) 밖에 일을 간섭하시지 아니하실 때에 천지(天地)를 저울(衡)질 하시고 시각(時刻)을 형상(象)하여 보시며 패효(卦爻)를 미루어 보시사 길흉화복(吉凶禍福)을 앞고 보게하신것이니 천지(天地)의 수(數)는 五十五이요 시각(時刻)의 수(數)는 九十六이요 역괘(易卦)의 수(數)는 六十四이니 이것을 합하면 二百十五인고로 이에(乃) 교련수(巧連數)에 명칭(名稱)이 세상(世上)에 나온 것이다

대개(蓋) 이수(此數)는 점(占)하는자가 글자 三을 갈이여서 획수(劃數)를 계산(計算)하되 가장먼저(先)자는 매(每) 一획(劃)을 百으로 놓고 둘째자(字)는 매 一획(每劃)을 十으로하고 셋째자(字)는 매 一획(每劃)을 一로하여 그 총계數에서 二百十五씩으로 계산(計算)하여서 벌이고 그남은(餘) 수(數)만 실수(實數)로 하여

〈二百十五 미만(未滿)은 물론(勿論) 그수위(數位)대로

만V 아래가특한 글귀에 말을 찾아서 상고(考)하여 보는 것이니 점(占)할때에 당해서는 세수하고 분향하고 정성으로 빌머 말하되 유(維) 태세(太歲) 모년(某年) 모월(某月) 모일(某日)로써 〈例甲子年三月十日V 성명(姓名)은 아무일(某事)이오니 나는바이오니 복원(伏願) 신령(神靈)께서는 길(吉)함과 흉함과 혹 일우고 일우지 못하는것을 명백(明白)하게 아리켜주소서 하고 축원(祝願)하는것이다

「例」『天、地、間』三字를 짚었으면 天字는 四劃이니 四百이요 地字는 六劃이니 六十이요 間字는 十二劃이니 十二 全部합하면 四百七十二가됨으로 二百十五로 제(除)하면 나머지가 四十二가되니 이것이 즉 알고져하는 數字이니 運算成句表에 四十二를 찾어 보라

運算成句表 (운산성구표) (수를 노와서 글귀를 만든 표)

一、혼돈초개 건곤내정 일월합벽 풍운제회
 混沌初開 乾坤乃定 日月合璧 風雲際會

해(解)=혼돈이 처음으로 열리고 건곤이 이에 정하며

三二八

日月이 벽(壁)에 합하고 풍운이 모이는때이다.

二、창승지비 불과수척보 부어기아 등천리로
　蒼蠅之飛　不過數尺步　附於驥而　騰千黑路

해(解)=창승의 날음이여 수척에 지내지를 못하되 기마(驥馬)에 붙으(附)면 천리라도 간다는뜻이다.

三、막언다 막행변 수시천영백리 불여일추이마
　莫言多　莫行邊　雖是千伶百俐　不如一推二摩

해(解)=많은것을 말하지말고 갓으로 행하지말라 비록 천백번이나 영리(伶俐)하여도 한두번 미루어 생각하는것만 못하다.

四、절묘절묘 운무심이출수 조권비이지환 화렴렴
　絕妙絕妙　雲無心而出岫　鳥倦飛而知還　花艶艷
　조약약
　鳥躍躍

해(解)=절대로 묘(妙)하고 묘하다. 구름은 무심하게 메뿌리에서 나오고 새는 게울리 날아서 돌아올줄을 아니(知) 꽃은곱고(艶) 새는편다(躍)는뜻이다.

五、록수인풍추면 청산위설백두 제반고광진시천 취세
　綠水因風皺面　青山爲雪白頭　諸般股膝盡是天　就世

해(解)=록수에 바람올 인(因)하여 낯(面)이 쭈그러지고 청산에 눈(雪)이 오니 머리가 희다 모든 일이 다 하

수강구
誰強求

늘에있으니 세상에 나가서 누가 억지로 구하리요

六、불교반기 편요반산 직막귀삼척 아동박
　不教盤箕　偏要盤算　直莫歸三尺　腸閑二尺　兒童拍
　수소부로 手笑父老

해(解)=前略……아이들이 박수(拍手)를하며 어른을보고 옷는다는 뜻이다.

七、선도강심보루 마림갱감수강 조입농중약 어재부리격
　船到江心補漏　馬臨坑坎收韁　鳥入籠中躍　魚在釜中格

해(解)=배가 강(江)에서 새는(漏)것을 짓(補)고 말이 험한데에 임하니 골비를 거두(收)며 새는 농중(籠中)에 들어(入)가서 뛰고 고기는 가마 가운데(釜中)에 있는격이로다.

八、불시상심승경 하필답설심매 자자승홍이쾌 왕부수
　不是賞心勝京　何必踏雪尋梅　孜孜乘興而快　往俯首
　이회 而回

해(解)=승경(勝京)도 구경하는 마음이 아니거든 어찌 반드시 눈(雪)을 밟(踏)고 매화(梅花)를 찾을까 부지런히 흥을 겨워서 쾌락하다가 가끔 머리를 급히고 돌아온다는뜻이다.

九、적세기함설 차시호도 소기매매 자금호경기휴과
　積細既含雪　此時糊塗　少伎買賣　自今好經記休誇

十、 해(解)＝가늘게 쌓인 눈(雪)이 이때에 길에 발리 였도 다. 젊은 기생을 매매하고 지금으로부터 글을 좋아한다.

十一、莫樂莫樂 成而復破損護爾 盡心竭力 寸膠不足塗
해(解)＝즐거워 하지말라 이루워 졌다가 다시 파하니 진심갈력하여도 적은(寸) 풀(膠)로는 황하(黃河)를 발을(讓)수가 없다.

十二、풍견영만란박구경비공부신종잉려후불약초고단
風犬影莫亂朴究竟費工夫愼終仍慮後不若初孤單
해(解)＝미상(未詳)함.

十三、타초경사 구산진호 이대사찬호박 유공불조수족
打草驚蛇 歐山振虎 以待蛇竄虎撲 惟恐不措手足
해(解)＝풀을 두드려 배암을 놀래키고 산에 범을 몰아멸치여서 뱀이 도망가고 범이 업드려 지기를 기다리니 오즉두려운것은 수족을 둘데가 없다.

十四、 호가호위 구복인세
狐假虎威 狗伏人勢
해(解)＝시체(屍體)를 묻으니 오래되면 자연히 들어난다.
물각유주 수차소정 설리매시 구이자명
物各有主 須且消停 雪裡埋屍 久而自明
해(解)＝물건이 각각주인이 있으니 잠간 머무르다 눈(雪)에 시체(屍體)를 묻으니 오래되면 자연히 들어난다.

十五、 이관측해 좌정관천 수유견식 역시광연
以蠡測海 坐井觀天 雖有見識 亦是狂然
해(解)＝조개(蠡)로써 바다를 측량(測量)하고 우물에 앉어서서 하늘을 보니 비록 보고 아는것이 있다하나 역시 변변치를 못하다.

十六、 연소막상 어유부중 안전득지 흉후생풍
燕巢幕上 魚遊釜中 眼前得地 胸後生風
해(解)＝제비는 장막위에서 집을 짖고 고기는 가마(釜中)서 노(遊)니 눈앞에(前)는 땅을얻고 (胸)뒤에는 바람이 난다.

十七、 득룡망촉 득어염부 천장일구 인증구잠
得隴望蜀 得魚念釜 天長日久 人憎狗覽
해(解)＝용을 얻으니 촉(燭)을 바라고 고기를 얻으니 가마(釜)를 도루생각한다. 하늘이 길고 날이 오래되니 사람이 개(狗)를 도루(싫어)한다.

十八、 언서금로 유기유능 고기실적 능재쟁기
鼮鼠黔驢 有技有能 考其實迹 能才爭技
해(解)＝은서금로는 유기유능 고기실적 능재쟁기 큰래와 검은 노새가 재주도있고 능합도 있다 그 실적(實迹)을 상고하면 재주와 기술을 서로 다툰다는 뜻이다.

十九、 기기해시　묘묘신루　파가경
奇奇海市　妙妙蜃樓　派佳景
각재낭두
却在浪頭

해(解)＝기이한것은 해시(海市)요 묘한것은 신루(蜃樓)로다 한갈래에 아름다운 경치가 문득 물결 머리에 있도다.

二十、 오운서일　묵저도하　교외몽몽
烏雲棲日　墨猪渡河　郊外濛濛
일명각각
日鳴閣閣

해(解)＝까마귀는 구름과 해(日)에 깃들이고 검은 야지(猪)는 하수(河水)를 건느도다. 들밖에 비가오니 날마다 울기를 각각한다.

二十一、 설수팽다　계화자주　일반청미
雪水烹茶　桂火煮酒　一般淸味
공난도구
恐難到口

해(解)＝눈(雪)물에 차(茶)를 달이고 계수나무 불에 술(酒)을 데우니 한가지(一般)에 맑은 맛이 입에 들어오기가 어려울까 두려워한다.

二十二、 허이부실　실이각허　화두산이　실리생어
虛而復實　實而却虛　禾頭産耳　實裡生魚

해(解)＝허(虛)하면 다시 차고 차면 다시 허(虛)하도다. 벼이삭이 비계되며 곡식머리에 귀(耳)가 나고 열매 속에는 고기가 생긴다.

二十三、 가소가련　물각유한　청지불문　시이불견
可笑可憐　物各有限　聽之不聞　視而不見

해(解)＝가히 우섭고 가련하다 물건이 각각 한도가 있으니 귀로 들어도 들리지를 아니하고 보아도 보이지 아니한다.

二十四、 즐풍목우　대성피월　하시가가　직도삼경
櫛風沐雨　戴星被月　何時可歌　直到三更

해(解)＝바람에 머리 빗고 비에 목욕하며 별을이(戴)고 달을 보니 어느때에나 가히 노래를 한고 바루 삼경에 이르도다.

二十五、 와고경몽　홍궁동사　청정비무　호접천화
蛙鼓驚夢　虹弓東斜　蜻蜓飛舞　蝴蝶穿花

해(解)＝개구리의 북이 꿈을 놀래고 무지개의 활(弓)이 동으로, 빗기였으며 잠자리(蜻蜓)가 날아서 춤을 추고 나비(蝴蝶)가 꽃을 뚫는다.

二十六、 홍일차천　녹사개지　어월온좌　전록자지
紅日遮天　綠莎蓋地　漁月穩坐　傳祿自持

해(解)＝붉은 해는 하늘을 가리우고 푸른머(綠莎)는 땅을덮었도다. 달밤에 고기를 잡고 편안히 앉었다가 전하는 녹을 스스로 가진다.

二十七、 벌가벌가　순소역다　려유신예　역목여하
伐柯伐柯　順少逆多　慮有神藝　亦木如何

해(解)＝나무를 베고 나무를 벰이여 순은(順)적고 역(逆)은 많다 생각하여보면 신예(神藝)가 있으나 어찌할

二十八、 등유모진 누정적철 일청계명 소요자휴
燈油耗盡 漏靜滴徹 一聽鷄鳴 逍遙自休
해(解)=등불에 기름이 다되고 누수(漏水)도 고요하여
떨어지는 것이 그치였으며 닭의 소리를 한번 들으니 소요
(逍遙)함이 스스로 그친다.

二十九、 離矣哉
해(解)=떠난다는 뜻이다.

三十、 산불재고 유선즉명 수불재심 유룡즉령
山不在高 有仙則名 水不在深 有龍則靈
해(解)=산이 높으지 아니 하여도 신선이 있으면 이름
이 나는 것이요 물이 깊으지 아니하여도 용이 있으면 신
령하다.

三十一、 만타홍운연구부 일윤명월조전천
萬朶紅雲連舊府 一輪明月照前川
해(解)=만송이의 붉은 구름은 옛 마을에 연하였고 한
바퀴 밝은 달은 앞 내에 빛추었도다.

三十二、 백옥누중취옥저 홍매각상낙매화
白玉樓中吹玉笛 紅梅閣上落梅花
해(解)=백옥누(白玉樓)가운데는 옥저를 불고있고 홍
매각(紅梅)집위에는 매화가 떨어진다.

三十三、 춘훤병무 난옥연방
椿萱並茂 蘭玉聯芳

해(解)=춘(椿)나무와 훤(萱)초리는 무성하고 난초와
옥이 연하여 꽃다웁다.

三十四、 설래유정 월낙누공
雪來柳淨 月落樓空
해(解)=눈(雪)이 오니 버들나무(柳)가 정결(淨)하고
달(月)이 떨어지니 누(樓)가 비였도다.

三十五、 일목언능지대하
一木焉能支大廈
해(解)=한 나무가 어찌 큰집을 지탕시키리요.

三十六、 옥연투측
玉燕投側
해(解)=옥(玉)같은 제비가 곁에(側) 오도다.

三十七、 막경광 세단상 호조지두개붕우 낙화수면진문장
莫輕狂 細端詳 好鳥枝頭皆朋友 落花水面盡文章
해(解)=경(輕)하고 광(狂)하게 말고 단정하고 자세한
것을 생각하라 좋은새는 다 나무가지의 벗이요 떨어진
꽃은 물우에 문채이다.

三十八、 뇌위난철
賴圍難徹
해(解)=둘러 쌓이면 걷어치기(徹)가 어렵도다.

三十九、 예근언신행 야적장이호
預謹言愼行 惹跡掌離䳎

四十、
숨기기를 떠나고 행실을 조심하여 자취(跡)
같은 한 소리가 다만 서강에 물만 얻으면 벽력
해(解)=부어(鮒魚)가 다만 서강에 물만 얻으면 벽력
鮒魚只得西江水 霹靂一聲致九天

四十一、
낙양(洛陽)에 봄을 돋우운다.
해(解)=두 손으로 명리(名利)에 길을 열고
兩手劈開名利路 一肩挑盡洛陽春

四十二、
채축(鞭)이 있으나 말 배에도 가지 못한다.
해(解)=기운내기를 하지만고 쌀 내기도 말라 비록 긴
莫氣賭 莫粒賭 雖有長鞭 不及馬腹

四十三、
해(解)=맹인이 애꾸(瞎)눈 말을 타니 밤중에 깊은(深
池)못에 임하였도다.
盲人騎瞎馬 夜半臨深池

四十四、
진호
해(解)=참 좋다는 뜻이다.
真好

四十五、
노인불용
해(解)=노인의 모양이 없다는 뜻이다.
老人不容

四十六、
천복지재
해(解)=하늘이 덮이고 땅이 실었으니 만물이 울
어 힘입었도다. 학이 구고(九皐)에서 우니 그 소리가
구름 밖에 들린다.
天覆地載 萬物仰賴 鶴鳴九皐 聲聞雲外

四十七、
좌우운위
해(解)=좌우로는 운전을 하고 전후로는 옹위(擁衛)를
하니 부인(夫人)이 말을 하지않으나 말을 하면 반드시
맞는다는뜻.
左右運轉 前後擁衛 夫人不言 言必有中

四十八、
수중지월
해(解)=물가운데에 달이요 거울(鏡)속에 꽃이로다.
여러가지(凡般)로 변환(幻)하는 경(景)이 떨어져(落)서
누구의집(誰家)에 있느냐는 것이다.
水中之月 鏡裡之花 凡般幻景 落在誰家

四十九、
해불양파
해(解)=바다에는 물결이 일어 나지를 아니하고 바람
은가지(條)를 울리지 아니하며 눈(雪)이 날아서 기묘하
게도 반공중(半空中)에 퍼뜩퍼뜩 날리도다.
海不揚波 風不鳴條 雪飛六出 半空飄飄

五十、 추풍유의잔양류
　　 秋風有意殘楊柳
　　 냉로무성길계화
　　 冷露無聲吉桂花
해(解)＝가을 바람이 뜻이 있으니 양유(楊柳)가 쉽게
쇠잔(殘)하고 찬이슬(冷露)이 소리가 없으니 계화(桂花)
에 길(吉)하다는 뜻이다.

五十一、 매화편능내설내
　　　 梅花偏能耐雪來
　　　 국잔각유오상지
　　　 菊殘却有傲霜枝
해(解)＝매화는 늙어도 눈에 찬것(冷)을 능히 견디
(耐)고 국화는 쇠잔하여도 서리를 업수이 여긴다는 뜻
이다.

五十二、 능(能) 해(解)＝무엇이나 할수있다는 뜻이다.

五十三、 일심백설양춘월
　　　 一心白雪陽春越
　　　 양수청풍명월추
　　　 兩袖淸風明月秋
해(解)＝깨끗한 흰눈(白雪)은 따뜻한 봄을 지났고 두
소매(兩袖)에 맑은바람은 가을에 밝은달과 같다.

五十四、 이(離) 해(解)＝떠난다는 뜻이다.

五十五、 양개황리명취류
　　　 兩個黃鸝鳴翠柳
　　　 일행백로상청천
　　　 一行白鷺上靑天
해(解)＝두마리의 누른 꾀꼬리는 푸른 버들에서 울고
한떼의 백로(白鷺)는 푸른 하늘로 올라간다.

五十六、 춘야발생천야록
　　　 春夜發生千野綠
　　　 추풍괄거일천향
　　　 秋風刮去一天香
해(解)＝봄밤에는 들에 푸른 것이 발생하고 가을바람
에는 높은하늘에 향기를 깎어간다.

五十七、 작우화잔유미락
　　　 昨雨花殘猶未落
　　　 금조노습우중개
　　　 今朝露濕又重開
해(解)＝어제밤에 꽃이 쇠잔하였어도 오히려 떨어지
지 아니하였다가 오늘아침 이슬에 젖어서 또다시 피었다는
뜻이다.

五十八、 호(好) 해(解)＝좋다는 뜻이다.

五十九、 일타백설경오작
　　　 一朶白雪驚烏鵲
　　　 반천잔월낙수가
　　　 半天殘月落誰家
해(解)＝한송이 흰눈(雪)이 오작(烏鵲)을 놀라게 하
더니 하늘에 쇠잔한 반달이 누구의 집에 떨어졌느냐.

六十、 구천일월개창운
　　 九天日月開昌運
　　 만리풍운기장도
　　 萬里風雲起壯圖
해(解)＝九天의 日月은 창성(昌盛)한 운수를 열었고
만리에 바람과 구름은 좋은 그림을 일으킨다.

六十一、 방이발복생재지
　　　 方離發福生財地
　　　 우입퇴금적옥문
　　　 又入堆金積玉門

六十二、 수방개두후흘음 須放開肚後吃飮
절지정각근위인 切趾定脚根爲人

해(解)=바야흐로(方) 복(腹)이 발(發)하고 재물(財物)이 생기는 땅(地)을 떠나서 또다시 금(金)을 모으고 옥(玉)을 쌓는 문으로 들어간다.

六十三、 진일보문전 進一步門前
첨십분춘색 添十分春色

해(解)=마땅히 창자(肚)를 열어(開)둥은 후에 먹고 마시며 다리(脚)절고 발굽(趾)을 정(定)하는 것은 근본(根本)이 남을 위하는 뜻이다.

六十四、 춘풍불약유 春風拂弱柳
세우윤방묘 細雨潤方苗

해(解)=문앞으로 한결음(一步)을 나아가니 봄빛이 더욱더 새롭도다.

六十五、 심중무험사 心中無險事
불파귀규문 不怕鬼叫門

해(解)=봄바람은 약(弱)한 버들을 흔들(拂)고 가는비(細雨)가 열인(方)곡식(苗)을 크게(潤) 한다.

六十六、 가야(可也)

해(解)=마음가운데에 험(險)한 일이 없으니 귀신(鬼神)이 문에서 울어(叫)도 두렵지 않다는 뜻이다.

六十七、 불능(不能)

해(解)=무엇이나 옳다는뜻이다.

六十八、 할계지사 割鷄之事 언용우도 焉用牛刀

해(解)=못한다는 뜻이다.

六十九、 유작유소 維鵲有巢 유구거지 維鳩居之

해(解)=닭을 비(割)는 일에 어찌 소(牛)에 칼을 쓰리요.

七十、 경장윤자 瓊漿潤口 옥로자심 玉露滋心

해(解)=까치(鵲)의 집이 있음에 비둘기(鳩)가 산다.

七十一、 성이두전 星移斗轉
거구환신 去舊幻新

해(解)=구슬같은 장(漿)은 입을 윤택하게하고 옥(玉)은 이슬(露)은 마음을 적신다.

七十二、 불입호혈 不入虎穴
언득호자 焉得虎子

해(解)=별이 옮기(移)고 북두(斗)가 굴으(轉)니 옛것은 가고 새것이 온다.

해(解)=범의 굴에 들어 가지를 아니하면 어찌 범의 새끼를 얻으리요 하는 뜻이다.

복 서 문

三三五

七十三、휼방상지 어옹득리
　　鷸蚌相持 漁翁得利
해(解)＝황새와 조개(蚌)가 서로 잡었다가 고기잡는 늙은이가 얻어서 이(利)가 된다는 뜻이다.

七十四、봉모제미 인지정상
　　鳳毛濟美 麟趾呈祥
해(解)＝봉황(鳳)의 털로 아름(美)다움을 건지고 기린(麟)의 발굽으로 상서(祥)를 들인다.

七十五、방란경수 옥류생향
　　芳蘭競秀 玉柳生香
해(解)＝꽃다(芳)운 난초(蘭草)는 다투어서 피고 옥(玉)같은 버들은 향기가 난다.

七十六、불위불험 거이부반
　　不危不險 去而復返
해(解)＝위험(危險)하지 아니 갔다가 다시 돌아 온다.

七十七、태아도지 어수유익
　　太阿倒持 於誰有益
해(解)＝태아(太阿)의 칼을 꺼꾸(倒)로 가지(持)니 누구에 유익(有益)하리요 하는 뜻이다.

七十八、춘남어복 추고록명
　　春南魚伏 秋高鹿鳴
해(解)＝봄 남쪽(南)에 고기가 엎드리(伏)고 가을이 높으니 사슴(鹿)이 운다는 것이다.

七十九、방호흘식 유손무익
　　幇虎吃食 有損無益
해(解)＝범(虎)을 결들(幇)고 힘터(吃) 먹이니 해로움은 있어도 이익함은 없다.

八十、유사정이풍불식
　　柳絲靜而風不息
해(解)＝버들(柳)의 가지가 고요(靜)하고저 하나 바람이 쉬지(息)를 아니 한다.

八十一、청정비무재지당
　　蜻蜓飛舞在池塘
해(解)＝잠자리(蜻蜓)가 날며 못뚝(池塘)에서 춤을추고 있다.

八十二、벌도대류유시소
　　伐倒大柳有柴燒
해(解)＝큰 버들나무를 비여(伐)서 꺼꾸러(倒)집을 가시(柴)가 있어서 태운다는 뜻이다.

八十三、안간명월낙인가
　　眼看明月落人家
해(解)＝눈(眼)으로 밝은달을보니 사람의 집에 떨어진다는 뜻이다.

八四、정우쌍성도작교
正遇雙星渡鵲橋
해(解)=정(正)히 두별(雙星)이 만나서 작교(鵲橋)를 건너 간다.

八五、유상(有想)
해(解)=무슨 생각이 있다는 뜻이다.

八六、일조명로 직원청천 반도이폐 가탄가련
一條明路 直遠靑天 半途而廢 可嘆可憐
해(解)=한갈래 아는 길이 바로 청천(靑天)과 같이 멀어서 중간에 그치니 가히 탄식하고 가련하다.

八七、벌가벌가 즉원불다 본비수각 갱무풍파
伐柯伐柯 卽遠不多 本費手脚 更無風波
해(解)=나무를 비고(伐) 비는것이여 곧 멀다 많은것은 아니로다. 본래 손(手)과 다리(脚)를 허비(費)하나 다시(更) 풍파(風波)는 없다.

八八、망리게풍 한시상월 내정외공 민시궤풍
忙裡揭風 閑時賞月 內淨外空 憫時跪風
해(解)=한가(閑)할때에는 달을 구경하고 바쁜가운데는 바람에 꿇어(跪)앉으니 회롱하는 그사이에 안은 맑고 밖은 비였도다.

八九、앙뢰천지 하필왈리 지수근검시가
仰賴天地 何必曰利 只須勤儉是可
해(解)=우러러(仰) 천자(天地)를 힘입었으니 어찌 이(利)를 말하리요 다만 부지런히 하고 검소(儉)하게 하는 것이 옳도다.

九十、부생약몽 불용망탐 봉시장락 능인자안
浮生若夢 不用妄貪 封是長樂 能忍自安
해(解)=우리에 사는것이 꿈갈으니 망녕되히 탐(貪)하는것은 쓰지말라 길게(長) 즐거움을 생각한 것이니 능히 참고 스스로 안정하라.

九一、강수세심 강월조간 쟁남쟁북 불리불리
江水洗心 江月照肝 爭南爭北 不離不離
해(解)=강물(江水)에 마음을 씻고 강달(江月)은 간(肝)에 비추니 남으로갈까 북으로 갈까 다투다가 떠나지 아니 한다는 뜻이니.

九二、호호호호 일료백료 불시뢰경 하수풍소
好好好好 一了百了 不嗜雷警 何須風掃
해(解)=좋고좋다 한번깨닫고(了) 백번 깨달으니 그뿐만 아니라 우뢰에도 깨닫으니 어찌 바람이 불기(掃)를 기다릴이요.

九三、이이부합 성이필파 재비순설 역말여하
離而復合 成而必破 再費脣舌 亦末如何
해(解)=떠났다가 다시 합하고 이루었다가 반드시 파하니 두번이나 입술과 혀(舌)를 허비(費)하여도 또(又)

복 서 문

한 어찌 할수가 없다는 것이다.

九十四、 전문저호 후호진랑 신지신지 질물강구
前門抵虎 後戶進狼 愼之愼之 切勿强求

해(解)＝앞문(前門)에는 범(虎)이 닥치고 후문(後門)에는 이리(狼)가 나오니 삼가(愼)고 삼가(愼)서 절대로 강구하지를 말아야 된다.

九十五、 불작풍파어세상 지무빙탄재흉중
不作風波於世上 只無氷炭在胸中

해(解)＝풍파(風波)를 세상(世上)에 짓지(作)를 아니하면 다만 어름(氷)과 탄(炭)이 가슴(胸) 가운데 없다는 것이다.

九十六、 막추창 막추창 명리팔척 난구심장
莫惆悵 莫惆悵 命裡八尺 難求心丈

해(解)＝근심(惆悵)하지말고 근심(惆悵)하지마라 명속(命裡)에는 八척(尺)이요 구(求)하기가 어려운 것은 마음의 길이(丈)나 된다.

九十七、 한리지과금옥호 몽중불각옥산퇴
閒裡只誇金屋好 夢中不覺玉山頹

해(解)＝한가한 속(裡)에는 다만 금(金)같은 집(屋)이 좋다고 자랑(誇)하고 꿈가운데(夢中)는 옥(玉)같은 산(山)이 문어지는것을 알지못한다.

九十八、 맹호투 비룡쟁 수락석출 초목개성
猛虎鬪 飛龍爭 水落石出 草木皆腥

해(解)＝날랜범(猛虎)은 싸우(鬪)고 나는용(龍)은 다투(爭)어 물이 멀어지(落)고 돌(石)이 나오니 초목(草木)이 다(皆)어 비린내(腥)가 난다.

九十九、 낙화유수묘연거 대회문장진거운
落花流水杳然去 大懷文章盡居雲

해(解)＝떨어진꽃(落花)이 흐르(流)는 물에 묘연(杳然)히 가니 큰것(大)을 생각(懷)하는 문장(文章)들이 다 구름(雲)에 싸이(居)였다.

一〇〇、 일준미예경황야 양수춘풍불고진
一樽美體傾荒野 兩袖春風拂故塵

해(解)＝한잔(樽)의 아름다운(美) 술(體)을 거칠(荒)은 들에다가 기을(傾)이니 두소매(兩袖)에 봄바람(春風)이 옛(故) 티끌(塵)을 일어나게 한다는 뜻이다.

一〇一、 서족방능도쾌락 흘언자시발재원
書足方能圖快樂 吃焉纔是發財源

해(解)＝글(書)은 풍족(足)하면 바야흐(方)로 쾌락(快樂)을 도모(圖)하고 먹는(吃)것은 이것이 재물(財物)에 근원(源)만 발(發)한다.

一〇二、 고우최잔도화색 처풍취타양유지
苦雨催殘桃花色 凄風吹打楊柳枝

해(解)＝괴로(苦)운 비(雨)는 재촉(催)하여서 복숭아 꽃빛(花色)을 쇠잔(殘)하게하고 슬픈바람(凄風)은 불어서 양류(楊柳)가지를 친(打)다.

一○三、 발재진극의선퇴 득의지농변호휴
發財臻極宜先退 得意至濃便好休

해(解)=발(發)한 재물(財物)이 극(極)한데 일으(臻)면 마땅히 먼지 물러가고 얻은(得) 뜻(意)도 지극히 농(濃)하면 문득 좋은것이 없다.

一○四、 등화진희작규 연자쌍반고소
燈火盡喜鵲叫 燕子雙返故巢

해(解)=등불(燈火)을 돋우(振)니 기쁨(喜) 까치(鵲)가 울(叫)고 제비새끼가 쌍(雙)으로 돌아(返)오니 엣집 (故巢)이다.

一○五、 풍중촉 초상상 쌍료료불구장
風中燭 草上霜 雙耀耀不久長

해(解)=바람(風) 가운데(中) 촛불(燭)과 풀위(草上) 에 서리(霜)는 둘(雙)이 빛이나되 장구(長久)하지 못 한다.

一○六、 도홍부함숙우 유록갱함숙연
桃紅復含宿雨 柳綠更帶朝烟

해(解)=복숭아(桃)꽃(花) 붉은(紅)것은 다시(復) 밤 비(宿雨)를 먹음(含)었고 버들이 푸른것은 다시(更) 아 침연기를 띠었도다.

一○七、 정절족 거탈복 일과무풍취촉
鼎折足 車脫輻 日過無風吹燭

해(解)=솥(鼎)은 발(足)이 부러(折)지고 수레(車)는 바퀴(輻)살이 빠지(脫)니 낮(日)로 지날(過)수가 없고 바람이 촛불에 분(吹)다.

一○八、 소심재 막무외 일보착 백보정
小心哉 莫務外 一步錯 百步歪

해(解)=마음을적(小)게 하여서 밖에것을 힘쓰지말라 한걸음(一步)이 어긋나면 백걸음(百步)이 바르지를 못한 다.

一○九、 도류쟁춘색 춘거도류반
桃柳爭春色 春去桃柳搬

해(解)=복숭아(桃)와 버들(柳)이 봄빛을 다투더니 봄 이가니 복숭아(桃)와 버들빛도 옴기어 간다.

一一○、 위산구인 공휴일궤
爲山九仞 功虧一簣

해(解)=산을 九길(仞)을 쌓는데 공이 한삼태미에 이 질어 진다.

一一一、 선여산도 후약선추
先如山倒 後若線抽

해(解)=먼저 것은 산(山)이 꺼꾸러 진것과 같고 뒤에 것은 선(線)이 꺼인것과 같다.

一一二、 실지동우 수지상유
失之東隅 收之桑榆

해(解)=해가 뜰때에 잃어(失)버리고 해(桑)가 질(榆)

때에 찾는다는 뜻이다.

一三、 각곡유목 刻鵠類鶩 화호성구 畵虎成狗
해(解)=따옥이(鵠)를 만들다가 집오리(鶩)와 같이 된것이요 범(虎)을 글이(畵)다가 개로 만들었다는 것이다.

一四、 홍매결자 紅梅結子 록죽생손 綠竹生孫
해(解)=붉은매화가 열매를 맺고 푸른대나무가 죽순이 난다.

一五、 전거지복 前車之覆 후거지감 後車之鑑
해(解)=앞에 수레에 엎어(覆)진것이 뒤에 수레(車)에 경계(鑑)이다.

一六、 획죄어천 獲罪於天 무소도야 無所禱也
해(解)=죄를(罪) 하늘(天)에서 얻으(獲)면는 빌곳(禱)이 없었다.

一七、 반도이폐 半途而廢 영인자루 令人自淚
해(解)=반도(半途)에서 페(廢)하니 사람으로 하여금 자연(自然)히 눈물이 나온다.

一八、 조탁석마 朝琢夕磨 기분여하 其芬如何
해(解)=아침(朝)에는 쪼이고(琢) 저녁(夕)에는 연마(磨)하니 그(其) 아름다움(芬)이 어떠하랴.

一九、 명루여선 命縷如線 불가망상 不可妄想
해(解)=명의 줄이 실과 같으니 가히 망녕되게 생각을 하지말라.

二〇、 정위함석 精衛䘖石 주로심항 柱勞心抗
해(解)=未詳

二一、 어심난인 於心難忍 어심난안 於心難安
해(解)=마음(心) 참기가 어렵고 마음에 편안하기가 어렵다.

二二、 사불간기 事不干己 하필착급 何必着急
해(解)=일(事)이 몸(己)에 관계(干)되지 아니하면 어찌 반드시 급(急)하게 할이(着)요.

二三、 구즉득지 求則得之 사즉실지 捨則失之
해(解)=구하게 되면 얻고 놓게되면 잃어(失)버린다는 것이다.

二四、 관중규표 管中窺豹 정저관천 井底觀天

一二五、 既知如此
何必如此
해(解)=임이(旣) 이같이 될줄을 알았으면 어찌 이렇게 하리요.

一二六、 知道莫影
却來問誰
해(解)=아는(知) 길도(道) 희미하니 문득 (却)오게되면 누구(誰)에게 물을까.

一二七、 蜻蜓任東
莫之敢指
해(解)=무지개가 동(東)에 있으니 감(敢)히 가르칠수 가 없다.

一二八、 撥開黑霧見青天
해(解)=검은(黑) 안개(霧)를 헤치고서 (撥開) 푸른 하늘(天)을 본다.

一二九、 丸泥可以封函關
해(解)=둥글(丸)게 막힌(泥)것은 가히 함관(函關) △ 葵나리서울∨을 봉(封)할만 하다.

一三〇、 花開能有幾時紅
화개능유기시홍

복 서 문

三四一

一三一、 同心合意步雲梯
해(解)=마음(心)이 같고 뜻이합(合)하여서 운제(雲 梯)로 걸어간다는 뜻이다. ◎운제(雲梯)=높은사닥다리 △곤벼슬길이다∨

一三二、 一竿明月釣清風
해(解)=한낚시대(竿)는 밝은달 맑은 바람에 낚시질 을 한다.

一三三、 掌上明珠理糞土
해(解)=장상명주조청풍 손바닥(掌) 위에서 밝은 구슬(珠)을 인분(人糞) 흙에다 묻었(埋)다는 것이다.

一三四、 池上抱琴有鳳毛
해(解)=못(池) 위에(上)서 거문고(琴)를 안으니 봉황 (鳳)에 털(毛)이 있다는 것이다.

一三五、 麟趾春深步玉堂
해(解)=기린(麟) 발굽(趾)에 봄이 깊으니 옥당(玉堂) 으로 걸어(步)간다.

一三六、 월계언능포곡란
　　　越鷄焉能抱鵠卵
해(解)=월(越)나라 닭(鷄)이 어찌 따오기(鵠)의 알(卵)을 품을(抱)수가 있느냐.

一三七、 앵구언감소대붕
　　　鶯鳩焉敢笑大鵬
해(解)=꾀꼬리(鶯)와 비들기(鳩)가 어찌 대붕새를 웃겠느냐.

一三八、 청초지당처처와
　　　靑草池塘處處蛙
해(解)=푸른풀(靑草) 못둑(池塘)에 곳곳(處處)이 개구리(蛙)소리다.

一三九、 조수불가여동군
　　　鳥獸不可與同羣
해(解)=새(鳥)와 짐승(獸)은 가히 한가지(同)로 무리를 할수는 없다.

一四〇、 청접비거부비래
　　　靑蛺飛去復飛來
해(解)=푸른(靑) 나비가 날아(飛) 갔다가 다시 날아온다.

一四一、 유암화명별유천
　　　柳暗花明別有天
해(解)=버들(柳)은 어둡(暗)고 꽃(花)은 밝은데 별(別)다른 하늘(天)이 있다.

一四二、 쌍부벌고유
　　　雙斧伐孤柳
해(解)=쌍독기(雙斧)로 외로(孤)운버드나무를 찍는다는 것이다.

一四三、 천신자복
　　　千辛刺腹
해(解)=천번(千)이나 괴롭도록 창자(腸)를 흔든다는 것이다.

一四四、 백번교장
　　　百酸攪腸
해(解)=백번(百)이나 피롭도록 창자(腸)를 흔든다는 것이다.

一四五、 촌보난행
　　　寸步難行
해(解)=촌보(寸步)를 행하기 어렵다는 것이다.

一四六、 치심망상
　　　痴心妄想
해(解)=지멸인(痴) 마음으로 망(妄)녕되게 생각(想)을 한다.

一四七、 반번상구(般翻詳溝)
　　　해(解)=未詳

一四八、 도운득보(桃雲得步)
　　　해(解)=未詳

一四九、 이(離)　해(解)=떠난다는 뜻이다.

一五〇、 막경광 수개랑 호조지두개붕우 낙화수면진문장
莫輕狂 須開量 好鳥枝頭皆朋友 落花水面盡文章

해(解)=경(輕)하고 미친(狂)짓을하지 말고 마땅히 요량(量)을 하라 좋은 새는 가지(枝)에 다 친구(朋友)요 떨어진꽃(落花)은 수면(水面)에 다 문장(文章)이다.

一五一、 인위만물령 아호만물적 령이농적 兒(兒)는 만물(萬物)을 종아(好)하나 신령(靈)함으로 쌓는(積)것을 희롱(弄)한다.
人爲萬物靈 兒好萬物積 靈而弄積

해(解)=사람은 만물(萬物)에 신령(靈)함이 되고 아이

一五二、 감수항우 화피몽두 수이불성
堪愁向憂 火被蒙頭 睡而不醒

해(解)=수심(愁心)을 견디(堪)고 근심(憂)을 향(向)하니 火를 입은(被)것이 머리(頭)에 덮이(蒙)여서 잠을 자되 깨이(醒)지를 아니한다.

一五三、 궁통유명 부귀재천 남전득절 진궤왕연
窮通有命 富貴在天 南顚得絶 盡櫃旺然

해(解)=궁(窮)하고 통(通)하는것이 명에 있으니 남으(南)로 엎어지면 문득 끈어(絶)졌다가 궤가 다(盡)하면 왕(旺)한다.

一五四、 제등모적 책생사야 요지불진 거지부기
蠐螬蟊賊 陟生四野 要之不盡 去之不已

해(解)=굼벵이와 계심가 四方들에(野) 넘이 나니 미워(惡之)하여도 다하지 않고 벌이(去之)어도 한이 없다.

一五五、 삼거어서 상거어동 수유방위 영불상봉
參居於西 商居於東 雖有方位 永不相逢

해(解)=삼(參)은 서(西)에 있고 상(商)은 동(東)에 있어서 비록 방위(方位)가 있으나 영원(永)히 서로 만날 수가 없다는 것이다.

一五六、 죽본무심 다생지엽 우수유공 불염진애
竹本無心 多生枝葉 藕雖有孔 不染塵埃

해(解)=대나무(竹)는 본래 심(心)이 없으나 가지(枝)와 잎이(葉) 많이 나고 연뿌리(藕)는 비록 구멍(孔)이 있으나 티끌(塵)은 물들이지를 아니 한다.

一五七、 낭내전공 狗急走樹 狗急跳墻
囊內錢空

해(解)=주머니 속에 돈(錢)이 없다 한다.

一五八、 조급분수 구급조장
鳥急奔樹 狗急跳墻

해(解)=새는 급히 나무(樹)로 날아가고 개는 급(急)하면 문득 끈어(絶)졌다가 담(墻)으로 뛰여간다.

一五九、 능(能) 해(解)＝무엇이나 한다는뜻이다.

一六○、 山崩水落辨花魚　人吐文柳烟分
해(解)＝산이 무너지고 물이 떨어지니 고기와 꽃을 분변하고 사람은 글(文)을 토(吐)하며 버들은 연기(烟)을 나누(分)었다.

一六一、 風裡燒燭　旱地草燃
해(解)＝바람(風)속에는 촛불(燭)이 꺼지(燒)고 가물(旱)은 땅에는 풀(草)이 타(燃)고 망연(茫然)하다.

一六二、 天地生物　因時而篤
해(解)＝하늘이 물건(物件)을 내매 때(時)를 인(因)하여 도타웁(篤)게 하되 지덜(痴)인 마음으로 망녕되 이 생각(生覺)을 하는이는 하늘도 또한 돌아보(顧)지 않는다.

一六三、 莫喜莫喜　始終在底　差人毫釐　恐謬千里
해(解)＝기뻐(喜)하지말고 기뻐하지말라 시종(始終)이 있으니 남에게 조금 어긋나면은 천리(千里)나 그릇될까 봐 염려(恐)한다.

一六四、 불측기본이제기말　不揣其本而齊其末　雖齊燃眉　恐有後慮
해(解)＝그 근본(根本)을 생각(揣)지 아니하고 그의 끝(末)을 같이하면 비록 눈섭(眉)만큼 정한(齊)일이라도 후환(後慮)이 있을까 염려한다.

一六五、 과부축일　기인우천　杞人憂天　심소홀대　利益茫然
해(解)＝과부(夸父)는 날(日)을쫓고 기인(杞人)은 하늘을 근심하며 마음은 적고 흘(忔)은 크니 이익(利益)은 망연하다.

一六六、 각주구검　刻舟求劍　부복장주　部腹藏珠　혈심경경　血心耿耿　명리허허　名利虛虛
해(解)＝배(舟)를 만드는데 칼을구하며 배(腹)를 따개 구슬(珠)을 감추(藏)니 마음(血心)은 근심(耿耿)이되고 이름(名利)은 허(虛)하다.

一六七、 위인모하소도성　爲人謀何所圖成　요잠배골패이락　了賺抔骨敗而落
해(解)＝남(人)을 위하여 꾀(謀)하는일이 무슨바(何所)를 도모하여 이루었는고 마침내(了) 뼈(骨)가 떨어진 격이다.

一六八、 빙생어수이한어수　청출어람이승어람　氷生於水而寒於水　青出於藍而勝於藍
해(解)＝어름(氷)이 물에(水)서 낫(生)으되 물보다 차

(寒)고 푸른것이 쪽(藍)에서 나왔으되 쪽보다 더하다.

一六九, 가내하 가내하
可奈何 可奈何
中流見砥柱
平地起風波
해(解)=가히(可) 어찌하랴 중류에서는 지주(砥柱)를 보고 평지에서는 풍파(風波)가 일어난다.

一七〇, 치민지자미의변 경위지청탁당분
淄澠之滋味宜辨 涇渭之淸濁當分
해(解)=치(淄)와 민(澠)에 자미(滋味)를 마땅히 분변하고 경과 위에 맑고 흐린것을 마땅히 나눈다는 것이다.

一七一, 막강구 일훈일유십분
莫強求 一薰一蕕十分
해(解)=강구(強求)하지말라 하나의 훈(薰)과 하나의 유(蕕)가 十分이면 오히려 냄새(臭)가 있다.

一七二, 여효성호사서 영위정견풍계
如効城狐社鼠 寧爲汀犬風鷄
해(解)=만일 성(城)에 여호(狐)와 사(社)에 쥐(鼠)를 본받을(効)것 같으면 차라리 정견(汀犬)과 풍계(風鷄)가 된다는 것이다

一七三, 주한노이박건토
走韓盧而搏蹇土

一七四, 부류인가낙잔화
蜉蝣人可落殘花
해(解)=하루사리같은 사람은 곧 떨어지고 쇠잔(殘)한 꽃과 같다.

一七五, 계륵불족존권
鷄肋不足尊拳
해(解)=닭에 뼈(肋)는 족(足)히 주먹(拳)을 높일(尊)수가 없다.

一七六, 구미속초
狗尾續貂
해(解)=개(狗)꼬리(尾)로 돈피(貂)를 있는(續)다는 뜻이다.

一七七, 파죽차순
破竹遮筍
해(解)=깨진(破) 대나무로 죽순(竹筍)을 막는다는 것이다.

一七八, 고고고 (몸몸몸)
呱呱呱 (몸몸몸)
해(解)=凶像

一七九, 유상(有想)
해(解)=무슨생각이 있다는 것이다.

一八〇, 막수(莫誰)
해(解)=아무도 없다는 뜻이다.

一八一, 기지중경 하용정녕 가지즉지 가행즉행
既知重輕 何用叮嚀 可止則止 可行則行

복서문

三四五

一八二, 이란당석
　以卵撞石
해(解)=알로써 돌(石)을 친다(撞)는 뜻이다.
정녕함을 쓰리요 가히 그칠만 하면 그치고 가히
하면 행한다.

一八三, 해저노월
　海底撈月
해(解)=바다밑에 달을 건져내려하는 뜻이다.

一八四, 경성입호
　景星入戶
해(解)=빛(景)이 나는별이 문에 들어온다.

一八五, 군의부전
　羣蟻附羶
해(解)=여러(群)개미가 방석에 붙는다.

一八六, 이생도방
　李生道傍
해(解)=오얏나무가 길 곁에 났다.

一八七, 화발상림
　花發上林
해(解)=꽃이 상림(上林)원에 피였다는 것이다.

一八八, 불감설호
　不敢說好
해(解)=감히 좋다(好)고 말할수가 없다.

一八九, 하청해안
　河淸海晏
해(解)=하수(河)는 맑고 바다는 편안(晏)하다는 것
이다.

一九〇, 천하태평
　天下太平
해(解)=천하(天下)가 태평하다.

一九一, 절무소호
　絕無所好
해(解)=절대로 좋은 바가 없다.

一九二, 발물몽진
　發物蒙塵
해(解)=발(發)하는 물건(物件)이 티끌(塵)을 쓰고
(蒙) 있다.

一九三, 후지패엽
　朽枝敗葉
해(解)=썩은가지와 상한(敗) 잎이다.

一九四, 일목탱천
　一木撐天
해(解)=한 나무가 하늘을 버틴다는 것이다.

一九五, 파맥부리
　破麥剖梨
해(解)=未詳

一九六, 세약최고
　勢若摧枯
해(解)=형세(形勢)가 부러(權)지고 마른(枯)것 같다는 것이다.

一九七、摧枯拉朽
해(解)=마른것을 꺾고 썩은것을 꺾는다는 것이다.

一九八、大器晚成
해(解)=큰그릇은 늦게야 이루어진다.

一九九、器滿必傾
해(解)=그릇이 가득(滿)하면 반드시 기울어 진다는 것이다.

二〇〇、菱菱成錦
해(解)=풀이 성하고 빗(菱)이 나서 비단(錦)을 이루었다는 뜻이다.

二〇一、城火殃魚 해(解)=未詳

二〇二、可厭可憐 花落庭間
해(解)=가히 싫고(厭)다 가히 어여삐(憐)다 꽃(花)이 뜰(庭)사이에 떨어졌다.

二〇三、有醒離酌 有膳離殽 有會離賭 有話離言
해(解)=술을 깨(醒)니 잔이 없고 반찬(膳)은 있어도 밥이 없고 모임(會)은 있어도 오락(賭)한것이 없고 담화(話)한것은 있어도 말이 없다.

二〇四、人卽是鬼 鬼卽是人 人會弄鬼 鬼會弄人
해(解)=사람이 곧 귀신(鬼)이요 귀신이 곧 사람이니 사람이 모이면 귀신을 희롱하고 귀신이 모이면 사람을 희롱한다.

二〇五、明畵莫愁 却來問我秾
해(解)=밝은 그림(畵)을 근심만라 문득와서 나의 먹으를 묻는다.

二〇六、旣知是好 何必來占
해(解)=이것이 좋은줄만 알면 하필와서 점(占)을 하리요.

二〇七、得意不可再往
해(解)=뜻대로되면 가히 두번 갈것이 없다는 뜻이다.

二〇八、好事不如無
해(解)=좋은일도 없기만은 못하다는 것이다.

복 서 문

三四七

二０九, 事不由己
해(解)=일이 몸으로 말미암아 아니한다는 것이다.

二一０, 誰說有成
해(解)=누구에 말(說)이 이룸(成)이 있느냐 하는 것이다.

二一一, 無可無不可
해(解)=옳은(可)것도 없고 옳지 아니 한것도 없다는 것이다.

二一二, 自惹其禍
해(解)=스스로 그(其) 재앙(禍)을 숨긴(惹)다는 것이다.

二一三, 不必
해(解)=반듯하지를 못한다는 것이다.

二一四, 호(好)
해(解)=어천만사(於千萬事)에 좋다는 것이다.

二一五, 수구부귀재천 구통유명 수궁부귀재천 雖究富貴在天 究通有命 亦須行盡人事
해(解)=비록 궁구(究)하여서 보면는 부귀(富貴)하는

折草占 절초점 (솔잎이나 산가지로 함)

점치는법은 솔잎을 다소간(多小間) 두손(兩手)으로 뽑아서들고 소원(所願)대로 암축(暗祝)한 후에 좌편손(左便手)에 있는 솔잎은 위(上)로 세워놓고 우편(右便)손에 있는 솔잎은 아래로 가로(橫)놓되 다(皆) 三으로 제한후(後)에 남은것으로 솔잎을 짓고 점사(占辭)를 본다.

─ 一=대중패(大衆卦) 해(解)… 면면방초(綿綿芳草)여 생어유곡(生於幽谷)이로다 ∧번들이한 꽃다운 풀이여 깊은골(幽谷)에 났도다▽구재여의(求財如意)하고 쟁송유리(爭訟有利)로다 ∧재물(財物)을 구함에 뜻과 같고 송사(訟事) 다투어 함에도 有利하다▽ 병자(病者) 즉차(卽差)라 ∧출행(出行)한 사람이면 곧 돌아(還)오고 병든(病) 사람이면 곧 나(差)는다▽. 해(解)…관사사산(官事四散) 관사사산(官事四散)이라 ∧관(官)에일이 다 헤어지니 움직(動)이나 고요(靜)하나 다(皆) 흉하다▽ 구설부

─ 二=설중개화(雪中開花) 설중개패(雪中皆凶)이라 동정개흉(動靜皆凶)이라

시(口舌不止)하고 쟁송불극(爭訟不克)이라 구설이 끝이 그치(止)지를 아니하고 다투(爭)어 송사(訟事)를 하여도 이기지 못하도다 〈군자실관(君子失官)하고 소인손재(小人損財)라〉 군자는 벼슬을 잃어버리고 소인은 재물을 손해본다〉

─三〓현위괘(懸危卦) 해(解)……호사다마(好事多魔)하니 사사불리(事事不利)라 〈좋은일에 마(魔)가 있으니 일마다 불리하다〉 행로무마(行路無馬)하고 임강무선(臨江無船)이라 〈길을 가려하되 말(馬)이 없고 강을 임(臨)하니 배(船)가 없다〉 송사불승(訟事不勝)하고 질병침신(疾病侵身)이라 〈송사를 이기지 못하고 이 몸에 침노(侵)한다〉。

〓一〓노군괘(老君卦) 해(解)……제왕흥국(帝王興國)하니 유언무위(有言無違)라 〈제왕(帝王)이 나라를 일으키니 말이 있으면 어김이 없도다〉 소구여의(所求如意)하고 모사(謀事)대길(大吉)이라 〈구(求)하는 것이면 뜻과 같고 꾀(謀)하는 일이면 크게 길하도다〉 행인즉환(行人卽還)하고 행인즉(行人卽)이면 곧(卽)돌아 온다〉。

〓二〓대인괘(大人卦) 해(解)……구관필득(求官必得)이라 〈길하고 상서(祥)로운 일이 있으니 벼슬(官)을 구(求)함엔 반드시 얻도다〉 쟁

송유리(爭訟有利)하고 병자격차(病者見差)라 〈다투(爭)어 송사(訟事)를 함에도 유리하고 병들어도 차도를 본다〉 소구여의(所求如意)하니 사사대길(事事大吉)이라 〈구(求)하는바가 뜻과 같으니 일마다 大吉하다〉

〓三〓봉조괘(鵬鳥卦) 해(解)〓군자득록(君子得祿)하고 소인득식(小人得食)이라 〈군자(君子)는 록(祿)을 얻고 소인(小人)은 먹을것을 얻는다〉 우실우상(遇吉遇祥)하고 득식득의(得食得衣)라 〈길한것과 상서로운 일을 만나고 옷과 먹을것을 얻는다〉 행인즉환(行人卽還)하고 병자즉차(病者卽差)라 〈출행(出行)한 사람이면 곧 돌아오고 병든자(病者)면 곧 낳게 되다는것이다〉。

三一〓여전괘(女前卦) 해(解)……거가안락(居家安樂)하고 출행유리(出行有利)라 〈집에 있어도 안락(安樂)하고 출행(出行)하여도 유리(有利)하다〉 복록점진(福祿漸進)하고 공명일신(功名一新)이라 〈복(福)과 록(祿)이 점점(漸漸)생기고 공과 이름이 하나같이 새롭다〉 행인즉환(行人卽還)하고 송사필승(訟事必勝)이라 〈출행(出行)한者면 곧(卽)돌아오고 송사(訟事)를 하여도 반드(必)시 이긴다〉。

三二〓천앙괘(天殃卦) 해(解)……소구불득(所求不得)하니 사사불성(事事不成)이라 〈구(求)하는것을 얻지못하니 일

복 서 문

三四九

마다 이루지 못하도다▽ 병자난차(病者難差)하고 행자불길(行者不吉)이라 △병이들면 낳기가 어렵고 출행하면 불길하다▽ 사불여의(事不如意)하니 실재낙송(失財落訟)이라 △일이 여의치 못하니 재물도 잃고 송사에 떨어진다▽.

六壬斷時訣 육임단시결

(六壬으로 때를 단정하는 비결이다.)

이법(此法)은 점자(占者)에 생년(生年) 간지(干支) 남여지(男干女支) △男子 甲子生이면 甲의 數를 쓰고 女子 甲子生이면 子의 數를 쓴다△와 점일(占日) 日干 △日辰이 甲子日이면 甲의 數를 쓴다▽과 점시에 시지(時支) △子時면 子의 數를 쓴다▽를 三合하여서 괘상(卦象)을 만드는 것이니 간(干)과 지(支)의 수는 甲,己,子,午…九 乙,庚,丑,未…八 丙,辛,寅,申…七 丁,壬,酉,卯…六 戊癸,辰,戌…五 巳,亥…四 로써 계산(計算)하는 것이다.

「보는例」壬子生男이 甲午日 巳時에 점(占)을 하면 男年干(干)이 壬이니 壬의 數가 六이요 日干이 甲이니 甲의 數는 九요 時는 巳이니 巳의 數가 四니 六과 九와 四를 다 합(合)하면 十九 결원괘(結猿卦)가 되는 것이다.

十三, 사패(蛇卦) 배암패이니 五十土에 속(屬)하고 군왕사사(君王赦死) 즉 군왕(君王)이 죽을것을 노와(赦)주는 큰배암을 만나고 뒤에는 백호(白虎)가 오는격이다▽ 사람이면 노중(路中)에서 만

해서 삼춘화발(三春花發)의 격이다. 해(解)=대(待)……기다리는 일이면 당일에 오지를 않이하면 五日만이나 十日만에오고 병(病)……병이들은 이면 乙 卯方에 흙을 판(破) 탈로 증세(症勢)가 중(重)하고 실(失)……일어버린 것이면 타인(他人)이 내간것이니 동방노중(東方路中)에 있어서 스스로 오게되고 득송(官訟)……관(官)에 송사하면 먼저울리 회정(回程)하고 죄인(罪人)……무사히 벼슬자리가 높아(高)지고 구(求)하는 것이 여의하고 도피(逃避)……도망한 자이면 찾게되고 집물(執物)……잠은 물건(物)이면 편(左便)에 것은 풀(靑)고 희(白)며 우편(右便)에 것은 ·눈은것이다

十四, 인패(蚓卦)=지렁이 패(卦)이니 四九金에 속하고 구조명춘(鳩鳥鳴春) 원군중행(遠近重行) △비들기와 새(鳥)가 봄을 울리여서 멀고 가까움(近)게 줄을(行) 거듭(重)한 격이로다 △日月은 앞에 있어도 광명(光明)한것은 뒤後(在後)△日月재전(前逢大蛇)△후래백호(後來白虎)△앞에 있으며▽ 전봉대사(前逢大蛇)△후래백호(後來白虎)△앞에는 큰배암을 만나고 뒤에는 백호(白虎)가 오는격이다▽

三五〇

나되 四九日이나 혹은 반년(半年)이 된다 병(病) 申酉
方에서 흙도 파고 나무도 베었(伐)거나 북방에서 금물
(金物)이 출입할 탈이니 낫(差)기가 어렵고 실(失)…
…실물한것이면 東으로 가서는 얻지(得) 못하고 서쪽
(西) 수풀(林) 앞에 있으니 집사람(家人)에 누었든(卧)
이가 있어서 볼것이요 관송(官訟)…… 관(官)에 송사(訟)
이면 무해무덕(無害無德)할 것이요 과위(官位)…… 벼슬
자리면 먼저는 흉하나 후에는 평평하고 도망(逃亡)…한자
(者)…… 찾아보기 (尋見)가 어렵고 죄인(罪人)…… 불길
(不吉)하고 구(求)하는일…… 여의(如意)치 못하고 잉
태(孕胎)…… 생녀(生女)하고 집물(執物)…… 불길
便手)에는 붉(赤)고 희(白)며 右편손에는 빈것(空)이
다.

十五, 주괘(蛛卦) 거미괘요 一六에 속(屬)하였으며 문
전사마명(門前駟馬鳴) ∧문앞에 사마(駟馬)가 우(鳴)니∨
사인재전(死人出前) 안가득침(安家得針) ∧죽은 사람이
앞에 있고 편안한 집(家)에서 침(針)을 얻는다∨
당(日月在堂) 광명재천(光明在天) ∧日月은 당(堂)에 있
으나 광명(光明)은 하늘에 있다∨사마(駟馬)최로(駟馬催路)
득사장(都得死葬) 어서 장사(葬)를 한 격이다∨
해(解)─대(待)…… 사람을 기다리면 당일(當日)로 오

十六, 구괘(鳩卦) 비둘기괘요 三八木에 속(屬)하였으
며 신학포란시(神鶴抱卵時) ∧신선(神)의 학학(鶴)이 알을
품었을때이다∨ 춘학명구고(春鶴鳴九皐) 천리필유심(千
里必有心) ∧봄 학(春鶴)이 구고에서 우니 반드시 千里
에 마음이 있다∨ 소원은 금, 은, 玉이요 기쁜 경사(喜慶)
(喜慶臨門戶) ∧소원금은옥(所願金銀玉) 희경임문호
는 문호(門戶)에 임(臨)하였다∨ 나가 출류봉주식(出遊逢酒時)
∧나가 놀다가 주식을 만
나니 영화(榮)와 복(福)으로 만사(萬事)가 길한 격
이다∨.
해(解)─대(待)…… 사람을 기다리는데는 당일(當日)오
지 않이하면 三日이나 혹 八日에 오고 병(病)…… 寅卯方
에서 흙을 파거나 나무를 벤(代) 탈로 목신(木神)이 동

복서문

해(解)⋯⋯대(待)⋯⋯사람을 기다리는데는 당일(當日) 오지 않으면 二日이나 七日만에 오고 죽지는 않으나 남방(南方)에 동토(動土)이니 심(甚)히 어려우나 병(病)은 구(求)하는 일⋯⋯여의(如意)하고 관송(官訟)⋯⋯관송(訟事)에는 선흉(先凶) 후길(後吉)하나 먼저 정(先呈)하면 길하고 북방(北方)으로 지하에 물었(埋)으 가졌(取)으면 벼슬자리 위(位)는 이루기가 어려우나 혹 관위(官位)⋯⋯벼슬자리 위(位)는 이루기가 어려우나 이른다 면 봄과 가을에는 있고 여름(夏)에는 언지못하고 실(失)⋯⋯실물에는 여자(女子)가 가졌으며 생녀를 할것이며 혹 생남(生男)도 한다 잉부(孕婦)⋯⋯생녀를 할것이며 혹 생남(生男) 고도한다 도망(逃)⋯⋯남(南)에 있으면 오지를 않으며 출입(出入)⋯⋯길(吉)하다 집물(執物)⋯⋯좌수(左手)에 적(赤)이라 하 더니다 죄(罪)⋯⋯풀리기(解)가 하였다.

十八、산서패(山鼠卦) = 산 쥐패이니 五十土에 속(屬)하였으며 맹호입함정(猛虎陷穽)⋯⋯날랜 범이 함정에 들었도다 ∧도로(還)∨ 나와서 동구(洞口)로오니 소리를 듣고서 사난성(處處事難成)∧길을 구하다가 범에 잡히 사방(方)에서 진동한다∨ 요로측호문(要路捉虎門) 처처 환출동구래(還出洞口來) 성문사방진(聲聞四方振)∧도로(還) 나와서 동구(洞口)로오니 소리를 듣고서 四방(方)에서 진동한다∨ 요로측호문(要路捉虎門) 사난성(處處事難成)∧길을 구하다가 범에 잡히 捉)여가니 도처(到處)마다 일을 이루(成)기가 어렵다∨

十七、와패(蝸卦) = 달행이 패(卦)요 二七 火에 속(屬) 하였으며 노인이교행(老人倚橋行) 심연구대주(深淵求大 珠)∧노인이 달이(橋)를 의지하여 행하면서 깊은 못에 서 큰(大) 구슬(珠)을 구한다∨ 일목유가위(一木猶可 畏) 유행심가난(由行甚可難)∧한 나무가 오히려 두려우 며 행(行)하기가 심히 어렵다∨ 병부유난(病付猶難) 사시재당(死屍在堂) 병(病)으로 부치기도 오히려 어렵 거든 시체(屍體)가 당(堂)에 있는 것이랴∨ 단초수 심사월외(但招愁心斜月外)∧다만 수심(愁心)을 비낀(斜) 달 밖에서 부르(招)니∨ 방지천문일왕개(方知天門一往 閒)∧바야흐(方)로 천문(天門)이 한번 간다가 열릴(閒) 줄 안다는 것이다∨。

(動)한 바이나 죽지는 않음이하고 구(求)하는일은⋯⋯멀 (遠)면 오히려 길(吉)하나 이루기(成)가 어려운것이요 실(失)⋯⋯실물한 것은 동서(東西)로 불수가 없으나 혹 속(速)히 본다고도 한다 도망(逃)으로 가면 보기가 어렵다 광송(官訟)⋯⋯관에 송사는 양편이 다(皆) 불리하다 출입(出入)⋯⋯술과 밥이생기고 잉무 (孕婦)⋯⋯생남(生男)요 우(右)수에는 황(黃)이다. 좌수에는 청(靑)이요 우(右)수에는 황(黃)이다.

一九、결원패(結猿卦) 원숭이패니 四九金에 속(屬)하였으며 송풍입정중(松風入庭中) 유옥무하점(有玉無瑕玷) ∧옥(玉)이 있되 타가 없고 ∨ 우험불상재(遇險不傷災) ∧재앙(災殃)에 상(傷)하지를 아니 한다는 것이다∨.

해(解)ㅣ대(待)…… 기다리는데는 당일(當日)을 지나면 四日이나 九日만에 오고 병(病)…… 동서방(東西方)에 흙도움(助)을 만나면 반드시 군왕(君王)을 본다는 격이다∨.

해(解)ㅣ하면 五日이나 十日만에 오고 귀신의 탈이니 서방(西方)에 제사(祭祀)를 하면 길하다 구(求)……구하는 일은 이루기가 어려우나 혹 이룬(成)다고도 한다 녀(生女)를 하고 ㄱ 망(逃)……불리(不利)하고 입(出入)…… 뒤(後)에 생여(生女)라고도 한다 관송(官訟)…… 스스로 오고 관위(官位)…… 벼슬자리는 얻기가 어렵당.

약우인조(若遇人助) 필견군왕(必見君王) ∧만일 사람에 도움(助)을 만나면 반드시 군왕(君王)을 본다는 격이나 나무가 출입한 탓이니 대흉(大凶)하나 죽지는 않이 한다 실(失)……실물이 서방(西方)에 있으니 얻의(得)서 보지를 못하다 구(求)……먼저 올리 흉하다 실(失)……실물에는 남(南)에 있으면 얻지못하고 생남(生男)을 할것이나 혹 생녀(生女)라고도 한다 도망(逃)……서쪽으로 행하였으면 찾지를 말라 죄(罪)……해결(解)이되고 출인에는 길(吉)하다.

二十、승패(蠅卦) 파리패니 一六水에 속(屬)하였으며 양견쟁일골(兩犬爭一骨) ∧두개가 한 뼈(一骨)을 다투도 ∧흑백미분명(黑白未分明) 하어승여부(何語勝與否) ∧흑백이 분명치 못하니 어찌 났고(勝) 못한것을 만하리요 ∨ 옥당부유로(玉堂復有路) 평보상운제(平步上雲梯) ∧옥당에 다시 길이 있으니 평범(平)하게 걸어서 운제(雲梯)로 올라간다는 격이다∨.

해(解)=대(待)…… 기다림에는 당일(當日)에 않이 오면 三日이나 六日만에 오고 병(病)…… 남방(南方)에서 나무와 돌이 출입(出入)을 하고 맷돌(碓)을 수리(修理)한 탈로 큰귀신(大鬼)이 벌(罰)을 준것이다 실(失)……실물(失物)은 동서방(東,西方) 초목(草木)에 뭇혔

(埋)으니 우마(牛馬)면은 찾지말라 보면 흉하다 **관위(官位)**…… 벼슬자리는 얻어서 길하다 도망(逃)…… 西北에 찾으면 본다 **관송(官訟)**…… 관에 송사는 불길(不吉)하나 먼저 올리면 길(吉)하다 **잉부(孕婦)**…… 생녀(生女)를 하고 **죄(罪)**…… 더디고 **구(求)**…… 얻어서 길하고 입…… 술과 밥(酒食)이 불리(不利)하고 **집물(執物)**…… 잘은불전은 우(右)에 혹(黑)이다.

二十一、결저괘(結猪卦)=도야지패이니 수중노인행(水中老人行) △오후에 부채(扇)갓인이를 만나니 물가운데 노인이 다닌다 △길한꿈(吉夢)갓몽동하월(吉夢冬夏月)에 맑은 바람 侍人來 △청봉대인래(淸風 侍人來) 출보봉대인(出步逢大人) △귀한 사람이 조금 힘을 도우(助)나 나가서 산보(散步)를 하다가 大人을 逢(逢)다는 격이다 △.

해(解)―**대(待)**……기다림(待)에는 곳(即) 올것이되 혹 동(動)하지도 아니 하였다함 **병(病)**…… 동방(東方)에 동토(動土)이나 죽지는 아니함 **관송(官訟)**…… 관에 송사는 속(速)하고 길(吉)하다 **관위(官位)**…… 벼슬자리

는 이루기가 어렵다 **실(失)**……실물은 동(東)으로 나가 서 남(南)으로 갔으니 찾을수가 없다 **출입(出入)**……술 과 밥이 길하다 **구(求)**……여의(如意)하다 **잉부(孕婦)**…… 남(男)이나 녀(女)라구도한다 **집물(執物)**……左에 청(靑)이요 右에는 백(白)이다.

二十二、취괘(驚卦)……독수리패이니 二七火에속 옥녀가 곳 서로 만나니 三춘에 △옥녀즉상봉(玉女卽相逢) 삼춘곡우래(三春穀雨來) 원봉대길(所願逢大吉) 출유승거마(出遊乘車馬) 고목생신엽(枯木生新葉) 가보유명객(佳寶有名客) 크게 길한것을 만나니 나가서 놀다가 수레와 말을 탔도 다 △아름다운 보배(實)는 이름(名)있는 손(客)에 있고 말 은 △枯나무에는 새일(新葉)이 난다는 격이다 △.

해(解)―**대(待)**……금일(今日) 오지를 아니하면 二日 이나 七日만에 온다 **병(病)**……동방(東方)에 동토한탈 이다 **실(失)**……실물(失物)은 집 가운데있다 하였고 혹 여인(女人)이 가져갔으니 찾을수가 없다 한다 **관위(官位)**……길(吉)하다 **관송(官訟)**……관(官)에 송사는 이 루기가 어려우나 혹 먼저정(先呈)하면 득속(得訟)한다 **출입(出入)**……술(酒)과 밥(食)이 길하다 **구(求)**……

…여의(如意)하다 잉부(孕婦)……녀(女)나 혹은 남(男)이라한다 죄(罪)……석방(釋放)이 된다 도망(逃)……남북방(南北方)에서 만나본다 집둘(執物)……잡은 물건은 좌황(左黃) 우청(右靑)이다.

二十三、가서패(家鼠卦) 집쥐패니 五十土에 속(屬)하였으며 소아득모시(小兒得母時) △어린아이가 어머니를 얻은(得) 때로다▽ 고목신엽(枯木新葉) 소원필성(所願必成) △말은 나무에 새잎(新葉)이 나오니 소원을 반드시 이룬다▽ 가련인자소(可憐人自少) 사모기하종(捨母其何從) △가련하다 사람이 어려서 부터 그 어머니를 버리고 누구를 좇을(從)고▽ 막탄시래만(莫嘆時來晚) 봉길역안신(逢吉亦安身) △때가 오기를 늦다고 한탄하지 말라 길한것을 만나서 또한 몸이 편안하다는 격이다▽.

해(解)ㅡ대(待)……기다리는자는 오늘에 오지아니하면 五日이나 十日만에 온다 병(病)……西 卯方의 흉에 범한 탈이요 혹은 부모귀(父母鬼)가 작희(作戲)한 것이라고 한다 실(失)……실물은 서남방(西南方) 사람이 가져갔으나 찾지를 못하기가 十常八九다 잉(孕)부(孕婦)는 女요 혹은 남(男)이라 하기도 한다. 실(失)……관(官)에 송사(訟)는 더디(遲)다 출입(出入)……

二十四、편복패(蝙蝠卦) 박쥐패이니 四九金에 속(屬)하였으며 험로봉독사(險路逢毒蛇) △험한길에 독사를 만나서▽ 맹인실주장(盲人失柱杖) △맹인이 짚었든 막대를 일었다▽. 옥녀재후(玉女在後) 죄신재전(罪身在前) △옥녀는 뒤에 있고 죄진 몸은 앞에 있다▽ 귀인래조력(貴人來助力) 무사만리래(無事萬里來) △귀인이 와서 힘을 도우니▽무사하게 만리를 왔다는 격이다.

해(解)ㅡ대(待)……기다림은 당일(當日) 오지아니하면 四日이나 九日만에 온다 병(病)……서남방(西南方) 동토로 물귀신(水鬼)이 침책(侵責)한 바이다 구(求)……여의(如意)치 못하다 실물(失物)……西方에서 본다 하고 혹 오지를 아니한다 함 도망(逃)……西方에서 본다 하고 혹 오지를 아니한다 생남(生男)을 한다 죄(罪)……술과 밥이 혼하다 잉부(孕胎)……풀린(解)다 관송(官訟) 관위(官位)……관에 송사는 득송(得訟)한다 집둘(執物)……左手에 白출입에는 술과 밥이다 구(求)……길(吉)하다 죄(罪)……석방(釋放)이 어렵다 도망(逃)……만나본다 집둘(執物)……左에는 白이요 右에는 靑이다.

복 서 문

二五、 작패(鵲卦)=까치패이니 一六水에 속(屬)하였으며 인간즉상봉(人間卽相逢)∧인간에서 곧 서로 만나(逢)도다∧용잠대택(龍潛大澤) 희견대인(喜見大人)∧용이 큰못에 잠기 기쁘게 대인을 보도다∧하월득집선(夏月得執扇) 선(扇)를 가지었고 어룡득해수(魚龍得海水)∧여름달에 부채다∧귀인내조력(貴人來助力)∧귀인이 바다물(海水)을 얻도다∧유수자연래(流水自然來)∧흐르는물이 자연이 온다

해(解)……대(待)……기다림에는 今日에 오지아니하면 三日이나 八日만에 온다 병(病)……동방(東方)에서 土와 목(木)의 동(動)한 탈이나 죽지는 아니한다. 실(失)……실물(失物)은 西 北에 있으나 찾기가 어렵다. 구(求)……얻을것이나 혹언지 못한다함 남(南)으로 갔으면 만나지를 못한다 관송(官訟)……관의 송사는 이루기 어렵다 죄(罪)……풀린다 잉(孕)……생남한다 출입(出入)……술과 밥이 생긴다 집물(執物)……

二七、 용패(龍卦)이니 一二七火에 속(屬)하였으며 장군이 군사를 거느리 병도강진(將軍領兵渡江津)∧장군이 군사를 거느리 나루를 건느(渡)도다∧봉인만궁처(逢人

병도강시(將軍領兵渡江時)∧장군이 군사를 거느리고 강을 건늘때∨희견만리주가래(喜見萬里奏笳來)∧기쁘게 만리에 피리를 불며 오는것을 본다∨장군복의(將軍服衣)∧장군이 옷을 입으니 집으로 부터 다스리니 평(平)하게 한다는 격이다∨.

해(解)……대(待)……기다리는것은 본곳(本處)에서 움직 이지를 아니 하였으니 一、三、六、日間으로온다 병(病)…… ……부모(父母)에 신령(神靈)과 지방의 동토(動土)탈로 三人이 병이 없다 구(求)함에는……여의하다하 고 혹은 이루지(成)못한다함 실물(失物)……집안에 여자가 옮기여서 집 북쪽 타인(他人)이 보지(見)못하는 곳에 두었으니 찾기가 어렵다 잉(孕)……생녀(生女)한 다。 도망(逃)……길(吉)하다 관위(官位)……보지를 못한다 (官訟)……길은 흉하고 후에는 길 하다 함 혹 먼저는 흉하고 후에는 길 하다 함 죄(罪)……풀리기가 더디(遲)며 집물 밥(酒食)이 혼하다 右手에 흑(黑)이다。 (執物)……

二六、 선패(蟬卦) 매미패이니 三八木에 속(屬)하였으

彎弓處) 옹병에 만중(擁兵百萬衆) △사람을 만나서 활을 당기는 곳에 군사 백만(百萬)에 무리(衆)를 거느리도 다▽ 희견군왕(喜見君王) 승운상천(乘雲上天) △기쁘게 군왕(君王)을 보이고 구름을 타고 하늘로 올라 간 다▽ 천청지안(天晴地晏) 만국태평(萬國太平) △하늘이 맑고 땅이 편안하니 만국이 태평(太平)하다는 격이 다▽.

해(解)―대(待)……기다리는자는 今日에 아니오며 日이나 七日만에 온다 병(病)……七귀(鬼)에 침책(侵責) 이니 풀리기(解)가 더디다 죽지는 아니하며 南方에 놓이 제사(祭祀)를 하하면 속히 낳는다함 실(失)……실물 은 西北에 있었으나 찾기가 어렵고 혹 다른집(他家) 에서 친절(親切)한 사람이 물어 흥속에 두었다가 남(南)으 로 갔으니 보지못한다함.잉부(孕婦)……생녀(生女)하고 관송(官訟)……길(吉)하다 구(求)……반흉반길(半凶半 吉)이요 도망(逃)……찾기가 평결(不吉)하고 집물(執物) 길(吉)하고 출입(出入)……평결(不吉)하고 집물(執物) …右手에 붉은(赤)것이다.

복 서 문

天氣占 (천기점) (천기보는법)

子午卯酉時에 북두성(北斗星)에 백기(白氣)가 돌면 풍우(風雨)가 크게 일어나고 황기(黃氣)가 돌면 그 이튿날 (翌日) 새벽에 잠간 비가 온다 새벽 하늘 북방(北方)에 누렁(黃)고 검은(黑) 구름이 둘리면 즉시로 비가 오고 북두성(北斗星)이 구름(雲) 사이에 가리여서 잠간 보이고 잠간 흐리면 三日만에 비가 오고 北斗星 사이 은하수(銀河水) 가운데 검은 구름이 동하면 큰 물이나고 흰(白) 기운(氣)이 동(動)하면 가뭄(旱)이 난다 아침 하늘에 검은구름이 동남(東南)에서 일어나면 즉시로 비가 오고 저녁 하늘에 검은구름이 西北에서 일어나면 밤중(夜半)에 바람과 비가 온다.

日氣占 (일기점) (일기보는법)

아침하늘(朝天)이 흐리면 명일(明日) 광풍(狂風)이 일어나고 오후(午後) 하늘이 흐리면 명일(明日) 비가오고 午前에 날이 후끈하면 바람이 北方에서 일어나고 午後에 흐리(理)는것은 풍세(風勢)를 막는다. 아침에는 회고 저물(暮)게

三五七

붉으면 네풍(大風)이 불고 해가 지고 어둡게(暗) 붉으면 비는 없고 바람만 분다 아침(朝)해가 하늘에 쪼이지도 아니 할것이다 꽃(花)이 열리여서 떨어지지를 아니하면 앞날에 경사(慶)가 있고 하늘이 밝도록 꺼지지를 아니하면 五日內에 기쁜일이 있고 꽃이 열리(開)여

가는비(細雨)가 솔솔온다 저물빛(暮光)이 하늘에 밝으면 날이 개여(連)하여 음(陰)하고 햇빛(日光)이 개서 채색(彩色)이 나면 오래 가물것이요 햇빛이 후끈하면 쉽게 비가 온다 아침하늘(朝天)이 홍색(紅色)을 띠면 풍우(風雨)에 증조(兆)요 저문하늘(暮天)에 황색(黃色)을 띠면 쾌청(快晴)에 증조(兆)다 날벌레(昆蟲)가 많이 날면 비가 오고 물새(水鳥)가 멀리날면 일기가 좋다.

燈火占 _{등화점} (등불을 보아서 길흉을 안다)

논(論)=등불(燈火)은 한집안(家內)에 거울(鑑)과 같이 비치(昭之)는데 주장이된다 그러하므로 이(蕊)을 맺어서 밝은것을 토(吐)하고 꽃(花)이 열리고 심(蕊)을 맺어서 밝은것을 토(吐)하고 빛이 나므로 人間의 길흉(吉凶)을 알고 천시(天時)에 개이(晴)고 비(雨)가 울것도 요량(量)을 한다 무릇 등불(燈火)에 꽃이 있으면 반드시 그대로 열리(開)고 스스로 금어(剪)서 없이 하지를 아니할것이요 떨어지게 할것이요 스스로 떨어지게 할것이며 한번 불어서(一吹) 꺼지게 할것이요 두번 불

명일(明日)에 귀한 손(客)이 오고 빛(光)만 밝아(明)서 반짝(耿耿)이면 먼곳(遠處)에서 편지(片紙)가 오고 등불(燈火)이 무고(無故)히 꺼지면 主人이 상복(喪服)을 입게 되고 만일 꽃이 있다가 문득 글거서 버리는 것과 같이 불(吹)적에 떨어지면 主人이 치욕(恥辱)을 받는 일이 생긴다.

지도 아니 할것이다 꽃(花)이 열리여서 떨어지지를 아니하면 앞날에 경사(慶)가 있고 하늘이 밝도록 꺼지지를 아니하면 五日內에 기쁜일이 있고 꽃이 열리(開)여서 밖으로(外) 향(向)하면 반드시 대인처소(大人處所)에서 글(書)이 오고 만일 일곱(七) 밤을 이같이되면 벼슬(仕)하는 사람이면 벼슬과 녹(祿)을 더하고 보통사람이면 재물(財物)과 복(福)이 생기고 나누(分)면 主人이 큰은혜(大恩)와 길한 경사(慶)가 있고 구슬(珠)을 연(連)하여서 아래(下)로 늘어지면 재물이 원행(遠行)을 하게되고 불꽃이 둘이 맺으면 술(酒)과 음식(飮食)이 생기고 귀자(貴子)를 낳으며 꽃이 위(上)로 향(向)하여 둥글고(圓) 크면 主人이 원행(遠行)을 하게되고 불꽃이 팥과 같이 맺으면 술(酒)과 음식(飮食)이 생기고 귀자(貴子)를 낳으며 꽃이 위(上)로 향(向)하여 둥글고(圓) 크면

病人吉凶預言 (병인길흉예언)

正五九月에는 祿留祿喑祿馬祿喑祿留 二六十月에는 馬祿馬祿馬祿留 三七十一月에는 馬橫馬祿馬祿馬 四八十二月에는 祿喑祿馬祿喑祿馬祿留

이法은 큰달(大月)에는 위(上)로부터 순(順)으로 내려오면서 세이고 적은(小)달에는 下로부터 역(逆)으로 올라가면서 수(數)가 병(病)이든날에 와서는 글자가 바로(立) 거꾸로(横) 倒(倒) 된것으로 미루어 병인(病人)의 길흉(吉凶)을 미리 말할수 있는 것이니 下에 논(論)에 글귀와 句) 해(解)를 보라

논(論)=글구(句)에 마립정생불방(馬立定生不妨)이요 마도불구귀지(馬倒不救歸地)이며 록립병대중구(祿立病大重苦)이요 록도불구치관(祿倒不救治棺)이다 해(解) 마립(馬立)은 살가를 정(定)하여서 해롭지 아니하다는것이요 마횡(馬横)이면 중(重)함이 있어서 구(救)하기가 어렵(難)다는 것이요 마도(馬倒)는 구하지 못하고 땅(地)으로 돌아 간다는 뜻(意)이며 록립(祿立)이란 것은 병(病)은 크되 거듭 길하다는 뜻이요 록사(祿斜)라는것은 병(病)이 중(重)하여서 구(救)하기가 어렵다는 뜻이요 록도(祿倒)라는것은 구(救)하지 못하고 관(棺)을 만드라는 뜻이다

마횡유중불구(馬横有重不救)요 마도불구귀지(馬倒不救歸地)이며 록립병대중길(祿立病大重吉)이요 (祿斜病重不救)요 록도불구치관(祿倒不救治棺)이다

却病諸方法 (각병재방법)

(병을 물리치는 모ー든 방법)

무릇(凡) 사람(人)에 병(病)이 귀신(鬼神)이 작희(作戲)하는데서 많이 나오되 세상(世)이 알지(知)를 못하는고(故)로 도인 장천사(道人 張天師)가 이 퇴송(退送)하는 방법(方法)으로써 많이 구(救)하였으되 혹 낳지 아니하는 것인 즉 반드시 귀숭(鬼祟)이 아닌 것이다 그러면 사과(四課)이나 또는 육효(六爻)로써 점(占)을 하여서 귀신(鬼神)이 동(動)하면 이방법(此方法)으로써 물리치(却)고 그렇지(然) 아니하면 약(藥)으로써 다스리(治)는 것이 가(可)한것이다.

복 서 문

자일병(子日病)=三四日 전(前)부터 구토(嘔吐)가 나는것이다 북방(北方)에서 주육(酒肉)이 왕래하고 산귀(産鬼)가 작숭(作祟)하여 침책(侵嘖)이요 부모(父母)와 형제(兄弟) 같은 항열(行列)에 중(重)하고 여자는 경(輕)하다 백지삼장(白紙三張)으로 소지(燒紙)하고 백미삼숭(白米三升)을 작반(作飯)하여 성조지신(成造之神)에 기도(祈禱)하고 장중(場中)에 사위(四位)를 설설(設設)하고 산귀(産鬼)를 청(請)하여 북방(北方)으로 퇴송(退送)한다。

축일병(丑日病)=오육일(五六日) 전(前)에 목석(木石)과 주육(酒肉)이 왕래를 하여서 성조지신(成造之神)이 동(動)하고 서북동토(西北動土)와 동방(東方)에서 재물(財物)이 왕래한 연고(緣故)이다 무주귀(無主鬼)를 청(請)하여서 서북방(西北方)으로 퇴송(退送)하라。

묘일병(卯日病)=五日前 九日病이니 목석동토(木石動土)와 묘、유방(卯、酉方)에서 신위(神位)가 출입한 죄이며 성조지신(成造地神)의 동토(動土)이다 백지 일장(白紙一章)과 백미일숭(白米一升)을 작반(作飯)하고 성조지신(成造之神)에 주식(酒食)을 설설(設設)하고 부모(父母)와 형제(兄弟) 같은 신(神)에 빌어(祈)서 서방(西方)으로 퇴송(退送)하라。

진일병(辰日病)=출행(出行)을 하다가 병을 얻어서 구토(嘔吐)가 심(甚)하니 동、남、술、해、방(東、南、戌、亥方)에 범(犯)한 죄라 삼사인(三四人)이 앓을 병이니 조왕(竈王)에 제사(祭)를 하면 술일(戌日)에 조금 났는다。

사일병(巳日病)=수족(手足)과 사지(四肢)가 아프며 대인(大人)과 우마(牛馬)가 현몽(見夢)하고 삼사일후(三四日後)에 까지 들낭낭하며 토(吐)하고 싼다(瀉) 해방(巳、亥方)에서 신위(神位)가 출입한 죄니 성조지신(成造之神)에 주식(酒食)을 설설(設設)하고 퇴송(退送)하라。

오일병(午日病)=사지(四肢)가 불안하고 두통(頭痛)과 복통(腹痛)이 일어나며 육미(肉味)에 달이다 성조(成造) 방신위(北方神位)가 출입한 죄니 성조전(成造前)에 주식(酒食)을 설설(設設)하고 부모(父母)와 형제(兄弟)같은 귀신(鬼神)에 빌어(祈)서 동방(東方)으로 퇴송(退送)하면 인일(寅日)에는 쾌차(快差)된다。

미일병(未日病)=하혈(下血)이 왕래하고 대소변불통(大小便不通)이라 북방(北方)에서 토、목(土、木)이 출입한 죄니 성조전(成造前)에 주식(酒食)을 설설(設設)하고 장중(場中)에 삼위(三位)를 설(設)하고 아사귀(餓死鬼)를 불러(招)서 동방(東方)으로 퇴송(退送)을 하면 팔일후(八日後) 조금 낳는다.

신일병(申日病) =남자는 중(重)하고 여자는 경(輕)하니 서북방(西北方) 주식(酒食)이 왕래하고 묘, 유방(卯酉方)에서 재물(財物)이 출입 하였으며 노중객귀(路中客鬼)의 침해(侵害)이니 성조전(成造前)에 주식(酒食)을 설(設)하고 객귀(客鬼)를 청(請)하여 서방(西方)으로 퇴송(退送)하면 묘일(卯日)에는 아주쾌히 났는다.

유일병(酉日病) =사지(四肢)가 불안하여 두통(頭痛)과 복통이 심(甚)하니 동방(東方)에서 재물(財物)이 왕래하고 목석조왕(木石竈王)의 동토이다 장중(場中)에 칠위(七位)을 설(設)하고 주식을 갖추어서 동방(東方)으로 퇴송(退送)하면 칠팔일후(七八日後)에는 다 낳는다.

술일병(戌日病) =남녀(男女)가 다(皆) 경(輕)하고 출행(出行)하다가 병(病)을 얻은것이요 서방의 동토한 죄이니 성조지신(成造之神)에 주육(酒肉)을 설(設)하고 기도후(祈禱後)에 남방(南方)으로 퇴송(退送)하라.

해일병(亥日病) =복통(腹痛)과 두통(頭痛)이 나고 사해방(巳亥方)에서 재물(財物)이 출입한 죄와 노중객지귀(客地鬼)가 범(犯)하여서 대인(大人)과 우마(牛馬)가 현몽(見夢)한 것이니 성조(成造) 전에 주식(酒食)을

설(設)하고 장중(場中)에 구위(九位)를 설하고 객귀를 청(請)하여서 퇴송(退送)하면 길(吉)하다.

天干字病 (천간에 글자 병 점이다)

갑, 을일병(甲、乙日病) =귀(鬼)에 성명(姓名)은 기임용(奇壬用)이니 청지(靑紙)에 돈(錢) 팔푼(八分)을 싸서 귀명(鬼名)을 세번 불러(呼)서 동방(東方) 사십보(四十步)에 퇴송(退送)하라.

병, 정일병(丙、丁日病) =귀(鬼)는 우봉련(禹鳳蓮)이니 홍지(紅紙)에 돈(錢) 칠푼(七分) 싸서 귀명(鬼名)을 두번(二呼)불러서 남방(南方) 사십보(四十步)에 퇴송(退送)하라.

무, 기일병(戊、己日病) =귀(鬼)는 풍유신(豊有信)이니 황지(黃紙)에 돈(錢) 열입(十入)으로 다섯번 부르고 남방(南方) 삼십이보(三十二步)에 퇴송(退送)하라.

경, 신일병(庚、辛日病) =귀(鬼)는 맹분춘(孟分春)이니 백지(白紙)에 돈(錢) 구푼 싸서 귀명(鬼名)은 한번 부르(呼)고 북방(北方) 십팔보(十八步)에 퇴송(退送)하라.

地支字病占 (지지에 글자 병 점이다)

묘일병(卯日病) = 손방(巽方)의 재물(財物)과 남방(南方)의 음식(飲食)에 부터(附) 왔다 혹 동방(東方)을 동(動)하고 고목(古木)을 베여(伐)서 조왕(竈王)의 죄역(罪逆)이다 귀명(鬼名)은 의광(儀光)이니 수수밥 칠기(七器)에 염장(鹽醬) 가추고 술(酒) 한잔(一盞) 말(馬) 일곱필(七匹) 십칠보(十七步)에 귀명(鬼名)을 세번 불러서 퇴송(退送)하라.

진일병(辰日病) = 남방(南方)에 우물(井)을 고치고 개(改)하며 해방(亥方)에 동토(動土)한 탈로 조왕(竈王)의 작숭(作崇)이다 귀명(鬼名)은 시골(視骨)이니 좁쌀 밥 칠기(七器)와 염장(鹽醬) 가추고 술(酒) 한잔(一盞)로 남방(南方) 십구보(十九步)에 귀명(鬼名)을 세번 불러서 퇴송(退送)하라.

사일병(巳日病) = 동남방(東南方)에서 음식(飲食)이 왔으며 혹은 남방(南方)으로 다루고 동(動)하므로 문호(門戶)를 모친 탈이다 귀명(鬼名)은 장량(長良)이니 수수밥 칠기(七器)에 염장(鹽醬) 가추고 술(酒) 한잔(一盞)에 귀명(鬼名) 일곱필(七匹)로 동방(東方) 십칠보(十七步)에 귀명(鬼名) 말(馬) 두번 부르고 퇴송(退送)하라.

오일병(午日病) = 서방(西方)을 다루(動)고 버드나무를 베고 우물(井)을 수리(修)하였으며 혹은 의복(衣服)을

자일병(子日病) = 천적(天賊)이니 수수밥(糖米飯) 베고 염장(鹽醬) 가추고 술(酒) 한잔(一盞) 말네필(馬四匹) 글이(畵)여서 북방(北方) 섭구보(十九步)에 귀명(鬼名)을 세번 불러서 퇴송(退送) 하라.

축일병(丑日病) = 태세방(太歲方)과 서방(西方)이 동(動)하여 제석(帝釋) 죄역(罪逆)이요 혹(或) 동방(東方) 재물(財物)과 음식(飲食)이 왕래(往來)한 탈이다 귀명(鬼名)은 천강(天剛)이니 찰밥(糯米飯) 칠기(七器) 염장(鹽醬) 가추고 술(酒) 한잔(一盞)놓고 말(馬) 일곱필(七匹) 그리고 서방(西方) 십보(十步) 퇴송(退送)하라.

인일병(寅日病) = 태세방(太歲方)과 건, 손방(乾,巽方)을 사용(使用)하고 고목(古木)을 베어서 조왕(竈王)에 침책(侵嘖)이다 귀명(鬼名)은 동노(同奴)이니 좁쌀밥 칠기(七器)에 염장(鹽醬) 가추고 술(酒) 한잔(一盞) 말(馬) 일곱필(七匹)에 북방(北方) 사십보(四十步)에 귀명(鬼名)을 세번 불러서 퇴송하라.

식(飮食)과 주육(酒肉)에 탈이다 귀명(鬼名)은 백명(百明)이니 좀쌀밥 구기(九器)에 염장(鹽醬) 가추고 술(酒) 한잔(一盞) 말(馬) 아홉필(九匹)로 동방(東方) 십보(十步)에 귀명(鬼名)을 세번 불러서 퇴송(退送)하라.

미일병(未日病)=월살방(月殺方)과 손방(巽方)을 다루(動)고, 동, 서(東,西) 남방(南方)에서 목, 석(木,石)이 들어온 탈이다 귀명(鬼名)은 퇴기(退奇)이니 수수밥 삼기(三器)에 염장(鹽醬) 가추고 술(酒) 한잔(一盞) 말(馬) 세필(三匹)로 동방(東方) 십오보(十五步)에 귀명(鬼名)을 세번 불러서 퇴송하라.

신일병(申日病)=조토(竈土∧부엌 흙∨)와 마구(馬廐)를 다루고 고목(古木)을 베었으며, 혹은 손방(巽方)에서 솥(鼎)이 들어온 탈이다 귀명(鬼名)은 동룡(東龍)이니 조밥 칠기(七器)에 염장(鹽醬)과 술 한잔(酒一盞)고 말(馬) 한필(一匹)을 그려서 동방(東方) 십구보(十九步)에 귀명(鬼名)을 세번 불러서 퇴송하라.

유일병(酉日病)=동방(東方)에서 음식(飮食)이 오고 혹 동방에 문호(門戶)를 수리(修理)하였으며 와 조왕의 죄역(罪逆)이다 귀명(鬼名)은 도측(道側)이니 줍쌀밥 삼기(三器)에 염장(鹽醬) 가추고 술(酒) 한잔(一盞)과 말(馬) 일곱필(七匹)로 서방(西方) 십보(十步)에

귀명(鬼名)을 세번 불러서 퇴송하라.

술일병(戌日病)=동방(東方)에서 왔다 또는 고목(古木)을 베었으며 고친 토지(土地)와 조왕의 침해(侵害)다 귀명(鬼名)은 천적(天赤)이니 점미밥(粘米飯) ∧찹쌀밥∨ 칠기(七器)에 염장(鹽醬) 가추고 술(酒) 한잔(一盞) 말(馬) 아홉필(九匹)로 남방(南方) 십사보(十四步)에 귀명(鬼名)을 세번 불러서 퇴송하라.

해일병(亥日病)=북방(北方)에 동토(動土)와 사람이 출입한 탈이요 혹은 월살방(月殺方) 범(犯)한 탈이다 귀명(鬼名)은 각로(却老)이니 백반(白飯) 구기(九器)에 염장(鹽醬) 가추고 술 한잔(一盞) 말(馬) 아홉필(九匹)로 남방(南方) 십보(十步)에 귀명(鬼名)을 세번 불러서 퇴송하라.

三十日病占 (서른날에병이다)

삼십일병점

한달안(一月內)에 어느날(何日)에 득병(得病)한것을 찾어서 그날에 쓰는방법(用法)으로 그병의 귀신(鬼神)을 퇴송하되 종이위(紙上)에 아무방(某方) 아무귀(某鬼)를 퇴송(退送)이라고 쓰고 돈 오푼(錢五分)을 같이 싸서 버

복서문

리라 매월초일일(每月初一日) 三、四、五、八、十三、十六、十七、十九、二十、二十一、二十二、二十四、二十六、二十七、三十日은 황지(黃紙)〔누런종이〕를 쓴다.

初一日病=동남방(東南方)에 목신(木神)과 객사귀의 집탈이니 두통과 한열(寒熱)이 나고 음식(飮食)이 맛이 없다 동、남(東、南)으로 사십보(四十步)에 퇴송하라.

初二日病=동남방(東南方)에 친척(親戚) 늙은이의 집탈이니 두통에 구토를 하고 한열(寒熱)이 나며 기운(氣)이 없다 동、남(東、南)으로 삼십보(三十步)에 퇴송한다.

初三日病=정북방(正北方)에 친한 귀(鬼)의 집탈이니 두통과 한열(寒熱)이 나고 음식이 맛이 없다 한 몸(二十步)에 退送하라.

初四日病=동、북객귀(東、北客鬼)의 집탈이니 구토가 나고 오십보(五十步)에 퇴송하라.

初五日病=동북(東北)으로 석류귀(石榴鬼)의 집탈이니 구토와 한열(寒熱)이 난다 동、북(東、北)으로 오십보(五十步)에 퇴송하라.

初六日病=정동목신(正東 木神)의 사지(四肢)가 무겁고 전신이 아푸다 정동(正東)으로 사십보(四十步)에 퇴송하라.

初七日病=동남토지신귀(東南 土地神鬼)의 집탈이니 한열(寒熱)과 구역이 나고 사지(四肢)가 무겁다 동남(東南) 삼십보(三十步)에 퇴송하라.

初八日病=동북토지(東北土地) 신귀(神鬼)의 집탈이니 허리와 무릎(膝)이 아푸고 한열(寒熱)이 나며 기운이 없다 동북(東北) 이십보(二十步)에 퇴송(退送)하라.

初九日病=정남(正南) 친척녀귀(親戚 女鬼) 집탈이니 일신(一身)이 무겁고 구토가 나며 기운이 없다 정남(正南) 삼십보(三十步)에 퇴송하라.

初十日病=정동객귀(正東 客鬼)의 집탈이니 한열(寒熱)과 두통이 나고 음식이 맛이없다 정동(正東) 사십보(四十步)에 퇴송하라.

十一日病=정북(正北) 원사녀귀의 집탈이니 물도(水飮) 먹고 음식생각이 없다 정북(正北) 사십보(四十步)에 퇴송하라.

十二日病=정북(正北) 소녀귀(少女鬼)가 차다 동북사십보(東北四十步)에 퇴송하라.

十三日病=동북(東北) 소녀귀(少女鬼)의 집탈이니 곽란(霍亂)으로 음식이 맛이 없다 동북(東北) 오십보에 퇴송하라.

三六四

十四日病=정동(正東) 가신(家神)의 집탈이니 곽란(霍亂)으로 수족(手足)이 차고 (冷) 음식이 맛이 없다 정동(正東) 三十步 퇴송하라.

十五日病=정남(正南) 수화신(水火神)의 집탈이니 한열(寒熱)과 구토가 나고 음식이 맛이 없다. 정남(正南) 三十步 퇴송하라.

十六日病=남, 서(南, 西) 친귀(親鬼)의 집탈이니 두통과 사지(四肢)가 무겁고 한열(寒熱)이 왕래한다. 서남(西南) 四十步 퇴송하라.

十七日病=정서(正西) 소년귀(少年鬼)의 집탈이니 두통과 사지(四肢)가 불(火) 같고 한열(寒熱)이 심하다. 정서(正西) 三十步 퇴송하라.

十八日病=서, 남(西, 南) 식물귀(食物鬼)의 집탈이니 곽란(霍亂)으로 음식이 맛이 없고 한열(寒熱)이 왕래한다. 서남(西南) 四十步 퇴송하라.

十九日病=정북(正北) 원혼녀귀의 집탈이니 위에는 더웁고 아래는 차며 물도시(水酸)다. 정북(正北) 三十步 퇴송한다.

二十日病=동북 토귀(土鬼)의 집탈이니 구토와 한열에 와 불안(坐臥不安)이라 동북(東北) 五十步 퇴송하라.

二十一日病=동북(東北) 친척소년귀(親戚少年鬼)의 것이니 두통과 곽란(霍亂)으로 식었다 더웠다 하며 구토

집탈이니 곽란(霍亂)과 어질음(瞑眩)병으로 정신이 없다 동북(東北) 四十步 퇴송하라.

二二日病=정동(正東) 정신인귀(井神引鬼)의 집탈이니 곽란(霍亂)으로 수족이 차고 번열(煩熱)이 난다 정동(正東) 三十步 퇴송하라.

二三日病=정남(正南) 산신객사귀(産神客死鬼)의 집탈이니 곽란(霍亂)으로 복통에 잠을 못 잔다. 정남(正南) 四十步에 퇴송한다.

二四日病=서남(西南) 노고불장귀(老姑不獎鬼)의 집탈이니 한열(寒熱)과 구토와 사지(四肢)가 무겁다. 서남(西南) 五十步에 퇴송하라.

二五日病=정서금신노귀(正西 金神老鬼)의 일신이 혼매(婚昧)하고 음식의 생각이 없다. 정서(正西) 四十步에 퇴송하라.

二六日病=서북(西北)에서 얻고 북방대신(北方大神)의 사자 화상(和尙) 가친귀(家親鬼)의 집탈이니 두통과 현기로 방향을 모른다. 서북(西北) 五十步에 하라.

二七日病=정동(正東)에서 얻고 동방신(東方神)이 소년남자(少年男子)의 불합귀(不合鬼)로 하여금 병을 지은

복 서 문

와 번열(煩熱)이 나니 정동(正東)에 퇴송하라.

二八日病=서북(西北)에서 얻었다 금신(金神)이 소년녀귀(少年女鬼)로 하여금 병을 지여서 두통으로 열발(熱發)하고 침식(寢食)이 다 괴롭기가 말할 수 없다 정북(正北) 四十步에 퇴송하라.

二九日病=동남(東南)에서 얻고 토가귀(土家鬼)가 병을 만들어서 두통과 한열(寒熱)로 정신이 혼매하고 음식이 맛이 없다. 동남(東南) 四十步에 퇴송하라.

三十日病=동북산신(東北山神) 남자귀(男子鬼)가 병을 지어서 두통과 복통(腹痛)이 나고 토사와 번열증(煩熱症)으로 음식에 생각이 없으니 동남(東南) 四十步에 퇴송하라.

각병부(却病符) (병을 물리치는 부적)

무릇 부적(符)을 쓰는 자는 이(齒)를 세번을 울리고 정한물(淨水)을 한입(一口)을 물어(含)서 동방(東方)을 향(向)하여 품고 주왈(呪曰) 〈주문을 읽음〉 즐출(叱出)하되 〈꾸짖어, 내는것〉

혁혁양양 일출동방 오축차부 발제불상 구토삼매지화
赫赫陽陽 日出東方 五勅此符 拔除不祥 口吐三昧之火

복비문읍지광 사 천봉력사 파질예적 항복요귀 화위
服飛門邑之光 使 天蓬力士 破疾穢跡 降伏妖鬼 化爲

길상 급급여율령
吉祥 急急如律令

해(解)=빛(赫)이 나고 빛(赫)이 나는 태양(太陽)이여 날(日)이 동방(東方)에서 난(出)다. 나의(吾) 게 이(此) 부적(符)으로 불상사(不祥事)를 발제(拔除)하라고 경계(勅)하기로 입(口)으로 삼매(三昧)불 화(火)를 토(吐)하고 옷(服)은 문읍(門邑)에 빛이 나는것을 날리(飛)어서 천봉역사(天蓬力士)로 하여금 병(疾)의 더러운 자취(跡)를 파(破)하고 요귀(妖鬼)를 항복(降伏)받아서 도로(化) 길상(吉祥)한 것을 만든다는(爲) 것이니 급급(急急)히 법령(律令)과 같이 하라는 뜻이다.

부
적
문

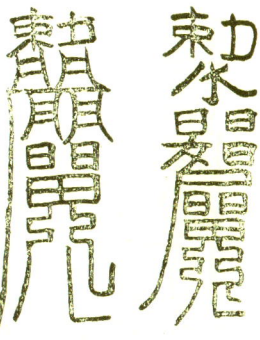
初一日病符
呑一度貼門
上吉

初二日病符
呑一度貼門
上吉

初三日病符
呑一度吉

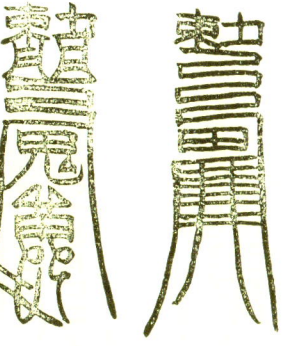
初四日病符
呑一度貼門
上吉

初五日病符
佩一度吉

十六日病符
呑一度佩一
度吉

十七日病符
呑一度佩一
度吉

十八日病符
佩一度頭上
頂一度吉

十九日病符
呑一度頭上
頂一度吉

二十日病符
呑一度貼門
上吉

부서문

初六日病符
貼門上吉

初七日病符
呑一度吉

初八日病符
呑一度吉

初九日病符
呑一度貼門
上吉

二十一日病
符呑一度吉

二十二日病
符佩一度貼
門上吉

二十三日病
符呑二度佩
一度吉

二十四日病
符呑二度佩
一度吉

三六八

초十日病符
呑一度吉

十一日病符
貼房門吉

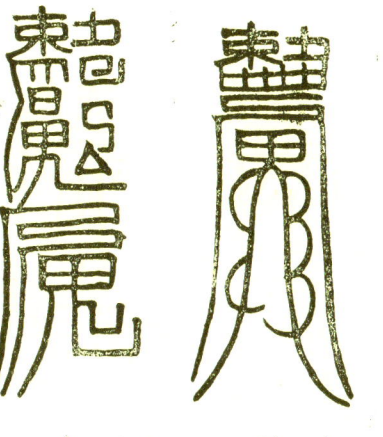

十二日病符
貼房門吉

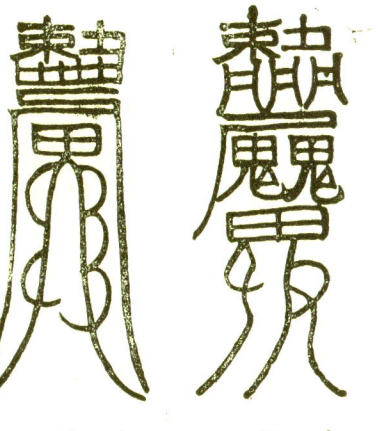

十三日病符
呑一度貼門
上吉

二十五日病
符貼門上吉

二十六日病
符貼門上吉

二十七日病
符戴頭上吉

二十八日病
符呑一度佩
一度吉

부서문

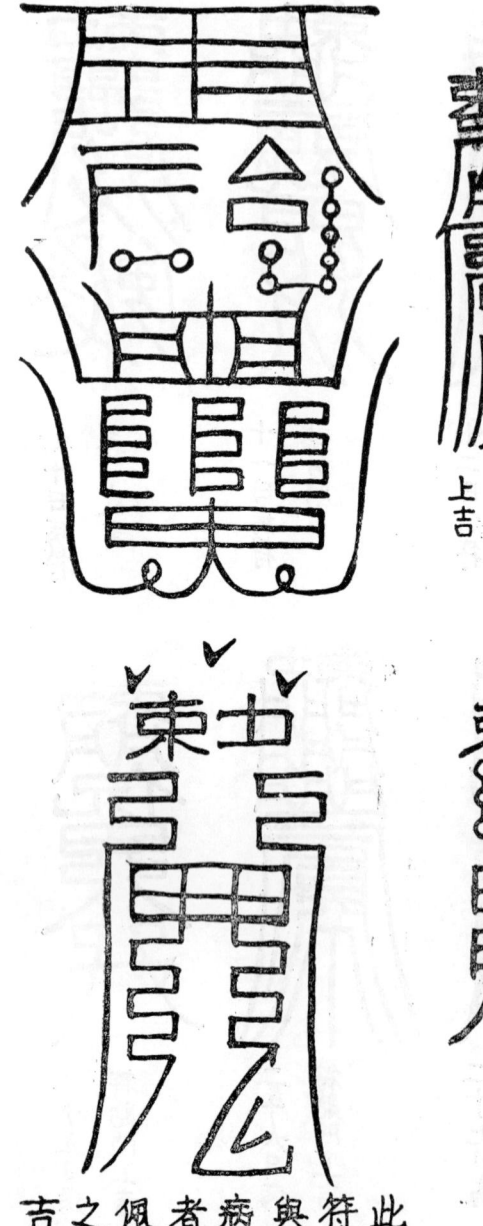
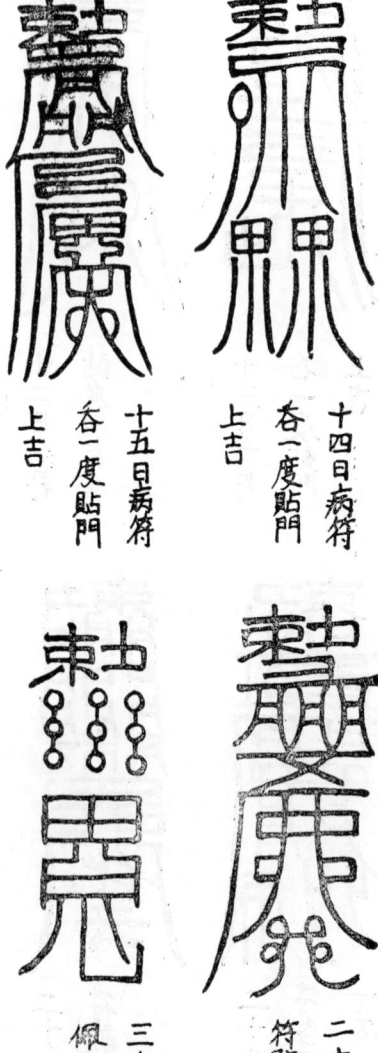

十四日病符
吞一度貼門
上吉

十五日病符
吞一度貼門
上吉

二十九日病
符貼床上吉

三十日病符
佩一度吉

此符與病者佩之吉

三七〇

三, 趨吉論 추길론

關聖帝君覺世眞經 (관성제군각세진경 관성제군의, 세상을 깨우치는, 진경이다)

帝君曰 (제군에 말씀이시다) 人生在世에 (사람이나서 세상에있음에) 貴盡 (귀한것은 충과 효와 절의에 여러가지 일을 다하여서) 忠孝節義等事하야 (귀한것은 충과 효와 절의에 여러가지 일을 다하여서) 方於 (바야흐로) 人道에 (사람의 도에) 無愧라야 (무괴라야 부끄러움이 없어야) 可立於 (가립어 가만히 있을것이요) 天地之間이요 (아에 하늘과 땅사이에 있을것이요) 若 (약 만일) 不盡忠孝節義等 (부진충효절의등 충과 효와 절의를 다하지를 못하여) 事면 (사면 가지일을 다하지를 못하여) 身雖在世나 (신수재세나 비록 몸은 세상에 있으나) 其心은 旣死니 (기심은 기사니 그의 마음은 임이 죽은것이니) 可謂偸生 (가위투생 가히 한것이다) 十手로 (십수로 열눈으로 보는것과 十目 (십목 열손가락으로 가르치는 듯하고) 所視 리소필지 이른바 반드시 이치에도 지극히 할 바이어든) 不爽毫髮이리요 (불상호발이리요 털억끝 만치라도 밝게 아니하리요 況報應이昭昭하야 (황보응이 소소하야 하물머 갚아 주는것이 밝아) 淫爲諸惡 (음위제악 음란한것이 모든 악한)

帝君曰 (제군에 말씀이시다) 人心은 卽 神이니 (인심은 즉신이니 사람의 마음인즉 〈신〉이라 하는것은) 神은 卽 心이니 (신은 즉심이니 곧〈신〉이라 하는것은 〈마음〉이니) 無愧於心이면 (무괴어심이면 마음에 부끄러움이 없으면) 無愧於神이요 (무괴어신이요 〈신〉에도 부끄러울 이 없는것이요) 若是欺心

이면 (을속이 마음) 便是欺神이라 (문득 변사기신이라 이것이〈신〉을 속이는 것이다) 故로 (으로럼) 君子는 (군자는 하는이는) 以三畏四知로 (이삼외사지 의세가지) 而愼其獨하나니 (이신기독 그의 혼자 있을적 애조심을 하는것) 勿謂暗室可欺하며 (어두운 속이라 해서 욱루가 하여서) 屋漏可 愧하라 (괴라 가히 부끄러워 하여서 말라) 一動一靜을 (일동일정 한번 움직이고 한번) 神明이鑑察하사 (신명감찰 이귀신같이 밝은것) 十目

所視 十手所指 理所必至 十目 (십목 열눈으로 보는것과 十手로 열손가락으로 가르치는듯하고) 理所必至 온) 不爽毫髮이리요 (털억끝 만치라도 밝게 아니하리요) 況報應이昭昭하야 (하물머 갚아 주는것이 밝아) 淫爲諸惡 (음란한것이 모든 악한) 首요 (음란한것이 모든 악한) 孝爲百行源이라 (다만 이치를 거을 원이되는것이다 단유역리하야 근) 但有逆理하야 (단유역리하야 근) 어도 不良事 (지극히도 불량사) 원이되는것이다 但有 어도 有逆理하야 於心에 有愧者어든 (마음에 부끄러운 이가 있거든) 勿謂有利而行之하

요 (이〈신〉은 즉 심이니 곧〈신〉이라 하는것은 〈마음〉이니) 神은 卽 心이니 (곧 〈신〉이라 하는것은 〈마음〉이니) 無愧於神이요 (무괴어신이요 〈신〉에도 부끄러울 이 없는것이요) 若是欺心

고 (서행하지를 말고) 凡有合理하야 (무릇 이치대합하며) 범유합리

이가 있다고 하여 (서행하지를 말고) 성경의 글을 인쇄하여 만들며 捨藥施茶하며 (독한약은 버리고 순순한차를 돌

어심 無愧者라도 (마음에 부끄러움이 없는자 이라도) 勿謂無利 (물위무리 말이) 戒殺放生하며 (죽이려 하는것을 경계하고 살것은 놓아보내며) 造橋修路

而不行이어다 (이가 없다고 하여서 행하지를 아니치 말라) 若負吾敎면 (약부오교하면) 一만 (다리를 만들고 길을 닦으며) 矜寡拔困하며 (공과를 측은이 여겨 곤궁한이를

請試吾刀하리라 (청컨댄 내가 칼을 가지고 시험을 하리라) 重粟惜福하며 (중속석복하며 곡식을 복을 아끼며) 捐貨成美하며 (재물을 덜어 서 아름다

敬天地禮神明하며 (신같이 밝은덴 공경을 하고 귀신같이 밝은덴 예를 하며) 垂訓敎人하며 (훈계를 들어워서 사람을 가르치며) 冤讐解釋

奉祖先孝雙親하며 (조상의 선조를 받들고 부모에게 효도를 하며) 守王法 (수왕법 임금의 법을 지키고 여기며) 斗秤公平하며 (말과 저울을 공 평하게 하며) 遠避凶人하며

重師尊하며 (중사존 스승의 도를 중하게 여기며) 信朋友敎子孫하며 (신붕우 교자손 친구에게 믿업게하고 자손을 가르치며) 別夫婦 (별부부) 親近有德하며 (친근한이엔 유덕하며)

隣하며 (이웃간에 화목하게하며) 夫婦 (부부간을 분별이 있게 하며) 敎子孫하며 惡揚善 (악양선 악한것은 숨기고 한것은 들어내며) 回心向道하야 (마음을 둘니도를 향하여서

서여 廣積陰功하고 (광적음공 남이 모르는 공을 많이쌓고) 救難濟急하며 (구난제급 허물을 고치고 스스로 새롭게하며) 改過自新하며

한 운이를 건지어주며 (휼고연빈 외로운이를 만져주고 빈어루한) 滿腔仁慈하야 (어진고 사랑함을 창

하여주며 創修廟宇하며 (창수묘우 사당집을 창설하여 수리하며) 印造經文 자에게 가득) 惡念不存하고 (악한마음을 두지말고) 一切善事를

(한 일을든 착) 信心奉行이면 (신실한 마음으로 받들어서 행하면) 人수불
한 일을 (사람은 비록 보지를 못하나) 神已早聞하시고 (신이 임이 먼저 들으시
며) 加福增壽하며 (복을 더하고 수하여 주며) 添子益孫하며 (첨자익손
자를 더하고 손) 災消病減하며 (재앙이 살아지고 병
화환불침 禍患不侵하야 (재화와 군심침 人物咸寧하고 (사람
과 물건이 편안하고) 吉星이 照臨이어니와 (길성이 비추어서 임하거니와
약존악심 若存惡心하야 (만일 악한마 不行善事하고 (착한일을 행하지를 아니
하고) 淫人妻女하며 (남의 처녀를 음란하게하며) 壞人名節하며 (남
의 이름과 절개를 문어지게하며) 妬人技能하며 (남의 기능을 투기하며) 謀人
재산 財產하며 (남의 재산을 꾀하며) 唆人爭訟하며 (사인쟁송 사람의 다투고 사송 송사하는것을 가송
으루막 損人利己하야 (남을 해롭게 하고 자기를 리롭게 해서) 肥家潤身
하며 (집을 살지게하고 몸을 윤택하게하며) 恨天怨地하야 (하늘을 한탄 하고 땅을 원

모든 (착한일을) 信心奉行이면 人雖不
하여서 (성인을 비방하고 현인을 헐뿐으면) 罵雨呵風하며 (비온다고 꾸짖고 바
람분다고 꾸짖으며) 謗聖毀賢
滅像欺神하며 (화상을 능멸하고 신을
예익자지 穢溺字紙하며 (세욕쓴 종이를
재살우견 宰殺牛犬하며 (소와 개를 잡으며
특세욕선 特勢辱善하며 (세력을 밀고 착
빈부압빈 依富壓貧하며 (부한것을 의지하여 빈한이를 누르며
간인형제 間人兄弟하며 (남의 형제사이
신정도 信正道하고 (바른 도를 아니하고
好尚奢詐하고 (사치와 거짓것을 좋아하고) 不重勤儉
불보유은 不報有恩하며 (은혜가 있어도 갚지를 아니하며) 瞞心昧已하야 (마음을 만심매기
대두소평 大斗小秤하며 (말을 크게하고 저울을 적게하며) 假立
邪敎하야 (거짓으로 간사한 교를 세워서) 引誘愚人하며 (어리석은 사람들을 꼬

관성제군각세진경

三七三

관성제군각세진경

어쩌서) 탁설승천 托說昇天하야 (로부탁하는말이 하늘 염물행음 欲物行淫
피우며) 으로올라간다하여서) (먼리 갚아주는것) 신명의살
하며 (물건을걷우고 음 명만암편 明瞞暗騙하야 (밝은이를어둡 자손에게있다) 神明鑑察이 (신명의살
운이불 란한짓을행하며) 게하고어두 력지끝만치도 피는것이) 毫髮不
이여서 속 횡언곡어 橫言曲語하며 (횡설 백일주저 白日呪詛하고 아니하시니 선악양도는 (착하고악
된소리를하고 설을하며) 지의 화복유분 禍福攸分이다 (재앙과 선악보
밝은날에헛 배지모해 背地謀害하야 (땅을등지고 복은나누인바이다) 행선복보
존천리 存天理하고 (하늘의이치를 것을갖는것이요 불 아작사어 我作斯語하야 (내가 行善福報이요 (착한
두지아니하고) 불신보응 不信報應하고 (하늘이 이말 원인봉행 願人奉行하오니 (남들이받 작악화림 作惡禍臨이니
니하며 (사람의 갚는다는것은믿지를아니 하기를원 하노니 언수천근 言雖淺近이나 (말은비록 들어서행 악한것을지으면재
인인작악 引人作惡하며 고 (사람을속여서) 마음에크게 戱侮吾言이면 (나의말을 회롱하고 천근하나 대익신심 大益身心이라 앙이임하는것이니)
조금만치도 (울 지하고아니하고) 악한것을만들어서 유익할것이다) 有能持誦이면 (능히가지 斬참
口舌구설과 (관의말에 행제악사 行諸惡事하며 (모든악한일 불수편선 不修片善하고 수분형 首分形이요 (머리를베이고 유능지송 有能持誦이면 (능히가
입 이 면 형 이 요 읽
염악한 惡毒과 수화도적 水火盜賊과 官詞관사 있으면가) 흉소취경 凶消聚慶하야 (흉 한것은살아지고 구자득자 求子得子
生敗産畜생패산축 (물불수 하고 (아이들을얻고 경사는모이여서) 오래살기를구하
하고 (서중에살 남도여음 男盜女淫하며 (남자는도적질 부귀공명 富貴功名을 (부귀와 개능유성 皆能有成이요 다능히이룸이
口舌염질과 집이망하고여) 殺身亡家 살신망가 여자는도적여) 공명을구하면 求壽得壽구수득수하야 있을것이요
란하는 음 惡毒瘟疫 악독온역과 男盜女淫 근보재신 近報在身이요 (가까게갚아주는 凡有所祈범유소기 (무릇비는바
자는 近報在身 (根報在身이 몸에있고 이루었으면 如意而獲여의이획
遠報子孫원보자손이 것은몸에갖는) 원부자손 이 로뜻과같이

時節(시절) 凶風論(흉풍론)

※ 正月初一日의 天氣로 그해의 凶豊을 아는법

一, 천기(天氣)가 청명(淸明)하고 사방(四方)에 청기(靑氣)가 있으면 년내(年內)에 우순풍조(雨順風調)하여서 인생(人生)의 질병(疾病)이 적고 누런기(黃氣)가 있으면 오곡(五穀)은 풍등(豊登)하나 인간에 병(病)이 많은것이며 붉은기(赤氣)와 흰기(白氣)는 가뭄(旱)의 증조(證兆)이요 검은기(黑氣)는 음한비(陰雨)의 증조이니 인생에 불리(不利)하고 오곡이 풍족치 않으며 육축(六畜)이 왕성(旺盛)치 못하고 백과(百果)가 불실(不實)하다.

二, 폭풍(暴風)이면 도적(盜賊)이 많고 곡식(穀食)이 종 미곡(米穀)은 천(賤)하나 인민(人民)에 병(病)이 많고 이먼저들면 쌀과 보리가 귀하고 사람에 병이 있고 丙이먼저들면 四월에 四十일을 가물(旱)고 丁이먼저들면 면사(綿絲)와 삼(麻)이 귀(貴)하고 戊가 먼저들면 가물어서 보리(麥)와 고기(魚)와 소금(鹽)이 귀하고 己가 먼지 못하고 대한(大旱)의 증조이요 육축(六畜)이 왕성(旺盛)치 못하고 소채(蔬菜)와 과실(果實)이 감소(減少)된다

三, 누런구름(黃雲)이 일어나면 모백(牟麥)은 풍등(豊登)하나 우마(牛馬)의 병이많고 과수에 불리하며 미곡(米穀)은 천(賤)하며 인민(人民)은 편안(平安)하다.

四, 노을(霞氣)이 떠서 움직이면 충재(虫災)가많고 사(綿絲)가 적으며 과실(果實)과 채소(菜蔬)는 성하나 인간의 재앙이 많은것이다.

五, 안개(霧)가 농(濃)하면 염질(染疾)이 유행 되는것이니 卯시는二월 辰시는三월 巳시는四월 午시는五월 未시는六월 申시는七월 酉시는八월을본다 바람(風)이 먼저(先)불고 비가뒤에 오면 먼저(先)는 가물(旱)고 뒤에는 장마지며 비가먼저 오고 바람이 뒤에불면 먼저는 장마지고 뒤에는 가문다.

六, 원단(元旦)의 천간표(天干表)이니 甲이먼저들면

시절흉풍론

저들면 바람과 비(雨)가 많아서 쌀이귀하며 누에농사(蠶農)가 불실(不實)하고 庚이 먼저들면 익으(熟)나 금전이 귀하고 사람의 병이많으며 辛이 먼저들면 벼(禾)는 익으(熟)나 삼(麻)과 보리가 귀하고 壬이 먼저들면 삼과 보리는 천(賤)하나 두태(豆太)가 귀하고 癸가 먼저들면 비가많아서 곡식의 결실이 아니되고 인민의 질병(疾病)이 유행(流行)된다.

입춘(立春)일의 천간표(天干表)

甲과乙은풍년(豊年) 丙과丁은대한(大旱) 戊와己은 장(田庄)에 해(害)롭고 庚과辛은 인민이불안하고 壬과癸는 대수(大水)가 하늘에닫는다(連天)

원일상순내(元月上旬內)의 다섯자일표(五子日表)

甲子가먼저들면 풍년(豊年) 丙子가 먼저들면 한재(旱災) 戊子가 먼저들면 충재(虫災) 庚子가 먼저들면 병란(兵亂) 壬子가 먼저들면 홍수(洪水)로다.

입절(八節)의

입춘날(立春日) = 천기(天氣)가 청명(淸明)하면 백물(百物)이 화성(化成)하고 음(陰)한비가오면 큰 물결이 일어나(起)고 동(東)쪽에 쌓인눈(積雪)이 있으면 시절(時節)이 풍등(豊登)하고 동풍(東風)이불면 곡식(穀食)이 평안(平安)하고 서풍(西風)이불면 가

물어서 곡식이 귀함으로 도적이 생기고 남풍(南風)이불 면 육축(六畜)이 성(盛)하고 북풍(北風)이불면 물결(水波)이 심하다.

음양(陰陽)의 한기운(一氣)을 먼저(先) 한것이니 조화 조화(造化)가 다 하늘에 있도다.

춘분눌(春分日) = 동쪽하늘에 푸른구름(靑雲)이 있으면 모맥(牟麥)이 잘 되는것이요 청명(淸明)하고 구름이 없 으면 만물(萬物)이 불성(不盛)하고 사람의 열병이 많으 며 서풍이불면 모맥(牟麥)이 귀하고 동풍이 불면 모맥이 천(賤)하며 남풍이불면 시절(時節)은 좋고 남풍이불면 미곡(米穀)에 는 장마지고 뒤에는 가물며 북풍이불면 미곡(米穀)이 귀 하다.

입하날(立夏日) = 크게 개이면(大晴) 반드시(必) 가물고 동풍이불면 오곡(五穀)이 잘되고 인민(人民)이 평안(平安)하 며 남풍이불면 사람의 병(病)이있고 곡식에 가물이들며 풍이불면 육축(六畜)에 해(害)롭고 북풍이불면 고기 (魚)와 조개(蝦)가 흉(豊)하고 巳시에 동서(東西)풍이불 면 십일내에 푸른기(靑氣)가 나타(現)나고 동남(東南)풍 이불면 년사(年事)가 대풍(大豊)하고 만일(若) 푸른기 (靑氣)가 보이지 아니하면 년내(年內)에 바람이 많아서 이 천하며 인민이 편안(平安)하고 서풍(西風)이불면 가 만물(萬物)이 크게상(大傷)하고 북풍이 불면 물결(激)이

일어나며 지동(地動)과 사람의 병(病)이 일어(起)나고 서풍이 불면 충재(虫災)가 일어나고 또는 사람의 재앙(災殃)도 있으며 동풍이 불면 번개(電)가 일어나서 불시(不時)에 물건(物件)을 타격(打擊)한다.

하지날(夏至日)=丙寅 丁卯날에 당(當)하면 곡식이 귀한것이다. 그날 오시(午時)에 남방(南方)에 붉은구름의 형상(形)이 말(馬)과 같이 일어나면 이것은 이궁(离宮)의 정기(正氣)이니 오곡이 풍등(豊登)하고 붉은구름이 보이지 아니하면 오곡이 불성(不成)하고 사람도 안질(眼疾)에 고생(苦生)을하며 또는 충재(虫災)도 있는것이요 남풍이불면 대풍(大豊)하고 북풍이 불면 산전(山田)에 가물들고 쌀이 극히저하며 서남풍이 불면 대창(大穣)하여서 비가 많이오고 동풍이불면 가을에비가 많이오고 사람도 피해(被害)를 당하며 서풍이불면 가을에 병이많다.

입추날(立秋)=천동(天動)하면 곡식의 수확(收獲)을 감(減)하고 비가오면(雨降) 채소(菜蔬)에 유리(有利)하고 동풍이불면 사람의 병이돌고 서풍은 초목(草木)에 큰비(大雨)가오고 申시 서남방(西南方)에 붉은구름이 있으면 곡식이 잘익고 구름이 없으면 만물(萬物)이 불성(不成)한다.

추분날(秋分)=청명(晴明)하면 만물(萬物)이 불성(不成)하고 비가오면 걸하고 酉시에바람이 불어서 흰구름(白雲)이 양(羊)의 형상(形)같은것은 풍년(豊年)들머 서리(霜)가오면 사람의 형상(形)이 많으되 내년(來年)1월에 응(應)하고 동풍이불면 사람의 병(病)이요 동남풍이 불면 폭풍(暴風)의 우려(憂慮)가 있고 북풍이불면 음냉(陰冷)하다.

입동날(立冬)=火에 속(屬)하고 아울러(幷) 비와 눈이 없으면 다뜻(暖)할 증조(兆)이니 내년(來年)에 가물고 水나 木에 속(屬)하면 오는봄(來春)에 비가많고 과수(果樹)의 꽃이(花)열리(開)면 내년에 가물고 동풍(東風)에 우뢰(雷)하면 흉(凶)하고 남풍이불면 내년五월에 병(病)이 있고 서풍도흉하고 북풍이불면 겨울눈이(冬雪)에 짐승(獸)이 얼어죽고 서북(西北)에 사람이 상(傷)하는것이니 그렇지 아니하면 대한(大寒)에 삼(麻)이 잘되고 만일에 말(馬)같이 이러(起)나면 마(馬) 용마(龍)월까지 발현(發現)되는것이다.

동지날(冬至日)=壬이들면 가무는(旱)것이니 二日에 壬이들면 조금가물(小旱)고 三日에 壬이면 대한(大旱)하고 四日에 壬이면 오곡이풍등하고 五日에 壬이면 적은물(小水)이고 六日에 壬이면 큰물(大水)이고 七日에 壬이면 하수(河水)가 터져흐르(決流)고 八日에 壬이면 바다(海)가

시절흉풍론

뒤집혀(飜騰)지고 九日에 壬이면 대풍(大豊)하고 十, 十

一, 十二日이 壬이면 오곡(五穀)이 불성(不成)하고 동풍(東風)이 불면 인민의 재앙(災殃)과 우마(牛馬)의 사상(傷)이 많고 남풍이면 곡식이 귀하고 북풍이면 풍년들고 서풍이면 백성(民)이 편안(便安)하고 푸른구름(靑雲)이 북방에서 일어(起)나면 내년에 풍년이요 구름이 없으면 흉년이요 붉은구름(赤雲)은 가물(旱)고 검은구름(黑雲)의 병(病)이요 누런구름(黃雲)은 공사(工事)가 흥(興)한다.

得辛의 五穀豊年論 (득신으로 오곡 풍년아는법)

白은 白米(쌀) 黑은 稷(피) 黃은 粟(조) 靑은 豆太(콩) 赤은 麥(보리)

※
一月一, 二日得辛……先旱後霖(먼저가물고후에장마진다)
　　　　　　　白中 黑下 黃死 靑上 赤次

一月三, 四日得辛……小雨多風(비는적고 바람은많다)
　　　　　　　白死 黑中 黃次 靑下 赤上

一月五, 六日得辛……和平歲美(화평하고 아름답다)〈썩종지못하다〉
　　　　　　　白中 黑次 黃上 靑死 赤下

一月七, 八日得辛……小雨多風(비는적고 바람은많다)
　　　　　　　白上 黑次 黃下 靑死 赤中

一月九, 十日得辛……高田水破(높은밭에도 수파를 입는다)
　　　　　　　白下 黑上 黃中 靑死 赤次

枯焦日 (고초일)

과종(播種)과 재배(栽培)와 기도(祈禱)에 기(忌)한다.
一月에는 辰일 二月에는 丑일 三月에는 戌일 四月에는 未일 五月에는 卯일 六月에는 子일 七月에는 酉일 八月에는 午일 九月에는 寅일 十月에는 亥일 十一月에는 申일 十二月에는 巳일이다.

浸穀種吉日 (침곡종길일) (벼씨를담는날보는법)

甲戌 乙亥 壬午 乙酉 壬辰 乙卯日이다.

下秧吉日 (하앙길일) (벼씨뿌리는날보는법)

辛未 癸酉 壬午 庚寅 甲午 甲辰 乙巳 丙午 丁未 戊申 己酉 乙卯 辛酉일이다.

吉勝基地看法 (사람이 사는데 길하고 좋은은 기지를 보는 법)

길승기지간법

이법은 동명자(洞名字)의 획수(畫數)와 성자(姓字)의 획수를 합하여서 보는 것이다.

[例] 李氏가 羅허里 산다고 하면 李字가 七畫 羅가 十九畫 허이 十二畫 合計 三八이니 三八을 보는 것이다.

七、三伏炎天
　　汗滴禾下
　삼복시절 더운 한 늘에
　담이 곡식 끝에 떨어지도다

八、聲動藝林
　　可知文章
　성명이 재주 있는 수풀에 움직이니
　가히 문장인줄을 알것이다

九、先歌後舞
　　蜂蝶得春
　먼저는 노래를 하고 뒤에는 춤을 추니
　벌과 나비가 봄을 만난 격이로다

一〇、叢叢如此
　　　種種成敗
　획수가 이러하니
　성패가 종종 있도다

一一、杜鵑嗚血
　　　其寃可知
　두견새가 피로 울으니
　그의 원통함을 안것이다

一二、貴人來助
　　　財祿可知
　귀인이 와서 도와주니
　재물과 록을 가히 알지로다

一三、名排金榜
　　　科甲可期
　이름을 금방에 걸었으니
　과거할수를 가히 기약하리로다

一四、能斬其腰
　　　大蛇當前
　큰뱀이 앞에 당하였으니
　능히 그의 허리를 베히도다

一五、花發岩上
　　　豈不枯哉
　꽃이 바위 위에 피었으니
　어찌 마르지 아니 하리요

一六、孝誠絶世
　　　割肉奉親
　효성이 세상에 떨치니
　고기를 베어서 봉친을 하도다

一七、雪積山頭
　　　老僧失杖
　눈이 산머리에 쌓였는데
　늙은중이 집행이를 잃었도다

一八、莫嘆家貧
　　　未久成家
　집이 가난하다 탄식하지 마라
　미구에 성가를 하리로다

一九、盲人得目
　　　自然成家
　장님이 눈을 얻었으니
　자연히 성가를 하리로다

二〇、四五十間
　　　流水可愼
　사오십간 되는 집에
　흐르는 물을 가히 조심하라

二一、畫數如此
　　　可知困窮
　획수가 이러하니
　가히 곤궁 한것을 알리로다

二二、定命八十
　　　我期百年
　나는 일백년을 기약하되
　정한명이 팔십이로다

二三、未滿四十
　　　萬人皆仰
　나이 사십이 차기전에
　만사람이 우러러 본다

二四、子孫滿堂
　　　鳥雀春夏
　자손이 집에 가득하니
　새가 봄과 여름을 만났도다

二五、莫嘆家貧
　　　金穀在邇
　집이 빈한것을 한탄하지 마라
　금과가 가까이 있도다

二六、黃鳥鳴春
　　　堂上吹笛
　꾀꼬리가 봄을 울리니
　당위에서 피리를 불도다

二七、我乘白雲
　　　可笑世人
　나는 가히 세상의 사람을 웃고
　흰구름을 타도다

二八、科星照臨
　　　未久折桂
　과거할 별이 비추어 ㅅ으니
　미구에 계수나무를 꺾으리로다

三七九

길흉기지간법

二九、虎入陷阱 범이 함정에 들어갔으니
難得生路 살길을 얻기가 어렵도다

三〇、堂上病親 당상의 병든 부모가
時時落淚 때때로 눈물을 흘리도다

三一、花爛春城 꽃이 춘성에 난만하니
蜂蝶來舞 나비와 벌이 와서 춤을추도다

三二、雖得文章 비록 문장은 얻었으나
功名未成 공명은 이루지 못하도다

三三、少年時節 소년시절에
聲哀山頭 소리가 산머리에 슬프도다

三四、鼠逢惡猫 쥐가 악한 고양이를 만나니
未知死生 생사를 알지못하도다

三五、二八靑春 이팔청춘에
花童近侍 꽃같은 아이가 가까히 모시도다

三六、驛馬到間 역마가 문에 이르도다
四五十間 사오십간

三七、口辯如此 구변이 이러하니
何羞蘇張 어찌 소진과 장의를 부끄러워하랴

三八、百年高堂 백년이나 되는 높은당에
鶴髮仙翁 학발같은 선옹이로다

三九、貴人來助 귀인이 와서 도우니
福祿可成 복과록을 가히 이루도다

四〇、溪水漲流 시내물이 많이 불었으니
楊柳得春 버드나무가 봄을 얻었도다

四一、春風花蝶 봄바람에 꽃과 나비를
孰不愛之 누가 사랑하지 않으리요

四二、論其平生 그의 평생을 논할것 같으면
無害無德 무해 무덕 하리로다

四三、大抵財祿 대저 재물과 녹을
不可勝數 가히 다 셀수가 없도다

四四、七殺坐命 칠살에 앉은명이
平生不安 평생토록 불안하도다

四五、山中處士 산중에 있는 처사가
意外得鶴 의외에 학을 얻었도다

四六、莫言貧苦 가난하여서 괴로움을 말하지 말라
未久成家 미구에 성가를 하리로다

四七、丹山鳳凰 단산에 봉황새가
喜得竹實 죽실을 얻었으니 기쁘기 한이 없다

四八、散其財物 그재물이 흩어지고
東西得食 동서로 밥을얻도다

四九、淸風高閣 맑은 바람 높은집에
先呼其名 먼저 그이름을 부르도다

五〇、看此畫數 이 획수를 보니
吉少凶多 길한것이 적고 흉한것이 많도다

五一、龍入大海 용이 큰바다에 들어가니
可帶富名 가히 부명을 띠도다

五二、琴瑟淸和 금슬이 맑고 청화하니
可得妻姜 가히 처첩을 얻을것이다

五三、廣美城邊 넓고 아름다운 성변두리에
杏花爭發 행화가 다투어서 피었도다

三八〇

五五、莫言盛族未久孤單
　　성족한것을 말하지말라
　　미구에 고단해 지리로라

五六、高山落葉流入水中
　　높은산에서 떨어지는 잎이
　　흘러서 물가운데로 들어가도다

五七、心如孟嘗名振四海
　　마음이 맹상군과 같으니
　　이름이 사해에 진동하도다

五八、雲中黃龍落來人間
　　구름가운데 누런용이
　　떨어져서 인간에 오도다

五九、山中枯樹難着根
　　산중 끓어진 언덕이니
　　나무가 뿌리를 붙이기가어렵도다

六○、鳥過雪山魚脫水淵
　　새는 눈있는 산을지나가고
　　고기는 물있는 못을 벗어나도다

六一、行年六十弟子許多
　　지나간 나이가 육십에
　　제자가 허다 하도다

六二、身在靑樓豪傑可知
　　가몸이 청루에 있으니
　　호걸인것을 알리로다

六三、春蘭秋菊各有其時
　　봄난초와 가을국화가
　　각각 그때가 있도다

六四、山窮射雁悔過自責
　　산 집에서 기러기를쏘고
　　허물을 뉘우치어 스스로 책망을 하도다

六五、花發靑山玩客許多
　　꽃이 청산에 피었으니
　　구경하는 사람이 허다하도다

六六、名掛金榜可折桂花
　　이름을 금방에 걸었으니
　　가히 계수나무 꽃을 껶으리로다

보는 법

작명법(作名法)

이름은 그사람을 표현(表現)하는데 쓰이는 것이며 그 사람의 모든것을 대행(代行)하는 것임으로 첫째 부르기가 좋을것 둘째 쓰기가 편리할것 셋째 틀리기 쉬운자(字)를 쓰지않을것이다.

우리나라에서는 항렬(行列)字를 쓰고 있는 관계로 한 자로맞추려면 퍽어려울듯 하나 자녀(子女)가 출생(出生)하였을때 잘생각하여 좋은 이름을 지어주는 것이 또한 좋은 것이라고 생각하여 여기에 이 작명법(作名法)을 기록(記錄)하는 바이다.

성명삼자(姓名三字)의 음양획수(陰陽畫數)를 합산(合算)하여 첫번字를 찾은다음 거기다 八八식을 가산(加算)하여 다음 字를 찾는것이니 四자(字) 四구(句)을 만들어서 길흉(吉凶)을 보는것이니 성명삼자(姓名三字)의 음양획수(陰陽畫數)∧陰畫은 보통쓰는식의 글자의 획수이고 陽畫은 乙字를 四획으로 계산하는것과 같은식∨

작 명 법

올 합산(合算)한것이 八十八을 초과(超過)할 때에는 八十八로서 제(除)하고 남은 수(數)로 첫번 자(字)를 보는 것이다.

```
例  八  一  三
陽  九  九  六
    ─  ─  ─
陰  李  八  六
七  永  二  四
五  錫  二
    ─  計
    一  六
    六  四
```

例와 같이 이런 식으로 글귀를 만든 것이다 다음과 같이 식 글귀를 만들면 되는 것이다.

權謀術數   守義堅志   積善福德   晩年之運
世上豪傑   仁聲四海   衣食豊富   天下振動

※ 획수를 계산하여 첫자만 알면 바로 볼수 있도록 글자를 색출(索出)하여 글귀를 만들고 해석을 하여 다음에 기록(記錄)하였으니 곤난한 사람은 이것을 보라.
성명(姓名)의 음양획수가 六十四이면 六十四를 찾으면 權字 六十四에 十八을 더하면 一五二이니 一五八이 되는 것이니 기재(記載)한것이니 길흉은 이것으로서 알수 있으되 다음 두귀를 더 알고 싶으면 먼저와 같이하여 찾어 보라.

一, 虎富父早種   積魚大滄萬
二, 畵姓猛三白   東世名手畵
三, 大畵滄渴多   枯高魚放乾
四, 日過散有觀   畵山多姓富
五, 三權萬山靑   勤臨龍浪枯
六, 暗魚家所手   萬人權白長
六一, 敗三人種日   四早龍名名
七一, 畵觀魚渴有   聰有大有早
八一, 山之山寶片   果網所入貴
九一, 母成豆善龍   鳳海事數名
一〇, 虎月日西上   字足數早法
一一, 海龍財木山   變浪龍入冬
一二, 家錢名數波   知名兼年勢
一三, 里谷天勞渡   入中木中龍
一四, 內願足事間   勢日安家月
一五, 間謀別十失   入不字其名
一六, 龍龍倉明銃   旱子成高南
一七, 上劍舟木中   願陷兼無文
一八, 得失失高南   能合合陷回
一九, 無南萬合無   二七觀萬得
二〇, 必逢植成四   得雲回財有
二一, 索觀雲多三   高不天滄回
二二, 白農無大腐   逢行得不成
二三, 無能世千無   大亡回世術
二四, 南未父大合   合異索失得
二五, 無過無七軍   文水之採晚
二六, 大毛之成中   全德學豆福

二七一、水樓里權算　數中春光北
二八一、事姓脈十年　察里水損春
二九一、木龍方水中　春敗權字察
三〇一、霧謀字貴雨　下海春日事
三一一、船海船春人　水和就脈權
三二一、上里光路身　春波數北滿
三三一、母海姓姓狀　字水水穀人
三四一、彈年中學長　北玉匣海春
三五一、魚就生志何　位因壽可先
三六一、臨名何一生　枯愁他老壽
三七一、何學農早一　壽無干風可
三八一、山衣愁萬東　男手文盲男
三九一、可無農名一　芝濕天前可
四〇一、不千又衣意　晚何名風萬
四一一、前春東陰虛　世愁所客可
四二一、安福何希何　自有到來雨
四三一、歸以此吉不　價風萬終萬
四四一、死望望至果　富知呼渡振
四五一、論生死木深　人翁福論業
四六一、事章葉富德　里霜帶高食
四七一、深牧西兒足　章人兒知憂

四八一、事聲葉開風　下程帶知里
四九一、逢食外年論　振霜事程風
五〇一、西谷無上深　顧地知樂德
五一一、論望望由子　處賊放家修
五二一、世星知正波　枝無事未成
五三一、吉一報可困　壽無一多大
五四一、難再家相得　可壽成可文
五五一、片可可有加　高水無家再
五六一、浮之失可失　氣運萬可全
五七一、片枯大大無　高安有猛無
五八一、逢多多全何　能險開歸開
五九一、孟豪家成四　壽難豐多廣
六〇一、安躍無歡何　千無前難相
六一一、歲千孤開活　能判功事品
六二一、德知窮福船　世福吉別生
六三一、庭助馬綿福　大知學舟知
六四一、知光雪名長　憂庭生客像
六五一、脈知杖像命　事知國舟木
六六一、雨本望名定　光虎憂霜福
六七一、福國多權惡　花客花浪傑
六八一、庭就方福望　富福大樂勳

작 명 법

六九, 孫迎防里窒 進過隨月金
七○, 浮花路通莫 四萬言萬塵
七一, 遠三莫有放 金六莫六金
七二, 轉性莫調祖 守六衣平積
七三, 莫自祖積子 科龍三飄乘
七四, 莫權有早進 金放莫前保
七五, 子遊莫志有 南莫初莫金
七六, 無言財多一 初空守守貴
七七, 六三釣米有 事莫觀風計
七八, 財莫有大一 沙深身四子
七九, 去官言十里 辭里合行四
八○, 言力浪銀親 恨親錢禍品
八一, 言理業義親 食地善言由
八二, 棠小宮敷飛 四離馬宮覽
八三, 誇氣財錢浪 恨程身誇勢
八四, 財年退北言 雖親錢子辭
八五, 敗生雖手 義宮中親四
八六, 魚穀友事言 名波畫多恨
八七, 子則生中谷 超顧孫去職
八八, 盛未長有渝 泰山十盛有
八九, 南有無初無 有爲厚兄雄

九○, 雖崇無豊起 萬祖天多成
九一, 不在雲十南 長不天積忠
九二, 散有四初萬 保積天必乎
九三, 兩有財困盛 有覃有人多
九四, 運困來堅不 兼無十乾滿
九五, 不藥兄盡許 成尙初二昌
九六, 運隱靑入無 盛益一族滿
九七, 程瑤海山路 間族財北多
九八, 德困德餘福 德弟辭多志
九九, 德足風人業 下受大利北
一○○, 中間北安利 下倉節財餘
一○一, 方困里家倉 下敗吉難田
一○二, 產窮族餘窮 理失慧命窮
一○三, 去志吉富德 間川倉成成
一○四, 弟法多事豐 因三國命金
一○五, 山級親大甚 等一到疊萬
一○六, 無衣曲花一 萬一貧晚晩
一○七, 外衣然仁一 民不終一無
一○八, 何名不福自 終風富晚晚
一○九, 一得前非不 可終富山晩
一一○, 來內盜萬親 晚死黃未後

一一一、一人四萬寄　豪如後自仁
一一二、豫衣外高有　和必財一兄
一一三、前萬危中無　小如早來位
一一四、一地前握身　處嶺事航食
一一五、嶺折生人身　民年獨人食
一一六、果聲獨人身　聲身憂多振
一一七、如德然身霜　身地馬身意
一一八、程官遠帶無　至高年運實
一一九、賊人友年生　金久必身格
一二〇、顧人宿傑此　必然聲禱食
一二一、無官名樂有　產身弟程事
一二二、險後依則此　晚運至身上
一二三、苦廳無救困　能片無高龍
一二四、無感本南孤　多無無報四
一二五、失安加高變　世處天本長
一二六、貧高財千水　到無春陰則
一二七、必多未滿貧　多何外越仰
一二八、如德然身霜　千孤高無應
一二九、無男險何眞　四高豊人名
一三〇、無百謀旺孤　同險能生大
一三一、終昌險財何　一何天險四

자 명 법

一三二、依迎山權身　憂山門痛伏
一三三、依護難福助　憂癘海依嘆
一三四、無北獨上霜　下無壽敗樂
一三五、雪堂魚門依　風惡商困名
一三六、數石落福逢　虛墻視害福
一三七、判穀苦石獨　尚親伏堂兒
一三八、惡石斑方山　富助振實年
一三九、略盛獨樂惡　通命吉身家
一四〇、惡旺時品依　國惡方夫愛
一四一、子勤金吉若　貴晚吉有四
一四二、初四有子人　金若所左積
一四三、初貴山早放　子姓大莫家
一四四、六四先恒平　到放子萬三
一四五、子高夫夫愁　實到四子有
一四六、事積早夫子　三酒名一四
一四七、盡早夫萬祖　貴莫子平子
一四八、運意子寶祖　四金丈莫子
一四九、實婦族勉　實婦族宮勉
一五〇、錢星無中年　星志五雖十
一五一、子宮命錢不　願右德雖貴
一五二、言恨右宮名　衆言人雖中

三八五

작 명 법

一、五三、高成浪處浪 孫里四親五
一、五四、祖守地力處 五子宮宮級
一、五五、慈婦深十斷 聲身五業善
一、五六、別婦宮中言 宮地宮力成
一、五七、婦穀榮十錢 威不孫在恩
一、五八、宮貨業物無 爲不積雖常
一、五九、妻衆之仰未 十巨以三亦
一、六〇、在有妻達相 修巨高祖初
一、六一、相最三指兄 相高衆水文
一、六二、四有南滿遠 十雖十無隱
一、六三、起具失十二 亦雖官不雖
一、六四、家未禁亦無 十失福父不
一、六五、不兼祖亦無 最勤文無富
一、六六、所以雖千兩 滿末相不無
一、六七、多滿情和 善多隨死富
一、六八、運視成間家 後四吉天餘
一、六九、別成侵道閣 官業困侵吉
一、七〇、字道弟助貴 富落學方福
一、七一、北堂程間多 間德密風備
一、七二、敗間三吉吉 職調和庭滿
一、七三、煙里依間敗 德母情利富

一、七四、業吉風吉勞 學情倉得後
一、七五、多里房堂年 通利盡散倉
一、七六、自子萬飄子 自子萬飄子
一、七七、他可終可一 三勤和家驚
一、七八、晚大晚福將 晚外五不爲
一、七九、終所一可 以風黃一和
一、八〇、越所一可自 衣害子一可
一、八一、無三妻名何 月子所勤振
一、八二、將成生衣飄 和早子不五
一、八三、何四渡積子 福不得一驚
一、八四、子百魚萬家 天自天內振
一、八五、多知身手宮 事離孫人至
一、八六、身帶生四者 氣內勤實衆
一、八七、年德來年實 六如國身願
一、八八、年德霜修善 金身氣嶺願
一、八九、身得然食人 孫身得德四
一、九〇、福振多照宮 願勉勤次功
一、九一、命食離樂子 孫遠六論五
一、九二、海善宮德如 名生勤宮年
一、九三、變事庭下然 下愁一風千
一、九四、苦成不如南 滿被富無富

一九五一、孤男天滿不　一內歡無第
一九六一、貧多內男正　愛孤戚糊元
一九七一、何前何滿無　禁高成孤高
一九八一、受無必滿無　索百福不萬
一九九一、鳳兩不成貯　富子男不世
二〇〇一、南百難盛必　一何事維豐
二〇一一、不自本富孤　男成得高愛
二〇二一、不甲必不心　一不和成能
二〇三一、利意北堂害　世霜石痛家
二〇四一、佑堂安世虛　名依名獨妹
二〇五一、虛妹心族獨　迎依一困福
二〇六一、多積依樂山　就口滿多道
二〇七一、多堂獨名孫　就獨俞難憂
二〇八一、吉就畜世生　妹吉昇霜房
二〇九一、養六敗妹事　業持富北年
二一〇一、無著獨世吉　男山族吉多
二一一一、敗歎百子莫　樂龍欖和富
二一二一、九蠱遠子不　貧人吉家晚
二一三一、出爲子敎早　崇先忠至子
二一四一、良到修先誰　覩正兄家爲
二一五一、先爲天職夫　翦東東故若
　　　　　　　　　運動夫財布

二一六一、父子積爲因　有運積晚仁
二一七一、天南正厚姓　晚運末蕾姓
二一八一、禁積金蘂至　事家積貧正
二一九一、索有姓晚晚　寶百福不萬
二二〇一、忍孫言民道　中內年歎歎
二二一一、行宮勞義祖　孝誠孫他國
二二二一、宮化別名心　弟內國心遠
二二三一、心祖怨者西　奔郡非有國
二二四一、運欖婦在勉　婦敗德母孫
二二五一、善國昊子在　善年義佑北
二二六一、心德名年　年數名酒善
二二七一、錢酒誠蘂庭　善民心字威
二二八一、名年年貧忍　德勞人之滿
二二九一、祖救愛多不　之雖不山不
二二三〇一、所積無愛懇　忠四盡大正
二三一一、父蘂勤和不　愛勤歡積積
二三一二、恨救南西不　官積愛不濫
二三一三、無末蘂多人　積有滿之愛
二三一四、報有末和無　愛神有勤積
二三一五、三之末之不　如勤愛難愛
二三一六、感成不愛救　勤結有三之
二三一七、之滿之具所　歡堂堂業濟

자명법

二三八一、護福和運勤　如路吉得善
二三九一、德族天孝方　忠吉道母法
二四〇一、勉睦和族勞　迎善德嘆護
二四一一、北走利臉德　族如用情年
二四二一、酒情失護德　堂家族廳孫
二四三一、年族佐護助　田勞善字運
二四四一、年運合此勞　族多族天功
二四五一、安族濟勞果　權字運運會
二四六一、堂備得迎自　一未仁自子
二四七一、何天正敬越　一祖先可安
二四八一、不榮揚揚夫　世客一一萬
二四九一、害一天名自　子過名一事
二五〇一、離以過天誠　恒獨先自子
二五一一、風一自不必　安種和五一
二五二一、放終自天可　先不天五子
二五三一、誰一多名維　和天天萬一
二五四一、自自當不　天修天萬一
二五五一、一驚然生久　聲然宮論下
二五六一、義天嶺生業　困嘆過遠光
二五七一、名名婦稱地　生生事人生
二五八一、佑聲然孫去　振生業鄉富
二五九一、無下心常坐　因立宮霜生

二六〇一、然羨有過瓜　氣十生浪身
二六一一、力下能困如　下十孫無生
二六二一、少聲持氣佑　下身生然手
二六三一、論振如下道　下福生場勤
二六四一、德安貧四歸　大壽英天愛
二六五一、泰不繼後之　一必多後千
二六六一、無聖南安平　亨必榮神天
二六七一、還盛無四旅　成成得困豪
二六八一、勤操恨後成　大許極更天
二六九一、餘一得滿以　多四安更甲
二七〇一、復後正振以　滿嘆極復天
二七一一、困滿神不寒　多保成好四
二七二一、正名得甲自　極春一化樂
二七三一、苦海福吉福　雄佑人山幸
二七四一、守吉事生成　福世秋情賢
二七五一、北樂過堂多　光助下福大
二七六一、德方行功功　名難傑勞心
二七七一、貧吉功吉多　樂生下慶生
二七八一、瓜堂後堂方　樂生富舊吉
二七九一、心動後堂思　樂舊下離堂
二八〇一、助羨心福命　家訏海心振
二八一一、安富來樂夢　世世終終

작명법(作名法) 삭구해석(作句解釋) 〈보는 법은 위에 보라〉

一、虎入陷中　莫言盛族
　生死未判　一身無依
　범이함중에드니　일가가많음을말하지말라
　생사를알수없다　일신이의지한곳이없다

二、富貴兼全　四十未滿
　志望成功　到處歡迎
　부귀가겸전하니　사십미만시절부터
　뜻한대로성공한다　도처에환영을한다

三、父母無德　萬里長程
　何望吉事　疊嶺高山
　부모의덕이없으니　만리나가는앞길이여
　좋은일은바랄수없다　첩첩한재와높은산이다

四、早成文學　言事有理
　位至一品　萬事能權
　일찍이글을배웠으니　언변이유리하니
　지위가일품이된다　만사에권리가있다

五、種豆得豆　萬里滄海
　因果報德　無航片身
　팥을심어팥이나니　만리창해깊은바다에
　착한일로덕을쌓어야덕이된다　배는없고외로운몸이다

六、積善得福　塞合泰山
　壽富可知　衣食無憂
　착한일로복을받으니　티끌을모아태산이되니
　수와부를겸하게된다　의식에근심이없다

七、魚龍失水　遠行出路
　可知困窮　曲嶺高山
　고기와용이물을잃으니　멀이행하는산길이
　참으로곤궁한격이다　험한고개와높은산이다

八、大鳳高樓　三四十間
　先呼壽福　花折龍門
　봉황새가높은루에서　삼사십간
　수와복을부르고있다　꽃과용문이

九、滄海萬里　莫言盛族
　臨渡無船　一生苦痛
　창해만리깊은물에　번족함을만하지마라
　나루를당하여배가없다　일생을두고고생한다

十、萬事能權　有力應伏
　名振一世　萬人應伏
　만사에권한을쓰니　재산이있고유력하니
　이름이세상에날린다　천만인이복종을한다

十一、壽數合算　放浪南北
　何論多福　一身無依
　획수가이러하니　남북으로도라다니니
　복이많기어렵도다　일신도의지가없다

작 명 법

작 명 법

一二、姓名合數 성명이수의합하니
    一生大吉 일생이대길하다

一三、猛虎陷中 맹호가함중에있으니
    生死難別 생사를알수없다

一四、三月回春 삼월달봄이오니
    枯木再生 마른나무가다시산다

一五、白日無光 낮에도어두운격이니
    愁深家庭 수심많은가정이다

一六、東西南北 동서남북사방에서
    他人桂助 타인이서로도와준다

一七、世上萬事 세상만사의앞길은
    老翁得馬 늙은옹이가말을얻은격이다

一八、名字合姓 이름이성에합하니
    壽福可綿 만복이면면하도다

一九、手足無脈 수족에맥이없으니
    何論壽福 수와복을어찌논하리요

二〇、畫數二十 획수가이십이니
    學業成大 학업이성취된다

二一、大旱七年 칠년이가물었으니
    農事可知 농사는가히알것이다

二二、畫法觀察 획법을살펴보니
    早章文學 일찍이문학에빛이난다

二三、滄海萬里 창해만리넓은물에
    一葉片舟 한쪽각배와같다

二四、渴龍得水 목말은용이물을얻으니
    壽富可知 수와부를겸하게된다

金銀有多 금과은이많이있으니
貧民救護 빈한이를구호한다

六親無德 육가의덕을못보니
晩年困難 만년이도록곤란하다

莫恨初困 초초고생을한하지말라
孤獨多福 고독하다가복이온다

六親無德 육가의덕을못보며
外人無助 외인에도도움이없다

金錢有餘 금전이유여하니
衣食無憂 의식의근심이없다

轉禍爲福 자연화수가돌아와복이되니
然果報應 재운수가번하여복이온다

仁聲品厚德 성품이후덕하니
聲四海 어진소리가널이날린다

莫言兄弟 형제간도말하지말라
一身無依 일신이의지가없다

調理雄辯 이치의달게말을하니
民衆感嘆 여러사람이감탄한다

不如本無 세업이비록많다하나
祖業雖多 없는것이나름없다

守義崇志 사방에서찬성한다
終聲南北 의를지키고뜻을높이니

一身孤獨 일신이고독하다
六親無德 일가의덕이없고

一葉片舟 근의식이풍족하니
無憂世上 의식없는세상이다

二五、多財必損 재물이 자연 없어지니
　　無德可知 덕이 없는 것을 알 조이다

二六、枯木逢春 고목이 봄을 만나니
　　千里有光 천리에 빛이 난다

二七、高山積木 높은 산에 식목을 하니
　　風霜加雪 풍상이 더욱 많다

二八、魚變成龍 고기가 변해 용이 되니
　　可帶高名 가히 고명을 떨치게 된다

二九、放浪四方 사방으로 유람하다
　　山高水長 산과 물이 피로롭다

三〇、乾龍得水 용이 물을 얻었으니
　　衣食無憂 의식에 근심이 없다

三一、日入雲中 해가 구름에 들어가니
　　愁深家庭 수심하는 가정이 있다

三二、過冬再生 겨울이 가고 봄이 오니
　　萬物再春 만물이 다시 난다

三三、散家財敗 집도 없고 돈도 없어
　　東西浮客 동서으로 다니도다

三四、有錄有權 돈과 권리가 있으니
　　男兒之像 남아의 기상이다

三五、觀名索字 성명자를 살펴보니
　　手足失脈 수족에 맥이 없다

三六、畫數可察 획수를 살펴보니
　　文章可知 문장을 알 수 있다

三七、山陵雲霧 산언덕 안개 속에
　　盲人失杖 맹인이 막대를 잃다

작명법

평지에서 바람이 일어나니
무슨 풍상이 심한고
平地起風
何多風霜

착하게하니
이름이 천하에 날린다
積善萬人
名振天下

세업을 말하지 말라
본래 없기만 못하다
莫言祖業
不如本無

천하에 유람하니
복덕과 장수로다
自由天下
福德長壽

세업이 많다하나
자연히 실패 가되다
祖業多受
自然失敗

적은 것을 쌓어 크게되니
종신토록 안락하리라
積小成大
終身安樂

자궁이 불리하니
풍상을 겪으리라
子宮不利
風霜加雪

과거수가 이러하니
일신이 높은 집에 있다
科數在此
一身高堂

용이 구름에 날다가
땅에 떠러져 고기가 된다
龍飛雲中
落地變魚

삼사십간에
수레와 말이 문에 모인다
三四十間
車馬到門

남북으로 표리하니
몸둘곳이 전혀없다
飄離南北
一身無依

말을 장안에 달리니
활발한 기상이다
乘馬長安
得意春風

자궁이 불리하니
앞길이 험악하다
子宮不利
前程險惡

작 명 법

三八. 多知多謀男兒氣像
지혜와 꾀가 특수하니 남아의 기상이다

三九. 姓名三字可知運命
성명 삼자로 보니 가히 운명을 알 수 있다

四〇. 富豪高貴無憂萬事
부귀를 겸전하니 근심없는 세상이다

四一. 三年不雨農事可知
삼년을 비가 안오니 농사는 알 조이다

四二. 權勢天下名聲全國
이름은 천하에 제일이요 천국에 날린다

四三. 萬里滄海一葉片舟
만리 창해 깊은 물에 한쪽 각배와 같다

四四. 山谷回春花開枯木
화창한 봄이 오니 꽃이 고목에 열린다

四五. 靑天白日瀑風大雨
청천백일 좋은 날에 폭풍과 큰 비로다

四六. 天下大本勤勞農事
농사를 힘써하니 천하에 큰 본이다

四七. 臨渡無船前程無望
나루에 임하여 배가 없으니 앞길이 희망이 없다

四八. 龍入大海可帶高名
용이 바다에 들어가니 가히 고명을 띈다

四九. 浪中窩船不知安定
물결 속에 배가 썩 었으니 마음을 잡지 못한다

五〇. 枯木逢春千里有光
고목이 봄을 만나니 천리에 빛이 난다

三八. 遊覽天下非官則商
천하에 유람하니 관리가 아니면 상인이다

三九. 莫誇積倉不遠貧困
풍족함을 자랑마라 빈곤함이 닥쳐온다

四〇. 志氣忠節可帶高名
뜻이 충절을 주장하니 높은 이름이 날린다

四一. 有財散財終無財散數財
있든 재물이 헤여지니 결국은 재수 가 없다

四二. 金錢有餘富至千石
금전이 유여하니 부는 천석에 달한다

四三. 放浪四方山高水落
사방으로 유람하니 산은 높고 물은 깊다

四四. 莫恨初困晚年多福
초년 고생을 한하지 말라 늘그로 복이 돌아 온다

四五. 前程萬里來運何逢
앞길이 만리 같은데 오는 운을 어느 때 만날가

四六. 保身保家內實外虛
안몸과 집을 보존하니 창고 충실하고 밖은 허하다

四七. 莫誇積倉盜賊越墻
도적이 담을 넘는다 곡식을 자랑말라

四八. 萬人仰視權勢天下
권세가 천하에 진동하니 만인이 다 우러러 본다

四九. 有財必敗親友必害
재물이 다 헤어지고 친구도 또한 해롭힌다

五〇. 早年平吉晚年多福
초년에는 평길하고 만년에는 복이 많다

五一、暗中行人 어두운데길가는 사람이
　　又逢猛虎 또맹호를 만난다

五二、魚龍得水 고기와용이 물을 얻으니
　　衣食無憂 의식음문제없다

五三、家內不和 집안이불화하니
　　意外逢霜 뜻밖에서리로다

五四、所願成就 소원이절로되니
　　晚年多福 늦게는복이많다

五四、手足無脈 수족에맥이없으니
　　何論多福 어찌복이라논할가

五六、萬事能權 만사에권리를쓰니
　　名振全國 이름이전국에떨친다

五七、人間世上 인간세상에사람살이
　　風霜許多 풍상도허다하다

五八、萬事能權 만사에권리뻗치니
　　權勢千里 세력이멀리만사에권리로다

五九、白日無光 낮길에도어두우니
　　前程險惡 앞길이힘악하다

六〇、長安大路 장안대로네거리에
　　春風開花 봄바람에꽃이핀다

六一、敗家亡身 패가와망신으로
　　東西歸客 동서에뜬손이다

六二、陰谷回春 음한골에봄이오니
　　三月開花 다스한골에꽃이핀다

六三、人間世波 인간의파동으로
　　虛無孟浪 허무하고맹랑하다

진퇴양난 오고가기가어려우니
사생미판 생사를알수없다

南北有田 사방에밭이있으니
黃金滿積 황금이가득하다

莫言財産 재산을말하지말라
未久貧苦 미구에곤난하다

初雖困窮 초년에는곤궁하나
後必千石 만년에는천석한다

莫言盛族 번족함을말하지말라
一身孤獨 일신도고독한격이다

金錢有餘 금전이유여하고
人格高尚 인격도훌륭하다

無子單身 무자한단신몸이
四顧無親 사방에친척없다

言辭有理 사언마다복종한다
萬人應伏

財敗人失 인패와재패로서
寄宿無堂 의지할집도없다

多知多慧 지혜많고총명하나
豪傑男兒 호걸다운남자로다

一生運命 한세상운명길이
如此險惡 이같이힘악한가

初雖困窮 처음에는곤궁하나
後必千石 만년에는부명이다

空手來去 공수로오고가니
自然眞理 자연한진리인가

작 명 법

六四、權謀術數
　　　世上豪傑
　　　권도와 술법으로
　　　한평생 호걸이다

六五、日別南北
　　　愁深家庭
　　　날마다 남북으로 이별하니
　　　수심이 많은 가정이다

六六、四十未滿
　　　所願成就
　　　사십미만 시절부터
　　　소원이 절로 된다

六七、早失父母
　　　客地四方
　　　일찍이 부모 잃고
　　　사방객지 다니도다

六八、可知壽福
　　　龍入大海
　　　수용이 큰 바다에 들어가니
　　　복을 알 조이다

六九、名不合姓
　　　安樂難望
　　　이름과 성이 불합하니
　　　안락한 생활 어려웁도다

七〇、名字合姓
　　　福德豊富
　　　이름자에 성이 합하니
　　　복과 덕이 풍부하다

七一、畫其異狀
　　　何論多福
　　　이름이 많다 할수나
　　　획수가 이상하니 복이 없다

七二、觀名索福
　　　希望廣大
　　　이름자를 찾아보니
　　　희망성이 광대하다

七三、魚龍失水
　　　何望安樂
　　　고기와 용이 물을 잃었으니
　　　안락함을 바랄수 없다

七四、渴龍得水
　　　自由躍動
　　　목말은 용이 물을 얻으니
　　　자유로 뛰며 활동한다

七五、有子無穀
　　　아들은 있어도
　　　창고는 없어 곡식자가 없다고

七六、聰明過人
　　　到處歡迎
　　　총명함이 남에게 지나니
　　　도처에 환영을 받는다

六四、仁義堅志
　　　守聲四方
　　　의리로 주장하니
　　　사방에서 찬성이다

六五、子宮不吉
　　　豫禱高山
　　　자손궁이 불리하니
　　　미리 명산에 기도하라

六六、貴中兼富
　　　衣食豊富
　　　부와 귀를 겸했으니
　　　의식이 풍족하다

六七、外無人助
　　　六親無德
　　　일가의 덕 못보고
　　　외인에게 도움없다

六八、三四十間
　　　高官名振
　　　삼사십간 좋은 집에
　　　고관대작 이름이다

六九、釣魚乾川
　　　有名無實
　　　이름을 전천에서 낚으니
　　　이름뿐이요 실상은 없다

七〇、米穀滿倉
　　　和樂百年
　　　미곡이 창고에 가득하니
　　　백년 토록 화락하다

七一、必有謀略
　　　有友不成
　　　벗이 있고도 성사를 못하니
　　　반드시 모략뿐이로다

七二、事業旺盛
　　　財産旺盛
　　　일마다 순성하니
　　　재산이 왕성하다

七三、莫言兄弟
　　　一身孤獨
　　　형제간 도 말말어
　　　일신이 고독하다

七四、兄弟同樂
　　　觀名畫法
　　　이름의 획법을 보니
　　　형제끼리 동락한다

七五、前程險惡
　　　風波許多
　　　풍파가 허다하니
　　　앞길이 험악하다

七六、計劃成事
　　　萬事能通
　　　계획대로 성사를 하니
　　　만사에 능통하다

三九四

七七、有銃無彈 來賊何防
총은 있어도 탄자가 없으니
오는 도적을 어찌 막을고

七八、大旱七年 雨放千里
칠년대한 가뭄에
비가 천리나 온다

七九、有子軍中 歸家無望
아들이 군중에 있으니
집에 돌아오기를 바라기 어렵다

八○、早成文學 以修前道
일찍이 글을 배워서
앞길을 닦는다

八一、山高水長 此世難過
산과 물같이 험하고 거센
세상 지내기 어렵도다

八二、之南之北 吉星相隨
남으로 가나 북으로 가나
길한 일이 항상 따른다

八三、不知世月 山上採玉
세월 가는 줄을 모르고
산에 가서 옥을 캐도다

八四、寶劍脫匣 價定千金
보배칼을 빼어드니
값은 천금이로다

八五、片舟大海 風波孤浮
쪼각배를 바다에 띄우니
바람물결에 외롭게 뜬다

八六、萬枝鬪花 果木逢春
과수가 봄을 만나니
가지가지 꽃이로다

八七、網中之魚 終無活路
그물에 걸린 고기와 같으니
마침내 살길이 아득하다

八八、所願成就 萬事能通
소원대로 되어가니
만사에 능통하다

작명법

財多尙響 危險生命
재물은 많으나 원수를 맺으니
생명이 위험하다

莫恨初困 中後大吉
초년고생을 한하지 말라
중년후에는 대길하다

有子二三 無依終身
아들이 두셋이 있다 하나
의지하여 종신할 것은 없다

大則昌國 小則昌家
크면 나라를 일으키고
적어도 집은 보전한다

如此險惡命 一生運氣
이같은 험악한 가운데
일생운명이여

沙中隱金 早晚財旺
모래가운데 은금이여
조만간에 재물이 된다

深谷靑山 來運何時
깊은 골작이 푸른산에
오는 운수가 어느 때이냐

位至一品 身超人級
몸이 뛰여나 급수에 오르니
위는 일품에 이르도다

一身何依 四顧無親
일신은 어디에 의지할가
사방을 돌아보아야 친한이 없으니

子孫盛大 地上天國
자손이 성대하니
지상에 천국이다

去去益甚 前程險惡
가고 갈수록 더욱 심하니
앞길이 험악하다

官職一等 擧手四方
관직에 일등관직에 있으니
사방에서 악수를 한다

萬方正統 百方吉凶寶鑑

初版 發行	1975年 11月 15日
重版 發行	1999年 7月 10日

監　修●金　于　齋
編著者●李　鍾　英
發行者●金　東　求
發行處●明　文　堂
　　　서울특별시 종로구 안국동 17~8
　　　대체　010041-31-0516013
　　　전화　(영) 733-3039, 734-4798
　　　　　　(편) 733-4748
　　　FAX 734-9209
　　　등록　1977. 11. 19. 제1~148호

●낙장 및 파본은 교환해 드립니다.
●불허복제・판권 본사 소유.

값 9,000원
ISBN 89-7270-599-3 13140

明文堂의 易書는 格調가 높습니다.

手相術	白雲松著 四·六版 二一〇面	萬方吉凶 八字要覽	金赫濟·金于齋編纂 菊版 二八六面
手相秘訣	白雲松著 四·六版 二〇二面	自解 八字大典	金于齋著 菊版 二一〇面
手相寶鑑	佐藤六龍著·安志永譯 四·六版 三二六面	開運大道家相學入門	全泰樹著 四·六版 三二四面
現代手相術	大和田齊眼著·尹泰榮譯 四·六版 二三二面	地理明鑑陰宅要訣	金榮昭譯編 菊版 八七二面
手相術入門	淺野八郎著·金炳大譯 四·六版 二六二面	懸吐註解麻衣相法(全)	金赫濟校閱 菊版 一七四面
詳解手相大典	曺誠佑著 菊版 三九二面	秘傳詳解相法全書	曺誠佑編著 菊版 四三四面
秘傳四柱精說	白靈觀著 菊版 二八八面	相法精說	金世一編著 四·六版 二七八面
秘傳自解四柱大觀	金于齋著 菊版 三二六面	周易希望의 門을 열어라	金雲山著 四·六版 三六二面
地理八十八向眞訣	金明濟著 菊版 四三四面	原本靑烏經	金天熙編著 菊版 六八面
玉衡韓國地理總覽	池昌龍著 菊版 四九六面	新編百方秘訣	李冕字編述 菊版 二一〇面
風水地理萬山圖	金榮昭著 菊版 三四六面	眞本皇極策數祖數	邵康節遺編 菊版 五二二面